압수·수색의 법리

성기정

박영사

서문

미국 유학 시절 리걸 리서치(legal research) 수업에서 처음으로 미국의 법률 정보 플랫폼들을 접하고 상당히 놀랐던 기억이 있습니다. 법원이 개별 판결에서 선언한 법리가 시스템에 의해 유기적으로 연계되어 있어 특정한 법리의 변천사와 적용 사례들을 손쉽게 파악할 수 있었기 때문입니다. 우리나라에도 이런 체계가 갖추어진다면 법률 자료 조사의 효율이 크게 향상될 것이라는 생각이 들었습니다.

우리나라는 기본적으로 성문법주의를 취하는 대륙법계 국가지만, 압수·수색 분야는 관련 입법이 충분하지 않아 주로 법원의 판례를 통해 법리가 발전해 왔습니다. 그러다 보니 압수·수색의 적법성과 압수물의 증거능력에 관해서는 개별 사건에서 선언된 법리들이 산발적으로 흩어져 있어 이를 따로 찾아 분류해두지 않으면 전체 법리를 체계적으로 파악하기가 어려웠습니다. 특히 최근에는 전자정보에 대한 압수·수색의 중요성이 부각되면서 실무상 여러 방면에서 문제가 제기되고 있고, 법원에서도 다양한 법리를 선언하고 있습니다. 이에 압수·수색의 적법성과 압수물의 증거능력에 관한 법령 및 행정규칙과 함께 판례의 법리를 수집하고 이를 압수·수색 절차에 따라 주제별로 정리하여 소개하고자 이 책을 썼습니다. 영장에 의한 전자정보의 압수·수색이 중심 내용이지만, 임의제출물 또는 유류물의 압수, 긴급압수·수색 등 영장에 의하지 않은 압수도 비중 있게 다루었습니다.

이 책은 아래를 목표로 썼습니다.

첫째, 진실을 추구했습니다. 자료 조사 과정에서 발견한 판례 중 이 책의 주제와 관련이 있는 것은 모두 소개하였고, 특정 견해나 직역의 입장에 부합하는 사례를 선택적으로 소개함으로써 전체 법리의 모습이 왜곡되는 것을 가장 경계하였습니다. 또한 이 책에서 소개하는 법리의 근거가 되는 판례를 표기할 때는 원칙적으로 해당 법리를 구체적으로 설시한 심급의 것으로 하였습니다. 따라서 상급심이 직접 구체적인 법리를 설시하지 않고 단순히 하급심 판단의 결론을 수긍하는 취지만 설시한 경우 원칙적으로 그 하급심을 기재하되 그 결론을 수긍한 상급심을 괄호 안에 함께 표기하였습니다.

둘째, 실용성에 집중했습니다. 이 책은 법률전문가를 위한 실무서로 그 실무 활용도를 높이기 위해 확정된 판례 법리를 소개함을 원칙으로 하였습니다. 소개된 법리의 근거가 하급심 판례인 경우 그 확정 여부에 관한 정보를 충실히 표기하였고, 예외적으로 미확정 사례를 소개할 때는 그 취지를 밝혔습니다. 또한 해당 판례의 원문을 찾아보았을 때 혼동이 없도록 당사자 표기(피의자, 피고인, 준항고인, 재항고인, 공소외인 등)나 익명화 표기를 최대한 그대로 유지하였습니다.

셋째, 변화를 담았습니다. 같은 항목 내에서 여러 개의 판례를 병렬적으로 소개하는 경우 되도록 선고일을 기준으로 하여 시간순으로 정렬하였습니다. 최신의 판례가 가장 마지막에 소개된다는 단점에도 불구하고 시간의 흐름에 따라 법리가 발전하고 진화해 온 모습을 살펴볼 수 있도록 하기 위함입니다. 이는 과거를 충실히 기록함과 아울러 앞으로의 변화도 계속 담아내기 위한 포석이기도 합니다.

이 책은 판례의 지도(地圖)입니다. 지도는 위치 안내라는 목적에 맞게 실제 지형을 축약하여 담기 때문에 지도를 보는 것과 해당 지역을 방문하는 것은 전혀 다른 경험입니다. 마찬가지로 이 책에 소개된 판례의 법리를 정확하게 파악하기 위해서는 반드시 해당 판결이나 결정의 원문을 확인할 필요가 있습니다.

당초 압수·수색에 관한 법리를 망라해 보겠다는 마음가짐으로 자료 조사를 시작했으나, 곧 엄청난 양의 판례를 마주하고 압도되었습니다. 진리[眞]의 바닷가에서 조약돌을 줍는 소년과 같은 마음이었다는 어느 옛사람의 말처럼, 판례의 바닷가에서 한동안 열심히 조개껍데기를 모으고 또 꿰어보았으나, 아직도 발굴되지 않은 가치 있는 법리들이 많을 것입니다. 그럼에도 이 책이 누군가의 법률 업무에 조금이나마 도움이 된다면, 그리고 그렇게 아껴진 시간들이 모여 소중한 사람들과 함께 하는 빛나는 시간[燦]이 된다면, 이 책은 그 목적을 달성하였다고 볼 수 있을 것입니다. 나아가 이 책이 단순히 과거의 모습을 정리하여 답하는 데에 그치지 않고 미래를 향해

질문을 던짐으로써 우리나라 형사사법 발전의 실마리[端]를 제공할 수 있다면, 더없는 영광이 될 것입니다.

마지막으로, 1년이 넘는 집필 기간 동안 주말이건 연휴건 집에서 책만 쓰던 못난 아빠일지라도 항상 밝은 모습으로 반겨주는 사랑하는 세 아들, 그리고 어려움 속에서도 늘 남편을 믿고 지지해 준 아내에게 고마운 마음을 전합니다.

2025년 4월

성 기 정

[약어]

수사준칙: 「검사와 사법경찰관의 상호협력과 일반적 수사준칙에 관한 규정」
(2023. 10. 17. 대통령령 제33808호로 일부 개정된 것)

대검 디지털 증거 예규: 「디지털 증거의 수집·분석 및 관리 규정」
(2024. 10. 1. 대검찰청예규 제1449호로 일부 개정된 것)

경찰청 디지털 증거 훈령: 「(경찰청) 디지털 증거의 처리 등에 관한 규칙」
(2023. 7. 4. 경찰청훈령 제1086호로 일부 개정된 것)

※ 판례 제보나 오류 신고 등 이 책에 관한 문의는 아래 이메일로 부탁드립니다.
ius.snslab@gmail.com

차례

5 전자정보 압수·수색의 방법과 참여권 보장 ······ 187

6 압수·수색 집행의 중지와 종료 ······ 215

1

압수·수색영장의 제시와 사본 교부

1 압수·수색영장의 제시와 사본 교부

헌법과 형사소송법에 따라 수사기관은 압수·수색영장을 집행할 때 그 처분을 받는 자에게 반드시 해당 영장을 제시해야 한다. 이는 영장주의 원칙의 절차적 보장, 개인의 사생활과 재산권 침해의 최소화, 피압수자의 불복 기회 보장을 위한 것으로, 피압수자가 법관이 발부한 영장의 존재를 확인함과 동시에 영장의 필요적 기재사항이나 그와 일체를 이루는 사항을 충분히 알 수 있도록 그 원본을 개별적으로 제시해야 한다.[1)]

대법원 2017. 9. 21. 선고 2015도12400 판결

대한민국헌법 제12조 제3항 본문은 '체포·구속·압수 또는 수색을 할 때에는 적법한 절차에 따라 검사의 신청에 의하여 법관이 발부한 영장을 제시하여야 한다'고 규정하고, 형사소송법 제219조, 제118조는 '수사기관이 압수·수색영장을 집행할 때에는 처분을 받는 자에게 반드시 압수·수색영장을 제시하여야 한다'는 취지로 규정하고 있다. 그리고 형사소송법 제219조, 제114조 제1항 본문, 형사소송규칙 제58조는 압수·수색영장에 피의자의 성명, 죄명, 압수할 물건, 수색할 장소, 신체, 물건, 발부연월일, 유효기간과 그 기간을 경과하면 집행에 착수하지 못하며 영장을 반환하여야 한다는 취지 및 압수·수색의 사유를 기재하고 영장을 발부하는 법관이 서명날인하도록 규정하고 있다.

형사소송법이 압수·수색영장을 집행하는 경우에 피압수자에게 반드시 압수·수색영장을 제시하도록 규정한 것은 법관이 발부한 영장 없이 압수·수색을 하는 것을 방지하여 영장주의 원칙을 절차적으로 보장하고, 압수·수색영장에 기재된 물건, 장소, 신체에 대해서만 압수·수색을 하도록 하여 개인의 사생활과 재산권의 침해를 최소화하는 한편, 준항고 등 피압수자의 불복신청의 기회를 실질적으로 보장하기 위한 것이다.

위와 같은 관련 규정과 영장 제시 제도의 입법 취지 등을 종합하여 보면, 압수·수색영장을 집행하는 수사기관은 피압수자로 하여금 법관이 발부한 영장에 의한 압수·수색이라는 사실을 확인함과 동시에 형사소송법이 압수·수색영장에 필요적으로 기재하도록 정한 사항이나 그와 일체를 이루는 사항을 충분히 알 수 있도록 압수·수색영장을 제시하여야 한다.

---

1) 대법원 2017. 9. 21. 선고 2015도12400 판결

나아가 압수·수색영장은 현장에서 피압수자가 여러 명일 경우에는 그들 모두에게 개별적으로 영장을 제시해야 하는 것이 원칙이다. 수사기관이 압수·수색에 착수하면서 그 장소의 관리책임자에게 영장을 제시하였다고 하더라도, 물건을 소지하고 있는 다른 사람으로부터 이를 압수하고자 하는 때에는 그 사람에게 따로 영장을 제시하여야 한다(대법원 2009. 3. 12. 선고 2008도763 판결).

가 압수·수색영장의 필요적 기재사항

적법한 영장의 제시는 필요적 기재사항을 갖춘 적법한 영장의 존재를 전제로 한다.

1) 관련 법령

압수·수색영장에는 피의자의 성명, 죄명, 압수할 물건, 수색할 장소·신체·물건, 영장 발부 연월일, 영장의 유효기간과 그 기간이 지나면 집행에 착수할 수 없으며 영장을 반환하여야 한다는 취지, 압수·수색의 사유를 기재하고 재판장이나 수명법관이 서명날인하여야 한다(형사소송법 제114조, 제219조, 형사소송규칙 제58조, 제109조). 압수·수색할 물건이 전기통신에 관한 것인 경우 작성기간을 기재해야 한다(형사소송법 제114조 제1항 단서, 제219조).

피의자의 성명이 필요적 기재사항이기는 하나 이를 분명히 알 수 없는 때는 인상, 체격, 그밖에 피의자를 특정할 수 있는 사항을 기재하여도 된다(형사소송규칙 제107조 제1항 제1호, 제95조 제1호). 같은 이유에서 피의자가 '성명불상'으로 기재되어 있더라도 나머지 부분의 기재 등을 종합하여 특정 가능성이 있다면 영장 요건에 위배된 위법한 영장은 아니다. 죄명 역시 필요적 기재사항이나 압수·수색은 공소가 제기될 혐의사실이나 죄명이 확정되지 않은 수사 초기에 이루어지는 것이 대부분이므로 압수·수색영장에 범죄혐의와 관련된 모든 죄명을 기재할 필요는 없다.[2)]

2) 서울고등법원 2018. 1. 26. 선고 2016노333 판결(대법원 2019. 3. 14. 선고 2018도2841 판결로 확정)

2) 법관의 서명·날인

압수·수색영장의 법관 서명날인란에 서명만 있고 그 옆에 날인이 없었던 사안에서 해당 영장이 형사소송법이 정한 요건을 갖추지 못하여 적법하게 발부되었다고 볼 수는 없다고 판단하였음에도, 그 절차 조항 위반의 내용과 정도가 중대하지 않고 절차 조항이 보호하고자 하는 권리나 법익을 본질적으로 침해하였다고 볼 수 없다는 이유로 해당 영장에 따라 수집한 증거의 증거능력을 인정한 사례가 있다.[3] 다만, 이 사건의 경우 서명날인란에 날인만 누락되었을 뿐 야간집행을 허가하는 판사의 수기와 날인, 판사 서명, 영장 앞면과 별지 사이에 판사의 간인이 모두 있었으므로 판사의 의사에 기초하여 진정하게 영장이 발부되었다는 점이 외관상 분명했고 수사기관으로서도 영장이 적법하게 발부되었다고 신뢰할 만한 합리적인 근거가 있었던 사안이다.

3) 피의사실의 요지

피의사실의 요지도 압수·수색영장의 필요적 기재사항인가? 죄명과 압수·수색의 사유가 압수·수색영장의 필요적 기재사항인 점(형사소송법 제114조, 형사소송규칙 제58조), "죄명 및 범죄사실의 요지"는 압수·수색·검증영장 청구서의 필요적 기재사항인 점(형사소송규칙 제107조 제1항 제1호, 제95조 제3호), 압수·수색·검증영장 청구서에 "범죄사실의 요지" 등을 기재한 서면 1통(수통의 영장을 청구하는 때에는 그에 상응하는 통수)을 첨부하여야 하는 점(형사소송규칙 제93조 제3항), 헌법과 형사소송법의 적법절차 및 영장주의 원칙상 압수·수색영장의 집행은 피의사실과 관련된 부분으로 한정되어야 하는 점,[4] 피압수자나 그 변호인에게 압수·수색영장 집행 절차에 참여의 기회를 보장하는 주된 취지는 피의사실과 무관한 자료의 임의적인 압수를 막기 위함인 점[5] 등을 종합하면, 피의사실의 요지도 압수·수색영장의 필요적 기재사항

---

3) 대법원 2019. 7. 11. 선고 2018도20504 판결
4) 대법원 2011. 5. 26. 자 2009모1190 결정, 대법원 2015. 7. 16. 자 2011모1839 전원합의체 결정
5) 대법원 2023. 9. 18. 선고 2022도7453 전원합의체 판결

이라고 봄이 타당하다. 따라서 피의사실의 요지가 누락된 영장에 의해 집행된 압수·수색은 위법하다.

나 원본 제시의 원칙

압수·수색영장은 처분을 받는 자에게 반드시 제시하여야 한다(형사소송법 제118조 본문 전단, 제219조, 군사법원법 제159조, 제258조). 검사 또는 사법경찰관은 영장을 제시할 때 처분을 받는 자에게 법관이 발부한 영장에 따른 압수·수색이라는 사실과 영장에 기재된 범죄사실 및 수색 또는 검증할 장소·신체·물건, 압수할 물건 등을 명확히 알리고, 처분을 받는 자가 해당 영장을 열람할 수 있도록 해야 한다(수사준칙 제38조 제1항).

영장은 원본을 제시함이 원칙이다. 사본 제시를 명시적으로 금지하는 규정은 없으나, 법원은 ① 압수·수색을 할 때에는 적법한 절차에 따라 검사의 신청에 의하여 법관이 발부한 영장을 제시하여야 하는 점(헌법 제12조, 형사소송법 제219조, 제118조), ② 검사의 지휘에 의하여 압수·수색영장을 집행하는 경우 법원은 검사에게 그 원본을 송부하여야 하는 점(형사소송규칙 제59조, 제48조), ③ 동시에 여러 장소를 집행하는 경우에 있어서 여러 통의 압수·수색영장을 청구하는 때에는 청구서에 그 취지 및 사유를 기재함과 아울러 그에 상응하는 통수의 범죄사실의 요지, 압수·수색의 장소 및 대상을 따로 기재한 서면을 첨부하여야 하는 점(형사소송규칙 제93조 제3항, 제107조 제1항 제1호, 제95조 제5호) 등을 근거로 영장은 원본이 제시되어야 한다고 해석한다.[6] 따라서 영장 사본을 제시하고 압수한 자료는 특별한 사정이 없는 한 위법수집증거로 보나,[7] 예외적으로 적법한 집행 방법으로 인정하는 경우도 있다. 이하에서 구체적인 사례들을 본다.

---

6) 서울고등법원 2015. 6. 25. 선고 2014노2389 판결(대법원 2017. 9. 7. 선고 2015도10648 판결로 확정), 서울남부지방법원 2019. 7. 4. 선고 2017노447 판결(대법원 2021. 12. 16. 선고 2019도10788 판결로 확정), 울산지방법원 2020. 8. 13. 선고 2019노138 판결(대법원 2021. 7. 29. 선고 2020도12087 판결로 확정)

7) 구속영장의 경우 정본의 제시 없이 영장표지의 사본 제시만으로 강제연행한 것은 불법연행이라는 이유로 국가의 불법행위 책임을 인정한 사례도 있다[서울중앙지방법원 1996. 8. 8. 선고 95나54753 판결(대법원 1997. 1. 24. 선고 96다40547 판결로 확정) 참조].

1) 영장 사본 제시의 위법성

수사기관이 금융기관 또는 이메일 업체에 대하여 압수·수색영장을 집행하면서 모사전송 방식에 의하여 영장 사본을 전송한 사실은 있으나 영장 원본을 제시하지 않았고 압수조서와 압수물 목록을 작성하여 이를 피압수·수색 당사자에게 교부하였다고 볼 수도 없는 경우, 법원은 이러한 방법으로 압수된 금융거래 자료와 이메일 자료를 위법수집증거로 보았다. 또한 위와 같은 절차위반은 영장주의 및 헌법과 형사소송법이 보장하는 적법절차원칙의 실질적인 내용을 침해하는 경우에 해당하므로, 위법수집증거의 증거능력을 인정할 수 있는 예외적인 경우에 해당하지 않는다고 판단했다.[8]

2) 금융계좌추적용 압수·수색영장의 집행에서 사전에 영장 원본을 제시하지 않았더라도 예외적으로 적법한 집행 방법이 되는 경우[9]

법원은 영장 원본을 사전에 제시하지 않았다면 원칙적으로 적법한 집행방법이라고 볼 수는 없다고 하면서도, ① 해당 영장의 집행 대상과 범위에 포함된 금융자료를 ② 금융기관의 자발적 협조에 따라 회신받아 ③ 혐의사실과 관련되는 자료만 선별한 후 ④ 최종적으로 영장 원본을 제시하고 이를 압수하는 등으로 이러한 일련의 과정을 전체적으로 '하나의 영장에 기하여 적시에 원본을 제시하고 이를 토대로 압수·수색하는 것'으로 평가할 수 있는 경우라면 예외적으로 적법한 집행방법이 된다고 보았다.

대법원 2022. 1. 27. 선고 2021도11170 판결

수사기관의 압수·수색은 법관이 발부한 압수·수색영장에 의하여야 하는 것이 원칙이고, 영장의 원본은 처분을 받는 자에게 반드시 제시되어야 하므로(대법원 2017. 9. 7. 선고 2015도10648 판결, 대법원 2019. 3. 14. 선고 2018도2841 판결

8) 서울고등법원 2015. 6. 25. 선고 2014노2389 판결(대법원 2017. 9. 7. 선고 2015도10648 판결로 확정), 수원지방법원 2016. 1. 14. 선고 2015고단3204 판결(대법원 2017. 9. 7. 선고 2016도11272 판결로 확정), 대법원 2017. 9. 7. 선고 2015도10648 판결, 대법원 2019. 3. 14. 선고 2018도2841 판결

9) 대법원 2022. 1. 27. 선고 2021도11170 판결

등 참조), 금융계좌추적용 압수·수색영장의 집행에 있어서도 수사기관이 금융기관으로부터 금융거래자료를 수신하기에 앞서 금융기관에 영장 원본을 사전에 제시하지 않았다면 원칙적으로 적법한 집행 방법이라고 볼 수는 없다.

다만 수사기관이 금융기관에 금융실명법 제4조 제2항에 따라서 금융거래정보에 대하여 영장 사본을 첨부하여 그 제공을 요구한 결과 금융기관으로부터 회신받은 금융거래자료가 해당 영장의 집행 대상과 범위에 포함되어 있고, 이러한 모사전송 내지 전자적 송수신 방식의 금융거래정보 제공요구 및 자료 회신의 전 과정이 해당 금융기관의 자발적 협조의사에 따른 것이며, 그 자료 중 범죄혐의사실과 관련된 금융거래를 선별하는 절차를 거친 후 최종적으로 영장 원본을 제시하고 위와 같이 선별된 금융거래자료에 대한 압수절차가 집행된 경우로서, 그 과정이 금융실명법에서 정한 방식에 따라 이루어지고 달리 적법절차와 영장주의 원칙을 잠탈하기 위한 의도에서 이루어진 것이라고 볼 만한 사정이 없어, 이러한 일련의 과정을 전체적으로 '하나의 영장에 기하여 적시에 원본을 제시하고 이를 토대로 압수·수색하는 것'으로 평가할 수 있는 경우에 한하여, 예외적으로 영장의 적법한 집행 방법에 해당한다고 볼 수 있다.

3) 금융기관 및 인터넷서비스제공자 회사에 대한 영장 사본 제시가 예외 요건을 충족하지 못하여 증거능력이 부정된 사례[10)]

수사기관이 금융기관과 인터넷서비스제공자 회사에 대하여 피고인 A의 혐의사실에 대한 압수·수색영장을 집행함에 있어 모사전송 방식에 의하여 영장 사본을 전송하였을 뿐 영장 원본을 제시하지 않았고, 범죄혐의와 관련된 자료의 선별 절차를 거치거나 최종적으로 영장 원본을 제시하고 그 선별된 자료를 직접 압수하는 등 일련의 절차를 거친 정황이 확인되지 않았던 사안이다. 법원은 위에서 본 대법원 2022. 1. 27. 선고 2021도11170 판결의 법리에 따라 금융기관과 인터넷서비스제공자 회사에 대한 압수·수색이 모두 위법하다고 보고, 압수된 자료의 증거능력을 부정하였다.

10) 수원지방법원 평택지원 2023. 7. 21. 선고 2022고합264 판결(대법원 2024. 4. 25. 선고 2024도2064 판결로 확정)

※ 아래에서는 이메일 압수·수색에 있어서 영장 제시의 원칙에 관하여 상세히 다룬 판결 이유 부분을 참고삼아 인용하여 둔다.

서울고등법원 2015. 6. 25. 선고 2014노2389 판결
(대법원 2017. 9. 7. 선고 2015도10648 판결로 확정)

(4) 보론: 이메일 압수·수색에 있어서 영장 제시의 원칙

㈎ 압수·수색절차에 있어 적법절차의 원칙

기본적 인권 보장을 위하여 압수·수색에 관한 적법절차와 영장주의의 근간을 선언한 헌법과 이를 이어받아 실체적 진실 규명과 개인의 권리보호 이념을 조화롭게 실현할 수 있도록 압수·수색절차에 관한 구체적 기준을 마련하고 있는 형사소송법의 규범력은 확고히 유지되어야 한다. 그러므로 헌법과 형사소송법이 정한 절차에 따르지 아니하고 수집한 증거는 기본적 인권 보장을 위해 마련된 적법한 절차에 따르지 않은 것으로서 원칙적으로 유죄 인정의 증거로 삼을 수 없다. 수사기관의 위법한 압수·수색을 억제하고 재발을 방지하는 가장 효과적이고 확실한 대응책은 이를 통하여 수집한 증거는 물론 이를 기초로 하여 획득한 2차적 증거를 유죄 인정의 증거로 삼을 수 없도록 하는 것이다.

다만, 법이 정한 절차에 따르지 아니하고 수집한 압수물의 증거능력 인정 여부를 최종적으로 판단함에 있어서는, 실체적 진실 규명을 통한 정당한 형벌권의 실현도 헌법과 형사소송법이 형사소송 절차를 통하여 달성하려는 중요한 목표이자 이념이므로, 형식적으로 보아 정해진 절차에 따르지 아니하고 수집한 증거라는 이유만을 내세워 획일적으로 그 증거의 증거능력을 부정하는 것 역시 헌법과 형사소송법이 형사소송에 관한 절차 조항을 마련한 취지에 맞는다고 볼 수 없다(대법원 2007. 11. 15. 선고 2007도3061 전원합의체 판결 참조).

㈏ 압수·수색영장 제시의 원칙 - 원본 여부

① 대한민국 헌법 제12조는 적법절차 원칙 및 영장주의 원칙을 천명하고 있는바, "체포·구속·압수 또는 수색을 할 때에는 적법한 절차에 따라 검사의 신청에 의하여 법관이 발부한 영장을 제시하여야 한다."고 명시하고 있다. 또한, 형사소송법 제219조, 제118조, 형사소송규칙 제59조, 제48조에 따르면 검사의 지휘에 의하여 압수·수색 영장을 집행하는 경우 법원은 검사에게 원본을 송부하도록 하고 있고, 영장 집행시 반드시 영장을 제시하도록 규정하고 있으며, 형사소송규칙 제93조 및 제107조는 동시에 여러 장소를 집행하는 경우에 있어서의 압수·수색 영장에 관하여 수통의 발부를 규정하고 있는 점에 비추어, 압수·수색영장의 제시는 기본적으로 영장의 원본 제시를 전제하고 있는 것으로 보인다.

② 한편, 압수·수색영장 제시의 원칙 자체가 영장주의의 본질이라기보다는 영장주의의 취지를 철저하게 구현하기 위한 것이라 할 것이고, 이 경우 영장의 원

본을 제시하도록 요구하는 것은 영장 사본을 작출하는 과정에서 인위적인 조작이 가해지는 것을 방지하고 상대방에게 영장의 발부 사실 및 그 내용을 보다 명백히 확인시킴으로써 위와 같은 압수·수색영장 제시의 원칙을 보다 확실히 구현하기 위한 수단적인 의미가 강하다고 할 것이다. 이와 관련하여 압수·수색과 유사한 강제처분으로서의 영장주의 정신이 상당 부분 준용된다고 볼 수 있는 통신제한조치 등에 있어서는 법원의 허가서 사본에 의한 집행을 허용하는 것으로 볼 수 있는 규정(통신비밀보호법 제9조 제2항)[23)24)]도 있는 점에 비추어 보면, 압수·수색영장의 원본 제시의 원칙을 구체적으로 구현함에 있어서 어느 단계에서, 어떠한 방식으로 위 원칙을 관철할 것인지에 관하여 추가적인 논의의 여지가 있을 수 있음을 시사하고 있다.[25)] 따라서 법관에 의하여 압수·수색영장이 발부된 것이 사실이고 그 압수·수색영장의 취지에 맞게 집행이 되었다면, 그 집행의 초기 단계에서 압수·수색영장이 팩스로 송부되었다는 이유만으로 반드시 영장주의의 본질을 훼손하는 중대한 위법이 있는 것으로 보아야 할 것인지는 일률적으로 단정할 수 없고, 더욱이 일반적인 압수·수색영장이 아닌 특수한 압수·수색영장일 경우에는 그 개별적인 특수성에 따라 영장의 원본이 제시되어야 할 시점을 보다 완화하여 해석할 여지가 있다고 할 것이다.

㈐ 이메일 압수·수색에 있어서의 영장 팩스 송부의 적법성 요건

① 금융기관에 대한 계좌 압수·수색의 경우, 수사의 성격에 따라 수십 회 내지 수백 회의 영장 집행이 단시간 내에 이루어질 필요성이 있고, 수사관이 그때마다 사전에 모든 금융기관에 임장하여 영장 원본을 제시하는 절차를 요구할 경우에는 금융기관의 업무가 마비될 우려가 있으며, 일정 기간 압수·수색 사실을 비공개로 하고자 하는 수사의 밀행성에도 반할 가능성이 높다는 점에서 팩스에 의한 압수·수색영장 사전 송부의 필요성은 충분히 인정된다. 실제 전국은행연합회에서 작성한 '금융실명거래 업무해설'은 사전에 팩스로 압수·수색영장을 송부하는 것을 명시적으로 허용하고 있다.[26)]

② 나아가 통신회사[27)]에 대한 이메일 압수·수색에 있어서도 금융기관에 대한 계좌의 압수·수색에 있어서와 유사하게 수사관이 그때마다 통신회사에 임장하여 사전에 영장 원본을 제시하는 절차를 요구할 경우 업무가 마비되거나 곤란을 겪을 우려가 있고, 수사의 밀행성에도 반할 가능성이 있다. 또한, 업무의 특성상 수사기관이 직접 통신회사의 서버를 수색한 후 필요한 자료를 추출하는 방식으로 압수·수색절차를 진행하기 곤란하고, 추출하는 용량이 큰 경우에는 상당한 기간이 소요되는 경우도 있어서, 수사기관이 사전에 팩스 등을 통해 압수·수색영장 사본을 송부하게 되면 통신회사의 직원이 요구받은 정보를 검색하여 필요한 자료를 추출한 후, 수사기관이 이를 최종적으로 압수하는 방식으로 진행

되는 등 정형화된 업무 매뉴얼에 따른 실무 관행이 상당 기간 이어져 왔다.[28)]

③ 따라서 압수·수색영장의 집행 단계에서 원본 제시 이외에 사전에 팩스로 송부하는 것을 금지하는 명시적인 법률 규정이 없는 점,[29)] 통신회사에 대한 이메일 압수·수색의 경우 통신회사의 직원이 수사기관으로부터 요구받은 정보를 검색한 후 필요한 자료를 추출하여 제공하는 정형화된 업무 매뉴얼에 근거하여 압수·수색 절차가 진행되어 온 측면이 있는 점, 이러한 집행 방식에 대하여 집행 대상자인 통신회사 측에서 그동안 별다른 이의를 제기하지 않았던 점 등을 고려할 때, 원심의 판시와 같이 이메일 압수·수색에 관한 집행 초기 단계에서 압수·수색영장을 팩스로 송부하여 그 절차를 진행하였다는 사정만으로 그 이메일 압수·수색 절차가 무조건적으로 위법하다고 볼 것은 아니다. 다만, 이 경우에는 통신회사로부터 압수하고자 하는 이메일의 내용이 담겨 있는 CD, USB 등 기록저장장치를 수사기관이 현실적으로 교부받게 되는 시점까지는 통신회사 측에 압수·수색영장의 원본을 제시한 후 압수하는 이메일의 목록을 통신회사 측에 교부하여야 할 뿐만 아니라, 압수조서를 작성하면서 참여자의 확인을 받는 등 압수·수색에 관하여 형사소송법이 정한 일반적인 절차를 준수[30)]하는 것이 압수·수색 절차의 적법성을 갖추기 위하여 필수적으로 전제되어야 할 것이다.

---

23) 통신비밀보호법[법률 제12764호, 시행 2014. 10. 15.] 제9조(통신제한조치의 집행) ② 통신제한조치의 집행을 위탁하거나 집행에 관한 협조를 요청하는 자는 통신기관등에 통신제한조치허가서 또는 긴급감청서 등의 표지의 사본을 교부하여야 하며, 이를 위탁받거나 이에 관한 협조요청을 받은 자는 통신제한조치허가서 또는 긴급감청서등의 표지 사본을 대통령령이 정하는 기간 동안 보존하여야 한다.

24) 다만 이에 대하여는 위 조항은 통신제한조치허가서 또는 긴급감청서 등의 표지의 '사본을 교부'하는 규정일 뿐이어서 제시는 역시 '원본'으로 해야 한다는 반론도 가능하다. 이와 관련하여 검사는 2014. 12. 18. 자 의견서 2.항에서 통신제한조치 집행시 허가서 원본을 제시하는지 여부에 대하여, ① 통신제한조치를 집행할 경우에 통신회사는 수사기관의 협조공문 원본을 요구하고 있어, 그 집행을 위해서는 수사관이 반드시 통신회사를 방문하여야 하는데, ② 통신회사에서 통신제한조치허가서 사본을 수령하는 외에 별도로 통신제한조치허가서 원본을 제시할 것을 요구하는 것은 아니나, 통상 협조공문 원본을 가지고 통신회사를 방문한 수사관은 통신회사 담당 직원에게 통신제한조치허가서 원본을 제시하고 확인서명을 받고 있다고 밝히고 있다.

25) 이에 관한 비교법적인 검토와 관련하여 검사는 2015. 3. 26. 자 의견서를 통하여, 미국의 이메일 압수·수색 실무에 있어 영장에 의한 자료 제출 요구는 특별한 사정이 없는 한 팩스 또는 메일에 의해 이루어지고 있으나 이에 대한 위법성 시비가 전혀 없다는 취지로 주장하고 있다(첨부자료 1. 미국 애플사 'Legal Process Guidelines' 사본 참조).

26) 2014. 11. 20. 자 검사 의견서의 첨부자료 1. 전국은행연합회 작성 금융실명거래 업무해설 사본 38면 참조.

27) 이메일의 내용은, 일반적으로 사용자가 계정을 개설한 인터넷 서비스 제공자(Internet Service Provider, ISP)의 서버에 저장되게 되는 방식으로 존재하게 되므로, 전자우

편에 대한 압수·수색의 경우에는 일반적인 유형물에 대한 압수·수색과 달리 '압수처분을 받는 자'와 '압수의 실질적인 대상인 정보의 소유자'가 분리되게 된다. 그 결과 통신회사가 '현실적으로 압수·수색을 당하고 있는 자로서 압수할 물건 또는 장소를 현실적으로 지배하는 자'에 해당하게 되어 이들에 대한 영장 제시가 필요하다.

28) 이에 관한 관련자들의 진술은 다음과 같다.

(1) ㈜다음의 통신비밀보호 업무를 담당했던 UE은 당심 법정에서 이메일 압수 절차에 관하여 "① 영장 사본을 팩스로 다음 측에 송신을 해 주고, ② ㈜다음 직원이 피의자와 관련된 이메일 일체 자료를 수사관에 이메일로 보내주면, ③ 수사관이 그 중에 국가보안법 관련 이메일만 추출해서 다시 ㈜다음 측에 보내주고, 이후 ㈜다음 측에서 해당 추출 내용을 CD에 저장해서 준비해 놓은 후에, ⑤ 수사관이 영장 원본을 가지고 와서 영장을 제시하고 확인서를 받은 뒤에 압수조서를 작성하고 압수목록을 교부하는 절차를 거친다."는 취지로 진술하였다(UE에 대한 당심 증인신문조서 4면). 또한, "관련 이메일을 추출하는데 용량이 많이 크면 추출이 되다가 중간에 에러가 발생을 하는 경우도 있고 해서 2~3일 정도씩도 걸리고, 뭔가 그렇게 계속 에러가 발생이 돼서 일주일 정도 시간이 소요되기도 한다."는 취지로 진술하였다(UE에 대한 당심 증인신문조서 15면).

(2) 네이버㈜의 직원 UD는 당심 법정에서 "수사관이 서버 관리실에 들어가지 않고, 사내 시스템에 의해 백업을 해서 전달해 드리는 방식으로 이메일 압수·수색이 진행되며, 요구하는 양에 따라 한 달도 걸린 적이 있었던 것 같다."고 진술하였다(UD에 대한 당심 증인신문조서 7면).

(3) 네이버㈜의 직원 UF는 당심 법정에서 "수사기관이 굉장히 자주 찾아오신다면 아무래도 저희가 16층에 근무하고 있는데 1층까지 내려가서 내방객 맞이도 해야 되고 하다 보면 어려운 부분이 있고, 현재 이메일 압수·수색과 관련하여 하루 10건 정도의 요청을 받고 있다."고 진술하였고(UF에 대한 당심 증인신문조서 3면), "① 원칙적인 영장집행은 실무상으로는 거의 불가능하다고 생각을 한다. 왜냐면 특정한 데이터가 저장되어 있는 서버의 위치부터 확인을 해야 되는데 그게 저희 IDC에 어떤 서버에 어느 위치에 저장이 되어 있는지를 실시간으로 확인하는 것은 거의 불가능하다. ② 또한, 확인이 된다고 해도 저희가 IDC가 강원도에도 있고 마곡에도 있고 여러 지역에 분산되어 있기 때문에 집행을 하러 오셨다가 또다시 그런 데로 재차 찾아가고 하는 이런 과정이 있어서 실무적으로 (수사관들이 직접 압수집행을 하고 참여자로서 관련자들이 참여를 하는) 방식으로 하는 것은 상당히 어렵다고 생각한다."고 진술하였다(UF에 대한 당심 증인신문조서 5면).

29) 변호인은 이와 관련하여 2014. 12. 18. 자 의견서를 통하여 2012. 7.경 피고인 또는 피의자에게 반드시 영장 원본을 제시하여야 함을 법률에 명확히 하고자 하는 취지로 형사소송법 일부개정법률안(위 의견서에 첨부된 참고자료 - 의안번호 893호)이 발의된 바 있다고 밝히고 있다. 입법론적으로는 이메일 압수·수색 등 특수한 압수·수색의 경우 집행의 초기 단계에서 영장을 팩스로 송부할 수 있도록 허용하되 적어도 기록저장장치의 교부 단계에서는 영장의 원본이 제시되어야 함을 명확하게 규정할 필요가 있다.

30) 본건의 사안과 같이 집행 장소가 여러 곳일 경우에는 형사소송규칙 제93조 및 제107조에 의하여 수통의 압수·수색영장을 발부받아 각각의 집행장소에서 해당 영장의 원본을 제시하는 방식으로 이루어져야 할 것이다.

다 사본 교부 의무

1) 관련 법령

압수·수색영장을 집행할 때 처분을 받는 자가 피의자 또는 피고인인 경우 영장 사본을 교부하여야 한다(형사소송법 제118조 본문 후단, 제219조). 이러한 영장 사본 교부 의무는 2022. 2. 3. 형사소송법 개정으로 도입되었다. 이로써 압수·수색영장의 적법한 제시 정도에 관한 실무상 다툼이 일부 완화되었다.

2) 영장 사본 교부 의무 확대 필요성

입법론으로는 피압수자의 지위와 무관하게 영장 사본을 교부하도록 개정함이 타당하다고 본다. 그 근거는 ① 참고인인 피압수자도 수사기관이 행하는 강제처분의 직접 상대방으로서 자신의 권리를 직접 제한 또는 침해받는 사람인 점, ② 참고인인 피압수자도 영장의 내용을 상세히 확인하여 그 범위를 벗어난 압수·수색에 이의를 제기하는 등 적법한 압수·수색의 범위를 다툴 직접적인 이해관계가 있는 점, ③ 피압수자의 압수·수색 절차 참여권은 해당 피압수자의 지위가 피의자인지 참고인인지와 무관하게 보장되는 점(대법원 2022. 1. 27. 선고 2021도11170 판결, 대법원 2023. 9. 18. 선고 2022도7453 전원합의체 판결 등), ④ 판례는 입건 여부와 상관없이 수사기관이 범죄혐의를 인정하여 수사를 개시하는 행위를 한 때에 피의자의 지위를 인정하므로(대법원 2011. 11. 10. 선고 2011도8125 판결, 헌법재판소 2016. 3. 22. 선고 2016헌마166 결정) 개별 사안에서 피의자와 참고인을 나누는 기준이 언제나 절차적으로 명확한 것은 아니고, 사건에 따라 피의자로의 전환이 유력한 참고인도 존재하는 점,[11] ⑤ 수사기밀 유출, 증거인멸 우려, 교부된 사본의 목적 외 사용

---

11) 최근 12·3 비상계엄 당시 정치인 체포조 의혹과 관련하여 검찰이 경찰 간부들의 휴대전화 등을 압수·수색한 처분의 적법성이 다투어진 준항고 사건에서 이 부분 쟁점이 다루어졌다. 법원은 참고인에 대해서는 압수·수색영장 사본 교부 의무가 인정되지 않는다는 이유로 준항고를 기각하였다[서울중앙지방법원 2025. 1. 13. 자 2024보29 결정(대법원 2025. 3. 31. 자 2025모228 결정으로 확정), 서울중앙지방법원 2025. 2. 10. 자 2024보30 결정(미확정, 대법원 2025모433 재항고심 계속 중)].

등 부작용 발생 위험이 피압수자의 지위가 피의자인지 참고인인지에 따라 본질적으로 달라진다고 보기 어려운 점 등이다.

피의자에 대한 영장 사본 교부를 의무화한 개정안의 의안원문상 제안이유도 "실무상 수사기관이 제대로 영장을 제시하지도 않거나 영장을 제시하지 않은 채 포괄적이고 광범위하게 압수·수색을 하는 경우가 많아 법원의 허용범위를 넘어선 위법수집증거 문제와 함께 당사자의 기본권이 과도하게 침해되고 있다는 비판이 있음"이라고 기재되어 있는데, 참고인인 피압수자도 수사기관이 행하는 강제처분에 의해 기본권을 제한받는 직접 당사자이므로 영장에서 허용한 범위를 넘는 압수·수색에 의한 기본권의 과도한 침해로부터 보호할 필요가 있음은 피의자인 피압수자와 본질적으로 다르지 않다.

피압수자나 변호인이 참여권을 실질적으로 행사하려면 영장에 의해 허용되는 압수·수색의 범위나 방법 등에 관한 의견을 정확하게 형성할 수 있어야 하는데, 최근 영장의 내용이 점점 길고 복잡해지는 추세인 데다가, 영장의 제시는 대개 영장 집행의 초기 단계에 이루어지는 반면, 그 집행은 짧아도 하루 내내 길게는 수개월이 걸리기도 한다. 이에 실무상 피압수자나 변호인으로서는 영장에 기재된 내용을 집행 절차 내내 반복적으로 확인하는 것이 필수적인데, 이 과정에서 영장의 충분한 제시 정도와 관련하여 수사기관과 피압수자 측 사이에 다툼이 생기기도 한다. 결국 그 신분을 불문하고 '처분을 받는 자'에게 모두 개별적으로 압수·수색영장의 사본을 의무적으로 교부하도록 함으로써 영장의 충분한 제시 정도에 관한 수사기관과 피압수자 측 사이의 불필요하고 소모적인 다툼의 소지를 없앨 필요가 있다.

라 제시·교부의 상대방

압수·수색영장은 '처분을 받는 자'에게 반드시 제시하여야 한다(형사소송법 제118조 본문 전단, 제219조, 군사법원법 제159조, 제258조). 여기서 '처분을 받는 자'는 반드시 압수할 물건 또는 수색할 장소를 현실적으로 지배하는 사람일 것을 요하지 않고, 영장 집행 절차에 참여할 권한을 갖는 자를 포함한다. 따라서 여하한 경위로 참여권자가 영장을 제시받지 못한 상태에서 수사기관이 적법하게 압수물에 대한 점유를 취득하였더라도, 압수·수색 절차가 아직 종료되지 아니하여 참여권이 존속하는 경우 수사기관으로서는 그 후속 집행 절차에 참여한 참여권자에게 반드시 영장을 제시하여야 한다.[12]

1) 개별 제시·교부의 원칙

법원은 압수·수색영장 집행 현장에서 처분받는 자가 여러 명일 경우 그 사람들 모두에게 개별적으로 영장을 제시해야 하는 것이 원칙이라고 본다. 따라서 수사기관이 압수·수색에 착수하면서 그 장소의 관리책임자에게 영장을 제시하였다고 하더라도, 물건을 소지하고 있는 다른 사람으로부터 이를 압수하고자 하는 때에는 그 사람에게 따로 영장을 제시하여야 한다.[13]

법원은 고위공직자범죄수사처 검사 등이 국회 의원회관 사무실을 압수·수색할 때 현장에 보좌관 W 외에 비서관 1명, 비서 2명 등이 있었음에도 보좌관 W에게만 영장을 제시한 사안에서 다른 보좌직원들이 현실적으로 직접 점유·보관하고 있던 서류까지 수색한 것은 영장 제시 의무를 위반한 것으로 위법하다고 판단하였다.[14]

수사준칙 역시 '처분을 받는 자가 여럿인 경우 모두에게 개별적으로 영장을 제시하여야 하고, 피의자에게는 개별적으로 해당 영장의 사본을 교부해야 한다.'고 규정한다(수사준칙 제38조 제2항).

2) 처분을 받는 자가 미성년자인 경우

수사기관의 압수·수색 과정에서 '처분을 받는 자'가 미성년자인 경우, 해당 미성년자에게 의사능력이 있는 한 그 미성년자에게 영장이 반드시 제시되어야 하고 그 친권자에 대한 영장 제시로 이를 갈음할 수 없다는 것이 판례다.[15]

---

12) 서울중앙지방법원 2020. 7. 24. 자 2020보7 결정(대법원 2020. 11. 13. 자 2020모2485 결정으로 확정)

13) 대법원 2009. 3. 12. 선고 2008도763 판결, 대법원 2024. 12. 24. 선고 2022도2071 판결

14) 대법원 2022. 11. 8. 자 2021모3291 결정

경찰이 A를 피의자로 하여 발부받은 압수·수색영장을 A에게 제시하였고, A는 자신의 딸인 피고인들(각 16세)로부터 그들이 사용하거나 보관 중인 휴대전화 4대를 인도받아 경찰에 제출하였으나, 미성년자인 피고인들에게는 영장이 제시되지 않았던 사안에서 법원은 친권자인 A에 대한 영장 제시로 피고인들에 대한 영장 제시를 갈음할 수 없다고 보아 위 휴대전화 내의 전자정보와 이에 기초하여 수집한 2차 증거의 증거능력을 모두 부정하였다. 이 사건에서 법원은 참여권 보장과 관련하여서도 의사능력 있는 미성년자에게 따로 참여의 기회를 보장해야 한다고 보았다.

마 적법한 제시의 정도

영장의 제시는 어느 정도로 이루어져야 적법한가? 피압수자가 피의자인 경우 영장 사본을 교부받게 되므로 실무상 다툼의 여지가 적으나, 피압수자가 참고인인 경우 여전히 문제가 될 수 있다. 영장주의의 핵심은 영장에서 허용한 범위 내에서만 집행이 이루어져야 한다는 것이고 참여권은 압수·수색영장 집행 과정에서 영장주의의 규범력을 확보하기 위해 피압수자와 변호인에게 인정된 권리이다. 피압수자와 변호인이 참여권을 실질적으로 행사하려면 영장의 내용을 정확하게 파악하는 것이 필수적인바, 영장의 충분한 제시는 참여권의 실질적 보장, 나아가 영장주의의 규범력 확보와 직결되는 문제이다.

1) 필요적 기재사항 및 그와 일체를 이루는 부분

영장의 적법한 제시 정도에 관하여 법원은 "피압수자로 하여금 법관이 발부한 영장에 의한 압수·수색이라는 사실을 확인함과 동시에 형사소송법이 압수·수색영장에 필요적으로 기재하도록 정한 사항이나 그와 일체를 이루는 사항을 충분히 알 수 있도록 압수·수색영장을 제시하여야 한다"고 본다. 따라서 수사기관이 영장을 제시하면서 표지에 해당하는 첫 페이지와

15) 대법원 2024. 12. 24. 선고 2022도2071 판결

혐의사실이 기재된 부분만을 보여주었을 뿐, 압수·수색·검증할 물건, 압수·수색·검증할 장소, 압수·수색·검증을 필요로 하는 사유, 압수 대상 및 방법의 제한 등 필요적 기재 사항 및 그와 일체를 이루는 부분을 확인하지 못하게 한 것은 적법한 영장의 제시로 볼 수 없다.16)

2) 혐의사실 부분

같은 취지에서 법원은 수사기관이 피압수자로부터 휴대전화 등을 압수할 때 피압수자가 영장의 구체적인 확인을 요구하였음에도 영장의 혐의사실 기재 부분을 보여주지 않았다면, 그 후 피압수자의 변호인이 피압수자에 대한 조사에 참여하면서 영장을 확인하였더라도 적법한 영장의 제시로 인정하기 어렵다고 보았다.17)

3) 수사기관이 임의제출받은 전자정보에서 별건 혐의를 발견하여 그 별건 혐의사실로 압수·수색영장을 발부받아 집행한 경우18)

가) 사실관계

국방부 검찰단 보통검찰부는 재항고인이 상관에게 뇌물을 제공하고 본인의 진급을 청탁하였다는 등의 혐의로 내사에 착수하였다. 군사법경찰관은 재항고인의 사무실에서 재항고인으로부터 휴대전화를 임의제출받아 이를 복제한 후 그 복제파일도 같이 임의제출받아 압수하였고(제1처분), 휴대전화는 같은 날 가환부하였다.

군사법경찰관은 위 복제파일을 탐색하던 중 재항고인의 알선수재 등 별건 혐의에 관한 전자정보를 발견하여 해당 별건 혐의로 위 복제파일에 대한 압수·수색영장을 발부받았다. 군사법경찰관은 재항고인에게 전화하여 압수·수색영장이 발부된 사실이나 영장 기재 사항에 대해서는 고지하지 않은 채 '별건 수사와 관련하여 증거자료 확보를 위하여 재항고인의 복제파

---

16) 대법원 2017. 9. 21. 선고 2015도12400 판결
17) 대법원 2020. 4. 16. 자 2019모3526 결정
18) 대법원 2020. 11. 17. 자 2019모291 결정

일 등에 대하여 추가 압수를 진행하고자 하는데, 재항고인이 참여할 수 있고, 참여하고자 한다면 그 일정을 조율하겠다'고 고지하였다. 이에 재항고인은 '참여하지 않겠다'는 뜻을 밝혔다.

군사법경찰관은 국방부 검찰단 과학수사과에서 보관 중이던 위 복제파일 및 그에 대한 분석자료 파일을 복제하는 방법으로 압수하였으나(제2처분), 재항고인에게 그 압수목록을 작성·교부하지 않았다. 이후 군검찰은 별건 혐의에 관하여 재항고인과 참고인들을 상대로 추가 압수·수색영장을 발부받아 이를 집행하였다(제3처분).

나) 법원의 판단

법원은 재항고인이 복제파일을 임의제출하여 그것을 압수하였다고 하더라도 새로운 별건 혐의와 관련된 전자정보는 최초 임의제출물 압수(제1처분)의 대상이 아니므로 별건 혐의에 관하여 발부된 추가 압수·수색영장의 피압수자는 최초 임의제출물 압수 이전부터 해당 전자정보를 관리하고 있던 재항고인이라고 보았다. 즉, 군사법경찰관으로서는 피압수자인 재항고인에게 별건 혐의에 대한 영장을 집행하여 복제파일에 대한 압수·수색을 실시한다는 사실과 영장의 필요적 기재사항 및 그와 일체를 이루는 사항을 충분히 알 수 있도록 영장을 제시하였어야 하고, 현실 제시가 곤란한 경우 영장 발부 사실 및 영장의 필요적 기재 사항 등을 피압수자인 재항고인에게 고지하는 등의 방법으로 제시하였어야 한다고 본 것이다.

군사법경찰관은 재항고인에게 전화하여 '별건으로 이 사건 복제파일에 대한 추가 압수를 실시한다'는 사실을 고지하면서도 이 사건 영장이 발부된 사실이나 위 영장에 기재된 사항에 대해서는 아무런 고지를 하지 않은 상태에서 이 사건 영장을 집행하였는바, 법원은 이것이 압수·수색영장의 제시 없는 집행으로서 군사법원법 제258조, 제159조를 위반한 위법이 있다고 판단했다.

4) 정보저장매체 원본을 현장에서 반출할 당시 피의자가 현장에 없어 영장을 제시할 수 없었던 경우 후속 선별 절차에서 영장 제시가 필요하다고 본 사례[19)]

가) 사실관계

H언론사 보도본부 사회부 소속 기자인 피의자의 휴대전화 등 압수 대상이 자체 진상조사 등 목적으로 H언론사 사무실 금고에 보관되어 있었는데, 이에 대한 압수·수색영장의 집행이 기자들의 농성 등으로 인해 지연되던 중, H언론사 보도본부 부본부장 N이 피의자의 휴대전화 등 압수 대상물을 반출한 후 제3의 장소(호텔)에서 검사를 만나 해당 압수 대상물을 제출한 사안이다.

피의자는 수사기관이 H언론사 사무실에 대하여 압수·수색영장의 집행에 착수한 사실은 알고 있었으나, 후속 선별 절차에 참여할 것을 통지받아 참관실에 입장할 때까지 압수·수색영장을 제시받지 못하였음은 물론 N에 의하여 자신의 휴대전화 등 압수물이 수사기관으로 반출된 사실조차 모르고 있었다. 이에 피의자와 변호인이 압수 장소가 H언론사가 아닌 제3의 장소(호텔)인 점 등에 대하여 이의를 제기하며 압수·수색영장의 제시를 요구하였으나 검사는 이를 거부하면서 '압수물이 보관 중인 제3의 장소'도 '수색할 장소'로 영장에 기재되어 있다고만 설명하였다.

나) 법원의 판단

법원은 영장 집행 절차에 참여할 권한을 갖는 피의자와 변호인에게 압수·수색영장의 필요적 기재 사항 및 그 일체를 이루는 사항을 충분히 알 수 있도록 영장을 제시하였어야 함에도 피의자와 변호인이 영장 집행 효력에 이의를 제기하면서 영장 제시를 요구하고 마침내 참관을 거부하고 떠날 때까지 영장을 제시하지 않았다고 보아 압수 절차가 전체적으로 위법하다고 판단했다.[20)]

---

19) 서울중앙지방법원 2020. 7. 24. 자 2020보7 결정(대법원 2020. 11. 13. 자 2020모2485 결정으로 확정)

20) 피의자 측은 검사가 영장을 전혀 제시하지 않았다고 주장했으나, 검사는 영장을 보여주며 '피압수자 또는 형사소송법 제123조에 정한 참여인의 진술 등에 의하여 압수할 물건이 다

바 영장을 적법하게 제시한 사실의 증명 정도

1) 압수·수색영장이 한 통만 발부된 상태에서 여러 곳에서 동시에 집행되었으나 어느 곳에서 원본이 제시되었는지 불분명한 경우[21]

수사기관이 영장을 한 통만 발부받아 동시에 서로 다른 두 곳(서울과 울산)에서 집행하였는데 어느 곳에서 영장 원본이 제시되었는지 명확하지 않았던 사안에서 법원은 두 곳에서의 압수가 모두 위법하다고 보았다.

압수조서 상 서울에서 영장을 집행한 사람으로 기재되어 있는 경찰관 Y가 법원에 출석하여 '서울에서 영장을 집행할 때 원본을 제시하였다'는 취지로 증언하였고 서울사무실 관련 압수조서에도 Y가 압수·수색을 집행한 것으로 기재되어 있기는 하였으나, 서울사무실에서 압수한 물건이 울산사무실 관련 압수조서에 기재되어 있는 등 압수조서의 진정성, 신뢰성을 담보할 수 없는 정황이 발견되었던 사안이다.

법원은 판결 이유에서 "객관적 자료의 뒷받침 없이 압수·수색처리자의 진술에 따라 압수·수색영장 원본과 사본의 집행을 쉽게 구분하여 인정해 버리면 수사기관으로 하여금 공소사실 입증에 보다 적합하다고 판단되는 증거들을 선택할 수 있는 기회를 부여하는 셈이 되어 허용될 수 없다."고 지적하였다.

른 장소에 보관되어 있음이 확인되는 경우 그 보관 장소'라는 문구가 기재된 사실을 확인시켜 주었다고 주장하였다. 그러나 법원은 압수물의 반출로 중지되었던 영장 집행이 재개된 이상 H언론사에서의 영장 집행에 참여하지 아니하여 영장 제시를 받지 못한 피의자에게 압수·수색영장의 필요적 기재 사항 및 그 일체를 이루는 사항을 충분히 알 수 있도록 영장을 제시하였어야 하므로 설령 위 '수색 장소 제한 문구' 부분을 제시하였더라도 이를 충분한 제시로 보기 어렵다는 취지로 판단했다.

21) 울산지방법원 2020. 8. 13. 선고 2019노138 판결(대법원 2021. 7. 29. 선고 2020도12087 판결로 확정)

2) 각기 다른 장소를 대상으로 별도의 압수·수색영장이 발부되었으나 각각의 압수·수색 장소에 상응하는 영장이 올바로 제시되었는지 불분명한 경우[22)]

이 경우도 법원은 두 곳에서의 압수가 모두 위법하다고 보았다. A의 M社에 대한 횡령, 배임 등 혐의사실로 A가 운영하는 개인회사들의 사무실(서울서부지방법원 2018-10134호)과 A의 주거지(서울서부지방법원 2018-10135호)에 대하여 각각 별도의 압수·수색영장이 발부된 사안이다. 주거지와 사무실에 대한 압수·수색은 거의 동시에 시작되었는데, '주거지'에 대한 압수·수색은 검찰수사관 DE가 A와 함께, '사무실'에 대한 압수·수색은 검찰수사관 DK가 R(A가 운영하는 개인회사인 H社의 재무회계팀 과장)과 함께 각각 시작했다. A는 '주거지'에서의 압수·수색 종료 후 '사무실'로 이동하여 합류하였는데, '주거지'에서는 압수된 물건이 없었으나, '사무실'에서 A의 휴대전화가 외부로 반출되었고 R의 노트북·PC에 저장된 전자정보가 이미징 방식으로 압수되었다.

10134호 영장의 '수색·검증할 장소'는 '사무실'이었으나 그 '집행장소'란에는 '주거지' 주소가 기재되었고, 반대로 10135호 영장의 '수색·검증할 장소'는 '주거지'였으나 그 '집행장소'란에는 '사무실' 주소가 기재되었다. 검찰수사관이 작성한 각각의 장소에 관한 압수·수색영장 집행보고에는 모두 10134호 영장을 집행한 것으로 기재되었다.

2018-10134호	2018-10135호
[수색·검증할 장소, 신체 또는 물건] 1) ㈜N 사무실 및 부속 구역·방실 서울 용산구 Y 빌딩, 40층 서울 용산구 S아파트, BK호, BL호 2) ㈜H 사무실 및 부속구역·방실 서울 용산구 S아파트, 2층 3) ㈜BH 사무실 및 부속구역·방실 서울 용산구 S아파트, BL호 (이하 생략)	[수색·검증할 장소, 신체 또는 물건] 1) 피의자 A의 주거지 서울 용산구 S아파트, BF호 2) 피의자 A 및 압수·수색 현장에서 압수할 물건을 보유하고 있~~거나 이를 숨긴 것으로 상당한 의심이 드~~는 사람의 각 의복 및 신체 3) 피의자 A가 소유 또는 관리하거나 전속적으로 사용하는 차량

22) 서울고등법원 2022. 5. 18. 선고 2020노2058 판결(대법원 2022. 9. 15. 선고 2022도6686 판결로 확정)

검사는 검찰수사관이 단순 착오로 집행장소와 영장번호를 잘못 기재한 것일 뿐이라고 주장하였으나, 변호인은 "압수·수색에 참여한 검찰수사관들이 A의 주거지와 사무실에 관하여 동일한 압수·수색영장이 여러 통 발부된 것으로 오해한 나머지 '수색·검증할 장소'가 실제 집행장소와 다른 영장을 잘못 소지한 채 압수·수색을 실시하였고, 그 과정에서 이 사건 사무실에 있던 R에게는 DK가 주거지에 관한 10135호 영장을 제시하고 주거지에 있던 A에게는 DE가 사무실에 관한 10134호 영장을 제시하였으며, 그에 따라 각 영장의 '집행장소'란에 '수색·검증할 장소'와는 다른 주소가 기재되기에 이른 것"이라는 취지로 주장하였다.

가) A에 대한 영장 제시 여부

'주거지'에서 A에게 압수·수색영장이 제시된 사실에는 다툼이 없었으나 10134호와 10135호 둘 중 어느 영장이 제시되었는지 불분명했고, '사무실'에서는 A에게 따로 압수·수색영장이 제시되었는지 여부가 불분명했다.

압수·수색을 실시했던 검찰수사관들이 법원에 제출한 진술서에 의하면 'A가 사무실 현장에 있었기 때문에 통상의 영장 집행 방식에 따라 회사의 대표인 A에게도 영장을 제시하였을 것이라 생각한다'거나 '만약 사무실에서 압수할 물건이 있었다면 당연히 그 전에 영장을 제시하였을 것으로 생각된다'는 것이나, 법원은 "위 각 진술은 대부분 불분명한 기억에 따른 것이거나 통상적인 압수·수색영장 집행 방식을 근거로 한 추측에 불과하므로, 위 진술들만으로 이 사건 사무실에서 피고인 A에게 10134호 영장이 제시되었음을 인정하기는 어렵다."고 판단했다.

나아가 설령 '사무실'에서 A에게 영장이 제시되었다고 하더라도 그것은 10134호 영장이 아니라 수색·검증할 장소가 다른 10135호 영장일 가능성을 배제할 수 없는 이상 A에 대하여 적법한 영장 제시가 있었다고 인정할 수 없다고 보았다. '주거지'에서 A에게 10134호 영장을 제시하였다고 하더라도 그것은 잘못된 영장의 제시이므로 그 후에 장소를 옮겨 이루어진 '사무실'에서의 압수·수색에 관한 적법한 영장 제시라고 평가하기도 어렵다고 보았다.

나) R에 대한 영장 제시 여부

검찰수사관 DK는 '사무실'에 대한 압수·수색을 시작하면서 당시 그곳에 있던 R에게 압수·수색영장을 제시하였다고 진술하였으나, 법원은 "DK가 R에게 제시하였다는 압수·수색영장은 10134호 영장이 아니라 피고인 A의 주거지를 수색·검증할 장소로 정한 10135호 영장일 가능성을 배제할 수 없고, 그렇다면 R에 대하여 적법한 영장 제시가 있었다고 할 수 없다."고 판단했다. 또한, A의 주거지를 압수·수색한 후 사무실 압수·수색에 합류한 검찰수사관 DE가 당초 소지하고 있던 압수·수색영장(10134호 영장일 가능성이 있다)을 R에게 별도로 제시하였다는 진술이나 그와 같이 볼 만한 자료도 존재하지 않는다고 덧붙였다.

다) A와 R의 절차 협조 관련

A와 R은 '사무실'에 대한 압수·수색 과정에서 별다른 이의를 제기하지 않았고, 오히려 휴대전화 비밀번호를 알려 주거나 사무실 내에 있는 금고를 열어 주고 노트북·PC 이미징 작업을 참관한 후 현장조사보고서와 압수목록교부서에 서명하는 등 압수·수색절차에 협조하였다. 그러나 법원은 그러한 사정만으로 그들에게 10134호 영장이 적법하게 제시된 사실을 인정할 수는 없다고 보았다.

A로서는 이미 자신의 주거지에서 제시받은 영장의 효력이 사무실에서의 압수·수색에도 미치는 것으로 생각하였을 수 있고, R로서는 10135호 영장을 제시받고도 그 내용을 상세하게 살펴보지 않은 채 사무실을 압수·수색 장소로 정한 영장이라고 잘못 판단하였을 수도 있다는 점을 근거로 들었다.

사 영장 제시·교부 의무의 예외

처분을 받는 자가 현장에 없는 등 영장의 제시나 그 사본의 교부가 현실적으로 불가능한 경우 또는 처분을 받는 자가 영장의 제시나 사본의 교부를 거부한 때에는 예외적으로 영장 제시나 사본 교부 없이도 적법하게 영장을 집행할 수 있다(형사소송법 제118조 단서, 제219조).

법원도 피압수자들이 현장에 없었거나 수사관들에게 자신의 신분을 밝히지 않은 채 압수장소인 건물 밖에서 지켜보기만 했던 사안에서 압수·수색 당시 피압수자들에게 영장을 제시하지 않았다고 하여 이를 위법하다고 볼 수 없다고 판단하였다.[23]

대법원 2015. 1. 22. 선고 2014도10978 전원합의체 판결

3) 압수·수색절차에서 영장을 제시하지 않은 것이 위법하다는 등의 주장에 관하여

형사소송법 제219조가 준용하는 제118조는 "압수·수색영장은 처분을 받는 자에게 반드시 제시하여야 한다"고 규정하고 있으나, 이는 영장제시가 현실적으로 가능한 상황을 전제로 한 규정으로 보아야 하고, 피처분자가 현장에 없거나 현장에서 그를 발견할 수 없는 경우 등 영장제시가 현실적으로 불가능한 경우에는 영장을 제시하지 아니한 채 압수·수색을 하더라도 위법하다고 볼 수 없다.

원심은, 그 채택 증거를 종합하여 피고인 4의 주소지와 거소지에 대한 압수·수색 당시 피고인 4가 현장에 없었던 사실, 피고인 7과 관련한 ○○평생교육원에 대한 압수·수색 당시 ○○평생교육원 원장 공소외 3은 현장에 없었고 이사장 공소외 4도 수사관들에게 자신의 신분을 밝히지 않은 채 건물 밖에서 지켜보기만 한 사실 등을 인정한 다음, 수사관들이 위 각 압수·수색 당시 피고인 4와 ○○평생교육원 원장 또는 이사장 등에게 영장을 제시하지 않았다고 하여 이를 위법하다고 볼 수 없다고 판단하였다.

원심판결 이유를 위 법리와 적법하게 채택된 증거들에 비추어 살펴보면, 원심의 위와 같은 사실인정과 판단은 정당한 것으로 수긍할 수 있고, 거기에 상고이유 주장과 같이 압수·수색절차에서의 영장제시의무에 관한 법리를 오해하는 등의 위법이 없다.

아 피압수자 등의 권리 보호

압수·수색영장을 집행할 때는 타인의 비밀을 보호하여야 하며 처분받은 자의 명예를 해하지 아니하도록 주의하여야 한다(형사소송법 제116조). 검사와 사법경찰관은 압수·수색 과정에서 사생활의 비밀, 주거의 평온을 최대한

23) 대법원 2015. 1. 22. 선고 2014도10978 전원합의체 판결

보장하고, 피의자 및 현장에 있는 가족 등 지인들의 인격과 명예를 침해하지 않도록 유의해야 한다(수사준칙 제10조).

자 긴급압수·수색에 따른 사후영장의 경우

압수·수색영장의 제시에 관한 형사소송법 제118조는 사후에 영장을 받아야 하는 경우에 관한 형사소송법 제216조 등에 대하여는 적용되지 않는다는 것이 판례다.[24]

24) 대법원 2014. 9. 4. 선고 2014도3263 판결, 서울고등법원 2024. 7. 12. 선고 2023노3991 판결(대법원 2024. 10. 31. 선고 2024도11971 판결로 확정), 서울고등법원 2024. 12. 12. 선고 2024노1950 판결(대법원 2025. 3. 13. 선고 2024도20714 판결로 확정)

2

압수·수색의 장소적 범위와 원격지 압수·수색

2 압수·수색의 장소적 범위와 원격지 압수·수색

'압수할 물건'과 '수색할 장소·신체·물건'은 압수·수색영장의 필요적 기재 사항이고(형사소송법 제219조, 제114조 제1항 제3호, 제4호), 압수·수색영장의 집행은 영장 기재 범위 안에서만 적법하다.

헌법과 형사소송법이 구현하고자 하는 적법절차와 영장주의의 정신에 비추어 볼 때, 법관이 압수·수색영장을 발부하면서 기재한 문언은 엄격하게 해석하여야 하고, 함부로 피압수자 등에게 불리한 내용으로 확장 또는 유추해석하는 것은 허용될 수 없다.1) 영장을 발부한 법관이 삭선을 그어 명시적으로 기각한 부분은 특히 더 엄격하게 본다.2)

인터넷과 클라우드 서비스가 일반화됨에 따라 컴퓨터 등 정보처리장치를 이용한 작업 장소와 전자정보가 저장된 장소가 서로 멀리 떨어져 있는 경우가 흔하고, 심지어 국경을 넘는 경우도 적지 않다. 이 경우 압수·수색의 장소적 범위와 관련하여 특히 원격지 서버에 대한 압수·수색이 문제가 된다.

가 원격지 압수·수색

1) 외국계 이메일

수사기관이 적법한 압수·수색을 통해 피의자의 이메일 주소와 비밀번호를 알아낸 후 이를 기초로 별도의 영장을 발부받아 중국 회사가 제공하는 피의자의 위 이메일 계정에 접속하여 그 계정 내 자료들을 압수한 사안에서 법원은 ① 피의자의 컴퓨터에 저장되어 있는 이메일 등 전자정보를 압수·수색하는 것이 적법함은 물론 ② 압수·수색할 전자정보가 압수·수색영

1) 대법원 2009. 3. 12. 선고 2008도763 판결

2) 서울고등법원 2022. 5. 18. 선고 2020노2058 판결(대법원 2022. 9. 15. 선고 2022도6686 판결로 확정), 대법원 2022. 6. 30. 자 2020모735 결정(원심은 서울중앙지방법원 2020. 2. 21. 자 2019보9 결정), 서울고등법원 2022. 12. 7. 선고 2020노367 판결(대법원 2023. 11. 9. 선고 2022도16718 판결로 확정), 서울중앙지방법원 2025. 1. 13. 자 2022보7 결정(대법원 2025. 3. 18. 자 2025모264 결정으로 확정) 등

장에 기재된 수색장소에 있는 컴퓨터에 있지 아니하고 그와 정보통신망으로 연결되어 제3자가 관리하는 국외 원격지 서버에 저장되어 있는 경우에도 이를 적법하게 압수할 수 있다고 보았다. 다만, 원격지 서버에 저장된 전자정보를 수색장소 내 컴퓨터로 내려받거나 현출시키는 것이 인터넷서비스제공자가 인터넷서비스이용자인 피의자에게 허용한 접근 및 처분권한과 일반적 접속 절차에 기초한 것으로서 인터넷서비스제공자의 의사에 반하지 않는다고 보려면 ㉠ 피의자의 이메일 계정에 대한 접근권한에 갈음하는 영장을 발부받을 것, ㉡ 영장 기재 수색장소 안에 있는 컴퓨터 등 정보처리장치를 이용할 것, ㉢ 피의자가 접근하는 통상적인 방법에 따라 그 원격지의 저장매체에 접속할 것이 요구된다고 보았다.[3)]

2) 텔레그램

압수·수색영장에 압수·수색의 방법으로 "텔레그램 PC버전의 로그인 입력창에 피고인이 사용하던 '010-****-****' 휴대폰번호로 개통된 휴대전화로 전송된 인증번호를 입력하여 텔레그램 서버에 저장되어 있는 자료를 컴퓨터로 다운로드 받음"이라고 기재된 사안에서 법원은 수사기관의 컴퓨터를 통해 피의자의 텔레그램 계정에 접속하여 텔레그램 서버에 저장된 대화내용을 내려받는 것도 적법한 압수·수색의 방법이 된다고 판단하였다.[4)]

3) 클라우드 서버

가) 클라우드 계정 아이디와 비밀번호를 수사기관에 임의로 제공한 경우

법원은 피의자가 휴대전화를 임의제출하면서 클라우드 등 제3자가 관리하는 원격지에 저장된 전자정보를 수사기관에 제출한다는 의사로 수사기관

---

3) 대법원 2017. 11. 29. 선고 2017도9747 판결

4) 수원지방법원 2021. 4. 15. 선고 2019고단936, 3465, 4142 판결(항소심인 수원지방법원 2021. 10. 5. 선고 2021노2564 판결에 의해 파기되었으나 그 이유는 검사의 공소사실 변경과 죄수관계에 대한 법리오해로 압수·수색의 적법성과는 무관하였다. 위 항소심 판결은 상고심인 대법원 2021. 12. 30. 선고 2021도14184 판결에서 상고를 기각함에 따라 확정되었다.)

에게 클라우드 아이디와 비밀번호를 임의로 제공하였다면 위 클라우드 등에 저장된 전자정보 자체를 임의제출한 것으로 보아 수사기관이 해당 클라우드 서버에 접속하여 내려받은 전자정보의 증거능력을 인정한 바 있다.[5)]

나) 법관이 영장을 발부하면서 '압수할 물건' 중 클라우드 서버에 보관된 전자정보 등 일부를 기각하였음에도 가상 데스크톱 인프라(VDI) 서버를 수색한 사례[6)]

피압수자는 VDI[7)] 시스템을 구축한 회사였다. 직원들은 부여된 아이디와 비밀번호를 입력하여 가상 데스크톱에 접속한 후 업무를 수행하고, 소속 팀이 가상 데스크톱에서 활용하는 팀룸(TeamRoom) 폴더에 업무 자료를 보관하여 팀원들과 공유하였다. 업무 자료는 업무용 컴퓨터 자체에는 저장되지 않고, VDI 서버에 저장되었다.

수사기관이 발부받은 영장(제1차 영장)은 아래와 같이 '압수할 물건'에 "클라우드, 웹하드, 전산망 서버에 보관된 전자정보" 부분이 일부 기각된 것이었으나 수사기관은 위 VDI 서버 내 팀룸 폴더를 탐색하였고, 거기서 사건과 관련이 있어 보이는 이메일을 발견하였다.

> ~~바) 이 사건 피의자들이 범죄행위에 제공되었거나, 경력직 채용과 관련된 업무자료 또는 유출된 □□□□의 기술자료가 저장되어 있는 클라우드, 웹하드, 전산망 서버에 보관된 전자정보, 전자우편~~

---

5) 대법원 2021. 7. 29. 선고 2020도14654 판결, 대전고등법원 2021. 9. 14. 선고 2021노114 판결(대법원 2022. 2. 10. 선고 2021도13276 판결로 확정)

6) 대법원 2022. 6. 30. 자 2020모735 결정(원심은 서울중앙지방법원 2020. 2. 21. 자 2019보9 결정)

7) 가상 데스크톱 인프라(Virtual Desktop Infrastructure, VDI)는 중앙 서버에서 가상 데스크톱을 생성하고 관리하는 소프트웨어 도구이고, 가상 데스크톱은 실제 데스크톱 컴퓨터를 모방하는 소프트웨어 애플리케이션이다. 사용자는 다양한 기기로 인터넷을 통해 중앙 서버에서 생성한 가상 데스크톱에 접근할 수 있어 원격 근무 환경이 구축되고, VDI 환경에서는 중앙 서버에서 전체 인프라를 통제하므로 보안 유지에도 효과적이다.
[설명 출처] https://aws.amazon.com/ko/what-is/vdi/ (2025. 3. 1. 방문)

수사기관은 위 팀룸 폴더에서 발견된 이메일을 선별하여 피압수자 회사 직원으로 하여금 별도 USB에 저장·봉인하여 보관하게 한 후 제1차 영장 집행을 중지하고, '압수할 물건'에 'VDI 서버와 팀룸 폴더에 저장된 전자정보'가 포함된 압수·수색영장(제2차 영장)을 발부받아 팀룸 폴더에서 전자정보를 압수하였다. 제2차 영장 청구 당시 수사기관은 '압수·수색·검증을 필요로 하는 사유'로 VDI 서버 내 팀룸 폴더에서 위 이메일이 발견된 점을 들었다.

그러나 법원은 제2차 영장의 집행에 따른 압수가 위법하다고 보았다. 제1차 영장을 발부할 당시 판사가 '클라우드 저장 전자정보' 부분을 기각하였음이 명백하므로 클라우드에 대해서는 수색도 허용되지 않는다는 이유에서다. 제1차 영장 집행 당시 수사기관이 VDI에 접속된 업무용 컴퓨터를 통해 팀룸 폴더에서 파일을 탐색하여 내용을 확인하고 보존조치를 한 것은 영장에서 허용한 수색의 범위를 넘어선 것으로 위법하고, 제2차 영장에 의한 압수는 제1차 영장 집행 당시 위법한 수색으로 알게 된 사정을 토대로 한 것이어서 위법하다고 지적했다.

특히 전자정보의 압수·수색과 관련하여 아래와 같은 법리를 설시했고, 이는 후속 판결들에도 그대로 원용되었다.

대법원 2022. 6. 30. 자 2020모735 결정

헌법과 형사소송법이 구현하고자 하는 적법절차와 영장주의의 정신에 비추어 볼 때, 법관이 압수·수색영장을 발부하면서 '압수할 물건'을 특정하기 위하여 기재한 문언은 엄격하게 해석해야 하고, 함부로 피압수자 등에게 불리한 내용으로 확장해석 또는 유추해석을 하는 것은 허용될 수 없다(대법원 2009. 3. 12. 선고 2008도763 판결 참조).

압수할 전자정보가 저장된 저장매체로서 압수·수색영장에 기재된 수색장소에 있는 컴퓨터, 하드디스크, 휴대전화와 같은 컴퓨터 등 정보처리장치와 수색장소에 있지는 않으나 컴퓨터 등 정보처리장치와 정보통신망으로 연결된 원격지의 서버 등 저장매체(이하 '원격지 서버'라 한다)는 소재지, 관리자, 저장 공간의 용량 측면에서 서로 구별된다. 원격지 서버에 저장된 전자정보를 압수·수색하기 위해서는 컴퓨터 등 정보처리장치를 이용하여 정보통신망을 통해 원격지 서버에 접속하고 그곳에 저장되어 있는 전자정보를 컴퓨터 등 정보처리장치로 내려 받거나 화면에 현출시키는 절차가 필요하므로, 컴퓨터 등 정보처리장치 자체에 저장된 전자정보와 비교하여 압수·수색의 방식에 차이가 있다. 원격지 서버에 저장되어 있는 전자정보와 컴퓨터 등 정보처리장치에 저장되어 있는 전자정보는 그 내용이나 질이 다르므로 압수·수색으로 얻을 수 있는 전자정보의 범위와 그로 인한 기본권 침해 정도도 다르다.

따라서 수사기관이 압수·수색영장에 적힌 '수색할 장소'에 있는 컴퓨터 등 정보처리장치에 저장된 전자정보 외에 원격지 서버에 저장된 전자정보를 압수·수색하기 위해서는 압수·수색영장에 적힌 '압수할 물건'에 별도로 원격지 서버 저장 전자정보가 특정되어 있어야 한다. 압수·수색영장에 적힌 '압수할 물건'에 컴퓨터 등 정보처리장치저장 전자정보만 기재되어 있다면 컴퓨터 등 정보처리장치를 이용하여 원격지 서버 저장 전자정보를 압수할 수는 없다.

다) 영장의 '압수할 물건'에 원격지 서버 저장 전자정보가 기재되어 있지 않았던 사례[8)]

수사기관이 피의자를 사기 혐의로 조사하는 과정에서 임의제출받은 피의자의 휴대전화에서 불법 촬영물로 의심되는 사진과 동영상을 발견하자 영장을 발부받아 피의자의 주거지를 압수·수색한 사안이다. 영장에 기재된 '압수할 물건'은 '여성의 신체를 몰래 촬영한 것으로 판단되는 사진, 동영상 파일이 저장된 컴퓨터 하드디스크 및 외부 저장매체'였고, '수색할 장소'는 피의자의 주거지였다. 수사기관은 위 영장을 집행하여 피의자의 주거지에서 휴대전화를 발견(위 임의제출받은 휴대전화와 다른 별개의 것)하여 이를 압수하였고, 그 휴대전화가 특정 클라우드 계정에 로그인되어있는 상태를 이용하여 해당 클라우드 서버에서 사진과 동영상을 내려받아 압수하였다.

법원은 "수사기관이 압수·수색영장에 적힌 '수색할 장소'에 있는 컴퓨터 등 정보처리장치에 저장된 전자정보 외에 원격지 서버에 저장된 전자정보를 압수·수색하기 위해서는 압수·수색영장에 적힌 '압수할 물건'에 별도로 원격지 서버 저장 전자정보가 특정되어 있어야 한다."고 보아 "압수·수색영장에 적힌 '압수할 물건'에 컴퓨터 등 정보처리장치 저장 전자정보만 기재되어 있다면 컴퓨터 등 정보처리장치를 이용하여 원격지 서버 저장 전자

8) 대법원 2022. 6. 30. 선고 2022도1452 판결

정보를 압수할 수는 없다."고 판단했다. 결국 클라우드에서 발견한 불법 촬영물은 물론 이를 제시하여 수집한 관련자들의 진술까지 모두 증거능력을 부정하였다.

라) 법관이 영장을 발부하면서 원격지 부분을 명시적으로 기각한 사례[9)]

법관이 검사의 청구에 따라 특정 회사의 사무실과 전산 서버가 보관되어 있는 장소에 대한 압수·수색영장을 발부하면서 '수색할 장소'와 관련하여 ① '전산서버가 보관되어 있는 장소' 앞에 '위 건물 내'의 기재를 추가하고, ② '사무실, 전산실' 앞에 '위 건물 내'의 기재를 추가하고, 그 뒤에 있는 '외부에 위탁한 경우 외부 업체 포함'이라는 기재는 삭제하는 것으로 수정하고, 각 첨삭 부분에 날인한 다음, 압수·수색의 장소를 일부 기각하는 취지로 압수·수색영장을 발부하였음에도 수사기관이 국외 원격지 클라우드 시스템 서버 내 전자정보를 압수·수색한 사안이다.

수색·검증할 장소, 신체 및 물건

○ [ ] 주식회사 사무실 및 전산서버

- 서울 강남구 [ ] [ ] 주식회사 사무실 및 전산서버가 보관되어 있는 장소 (위 건물내)
- 본건 범죄사실 관련된 [ ](주) 회사 전자메일, 메신저, 전자결재문서 등 '압수할 물건'이 저장되어 있는 서버를 관리·접속하거나 서버가 설치된 사무실, 전산실~~(외부에 위탁한 경우 외부 업체 포함)~~ (위 건물내)

법원은 "수사기관이 압수·수색영장에 적힌 '수색할 장소'에 있는 컴퓨터 등 정보처리장치에 저장된 전자정보 외에 원격지 서버에 저장된 전자정보를 압수·수색하기 위해서는 압수·수색영장에 적힌 '압수할 물건'에 별도로 원격지 서버 저장 전자정보가 특정되어 있어야 한다."라는 기존 판례의 법리를 원용한 후, ① 이 사건 영장의 '압수할 물건'에 별도로 '원격지 서버

9) 서울고등법원 2022. 12. 7. 선고 2020노367 판결(대법원 2023. 11. 9. 선고 2022도16718 판결로 확정)

저장 전자정보'가 특정되어 있지 않은 점, ② 이 사건 영장을 발부한 판사가 '수색·검증할 장소'의 일부를 기각하는 취지에서 '전산서버가 보관되어 있는 장소'와 '서버를 관리·접속하거나 서버가 설치된 사무실' 부분을 모두 해당 회사 사무실 건물 내로 한정하면서 '외부에 위탁한 경우 외부 업체 포함' 부분은 삭제한 점 등을 근거로 수사기관이 원격지 클라우드 시스템 서버에 저장된 데이터베이스에서 전자정보를 압수한 것은 영장에서 허용한 압수의 범위를 넘어선 것으로서 위법하다고 보고 위와 같이 압수된 전자정보는 증거능력이 없다고 판단하였다.

관련하여 검사는 이 사건 영장의 '압수·수색·검증을 필요로 하는 사유'란 말미에 "구체적인 압수·수색을 필요로 하는 사유는 2018. 5. 4. 자 수사보고(압수·수색의 필요성 보고) 기재 내용과 같습니다."라고 되어 있고 위 수사보고에 '서버(클라우드 서버 포함)'라는 내용이 있으므로 위 영장으로 압수할 수 있는 대상에 원격지 서버 저장 전자정보가 포함된다고 주장하였다. 그러나 법원은 위 수사보고서가 증거로 제출된 바도 없을뿐더러 위 수사보고의 내용은 검사가 영장을 청구할 때 참고로 기재한 부분에 불과하여 영장의 내용에 포함된다고 볼 수도 없다는 이유로 위와 같은 검사의 주장을 배척하였다.

나 휴대전화 압수·수색

전자정보의 압수·수색에 있어 원칙은 '현장 선별'이다. 정보저장매체의 '원본 반출'은 '현장 선별'은 물론 '복제본 반출'마저 불가능하거나 현저히 곤란하다는 2단의 예외 요건을 충족해야 적법하다. 그러나 휴대전화 압수·수색의 경우 실무상 '원본 반출'이 원칙처럼 운용되고 있다.

스마트폰의 등장과 디지털 포렌식 기술의 발달로 이제 증거의 왕은 더 이상 '자백'이 아니라 '휴대전화'인 시대가 되었다. 휴대전화에는 통화녹음, 메신저 대화 등 교신 내역은 물론, 연락처, 일정표, 메모의 내용과 그 생성·열람·삭제 정보, 소셜미디어 활동 정보, 방문한 인터넷 사이트나 입력한 검색어 정보, 문서·사진·동영상 파일 및 이를 생성·다운로드·송신·수신·열람·공유한 정보 등이 각각의 행위별 시간과 장소 정보까지 포함한 형태로 저장되어 있다. 정보의 민감도 측면에서도 개인의 사생활, 건강 상태, 의료기록, 금융거래 등 가장 내밀한 영역의 정보들이 포함되어 있을 가능성이 크다. 인터넷이나 클라우드 서비스 등과의 연결을 고려하면 휴대전화를 통해 확보할 수 있는 전자정보의 범위는 더욱 확장된다.

이러한 문제의식에 기초하여 최근 휴대전화의 압수·수색에 대하여 그 적법성을 엄격하게 판단한 사례들이 발견되는바, 아래에서 본다.

1) 휴대전화를 압수·수색하기 위해서는 압수·수색영장의 '압수할 물건'에 명시적인 기재가 필요하다고 본 사례[10)]

가) 사실관계

사법경찰관이 '압수할 물건'에 '정보처리장치(컴퓨터, 노트북, 태블릿 등) 및 정보저장매체(USB, 외장하드 등)에 저장되어 있는 본건 범죄사실에 해당하는 회계, 회의 관련 전자정보'라고 기재된 압수·수색영장을 집행하여 준항고인의 휴대전화를 압수한 사안이다.

나) 법원의 판단

법원은 '압수할 물건'에 '휴대전화'가 명시적으로 기재되어 있지 않다면 휴대전화에 저장된 전자정보를 압수할 수 없으므로 위 압수·수색영장에 의해 준항고인의 휴대전화를 압수·수색한 것은 위법하다고 보았다.

대법원 2024. 9. 25. 자 2024모2020 결정

헌법과 형사소송법이 구현하고자 하는 적법절차와 영장주의의 정신에 비추어 볼 때, 법관이 압수·수색영장을 발부하면서 '압수할 물건'을 특정하기 위하여 기재한 문언은 엄격하게 해석해야 하고, 함부로 피압수자 등에게 불리한 내용으로 확장해석 또는 유추해석을 하는 것은 허용될 수 없다(대법원 2009. 3. 12. 선고 2008도763 판결 등 참조).

10) 대법원 2024. 9. 25. 자 2024모2020 결정

휴대전화는 정보처리장치나 정보저장매체의 특성을 가지고 있기는 하나, 기본적으로 통신매체의 특성을 가지고 있어 컴퓨터, 노트북 등 정보처리장치나 USB, 외장하드 등 정보저장매체와는 명확히 구별되는 특성을 가지고 있다. 휴대전화, 특히 스마트폰에는 전화·문자메시지·SNS 등 통신, 개인 일정, 인터넷 검색기록, 전화번호, 위치정보 등 통신의 비밀이나 사생활에 관한 방대하고 광범위한 정보가 집적되어 있다. 이와 같이 휴대전화에 저장된 전자정보는 컴퓨터나 USB 등에 저장된 전자정보와는 그 분량이나 내용, 성격 면에서 현저한 차이가 있으므로, 휴대전화에 대한 압수·수색으로 얻을 수 있는 전자정보의 범위와 그로 인한 기본권 침해의 정도도 크게 다르다.

따라서 압수·수색영장에 기재된 '압수할 물건'에 휴대전화에 저장된 전자정보가 포함되어 있지 않다면, 특별한 사정이 없는 한 그 영장으로 휴대전화에 저장된 전자정보를 압수할 수는 없다고 보아야 한다.

대법원은 이 사건에서 '압수할 물건'에 '휴대전화에 저장된 전자정보'는 기재되어 있지 않고, 압수·수색영장 청구서의 다른 부분들에도 준항고인의 휴대전화와 사건의 관련성에 대한 기재가 없으며, 준항고인이 범행에 휴대전화를 이용하였다는 등 준항고인의 휴대전화와 사건의 관련성을 인정할 만한 자료도 없으므로 '압수할 물건'에 휴대전화가 포함된다고 해석하기 어렵다고 판단했다.

이 사건의 원심[11]은 준항고인의 휴대전화가 영장의 '압수할 물건'에 기재된 '정보처리장치' 또는 '정보저장매체'에 해당한다는 이유로 이 사건 준항고를 기각하였으나, 대법원은 원심과 같이 해석하면 "수사기관의 자의적인 해석에 따라 압수·수색의 범위가 지나치게 확대될 수 있으므로 일반영장금지 원칙에 위배될 여지가 있다"고 지적했다.

11) 춘천지방법원 2024. 5. 28. 자 2024보1 결정

2) 휴대전화 압수·수색과 관련하여 ① '압수할 물건'의 기재 문제, ② '압수·수색의 대상 및 방법의 제한' 위반 문제(포괄압수 문제), ③ 전자정보 상세목록 교부 의무 위반의 문제를 종합적으로 판단한 사례[12)]

가) 사실관계

수사기관은 피고인 A의 횡령 및 배임 혐의에 관하여 2통의 압수·수색영장(서울서부지방법원 2018-10134호, 2018-10135호)을 발부받았고, 압수할 물건과 수색할 장소의 기재는 아래와 같다.

2018-10134호	2018-10135호
[압수할 물건]	[압수할 물건]
1. 범죄사실과 관련하여, 계약·사업·대출·회사운영·자금·의사결정 관련 서류 및 물건, 장부, 회의록 보고서, 회계장부, 전표, 정산서, 분개장 등 회계 자료, 입출금 현황, 통장, 계좌 관련 서류, 내부 문서, 도면, 사진, 공문, 수첩, 다이어리, 네모, ~~이메일~~, 명함, 달력, 일정표, 편지, 서신, 일지, 조직도, 연락처, 일기장, 금고(금고 자체는 현장에서 개봉이 현저히 곤란하거나 개봉을 거부하는 경우)	1. 범죄사실과 관련하여, 계약·사업·대출·회사운영·자금·의사결정 관련 서류 및 물건, 장부, 회의록 보고서, 회계장부, 전표, 정산서, 분개장 등 회계 자료, 입출금 현황, 통장, 계좌 관련 서류, 내부 문서, 도면, 사진, 공문, 수첩, 다이어리, 네모, 이메일, 명함, 달력, 일정표, 편지, 서신, 일지, 조직도, 연락처, 일기장, 금고(금고 자체는 현장에서 개봉이 현저히 곤란하거나 개봉을 거부하는 경우)
2. 범죄사실과 관련하여, ㈜M, ㈜H, ㈜F, J㈜, ~~㈜BG 및 ㈜BB~~, ㈜BH이 관리·운영·사용 중인 서버에 보관된 피의자 A, C, B, AQ, ~~BI, BJ, R~~의 이메일(수·발신 일시 및 계정, 첨부파일 포함), 메신저 대화내용, 쪽지함 보관내용(개인함, 휴지통, 헤더 포함)	2. 위 제1항의 각 자료가 저장·수록된 컴퓨터(노트북 포함), 주변 기기, 서버(서버와 연동된 백업서버가 외부에 존재하는 경우 백업서버 포함) 등 전산장비, 외장 하드디스크, 플로피디스크, 저장매체(CD, DVD 등), USB 메모리 등 이동형 저장장치 및 그 파일 출력물
3. 위 제1, 2항의 각 자료가 저장·수록된 컴퓨터(노트북 포함), 주변 기기, 서버(서버와 연동된 백업서버가 외부에 존재하는 경우 백업서버 포함) 등 전산장비, 외장 하드디스크, 플로피디스크, 저장매체(CD, DVD	3. 피의자 A가 보유·보관·사용하는 휴대전화 또는 통화(또는 문자나 채팅 등) 가능한 태블릿PC 및 ~~휴대전화와 태블릿PC~~ 에 저장된 범죄사실과 관련된 문자메시지, ~~연락처, 일정표, 사진, 동영상~~, 녹음파일,

12) 서울고등법원 2022. 5. 18. 선고 2020노2058 판결(대법원 2022. 9. 15. 선고 2022도6686 판결로 확정)

등), USB 메모리 등 이동형 저장장치 및 그 파일 출력물 4. 피의자 A, ~~C, B, AQ, BI, BJ~~가 보유·보관·사용하는 휴대전화 또는 통화(또는 문자나 채팅 등) 가능한 태블릿PC ~~및 휴대전화와 태블릿PC~~에 저장된 범죄사실과 관련된 문자메시지, ~~연락처, 일정표, 사진, 동영상~~, 녹음파일, 카카오톡 등 SNS 메시지 등 전자정보	카카오톡 등 SNS 메시지 등 전자정보
[수색·검증할 장소, 신체 또는 물건] 1) ㈜N 사무실 및 부속 구역·방실 서울 용산구 Y 빌딩, 40층 서울 용산구 S아파트, BK호, BL호 2) ㈜H 사무실 및 부속구역·방실 서울 용산구 S아파트, 2층 3) ㈜BH 사무실 및 부속구역·방실 서울 용산구 S아파트, BL호 (이하 생략)	[수색·검증할 장소, 신체 또는 물건] 1) 피의자 A의 주거지 서울 용산구 S아파트, BF호 2) 피의자 A 및 압수·수색 현장에서 압수할 물건을 보유하고 있~~거나 이를 숨긴 것으로 상당한 의심이 드~~는 사람의 각 의복 및 신체 3) 피의자 A가 소유 또는 관리하거나 전속적으로 사용하는 차량

수사기관은 위 영장을 집행하여 피고인 A의 휴대전화 기기 원본을 반출한 후 디지털 포렌식을 거쳐 피고인 A에게 아래와 같은 전자정보목록 엑셀 파일이 첨부된 이메일을 전송하였다.

연번	파일명	파일 경로	파일 크기 (Bytes)	해시값 (SHA1)
1	Manifest.plist	〈삭제처리〉	72,235	〈삭제처리〉
2	applicationState.db		884,736	
3	applicationState.db-shm		32,768	
4	applicationState.db-wal		2,842,832	
5	CellularUsage.db		45,056	
6	com.apple.wifi.plist		25,848	
7	com.apple.commcenter.plist		841	
8	Talk.sqlite		5,922,816	

연번	파일명	파일 경로	파일 크기 (Bytes)	해시값 (SHA1)
9	deviceinfo.xml	〈삭제처리〉	4,827	〈삭제처리〉
10	flipboardAccount.archive		2,290	
11	com.apple.iBooks.plist		2,025	
12	com.burbn.instagram.plist		14,378	
13	sms.db		18,870,272	
14	SharedTalk.sqlite		2,895,872	
15	Message.sqlite		23,306,240	
16	fbomnistore.db		2,289,664	
17	Recordings.db		36,864	

이후 검사는 피고인 A의 휴대전화에 저장된 문자메시지, 카카오톡 채팅 메시지 등 전자정보를 기초로 수사를 진행하여 추가 진술과 증거들을 확보하였다.

나) 압수·수색영장에 기재되지 않은 물건의 압수

법원은 '압수할 물건'의 기재 문언은 엄격하게 해석하여야 한다는 법리에 따라 수사기관이 피고인 A의 휴대전화를 압수·수색 현장에서 수사기관의 사무실로 반출한 행위는 압수·수색영장의 문언을 위반한 것이라고 보았다. 그 판단의 근거는 아래와 같다.

- 판사는 압수·수색영장을 발부하면서 검사가 영장청구서에 기재한 '압수할 물건' 제4항 중에서 '휴대전화 또는 통화(또는 문자나 채팅 등) 가능한 태블릿PC에 저장된 범죄사실과 관련된 문자메시지, 녹음파일, 카카오톡 등 SNS 메시지 전자정보'만을 남기고 '휴대전화와 태블릿PC'라는 문구를 삭제하였다.
- 영장 별지 '압수대상 및 방법의 제한'의 문언과 형사소송법 규정(제219조, 제106조 제3항)을 종합하면 피고인 A의 휴대전화 자체를 이 사건 사무실 이외의 장소로 반출하는 것이 절대적으로 허용되지 않는다고 볼

수는 없다. 그러나 이 사건에서는 기기 원본 반출이 허용되는 예외적 사정(현장 선별이나 복제본 반출이 현저히 곤란함)을 인정할 만한 증거가 없고, 수사기관이 원칙적인 방법을 시도한 흔적도 찾아볼 수 없다.

• 검사는 '휴대전화(에 저장된 전자정보)의 현장 선별 압수는 물리적·시간적·기술적인 측면에서의 제약사항으로 인해 사실상 불가능하고 경우에 따라 압수의 목적을 달성하기 어려울 수도 있으므로 휴대전화 자체의 반출이 허용되는 예외 사유에 해당한다'는 취지로 주장할 뿐 영장 집행 현장에서 휴대전화에 저장된 전자정보 전부의 복제본 획득이 불가능하거나 현저히 곤란하였다는 점에 관하여는 아무런 주장을 하지 않았다.

다) 포괄압수(압수·수색의 대상 및 방법 제한 위반)

법원은 전자정보의 압수 방법에 관한 법리에 따라 당시 피고인 A의 휴대전화를 직접 소재지에서 반출할 수 있는 예외적인 사정이 있었더라도 수사기관 사무실에서의 전자정보 복제 행위가 혐의사실 관련성에 관한 구분 없이 포괄적으로 이루어져서 위법하다고 보았다. 이 부분 판시는 휴대전화 압수·수색 실무 관행에 비추어 중요한 내용을 담고 있으므로 원문을 그대로 인용한다.

서울고등법원 2022. 5. 18. 선고 2020노2058 판결
(대법원 2022. 9. 15. 선고 2022도6686 판결로 확정)

3) 포괄압수(압수·수색의 대상 및 방법 제한 위반)[22]

가) 관련 법리

수사기관의 전자정보에 대한 압수·수색은 원칙적으로 영장 발부의 사유로 된 범죄 혐의사실과 관련된 부분만을 문서 출력물로 수집하거나 수사기관이 휴대한 저장매체에 해당 파일을 복제하는 방식으로 이루어져야 하고, 저장매체 자체를 직접 반출하거나 그 저장매체에 들어 있는 전자파일 전부를 하드카피나 이미징 등 형태의 복제본으로 수사기관 사무실 등 외부로 반출하는 방식으로 압수·수색하는 것은 현장의 사정이나 전자정보의 대량성으로 인하여 관련 정보 획득에 긴 시간이 소요되거나 전문인력에 의한 기술적 조치가 필요한 경우 등 범위를 정하여 출력 또는 복제하는 방법이 불가능하거나 압수의 목적을 달성하기에 현저히 곤란하다고 인정되는 때에 한하여 예외적으로 허용될 수 있을 뿐이다.

이처럼 저장매체 자체 또는 적법하게 획득한 복제본을 탐색하여 혐의사실과 관련된 전자정보를 문서로 출력하거나 파일로 복제하는 일련의 과정 역시 전체적으로 하나의 영장에 기한 압수·수색의 일환에 해당하므로, 그러한 경우 문서 출력 또는 파일 복제의 대상 역시 저장매체 소재지에서의 압수·수색과 마찬가지로 혐의사실과 관련된 부분으로 한정되어야 함은 헌법과 형사소송법의 적법절차 및 영장주의 원칙이나 비례의 원칙에 비추어 당연하다. 따라서 수사기관 사무실 등으로 반출된 저장매체 또는 복제본에서 혐의사실 관련성에 대한 구분 없이 임의로 저장된 전자정보를 문서로 출력하거나 파일로 복제하는 행위는 원칙적으로 영장주의 원칙에 반하는 위법한 압수가 된다(대법원 2015. 7. 16. 자 2011모1839 전원합의체 결정, 대법원 2022. 1. 14. 자 2021모1586 결정 등 참조).

나) 피고인 A의 휴대전화에 저장된 전자정보 압수에 관하여

앞서 판단한 것과 달리 피고인 A의 휴대전화를 직접 소재지에서 반출할 수 있는 예외적인 사정이 있었던 것으로 보더라도, 아래 사정들에 비추어 보면 그 후 수사기관 사무실에서의 전자정보 복제 행위는 혐의사실 관련성에 관한 구분 없이 포괄적으로 이루어진 것이어서 위법하다.

(1) 압수·수색영장 별지 '압수 대상 및 방법의 제한'에 따르면, 혐의사실과 관련된 전자정보의 탐색·복제·출력이 완료된 후에는 지체 없이 피압수자 등에게 압수 대상 전자정보의 상세목록을 교부하는 한편 그 목록에서 제외된 전자정보는 삭제·폐기 또는 반환하고 그 취지를 통지하여야 한다. 그런데 이 사건에서 수사기관은 피고인 A의 휴대전화에 저장된 전자정보 전부를 복제한 이미지 파일을 생성하여 보관하고 있으면서도[23] 위 파일에서 범죄 혐의사실과 관련 있는 전자정보를 탐색·복제 및 출력한 후 그와 무관한 전자정보를 삭제하고 이를 피고인 A에게 통지하였음을 인정할 만한 객관적 자료를 찾아볼 수 없다.

(2) 검찰수사관이 피고인 A의 참관 하에 위 이미지 파일을 탐색한 후 위 피고인에게 교부한 이 사건 전자정보목록에는 파일 17개의 이름과 경로, 크기 등의 정보가 기재되어 있는데, 위 파일들은 휴대전화에 설치되어 있는 카카오톡 등 어플리케이션의 데이터베이스 파일로서 거기에는 범죄 혐의사실과 관련 있는 전자정보뿐만 아니라 그와 무관한 전자정보까지 포함되어 있으므로(예컨대 위 전자정보목록 연번 8 기재 Talk.sqlite 파일 안에는 피고인 A의 휴대전화에 저장된 카카오톡 대화 내용이 모두 들어있다), 그와 같은 파일들이 특정되어 있다고 하여 영장 기재 범죄 혐의사실과 관련된 전자정보의 선별이 이루어졌다고 볼 수는 없고,[24] 오히려 혐의사실과 관련 없는 전자정보까지 압수되었음을 알 수 있다. 또한 검사가 증거로 제출한 수사보고(피의자 A 휴대전화 문자메시지 등 확인 결과)를 보더라도 검찰수사관이 피고인 A과 FE 사이의 문자메시지 등 혐의사실과 무관한 것들까지 압수하여 분석하였음이 드러난다.

(3) 더욱이 위 17개 파일조차도 목록상으로만 특정되어 있을 뿐 실제로 휴대전화 전자정보 전체 이미지 파일에서 추출·복제된 후 별도의 증거파일 또는 선별 이미지 파일로 보관되어 있다고 인정할 아무런 증거가 없으며, 검사는 이 법원에서 변호인의 요청에도 불구하고 그 파일을 제출하지 못하고 있다.[25)]

(4) 이에 관하여 검사는, 위 데이터베이스 파일 및 그로부터 선별된 범죄 혐의사실 관련 파일은 수사기관이 보관하고 있는 휴대전화 이미지 파일에 모두 포함되어 있는 점, 이 부분 압수·수색 당시 휴대전화에 저장된 전자정보에 대하여는 선별 이미징 기술(다양한 데이터베이스 파일에 흩어져 저장된 전자정보들을 모아서 문자메시지 등 원본과 같이 이미징 하는 것)이 없었으므로 저장된 전자정보 전체를 이미징 하는 것이 불가피하였던 점, 대부분의 휴대전화 전자정보는 여러 데이터베이스 파일에 분산 저장된 조각 정보들의 집합이어서 선별한 내용을 구성하는 데 참조된 모든 파일을 특정하기도 어려운 점, 범죄 혐의사실과 관련 있는 전자정보만을 선별하여 별도의 이미지 파일로 보관한다 하더라도 그것만으로는 전자정보 원본과의 동일성·무결성 등의 증명이 곤란하므로 선별된 전자정보만을 보관하거나 제출할 실익이 없는 점 등을 이유로 들어, 수사기관이 혐의사실과 관련 있는 파일을 선별하여 별도로 보관하고 있지 않다거나 휴대전화에 저장된 전자정보 전체의 이미지 파일을 보관하고 있다고 하여 이를 곧 위법한 포괄압수로 볼 수는 없다고 주장한다.

그러나 ① 범죄 혐의사실과 관련 있는 전자정보가 휴대전화 전자정보 전체 이미지 파일에 모두 포함되어 있다거나 선별된 전자정보와 원본 전자정보와의 동일성·무결성을 증명하기 위해 전자정보 전체 이미지 파일을 보관할 필요가 있다는 사정이 곧바로 선별된 전자정보 파일들(적어도 그 정보가 포함된 데이터베이스 파일들) 또는 그 이미지 파일을 따로 보관하지 않을 이유가 될 수는 없는 점, ② 선별된 전자정보만을 추출·획득하는 이미징 기술이 없다고 하여 전자정보의 선별 자체가 불가능하다고 볼 수는 없는 점,[26)] ③ 검사의 주장에 따르더라도 '포렌식 담당자가 데이터베이스 파일에 저장된 문자메시지 중 선별된 메시지만을 눈으로 식별할 수 있는 파일 형식(xlsx 또는 pdf)으로 저장하여 수사 담당자에게 제공하고 피압수자에게는 선별된 전자정보를 포함하고 있는 파일의 정보(파일명, 크기, 경로, 해시값 등)를 목록으로 작성하여 제공한다'고 하므로 그 파일들만을 압수의 대상으로 삼거나 별도로 보관하는 것은 충분히 가능할 것인 점 등에 비추어 위 주장은 받아들이기 어렵다.

22) 이 부분 각 압수가 영장에 기재된 범죄 혐의사실과의 관련성에 따른 선별 없이 포괄적으로 이루어져 위법하다고 판단하는 이상, 그 혐의사실과 이 사건 공소사실 사이의 인적·객관적 관련성 유무, 즉 이 사건 공소사실에 관한 수사가 별건 수사에 해당하는지 여부에 관하여는 따로 판단하지 않는다.

23) 디지털 증거 보관 확인서에 기재된 'A의 애플 스마트폰 논리이미지'는 디지털 증거 획득 결과 보고서에 기재된 '2018지원13044_2호_증호_A_아이폰_A1688.mef' 파일을 의미하는 것으로 보인다. 이와 관련하여 원심은 '물리이미징은 전자정보 저장매체 전체를 파일 형태로 생성하는 것이고 논리이미징은 저장매체 중 선별된 폴더나 파일만을 대상으로 생성하는 것'이라고 판시하였으나, 당심 증인 FC의 진술에 따르면 물리이미징과 논리이미징은 저장매체로부터 이미지 파일을 획득하는 방식에 따른 구분일 뿐 선별압수 여부에 따른 구분은 아니다.

24) 위 목록 교부를 전자정보 상세목록 교부 의무 이행으로 볼 수 없다는 점은 뒤에서 다시 살펴보기로 한다.

25) 구 디지털 증거의 수집·분석 및 관리 규정(2019. 5. 20. 대검찰청예규 제991호로 개정되기 전의 것) 제19조 제2항에 따르면, 정보저장매체 등에 기억된 전자정보 전부를 이미지 파일로 압수한 경우 사건과 관련성이 인정되는 전자정보를 선별하여 증거파일 또는 선별 이미지 파일로 만든 다음 디지털수사통합업무관리시스템에 등록하여야 한다.

26) 검사가 이 법원에 증거로 제출한 주식회사 FF의 '사실조회요청에 대한 회신'에는 "FG Forensics 도구에는 선별된 전자정보만을 획득하여 이미징 하는 기능은 포함되어 있지 않다."고 기재되어 있고, 주식회사 FH의 '사실조회요청 답변'에는 "FI/FJ 도구에서는 선별된 전자정보만 획득하여 이미징 하지 않고 전자정보가 저장된 파일을 이미징하는 기능이 구현되어 있다."고 기재되어 있는바, 이는 모두 선별된 전자정보의 '이미징'이 가능한지에 관한 것일 뿐 전자정보의 '선별'이 불가능하다는 취지로 이해되지는 않는다.

라) 피고인 A에 대한 전자정보 상세목록 교부 의무 위반

법원은 수사기관이 피고인 A에게 전자정보목록 엑셀 파일을 이메일로 전송한 것을 적법한 전자정보 상세목록의 교부로 평가하기 어렵다고 보았다. 그 근거는 아래와 같다.

- 이 사건 전자정보목록은 선별된 전자정보를 특정하여 기재한 것이 아니라 휴대전화 어플리케이션에서 사용하는 데이터가 저장된 데이터베이스 파일의 이름, 크기, 경로와 해시값을 기재한 것으로서, 그 파일 안에는 범죄 혐의사실과의 관련성 유무와 관계없이 해당 부분 데이터 전부가 혼재되어 있는 데다가 포렌식 도구 등을 이용하여 여러 파일에 흩어져 있는 정보를 조합하여 가시화(可視化)하지 않는 이상 파일의 구체적인 내용을 알 수도 없다. 따라서 그 목록의 기재만으로는 압수된 전자정보의 내용 및 혐의사실과의 관련성에 따른 선별 여부를 전혀 확인할 수 없어 압수처분을 대상으로 한 권리행사에 지장을 초래한다.
- 휴대전화 전자정보의 특성에 따른 기술적인 문제로 말미암아 수사기관

으로서는 혐의사실과 관련 있는 전자정보만을 선별한 경우에도 그 전자정보가 아니라 그것이 저장되어 있는 데이터베이스 파일 등을 복제하는 방법으로 압수할 수밖에 없다고 하더라도, 적어도 압수목록이나 전자정보 상세목록에서는 압수의 대상이 되는 전자정보 부분을 구체적으로 특정하되 위와 같은 파일들을 전부 압수·보관할 수밖에 없는 사정을 부기하는 등의 방법을 취하는 것이 불가능하다고 보이지 않는다.[13]

3) 휴대전화에 저장된 '연락처'를 선별 없이 압수한 경우 압수처분이 위법하다고 본 사례[14]

가) 사실관계

수사기관이 준항고인의 주거지에서 압수·수색영장을 집행하여 준항고인의 휴대전화를 반출한 후 그 안에 저장된 전자정보를 압수하는 과정에서 '문서'에 대해서는 선별 절차를 거쳤으나 '연락처'에 대해서는 별도의 선별을 거치지 아니하고 그 전체를 압수한 사안이다. 준항고인의 변호인은 압수·수색영장 집행 당일 '전자정보의 관련성에 관한 의견 진술서'를 통하여 "연락처 전체 압수는 범죄사실과 전혀 관련성 없음, 비례성 위반되는 과도한 압수임"이라는 내용으로 이의를 제기하였다.

나) 법원의 판단

법원은 혐의사실과 관련된 전자정보를 개별적으로 탐색하지 않고 관련성에 대한 구분 없이 임의로 연락처 정보 일체를 복제하는 행위는 적법절차 원칙과 영장주의를 중대하게 위반한 위법한 처분이라고 보았다. 수사기관 측은 '특정 연락처의 부존재' 역시 혐의사실과 관련성 있는 정보이고, 연락

13) 같은 사건에서 피고인 B에 대하여도 휴대전화 원본 반출에 의한 압수·수색이 이루어졌는데, 법원은 피고인 B에 대한 휴대전화 원본 반출도 피고인 A의 경우와 비슷한 이유를 들어 위법하다고 보았다. 나아가 피고인 A의 휴대전화 원본 반환은 그 반출일로부터 10일이라는 제한이 준수되었으나, 피고인 B의 휴대전화 원본 반환은 그 반출일로부터 1개월 이상 지난 후에 이루어졌는바, 이 부분도 위법 사유 중 하나로 언급되었다.

14) 전주지방법원 2024. 7. 18. 자 2024보3 결정(대법원 2024. 11. 1. 자 2024모2840 결정으로 확정)

처가 본명 외에 가명이나 별명, 이명 등으로 저장되는 경우도 있어 검색을 통한 선별도 불가능하므로 연락처 전체의 압수가 필요하다고 주장하였으나, 그와 같은 사정을 고려하더라도 연락처의 저장 일자, 관련자 성명이나 직책 등을 특정하는 방식으로(적어도 준항고인이 관련 업무를 맡지 않게 된 이후 저장된 연락처는 관련성이 없다고 볼 수 있다) 최소한의 선별 절차를 진행할 수는 있었다고 보아 수사기관 측의 위 주장을 받아들이지 않았다.

4) 휴대전화에 대한 압수·수색영장 집행이 종료된 이후 수사기관이 해당 휴대전화의 주인을 가장하여 메시지를 주고받는 방법으로 별건 위장 수사를 진행한 경우 영장의 위법한 재집행이라고 본 사례[15)]

가) 사실관계

경찰은 2019. 3. 5. 대마 매매 및 광고 혐의로 공소외인에 대하여 압수·수색영장을 발부받고, 2019. 3. 7. 이를 집행하여 공소외인으로부터 휴대전화를 압수하였다. 경찰은 2019. 4. 8. 피고인이 공소외인의 휴대전화 메신저로 대마 구입 희망의사를 밝히는 메시지를 보낸 것을 확인하고 공소외인 행세를 하면서 해당 메신저를 통해 메시지를 주고받는 방법으로 피고인에 대하여 위장수사를 진행하였다. 경찰은 2019. 4. 10. 피고인을 현행범으로 체포하고 피고인의 휴대전화를 비롯한 피고인의 소지품 등을 영장 없이 압수한 다음, 2019. 4. 12. 법원으로부터 사후 압수·수색영장을 발부받았다.

공소외인은 2019. 3. 21. 대마 광고 공소사실로, 2019. 4. 26. 대마 매매 공소사실로 각각 기소되었다.

나) 관련 법리

수사기관이 압수·수색영장을 제시하고 집행에 착수하여 압수·수색을 실시하고 그 집행을 종료하였다면 이미 그 영장은 목적을 달성하여 효력이 상실되는 것이고, 동일한 장소 또는 목적물에 대하여 다시 압수·수색할 필

---

15) 대법원 2023. 3. 16. 선고 2020도5336 판결

요가 있는 경우라면 그 필요성을 소명하여 법원으로부터 새로운 압수·수색영장을 발부받아야 하는 것이지, 앞서 발부받은 압수·수색영장의 유효기간이 남아있다고 하여 이를 제시하고 다시 압수·수색을 할 수는 없다.

다) 법원의 판단

법원은 경찰의 메시지 정보 취득은 영장 집행 종료 후의 위법한 재집행이고 경찰이 휴대전화 메신저 계정을 이용할 정당한 접근권한도 없으므로 피고인과의 메시지 대화 정보와 이를 바탕으로 수집한 후속 증거들은 모두 위법수집증거에 해당하여 증거능력이 없다고 판단했다. 구체적인 이유는 아래와 같다.

- 피고인이 공소외인에게 메시지를 보낸 2019. 4. 8.경까지 경찰이 공소외인에 대한 영장의 집행을 계속하고 있었다고 볼 만한 아무런 자료가 없다. 오히려 공소외인이 대마 광고 공소사실로 2019. 3. 21. 기소된 점에 비추어 보면, 경찰은 늦어도 2019. 3. 21. 무렵에는 공소외인에 대한 영장의 집행을 종료한 것으로 보인다. 따라서 경찰은 2019. 4. 8. 이후 피고인과의 메시지 대화 정보를 취득하기 위하여 공소외인에 대한 영장을 다시 집행할 수 없다.
- 공소외인이 자신의 휴대전화 메신저 계정까지 별건 수사에 사용하여도 좋다고 동의한 사정은 보이지 않으므로 경찰은 공소외인의 휴대전화 메신저에 접속하여 피고인과 메시지 대화를 송·수신할 수 없다.
- 경찰이 위법하게 취득한 피고인과의 메시지 대화 내용을 기초로 피고인을 현행범으로 체포한 이상, 피고인에 대한 현행범 체포와 그에 따른 피고인 소지품 등의 압수는 위법하므로, 법원으로부터 사후 압수·수색영장을 발부받았더라도 피고인을 현행범으로 체포하면서 수집한 증거는 위법수집증거로서 증거능력이 없다.

다 수색할 장소 밖에서의 압수

압수·수색영장 기재 '압수할 물건'에 해당한다면 '수색할 장소' 밖에서도 이를 압수할 수 있는가? H언론사 보도본부 사회부 소속 기자를 피의자로 하여 강요미수 혐의사실로 발부된 압수·수색영장을 집행함에 있어 영장 기재 수색·검증할 장소인 H언론사 사무실 건물에서 기자들이 농성하는 등으로 영장 집행이 지연되던 중 H언론사 보도본부 부본부장 N이 H언론사 사무실 밖으로 압수물을 가지고 나와 검사에게 제출하는 방법으로 압수한 사안에서 법원은 수사기관이 압수할 물건을 제3의 장소로 가지고 오도록 하여 그곳에서 압수하였다는 사실만으로 그 압수처분이 위법한 것은 아니라고 보았다.[16]

서울중앙지방법원 2020. 7. 24. 자 2020보7 결정
(대법원 2020. 11. 13. 자 2020모2485 결정으로 확정)

나. 장소적 범위를 이탈하여 위법한지

압수는 물건에 대한 점유를 취득하고 그 점유를 계속하는 강제처분이고, 수색은 물건 또는 사람을 발견하기 위하여 일정한 장소나 물건, 사람의 신체에 대하여 행하는 강제처분으로 서로 구별된다.

별지에서 보듯이, 이 사건 영장은 수색·검증의 장소만을 제한할 뿐, 압수의 장소를 따로 제한하지 아니함이 분명하다.

또한 검사가 압수 처분을 할 때 소유자, 소지자, 보관자에 대해 물건의 제출을 명령할 수도 있다는 점(형사소송법 제219조, 제106조 제2항)과 함께, 앞서 살펴본 바와 같이 H 기자들의 농성 등으로 인하여 이 사건 영장을 H 사무실에서 집행하는 것이 매우 곤란하였던 사정까지 보태어 보면, 검사가 피압수자에게 압수할 물건을 제3의 장소로 가지고 오도록 하여 그곳에서 압수한 사실만으로 그 압수 처분이 곧바로 위법하다고 볼 수 없다.

[대법원 2009. 3. 12. 선고 2008도763 판결 사안을 보면, 그 영장의 '압수할 물건' 자체가 '압수·수색할 장소 내 보관 중인 컴퓨터, 디스켓·씨디롬 등 외부 기억장치, 선거 관련자료, 메모지, 일기장, 수첩, 일정표가 적혀진 달력 등 공무원으로서 선거에 관여한 것으로 추정되는 일체 자료'로 규정되어(위 대법원 판결

16) 서울중앙지방법원 2020. 7. 24. 자 2020보7 결정(대법원 2020. 11. 13. 자 2020모2485 결정으로 확정)

의 원심인 광주고등법원 2008. 1. 15. 선고 2007도370 판결 참조), 그 개념상 특정 장소에 보관되어 있는 물건으로 한정되는 반면, 이 사건 영장의 경우 수색·검증할 장소와 달리 압수 장소가 별도로 제한되어 있지 않고 압수할 물건이 특정 장소와 연관되어(가령, 특정 장소에 보관 또는 현존하는 것으로) 규정되어 있지 아니하므로, 위 판결이 이 사건에 적용될 여지가 없다]

3

혐의사실과의 관련성

3 혐의사실과의 관련성

가 관련 규정

법원은 필요한 때에는 "피고사건과 관계가 있다고 인정할 수 있는 것에 한정하여" 증거물 등을 압수할 수 있다(형사소송법 제106조 제1항, 제107조 제1항). 검사 또는 사법경찰관도 범죄수사에 필요한 때에는 "피의자가 죄를 범하였다고 의심할 만한 정황이 있고 해당 사건과 관계가 있다고 인정할 수 있는 것에 한정하여" 영장을 발부받아 압수·수색할 수 있다(형사소송법 제215조). 압수·수색에 있어 이와 같은 '관련성' 제한은 2011. 7. 18. 형사소송법 개정(2012. 1. 1. 시행)으로 명문화되었다.[1)] 군사법원법도 2020. 6. 9. 같은 취지로 '관련성' 제한을 명문화하였다(2020. 12. 10. 시행, 군사법원법 제254조).[2)]

---

1) 위 개정법 시행 전 선고된 대법원 2009. 7. 23. 선고 2009도2649 판결도 "압수의 대상을 압수·수색영장의 범죄사실 자체와 직접적으로 연관된 물건에 한정할 것은 아니고, 압수·수색영장의 범죄사실과 기본적 사실관계가 동일한 범행 또는 동종·유사의 범행과 관련된다고 의심할 만한 상당한 이유가 있는 범위 내에서는 압수를 실시할 수 있다."라고 판시하여 관련성 요건이 필요하다고 보았다. 개정법 시행 이후의 판결들은 대체로 "혐의사실과의 객관적 관련성은 압수·수색영장에 기재된 혐의사실 자체 또는 그와 기본적 사실관계가 동일한 범행과 직접 관련되어 있는 경우는 물론 범행 동기와 경위, 범행 수단과 방법, 범행 시간과 장소 등을 증명하기 위한 간접증거나 정황증거 등으로 사용될 수 있는 경우에도 인정될 수 있다. 그 관련성은 압수·수색영장에 기재된 혐의사실의 내용과 수사의 대상, 수사 경위 등을 종합하여 구체적·개별적 연관관계가 있는 경우에만 인정된다고 보아야 하고, 혐의사실과 단순히 동종 또는 유사 범행이라는 사유만으로 관련성이 있다고 할 것은 아니다."라고 판시하여 문언상으로는 개정법 시행 전보다 관련성의 의미를 더 엄격하게 해석하고 있는 것으로 보인다(대법원 2017. 12. 5. 선고 2017도13458 판결 및 후술하는 관련성 부정례 참조). 다만, 개정법 시행 이후에도 관련성을 인정하는 근거로 개정법 시행 전 판결인 위 대법원 2009. 7. 23. 선고 2009도2649 판결의 법리를 원용한 사례가 종종 발견되나(대법원 2015. 10. 29. 선고 2015도9784 판결, 대법원 2018. 10. 12. 선고 2018도6252 판결 등), 이 사례들도 단순히 동종·유사 범행이라는 사유만으로 관련성을 인정하는 취지는 아니라고 보인다. 이와 관련하여, 대법원 2009. 7. 23. 선고 2009도2649 판결의 법리를 명문화한 것이 바로 위 개정법이라고 보아 법 개정 전후로 관련성 요건에 관하여 다른 법리가 적용되어야 한다는 취지의 주장을 배척한 사례가 있다(인천지방법원 부천지원 2019. 1. 11. 선고 2018고합143, 2018전고11 판결의 각주 3) 참조).

2) 구 군사법원법(2020. 6. 9. 법률 제17367호로 개정되기 전의 것, 이하 같다) 제254조 제1항은 "군검사는 범죄수사에 필요할 때에는 군검사의 청구로 관할 보통군사법원 군판사가 발부한 영장에 따라 압수·수색 또는 검증을 할 수 있다."라고 규정하고 있었으나, 구 군사법원

압수할 물건과 해당 사건과의 관련성은 압수·수색영장의 집행 단계에서는 선별 압수 원칙으로 발현되고(형사소송법 제106조 제3항, 제219조), 발부 단계에서는 압수·수색영장의 발부 요건으로 기능한다(형사소송법 제215조).[3]

나 기본 법리

1) '관련성' 제한

압수·수색영장 발부의 사유로 된 범죄 혐의사실과 관련된 증거가 아니라면 적법한 압수·수색이 아니므로 그와 무관한 별개의 증거를 압수하였을 경우 이는 원칙적으로 유죄 인정의 증거로 사용할 수 없다.[4]

가) '관련성'의 구체적 의미

형사소송법 제215조에서 정한 '해당 사건과 관계가 있다고 인정할 수 있는 것'은 압수·수색영장의 혐의사실과 관련되고 이를 증명할 수 있는 최소한의 가치가 있는 것으로서 압수·수색영장의 혐의사실과 객관적 관련성이 인정되고 압수·수색영장 대상자와 피의자 사이에 인적 관련성이 있는 경우를 의미한다.

혐의사실과의 객관적 관련성은 압수·수색영장에 기재된 혐의사실 자체 또는 그와 기본적 사실관계가 동일한 범행과 직접 관련되어 있는 경우는 물론 범행 동기와 경위, 범행 수단과 방법, 범행 시간과 장소 등을 증명하기 위한 간접증거, 정황증거나 자백의 보강증거로 사용될 수 있는 경우에도 인정될

법 제258조에 따라 군검사의 수사상 압수·수색에 준용되는 군사법원법 제146조 제1항 및 제149조 제1항은, 군사법원은 필요한 때에는 피고사건과 관계가 있다고 인정할 수 있는 것에 한정하여 증거물 또는 몰수될 것으로 생각되는 물건을 압수하거나(제146조 제1항), 피고인의 신체, 물건 또는 주거나 그 밖의 장소를 수색할 수 있다(제149조 제1항)고 규정하므로, 구 군사법원법이 적용되는 군검사의 수사상 압수·수색 또한 관련성의 제한을 받는다(대법원 2025. 2. 27. 선고 2021도8284 판결 참조).

3) 대법원 2024. 9. 25. 자 2024모2020 결정

4) 대법원 2016. 3. 10. 선고 2013도11233 판결, 대법원 2019. 10. 17. 선고 2019도6775 판결, 대법원 2022. 12. 29. 선고 2018도3119 판결, 대법원 2023. 6. 1. 선고 2018도18866 판결, 대법원 2025. 2. 27. 선고 2021도8284 판결 등 다수

수 있다. 이러한 객관적 관련성은 압수·수색영장에 기재된 혐의사실의 내용과 수사의 대상, 수사 경위 등을 종합하여 구체적·개별적 연관관계가 있는 경우에만 인정할 수 있고, 혐의사실과 단순히 동종 또는 유사 범행이라는 사유만으로 객관적 관련성이 있다고 볼 수는 없다. 그리고 피의자와의 인적 관련성은 압수·수색영장에 기재된 대상자의 공동정범이나 교사범 등 공범이나 간접정범은 물론 필요적 공범 등에 대한 사건에 대해서도 인정할 수 있다.[5] 객관적 관련성과 인적 관련성은 동시에 충족되어야 하고, 각각의 연결고리를 순차적으로 적용함으로써 압수·수색영장 기재 혐의사실과 동떨어진 범행까지도 관련성을 인정하는 결과를 낳지 않도록 유의해야 한다.[6]

통신사실확인자료 제공요청에 의하여 취득한 통화내역 등 통신사실확인자료를 범죄의 수사·소추를 위하여 사용하는 경우도 그 대상 범죄는 통신사실확인자료 제공요청의 목적이 된 범죄 및 이와 관련된 범죄에 한정되어야 하고,[7] 그 '관련성'의 의미 역시 위에서 본 일반적인 압수·수색의 경우와 대체로 같다.[8]

나) 객관적 관련성 판단 시 유의점

객관적 관련성을 인정할 수 있는 구체적·개별적 연관관계가 있는 경우

---

5) 대법원 2017. 1. 25. 선고 2016도13489 판결, 대법원 2017. 12. 5. 선고 2017도13458 판결, 대법원 2020. 2. 13. 선고 2019도14341 판결, 대법원 2021. 7. 29. 선고 2020도14654 판결, 대법원 2021. 11. 25. 선고 2021도10034 판결, 대법원 2024. 6. 27. 선고 2024도1881 판결, 대법원 2025. 2. 27. 선고 2021도8284 판결 등 다수. 대전고등법원 2024. 3. 26. 선고 2023노429 판결(상고심인 대법원 2024. 9. 12. 선고 2024도4824 판결에 의해 일부 파기되었으나, 압수·수색에서 객관적 관련성과 증거능력, 위법수집증거 배제법칙 부분 판단은 그대로 유지되었다)은 대법원 2020. 2. 13. 선고 2019도14341 판결을 원용하면서 "구체적·개별적 연관관계를 판단함에 있어 원칙적으로 영장에 기재된 범죄 혐의사실을 기준으로 할 것이지만, 압수·수색의 대상, 압수·수색을 필요로 하는 사유의 기재 내용도 함께 고려할 수 있다."고 판시하였다. 압수·수색영장 기재를 전체적으로 보아 관련성을 판단한다는 의미에 대해서는 유사한 사실관계에서 관련성 판단을 달리한 대법원 2019. 10. 17. 선고 2019도6775 판결과 대법원 2021. 8. 26. 선고 2021도2205 판결 비교 참조

6) 부산고등법원 2016. 8. 11. 선고 2015노777 판결(대법원 2017. 1. 25. 선고 2016도13489 판결로 확정)

7) 대법원 2014. 10. 27. 선고 2014도2121 판결

8) 대법원 2017. 1. 25. 선고 2016도13489 판결. 이 판결의 원심인 부산고등법원 2016. 8. 11. 선고 2015노777 판결은 통신사실확인자료 제공요청 또한 통신자료라는 디지털 증거에 대한 압수·수색의 성격을 가진다고 보았다.

인지 여부를 판단할 때는, 관련성을 요구하는 이유가 혐의사실과 완전히 무관한 별개의 범죄에 관한 증거가 압수됨으로써 헌법이 정한 적법절차의 원칙과 영장주의가 잠탈되고 궁극적으로 국민의 기본권이 침해되는 결과를 방지하기 위한 것임을 염두에 두고, 범죄의 속성, 압수·수색영장에 기재된 혐의사실의 내용, 증거의 특징, 수사의 경위, 수사기관의 인식, 추가 수사의 개연성, 압수·수색의 필요성, 압수·수색을 허용할 경우 침해될 수 있는 기본권 내지 무관정보에 대한 이익 등을 종합적으로 고려하여, 적법절차의 원칙과 실체적 진실 규명의 조화를 도모하고 이를 통하여 형사사법정의를 실현하려는 헌법과 형사소송법의 궁극적 취지가 몰각되지 않도록 신중히 판단하여야 한다.[9)]

다) 관련성 판단의 기준 시점

증거 수집 단계의 관련성과 증거 사용을 위한 관련성은 구분되므로, 수사기관이 영장 집행 당시까지 알거나 알 수 있었던 사정에 비추어 관련성을 인정할 수 있는 물건 등을 압수하였다면, 그 후 관련성을 부정하는 사정이 밝혀졌다고 하더라도 이미 이루어진 압수처분이 곧바로 위법하게 되는 것은 아니다.[10)] 따라서 결과적으로 해당 압수·수색영장에 기재된 혐의사실로 기소되지 않았다고 하더라도 관련성 인정에 장애가 되지 않는다.[11)]

2) 전자정보의 압수·수색과 '관련성' 제한

전자정보는 개인의 사생활이나 기업경영에 관한 정보를 포괄적으로 담고 있는 경우가 많고, 복제·반출이 쉽다는 특징이 있어 압수·수색영장 집행 시 혐의사실과의 관련성에 더욱 유의하여야 한다. 법원이 전자정보의 압수·수색에서 관련성에 관한 법리를 선언한 판시 내용은 아래와 같다.[12)]

---

9) 대법원 2025. 2. 13. 선고 2024도17385 판결
10) 대법원 2025. 2. 27. 선고 2021도8284 판결
11) 광주지방법원 2024. 9. 6. 선고 2022노1031 판결(대법원 2025. 3. 27. 선고 2024도14765 판결로 확정)
12) 대법원 2011. 5. 26. 자 2009모1190 결정, 대법원 2015. 7. 16. 자 2011모1839 전원합의체 결정

대법원 2011. 5. 26. 자 2009모1190 결정

전자정보에 대한 압수·수색영장의 집행에 있어서는 원칙적으로 영장 발부의 사유로 된 혐의사실과 관련된 부분만을 문서 출력물로 수집하거나 수사기관이 휴대한 저장매체에 해당 파일을 복사하는 방식으로 이루어져야 하고, 집행현장의 사정상 위와 같은 방식에 의한 집행이 불가능하거나 현저히 곤란한 부득이한 사정이 존재하더라도 그와 같은 경우에 그 저장매체 자체를 직접 혹은 하드카피나 이미징 등 형태로 수사기관 사무실 등 외부로 반출하여 해당 파일을 압수·수색할 수 있도록 영장에 기재되어 있고 실제 그와 같은 사정이 발생한 때에 한하여 예외적으로 허용될 수 있을 뿐이다. 나아가 이처럼 저장매체 자체를 수사기관 사무실 등으로 옮긴 후 영장에 기재된 범죄 혐의 관련 전자정보를 탐색하여 해당 전자정보를 문서로 출력하거나 파일을 복사하는 과정 역시 전체적으로 압수·수색영장 집행의 일환에 포함된다고 보아야 한다. 따라서 그러한 경우의 문서출력 또는 파일복사의 대상 역시 혐의사실과 관련된 부분으로 한정되어야 함은 헌법 제12조 제1항, 제3항, 형사소송법 제114조, 제215조의 적법절차 및 영장주의의 원칙상 당연하다. 그러므로 수사기관 사무실 등으로 옮긴 저장매체에서 범죄 혐의와의 관련성에 대한 구분 없이 저장된 전자정보 중 임의로 문서출력 혹은 파일복사를 하는 행위는 특별한 사정이 없는 한 영장주의 등 원칙에 반하는 위법한 집행이 된다.

대법원 2015. 7. 16. 자 2011모1839 전원합의체 결정

오늘날 기업 또는 개인의 업무는 컴퓨터나 서버 등 정보처리시스템 없이 유지되기 어려우며, 전자정보가 저장된 저장매체는 대부분 대용량이어서 압수·수색영장 발부의 사유로 된 범죄혐의와 관련이 없는 개인의 일상생활이나 기업경영에 관한 정보가 광범위하게 포함되어 있다. 이러한 전자정보에 대한 압수·수색은 사생활의 비밀과 자유, 정보에 대한 자기결정권, 재산권 등을 침해할 우려가 크므로 포괄적으로 이루어져서는 아니 되고 비례의 원칙에 따라 필요한 최소한의 범위 내에서 이루어져야 한다.

따라서 수사기관의 전자정보에 대한 압수·수색은 원칙적으로 영장 발부의 사유로 된 범죄 혐의사실과 관련된 부분만을 문서 출력물로 수집하거나 수사기관이 휴대한 저장매체에 해당 파일을 복제하는 방식으로 이루어져야 하고, 저장매체 자체를 직접 반출하거나 그 저장매체에 들어 있는 전자파일 전부를 하드카피나 이미징 등 형태(이하 '복제본'이라 한다)로 수사기관 사무실 등 외부로 반출하는 방식으로 압수·수색하는 것은 현장의 사정이나 전자정보의 대량성으로 인하여 관련 정보 획득에 긴 시간이 소요되거나 전문 인력에 의한 기술적 조치가 필요한 경우 등 범위를 정하여 출력 또는 복제하는 방법이 불가능하거나 압수의 목적을 달성하기에 현저히 곤란하다고 인정되는 때에 한하여 예외적으로 허용될 수 있을 뿐이다.

이처럼 저장매체 자체 또는 적법하게 획득한 복제본을 탐색하여 혐의사실과 관련된 전자정보를 문서로 출력하거나 파일로 복제하는 일련의 과정 역시 전체적으로 하나의 영장에 기한 압수·수색의 일환에 해당한다 할 것이므로, 그러한 경우의 문서출력 또는 파일복제의 대상 역시 저장매체 소재지에서의 압수·수색과 마찬가지로 혐의사실과 관련된 부분으로 한정되어야 함은 헌법 제12조 제1항, 제3항과 형사소송법 제114조, 제215조의 적법절차 및 영장주의 원칙이나 앞서 본 비례의 원칙에 비추어 당연하다. 따라서 수사기관 사무실 등으로 반출된 저장매체 또는 복제본에서 혐의사실 관련성에 대한 구분 없이 임의로 저장된 전자정보를 문서로 출력하거나 파일로 복제하는 행위는 원칙적으로 영장주의 원칙에 반하는 위법한 압수가 된다.

위 법리는 이후로도 반복적으로 원용되어 확고한 판례 법리로 자리 잡았고,[13] 임의제출물의 압수에까지 확대 적용되고 있다.[14]

대법원 2021. 11. 18. 선고 2016도348 전원합의체 판결

위와 같은 법리는 정보저장매체에 해당하는 임의제출물의 압수(형사소송법 제218조)에도 마찬가지로 적용된다. 임의제출물의 압수는 압수물에 대한 수사기관의 점유 취득이 제출자의 의사에 따라 이루어진다는 점에서 차이가 있을 뿐 범죄혐의를 전제로 한 수사 목적이나 압수의 효력은 영장에 의한 경우와 동일하기 때문이다. 따라서 수사기관은 특정 범죄혐의와 관련하여 전자정보가 수록된 정보저장매체를 임의제출받아 그 안에 저장된 전자정보를 압수하는 경우 그 동기가 된 범죄혐의사실과 관련된 전자정보의 출력물 등을 임의제출받아 압수하는 것이 원칙이다. 다만 현장의 사정이나 전자정보의 대량성과 탐색의 어려움 등의 이유로 범위를 정하여 출력 또는 복제하는 방법이 불가능하거나 압수의 목적을 달성하기에 현저히 곤란하다고 인정되는 때에 한하여 예외적으로 정보저장매체 자체나 복제본을 임의제출받아 압수할 수 있다.

---

13) 대법원 2012. 3. 29. 선고 2011도10508 판결, 대법원 2015. 10. 29. 선고 2015도9784 판결, 대법원 2017. 11. 14. 선고 2017도3449 판결, 대법원 2023. 6. 1. 선고 2018도19782 판결 등

14) 대법원 2021. 11. 18. 선고 2016도348 전원합의체 판결, 대법원 2021. 12. 30. 선고 2018도7994 판결, 대법원 2022. 1. 27. 선고 2021도11170 판결

3) 압수·수색 종료 전 별건 혐의와 관련된 자료를 우연히 발견한 경우

압수·수색이 종료되기 전 혐의사실과 관련된 자료를 적법하게 수색하는 과정에서 별도의 범죄혐의와 관련된 자료를 우연히 발견한 경우 수사기관은 더 이상의 추가 수색을 중단하고 법원으로부터 별도의 범죄혐의에 대한 압수·수색영장을 발부받아야 그 별건 자료에 대하여 적법하게 압수·수색을 할 수 있다.[15] 이 경우에도 특별한 사정이 없는 한 그 별건 피압수자에게 형사소송법 제219조, 제121조, 제129조에 따라 참여권을 보장하고 압수한 전자정보 목록을 교부하는 등 별건 피압수자의 이익을 보호하기 위한 적절한 조치를 하여야 한다.[16]

대법원 2015. 7. 16. 자 2011모1839 전원합의체 결정

전자정보에 대한 압수·수색에 있어 그 저장매체 자체를 외부로 반출하거나 하드카피·이미징 등의 형태로 복제본을 만들어 외부에서 그 저장매체나 복제본에 대하여 압수·수색이 허용되는 예외적인 경우에도 혐의사실과 관련된 전자정보 이외에 이와 무관한 전자정보를 탐색·복제·출력하는 것은 원칙적으로 위법한 압수·수색에 해당하므로 허용될 수 없다. 그러나 전자정보에 대한 압수·수색이 종료되기 전에 혐의사실과 관련된 전자정보를 적법하게 탐색하는 과정에서 별도의 범죄혐의와 관련된 전자정보를 우연히 발견한 경우라면, 수사기관으로서는 더 이상의 추가 탐색을 중단하고 법원으로부터 별도의 범죄혐의에 대한 압수·수색영장을 발부받은 경우에 한하여 그러한 정보에 대하여도 적법하게 압수·수색을 할 수 있다고 할 것이다.

나아가 이러한 경우에도 별도의 압수·수색 절차는 최초의 압수·수색 절차와 구별되는 별개의 절차이고, 별도 범죄혐의와 관련된 전자정보는 최초의 압수·수색영장에 의한 압수·수색의 대상이 아니어서 저장매체의 원래 소재지에서 별도의 압수·수색영장에 기해 압수·수색을 진행하는 경우와 마찬가지로 피압수자는 최초의 압수·수색 이전부터 해당 전자정보를 관리하고 있던 자라 할 것이므로, 특별한 사정이 없는 한 그 피압수자에게 형사소송법 제219조, 제121조, 제129조에 따라 참여권을 보장하고 압수한 전자정보 목록을 교부하는 등 피압수자의

15) 대법원 2015. 7. 16. 자 2011모1839 전원합의체 결정, 대법원 2021. 11. 18. 선고 2016도348 전원합의체 판결, 경찰청 디지털 증거 훈령 제20조

16) 대법원 2015. 7. 16. 자 2011모1839 전원합의체 결정, 대법원 2017. 11. 14. 선고 2017도3449 판결

이익을 보호하기 위한 적절한 조치가 이루어져야 할 것이다.

따라서 정보저장매체 원본을 압수당한 피압수자가 해당 기기에 관한 후속 절차에 대하여 참여권을 포기하였더라도 해당 정보저장매체에서 별건 범죄혐의와 관련된 전자정보가 발견되었다면 수사기관으로서는 추가 탐색을 중단하고 별도의 압수·수색영장을 발부받아야 이를 적법하게 압수할 수 있고, 그 추가 영장 집행에 대하여 피압수자에게 재차 참여의 기회를 보장하여야 한다. 수사기관이 우연히 발견한 별건 전자정보를 피압수자로부터 임의제출받기 위해 별도 영장 없이 미리 출력해 두었더라도 이는 단순히 임의제출을 받기 위한 준비행위로 볼 수 없고 그 출력 자체로 무관정보에 대한 위법한 압수이므로 허용되지 않는다.[17)]

4) 전자정보의 압수·수색 완료 후 무관정보의 삭제·폐기·반환

수사기관이 전자정보를 압수·수색함에 있어 혐의사실과 관련 있는 정보(유관정보)를 선별하여 압수를 마쳤다면 혐의사실과 관련 없는 정보(무관정보)는 지체 없이 삭제·폐기·반환해야 한다. 수사기관이 유관정보를 선별하여 압수한 후에도 무관정보를 삭제·폐기·반환하지 아니한 채 그대로 보관하고 있다면 무관정보 부분에 대하여는 압수의 대상이 되는 전자정보의 범위를 넘어서는 전자정보를 영장 없이 압수·수색하여 취득한 것이어서 위법하고, 사후에 법원으로부터 압수·수색영장이 발부되었다거나 피고인이나 변호인이 이를 증거로 함에 동의하였다고 하여 그 위법성이 치유된다고 볼 수 없다.[18)]

수사기관이 새로운 범죄혐의의 수사를 위하여 무관정보가 남아 있는 복제본을 열람하는 것은 압수되지 않은 전자정보를 영장 없이 수색하는 것과

17) 대구지방법원 서부지원 2021. 4. 15. 선고 2020고합271 판결(항소심인 대구고등법원 2022. 1. 19. 선고 2021노186 판결에 일부 파기 주문이 있으나 증거능력 판단은 그대로 유지되었고, 대법원 2022. 8. 19. 선고 2022도1839 판결에서 상고가 기각되어 확정됨)

18) 대법원 2022. 1. 14. 자 2021모1586 결정, 서울고등법원 2022. 8. 12. 선고 2022노594 판결(대법원 2022. 12. 15. 선고 2022도10452 판결로 확정), 대법원 2024. 4. 16. 선고 2020도3050 판결 등

다르지 않으므로 그 복제본은 더 이상 수사기관의 탐색·복제·출력 대상이 될 수 없다. 수사기관은 새로운 범죄혐의의 수사를 위하여 필요한 경우에도 기존 압수·수색 과정에서 출력하거나 복제한 유관정보의 결과물을 열람할 수 있을 뿐이다. 사후에 법원으로부터 복제본을 대상으로 압수·수색영장이 발부받아 집행하였다고 하더라도, 이는 압수·수색 절차가 종료됨에 따라 당연히 삭제·폐기되었어야 할 전자정보를 대상으로 한 것이므로 위법하다.[19]

최근 검찰은 휴대전화 등 모바일 기기의 특성에 따른 기술적 문제나 공소유지를 위한 무결성 입증 필요 등을 들어 '전부 이미지 파일'을 보관할 필요가 있다는 입장으로 보이고, 그에 따라 2024. 10. 1. 자로 대검 디지털 증거 예규 상 관련 규정을 일부 개정했다.[20] 그러나 법원은 동일성·무결성 입증을 위한 무관정보 보관에 대하여도 아래와 같이 엄격한 입장을 취한다.[21]

서울고등법원 2022. 8. 12. 선고 2022노594 판결
(대법원 2022. 12. 15. 선고 2022도10452 판결로 확정)

① 수사기관은 2020. 4. 21. 별건 사건 수사 중 BT의 휴대전화를 압수하여 이미징 파일을 확보하였다. 그렇다면 별건 사건 압수·수색 검증영장의 "압수 대상 및 방법의 제한" 기재와 같이 압수의 대상이 된 전자정보의 상세목록을 교부한 후, 압수 대상과 무관한 전자정보는 삭제·폐기 또는 반환하고 그 취지를 통지하여야 한다. 그런데 위와 같이 압수된 이미징 파일은 별건 사건으로 영장이 집행된 이후에도 6개월 가량 그대로 대검찰청 디지털 포렌직 센터 서버에 저장되어 있었다. 이는 위 영장이 정한 압수 대상과 방법의 제한을 위반한 것이다.

② 위와 같이 수사기관이 별건 범죄 혐의사실과 관련 있는 정보를 선별하여 압수한 후에도 그와 관련이 없는 나머지 정보를 삭제·폐기·반환하지 아니한 채 그대로 보관한 것은 범죄 혐의사실과 관련이 없는 부분에 대하여는 압수의 대상이 되는 전자정보의 범위를 넘어서는 전자정보를 영장 없이 압수·수색하여 취득한 것이어서 위법하다. 따라서 이후에 법원으로부터 다시 이 사건과 관련한

19) 대법원 2023. 6. 1. 선고 2018도19782 판결, 대법원 2023. 10. 18. 선고 2023도8752 판결, 대법원 2024. 4. 16. 선고 2020도3050 판결 등
20) https://www.hankookilbo.com/News/Read/A2024100702020002940 (2025. 3. 1. 방문) http://www.yesebook.co.kr/EBOOKS/NDFC2411/#book/page52 (2025. 3. 1. 방문)
21) 서울고등법원 2022. 8. 12. 선고 2022노594 판결(대법원 2022. 12. 15. 선고 2022도10452 판결로 확정)

압수·수색영장이 발부되었다거나 BT이 위 압수·수색에 대하여 이의를 제기한 바 없다고 하여 그 위법성이 치유된다고 볼 수 없다.

③ 설령 수사기관이 동일성, 무결성 입증 및 공소사실과 직접적으로 관련성 있는 전자정보의 진위 여부를 확인하기 위하여 해당 재판의 확정 전에는 휴대전화에 저장된 전체 전자정보에 대한 이미지 파일이 필요하다고 하더라도, 적어도 압수목록이나 전자정보 상세목록에 압수의 대상이 되는 전자정보 부분을 구체적으로 특정하고, 위와 같이 파일 전체를 보관할 수밖에 없는 사정을 부기하며, 위 상세목록에 기재되지 않은 무관정보는 '본래 압수·수색 영장의 취지에 따라 삭제·폐기되어야 하지만 유관정보의 증거가치 유지를 위하여 부득이하게 보관하는 것'에 불과하므로, 무관정보에 대하여 새롭게 압수·수색을 하지 않는 등 영장주의와 적법절차 원칙을 지키기 위한 노력을 기울여야 한다. 그런데 별건 사건에서 수사기관이 BT에게 압수한 전자정보 상세목록을 교부하였다거나 범죄 혐의사실과 관련성 없는 정보를 보관하고 있다는 사실을 알려주는 등 조치를 취하였다는 자료가 없다. 오히려 BT은 이 사건 압수·수색절차와 같은 날 진행된 검찰 조사에서 '별건 사건의 압수·수색영장이 집행된 후 압수된 전자정보 동일성 등을 확인하기 위하여 재판종결시까지 위 전자정보가 대검찰청 디지털 서버에 보관되어 있다는 사실을 알지 못하였다.'고 진술하였다.

④ 휴대전화 전자정보의 경우 하나의 파일에서 피의사실과 직접 관련이 있는 전자정보만을 분리하는 것이 기술적으로 어렵고, 휴대전화 대신 이미 보관 중인 전자정보를 압수하는 것이 압수당사자의 사생활 보장 측면에서 유리할 수 있다는 사정을 들어 위와 같은 절차로 취득한 증거 및 2차적 증거의 증거능력을 인정한다면, 이는 범죄혐의와 관련 있는 압수 정보에 대한 상세목록 작성·교부의무와 범죄혐의와 관련 없는 정보에 대한 삭제·폐기·반환의무를 사실상 형해화하는 결과가 되어 헌법과 형사소송법이 절차 조항을 마련한 취지에도 반한다.

5) 임의제출물의 압수와 '관련성' 제한

임의제출물의 압수는 제출자의 의사에 따라 압수 범위가 정해진다는 관점에서 임의제출물의 압수에는 관련성 제한이 적용되지 않는다는 취지로 판단한 사례들이 있다.[22] 그러나 임의제출물의 압수에 있어 관련성 제한,

22) 서울중앙지방법원 2016. 12. 23. 선고 2016고합675 판결(대법원 2017. 10. 31. 선고 2017도12643 판결로 확정), 서울서부지방법원 2018. 5. 10. 선고 2017노1029 판결(대법원 2019. 7. 10. 선고 2018도8371 판결로 확정), 광주고등법원 2021. 11. 4. 선고 2021노18 판결(대법원 2022. 1. 27. 선고 2021도15502 판결로 확정) 등

참여권 보장, 압수목록 교부 등 법리를 정립한 대법원 2021. 11. 18. 선고 2016도348 전원합의체 판결 이후로는 임의제출물 압수에 대하여도 '관련성' 제한을 판단한 사례가 다수 축적되고 있고,[23] 임의제출물의 압수에는 관련성 제한이 아예 문제가 되지 않는다는 취지로 판단한 사례는 찾아보기 어렵다.[24] 자세한 내용은 임의제출물 압수 부분에서 상술한다.

6) 유류물의 압수와 '관련성' 제한

임의제출물의 압수와 달리 유류물 압수·수색(형사소송법 제218조)에 대해서는 원칙적으로 관련성 제한이 적용되지 않는다는 것이 판례다.[25] 유류물 압수는 수사기관이 소유권이나 관리처분권이 처음부터 존재하지 않거나, 존재하였지만 적법하게 포기된 물건, 또는 그와 같은 외관을 가진 물건 등의 점유를 수사상 필요에 따라 취득하는 수사방법을 말하는바, 압수 대상을 개별적으로 지정하거나 그 범위를 한정할 수 있는 제출자의 존재를 생각하기 어렵기 때문이라는 것이 그 이유다. 마찬가지 이유에서 법원은 유류물 압수·수색의 경우 참여권 행사의 주체가 되는 피압수자의 존재를 상정하기 어렵다고 보았다. 자세한 내용은 유류물 압수 부분에서 상술한다.

---

23) 대법원 2021. 11. 18. 선고 2016도348 전원합의체 판결, 대법원 2022. 1. 27. 선고 2021도11170 판결, 대법원 2023. 9. 18. 선고 2022도7453 전원합의체 판결 등 다수

24) 임의제출자의 의사가 분명하면 관련성 제한이 적용되지 않는다는 것이 판례의 법리라고 보는 견해도 가능하겠으나, 대법원 2021. 11. 18. 선고 2016도348 전원합의체 판결 및 그 후속 판결들의 법리에 의하면 ① 임의제출자의 의사를 엄격하게 해석하고, ② 수사기관으로 하여금 제출자의 의사를 명확히 확인하도록 하면서 확인되지 않은 제출자의 의사를 수사기관이 함부로 추단하는 것을 허용하지 않으며, ③ 제3자의 임의제출 사안에서는 제출자의 명시적 의사에도 불구하고 관련성이 인정되는 범위 내에서만 압수가 적법하다고 보므로, 임의제출물의 압수에서 제출자의 의사를 확대 해석하여 관련성 제한의 법리를 무력화하는 해석론은 바람직하지 않다.

25) 대법원 2024. 7. 25. 선고 2021도1181 판결

7) 긴급압수·수색과 '관련성' 제한

사전영장의 예외가 적용되는 체포 현장 또는 범죄 현장에서의 긴급압수·수색도 혐의사실 수사에 필요한 최소한의 범위 내에서만 압수가 가능하고,[26] 현행범인 체포 또는 긴급체포 과정에서 적법하게 압수된 압수물에서 별건 자료가 발견된 경우 '관련성' 인정 여부에 따라 압수의 적법 여부를 판단한다.[27] 자세한 내용은 긴급압수·수색 부분에서 상술한다.

다 불법촬영 성범죄의 경우 '관련성' 판단 기준

영장에 의한 압수·수색(형사소송법 제215조)은 물론 긴급압수·수색(형사소송법 제216조, 제217조), 임의제출물의 압수(형사소송법 제218조)도 혐의사실과 관련성이 인정되는 범위 내에서 적법함이 원칙이고, 관련성 판단에 대한 기본 법리가 동일하게 적용된다. 다만, 불법촬영 성범죄의 경우 법원은 범죄의 특성상 관련성 판단 기준을 완화하는 법리를 설시하였는바, 그 구체적인 내용은 아래와 같다.

대법원 2021. 11. 18. 선고 2016도348 전원합의체 판결

다) 불법촬영 범죄 등의 경우 임의제출된 전자정보 압수의 범위

범죄혐의사실과 관련된 전자정보인지를 판단할 때는 범죄혐의사실의 내용과 성격, 임의제출의 과정 등을 토대로 구체적·개별적 연관관계를 살펴볼 필요가 있다. 특히 카메라의 기능과 정보저장매체의 기능을 함께 갖춘 휴대전화인 스마트폰을 이용한 불법촬영 범죄와 같이 범죄의 속성상 해당 범행의 상습성이 의심되거나 성적 기호 내지 경향성의 발현에 따른 일련의 범행의 일환으로 이루어진 것으로 의심되고, 범행의 직접증거가 스마트폰 안에 이미지 파일이나 동영

---

26) 대법원 2008. 7. 10. 선고 2008도2245 판결

27) 현행범인 체포에 이은 긴급압수 사례로는 서울중앙지방법원 2018. 9. 14. 선고 2017고정3335 판결(항소심 서울중앙지방법원 2019. 7. 26. 선고 2018노2879 판결, 상고심 대법원 2019. 10. 31. 선고 2019도11966 판결로 확정), 긴급체포에 이은 긴급압수 사례로는 서울고등법원 2022. 8. 18. 선고 2021노1776 판결(대법원 2022. 11. 17. 선고 2022도10671 판결로 확정)

상 파일의 형태로 남아 있을 개연성이 있는 경우에는 그 안에 저장되어 있는 같은 유형의 전자정보에서 그와 관련한 유력한 간접증거나 정황증거가 발견될 가능성이 높다는 점에서 이러한 간접증거나 정황증거는 범죄혐의사실과 구체적·개별적 연관관계를 인정할 수 있다. 이처럼 범죄의 대상이 된 피해자의 인격권을 현저히 침해하는 성격의 전자정보를 담고 있는 불법촬영물은 범죄행위로 인해 생성된 것으로서 몰수의 대상이기도 하므로 임의제출된 휴대전화에서 해당 전자정보를 신속히 압수·수색하여 불법촬영물의 유통 가능성을 적시에 차단함으로써 피해자를 보호할 필요성이 크다. 나아가 이와 같은 경우에는 간접증거나 정황증거이면서 몰수의 대상이자 압수·수색의 대상인 전자정보의 유형이 이미지 파일 내지 동영상 파일 등으로 비교적 명확하게 특정되어 그와 무관한 사적 전자정보 전반의 압수·수색으로 이어질 가능성이 적어 상대적으로 폭넓게 관련성을 인정할 여지가 많다는 점에서도 그러하다.

법원은 임의제출물 압수뿐 아니라 영장에 의한 압수[28]와 긴급체포에 수반한 긴급압수[29]에도 위와 동일하게 불법촬영 성범죄에 완화된 관련성 판단 기준을 적용한 바 있다. 불법촬영 성범죄에 완화된 관련성 판단 기준을 적용하여 관련성을 인정한 사례가 많지만,[30] 완화된 기준을 적용하였음에도 관련성을 부정한 사례 또한 여럿 있다.[31] 대부분 임의제출 사안이므로 임의제출물의 압수 부분에서 상술한다.

라 '관련성'에 대한 이의제기

'관련성'은 압수·수색 과정에서 실무상 자주 다투어지는 쟁점이다. 피압수자와 변호인 측에 인정되는 절차적 권리인 '참여권'은 영장의 범위를 벗

28) 대법원 2021. 11. 25. 선고 2021도10034 판결
29) 대법원 2024. 6. 27. 선고 2024도1881 판결
30) 대법원 2021. 11. 25. 선고 2019도6730 판결, 대법원 2021. 11. 25. 선고 2019도7342 판결, 대법원 2021. 11. 25. 선고 2019도9100 판결, 대법원 2021. 11. 25. 선고 2021도10034 판결, 대법원 2021. 12. 30. 선고 2018도7994 판결, 대법원 2023. 6. 1. 선고 2020도2550 판결, 대법원 2024. 6. 27. 선고 2024도1881 판결
31) 대법원 2021. 11. 18. 선고 2016도348 전원합의체 판결, 대법원 2021. 11. 25. 선고 2016도82 판결, 대법원 2021. 11. 25. 선고 2020도3796 판결

어나는 압수·수색에 대하여 이의를 제기할 기회를 보장받고 필요한 경우 영장 집행의 방법이나 관련성에 대한 의견을 기록상 남길 기회를 보장받는 형태로 구현된다. '압수목록 교부'도 피압수자 등이 압수물에 대한 환부·가환부를 신청하거나 압수처분에 대한 준항고를 제기하는 등 권리행사절차를 밟는 기초 자료를 제공한다는 취지인데,[32] 이 역시 압수가 혐의사실과 관련성이 인정되는 범위 내에서 이루어졌는지를 검증할 자료를 제공한다는 의미가 있다.

1) 이의제기의 필요성

법원은 종종 ① 피압수자 측이 압수·수색영장 집행 절차에 충분히 참여하였으나 별다른 이의제기가 없었다는 사정이나 ② 압수물에 일부 혐의사실과 관련 없는 자료가 포함된 사실을 인식하였으나 그 압수를 용인하였다는 사정 등을 근거로 무관정보가 일부 포함된 압수·수색 절차의 적법성을 인정하여, '피압수자 측의 이의제기 여부'를 압수·수색 절차의 적법성 여부를 판단하는 요소 중 하나로 고려하는 경우가 있다.[33] 따라서 압수·수색 절차에서 압수물과 영장 기재 혐의사실 사이의 관련성을 다투는 피압수자나 변호인으로서는 명확하게 이의를 제기하고 그 이의제기 사실과 내용을 관련 기록에 남길 필요가 있다.

그러나 법원은 사법행정권 남용 의혹에 대한 검찰 수사 중 법관인 피압수자가 특정한 방법의 수색에 동의하였는지가 문제 된 사안에서 "강제수사를 받고 있는 피의자가 압수·수색 현장에서 영장에 기재된 수색방법에 위반한 수색에 별다른 이의제기를 하지 못하였다는 사정만으로는 자발적인 의사로 동의하였다고는 볼 수 없음은 경험칙상 분명하다."고 판시한 바 있다.[34] 이 사건의 경우 오히려 피압수자가 영장 집행일로부터 4일 후에 이루어진 검찰 피의자신문에서 영장 집행의 위법성을 명시적으로 주장한 점과

32) 대법원 2009. 3. 12. 선고 2008도763 판결, 대법원 2018. 2. 8. 선고 2017도13263 판결, 대법원 2022. 1. 14. 자 2021모1586 결정

33) 대법원 2011. 5. 26. 자 2009모1190 결정, 서울고등법원 2018. 1. 26. 선고 2016노333 판결(대법원 2019. 3. 14. 선고 2018도2841 판결로 확정)

34) 서울고등법원 2021. 2. 4. 선고 2020노132 판결(대법원 2021. 10. 14. 선고 2021도2485 판결로 확정)

검사가 피압수자의 동의를 받아 영장을 집행한 사실을 피의자신문조서에 남기지 않은 점을 이유로 피압수자의 동의가 있었다는 검사의 주장을 받아들이지 않았다. 즉, 피압수자가 법관으로서 법률전문가인 경우에도 위법에 대한 이의 부제기가 곧 자발적 동의를 의미하는 것은 아니라고 보았고, 피압수자의 사후적 이의제기에 대한 검사의 반론 부제기를 근거로 검사의 동의 존재 주장을 배척하였다.

2) 관련 서식

수사준칙이나 대검 디지털 증거 예규는 압수·수색에 참여한 피압수자 측에서 압수의 대상이 된 전자정보와 사건의 관련성에 관하여 의견을 제시한 때에는 이를 조서나 의견진술서로 남기도록 규정한다(수사준칙 제42조 제5항, 대검 디지털 증거 예규 제21조 제3항).

검찰의 전자정보 압수·수색에 있어 '압수 대상 전자정보와 사건의 관련성에 관한 의견'은 통상 대검 디지털 증거 예규 별지 제14호 서식 전자정보의 압수 등에 관한 의견진술서를 사용한다.[35]

35) 2024. 10. 1. 자로 개정되기 전 대검 디지털 증거 예규 제22조와 별지 제13호 서식 전자정보 압수·수색·검증 안내문에서는 검찰이 자체적으로 만든 관련성 판단 기준도 적시되어 있었으나, 개정 대검 디지털 증거 예규에서는 해당 부분이 삭제되었다.

〈대검 디지털 증거 예규 별지 제14호 서식〉

[별지 제14호 서식] 전자정보의 압수 등에 관한 의견진술서

【전자정보의 압수 등에 관한 의견진술서 】

<table>
<tr><td rowspan="2">의견진술인</td><td>성　　명</td><td></td><td>생 년 월 일</td><td></td></tr>
<tr><td>연 락 처</td><td></td><td>사건과의 관계</td><td></td></tr>
<tr><td rowspan="2">의견진술 대상
전자정보</td><td>매체 종류
(제조사,모델)</td><td></td><td>이미지 파일명</td><td></td></tr>
<tr><td colspan="4">20 . . . : 부터 20 . . . : 까지 (장소)에서
집행한 위 매체에 기억된 전자정보 중 일부</td></tr>
<tr><td colspan="5">□ 참여권 보장 □ 전부 복제본 또는 매체 원본 반출 □ 전부이미지 파일 보관
□ 압수 대상 전자정보와 사건의 관련성에 관한 의견</td></tr>
<tr><td colspan="5">(의견 기재)</td></tr>
<tr><td colspan="5">위 의견진술인은 위 일시, 장소에서 있었던 전자정보에 대한 압수·수색·검증과 관련하여 위와 같이 의견을 진술합니다.

20 . . .

위 작성자 : (서명)</td></tr>
</table>

마 '관련성' 부정례

1) 공모 상대방이 다른 동종·유사 관세법위반 혐의사실[36)]

피고인은 중국에서 조명기기를 수입하여 국내에 판매하는 사람으로 ① 주식회사 B의 운영자 A와 공모하여 2007. 5. 2.경부터 2009. 8. 20.경까지 조명기기의 수입가격을 저가로 신고하여 165회에 걸쳐 관세를 포탈하고 전기용품 안전인증을 받지 아니한 조명기기를 157회에 걸쳐 부정수입하였다는 공소사실과 ② 운송업체 Y의 운영자 Z와 공모하여 2008. 7. 4.경부터 2009. 10. 28.경까지 조명기기의 수입가격을 저가로 신고하여 49회에 걸쳐 관세를 포탈하고 전기용품 안전인증을 받지 아니한 조명기기를 48회에 걸쳐 부정수입하였다는 공소사실로 기소되었다.

위 ①, ②의 공소사실은 공모의 상대방만 A와 Z로 서로 달랐을 뿐 적용법조와 행위태양이 동일했고[37)] 행위기간 역시 상당 부분 중첩되었으나, 법원은 위 ①의 혐의사실로 발부된 압수·수색영장으로 위 ②의 혐의사실에 관한 자료를 함께 압수한 것이 "압수·수색영장의 압수 대상이 아니거나 그 혐의사실과 무관"한 자료를 압수한 것으로써 위법하다고 보아 위 ②의 공소사실 부분을 무죄로 판단하였다.

2) 공범의 별건 동종·유사 공직선거법위반 혐의사실[38)]

가) 사실관계

수사기관이 피고인 2의 공직선거법위반 범행을 혐의사실로 하여 발부받은 압수·수색영장 집행 과정에서 피고인 1의 휴대전화에서 피고인 1과 피고인 7 사이의 대화 녹음파일을 압수하여 피고인 1·7의 공직선거법위반

---

36) 대법원 2012. 3. 29. 선고 2011도10508 판결(유·무죄 범죄사실 및 상세한 압수 경위는 제1심 판결인 울산지방법원 2011. 1. 20. 선고 2010고단970, 1031 판결 참조)

37) 위 ①, ② 모두 저가신고로 인한 조세포탈과 전기용품 안전인증 관련 부정수입 혐의이고, 피고인이 중국에서 조명기기를 구입한 후 공모 상대방에게 운송 및 수입통관 절차의 대행을 의뢰하는 방식을 취한 점도 서로 같았다.

38) 대법원 2014. 1. 16. 선고 2013도7101 판결

혐의사실을 발견하였으나 별도의 압수·수색영장을 발부받지 않았던 사안이다. 영장의 내용은 아래와 같다.

압수·수색영장 내용
• 피의자: 피고인 2
• 죄명: 공직선거법위반
• 압수할 물건 1. 범죄행위와 관련하여 작성·보관 중인 수첩 등 2. 위 1항의 자료가 포함된 컴퓨터(노트북), 디스켓, 이동식 저장장치(CD, USB, 외장형 하드디스크) 3. 피고인 1 등이 소지하고 있는 휴대전화(휴대전화, 스마트폰 등), 태블릿PC(아이패드, 갤럭시탭 종류) 및 저장된 정보
• 압수·수색할 장소·신체·물건 - 피고인 1의 주거지 - 피고인 1이 운전하는 차량 - 피고인 1의 신체 및 휴대전화, 태블릿PC 등이 소재한 장소 등
• 영장 범죄사실 및 압수를 필요로 하는 사유 '피의자는 공천과 관련하여, 2012. 3. 15. 및 3. 28. 공소에 1에게 지시하여 ○○○당 공천심사위원인 공소외 13 등에게 거액이 든 돈 봉투를 각 제공하였다' 등

검찰청 수사관은 위 압수·수색영장의 집행으로 피고인 1의 주거지에서 그의 휴대전화를 압수하여 검찰청으로 가져온 후 그 휴대전화에서 추출한 전자정보를 분석하던 중 피고인 1·7의 대화가 녹음된 파일을 통해 피고인 1·7이 정당후보자 추천 및 선거운동 관련하여 대가 제공을 요구·약속하였다는 혐의점을 발견하였다. 수사기관은 피고인 1·7의 위 혐의점에 대한 수사를 개시하였으나 그 녹음파일을 임의로 제출받거나 새로운 압수·수색영장을 발부받지는 않았다.

압수·수색영장에 기재된 혐의사실은 '피고인 2가 공소외 1에게 지시하여 피고인 1을 통해 공천과 관련하여 ○○○당 공천심사위원인 공소외 13 등에게 거액이 든 돈 봉투를 각 제공하였다'는 것이었고, 피고인 1·7의 공직선거법위반 혐의사실은 '피고인 1은 공천 및 선거운동을 도와주는 대가로 피고인 7에게 3억 원을 요구하였고, 피고인 7은 피고인 1에게 이를 제공하기로 약속하였다'는 것이었다.

나) 법원의 판단

법원은 위 압수·수색영장에 기재된 '피의자'인 피고인 2가 위 녹음파일에 의하여 의심되는 혐의사실과 무관하므로 위 녹음파일의 압수에는 헌법상 영장주의에 위반한 절차적 위법이 있다고 보아 그 증거능력을 부정하였다. 법원은 위 녹음파일에 의하여 의심되었던 혐의사실이 공직선거법상 정당후보자 추천 관련 내지 선거운동 관련 금품 요구·약속의 범행에 관한 것으로서 "일응 범행의 객관적 내용만 볼 때에는 이 사건 영장에 기재된 범죄사실과 동종·유사의 범행에 해당한다고 볼 여지가 있다"는 점을 인정하였으나, 위 압수·수색영장에서 피의자는 피고인 2에 한정되어 있는 반면 수사기관이 압수한 녹음파일은 피고인 1·7 사이의 범행에 관한 것으로서 피고인 2가 그 범행에 가담 내지 관련되어 있다고 볼 만한 아무런 자료가 없다는 점에서 관련성 요건이 충족되지 않는다고 보았다. 특히 위 녹음파일 압수·수색 과정에서 피압수·수색 당사자인 피고인 1에게 참여권이 보장되었는지나 복사 대상 전자정보 목록이 교부되었는지 여부 등과 무관하게 위 녹음파일은 위 압수·수색영장에 의하여 압수할 수 있는 전자정보가 아니라고 판시하였다.

특히 이 사건의 원심[39]은 이 사건 녹음파일이 피고인 2에 대한 공소사실을 입증하는 간접증거로 사용될 수 있다는 것과 이 사건 녹음파일을 이 사건 압수·수색영장 기재 혐의사실과 무관한 피고인 1·7의 혐의사실을 입증하기 위한 증거로 사용하는 것은 별개의 문제이므로 피고인 2에 대한 관계에서 이 사건 녹음파일에 대한 압수가 적법하다고 하여 피고인 1·7에 대한 관계에서도 적법한 것은 아니라고 판시하였고, 대법원 역시 그러한 판단의 정당성을 수긍하였다.

피고인 2의 공직선거법위반 혐의사실에서 피고인 1은 청탁의 매개자로서 피고인 2와 공범이었다. 피고인 1·7의 공직선거법위반 혐의사실은 피고인 2와 피고인 1의 공직선거법위반 혐의사실과 시기적으로 근접해있었을 뿐만 아니라(약 3주 차이) 청탁의 매개자가 피고인 1, 청탁의 대상이 되는 공천위원이 공소외 13으로 공통되는 등 피고인 2와 피고인 1의 공직선거법

39) 부산고등법원 2013. 6. 5. 선고 2012노667 판결

위반 혐의사실과 동종·유사 범행이었다. 그럼에도 법원은 압수·수색영장에 기재된 '피의자'인 피고인 2가 위 녹음파일에 의하여 의심되는 피고인 1·7의 공직선거법위반 혐의사실과 무관한 이상 위 녹음파일은 압수·수색영장에 기재된 혐의사실과 '관련성'이 인정되지 않는다고 본 것이다.

다) 이 판결의 법리를 원용한 후속 판결례

부산고등법원 2016. 8. 11. 선고 2015노777 판결(대법원 2017. 1. 25. 선고 2016도13489 판결로 확정)은 객관적, 주관적(인적) 관련성이라는 이중의 연결고리를 통해 애초의 대상자나 대상 범죄와는 동떨어진 범행까지도 관련성을 인정하는 결과가 되는 것을 경계하면서, 이 사건 판결(대법원 2014. 1. 16. 선고 2013도7101 판결)의 법리를 원용하였다. 마찬가지로 의정부지방법원 2021. 9. 9. 선고 2017노702 판결(대법원 2022. 1. 27. 선고 2021도13057 판결로 확정) 역시 D社로부터 분사한 'R社가 대기측정이나 수질검사를 거짓으로 하였다'는 혐의사실로 발부된 압수·수색영장은 'D社가 대기측정이나 수질검사를 거짓으로 하였다'는 혐의사실에 효력이 미치지 않는다고 판시하면서 같은 법리를 원용하였다.

3) 별건에서 취득한 통신사실확인자료[40)]

공소외인들에 대한 공직선거법위반 사건의 수사 과정에서 통신사가 경찰에 제공한 통화내역이 피고인에 대한 정치자금법위반 공소사실에 대한 증거로 제출된 사안이다. 법원은 공소외인들에 대한 공직선거법위반 사건이 피고인에 대한 이 사건 공소사실과 아무 관련이 없다고 보아 검사가 위 통화내역을 취득하는 과정에서 통신비밀보호법에 따른 법원의 허가를 받았더라도 이를 이 사건 공소사실에 대한 증거로 사용할 수 없다고 보았다.

위 원심은 위와 같은 판단의 근거로 ① 통신사실확인자료 제공요청에 의하여 취득한 통신사실확인자료를 범죄의 수사·소추 또는 예방을 위하여 사용하는 경우 그 대상 범죄는 통신사실확인자료 제공요청의 목적이 된 범죄

40) 대법원 2014. 10. 27. 선고 2014도2121 판결

나 이와 관련된 범죄에 한정되는 점(통신비밀보호법 제13조의5, 제12조 제1호 참조), ② 수사기관이 통신사실확인자료를 제공받은 때에는 당해 통신사실확인자료 제공요청사실 등 필요한 사항을 기재한 대장과 통신사실확인자료 제공요청서 등 관련자료를 소속기관에 비치하여야 한다고 규정하고 있음에도(통신비밀보호법 제13조 제5항 참조) 검사는 이 사건 통화내역을 취득하는 과정에서 사전 또는 사후에 통신비밀보호법이 정한 바에 따라 지방법원 또는 지원의 허가를 받았다는 자료를 제출하지 못한 점, ③ 통신비밀보호법은 지방법원 또는 지원의 허가를 받지 못한 경우에는 지체 없이 제공받은 통신사실확인자료를 폐기하도록 하고 있으므로(통신비밀보호법 제13조 제3항 참조) 이 사건 통화내역에 대하여 지방법원 또는 지원의 허가를 받지 못하였다면 결국 이 사건 통화내역의 수집 및 증거제출은 불가능하였을 것으로 보이는 점 등을 지적하였다.[41)]

한편, 이 사건 통화내역이 위법수집증거에 해당하여 증거능력이 없다는 변호인의 주장은 이 사건 항소심에서 항소이유서 제출기간이 경과한 이후에 처음으로 제기되었는데, 법원은 "위법수집증거는 피고인이나 변호인의 증거 동의가 있다고 하더라도 유죄의 증거로 사용할 수 없는 것이므로(대법원 2011. 4. 28. 선고 2009도2109 판결) 원심에서 피고인이 증거 동의를 하였고 항소심에 이르러서도 항소이유서 제출기간이 경과한 후 비로소 그 위법성에 관한 주장을 하였다고 하더라도 법원의 판단대상이 된다."고 판시하였다.[42)]

4) 배임 혐의사실과 약사법위반 혐의사실[43)]

준항고인 1의 배임 혐의와 관련된 압수·수색영장(제1영장)을 집행하여 반출한 저장매체(외장 하드디스크)에서 준항고인 2의 약사법위반 및 조세범처벌법위반 혐의와 관련된 전자정보를 발견하자 이를 소명자료로 삼아 압수·수색영장(제2영장)을 발부받고 집행한 사안이다. 피압수자의 참여권 보장과 압수처분의 취소 범위가 주된 쟁점이 되었던 사례이나, 기본적으로 후자의 혐의(준항고인 2의 약사법위반 등 혐의)에 관한 전자정보는 제1영장에 기재된 전

---

41) 서울고등법원 2014. 2. 6. 선고 2013노929 판결

42) 서울고등법원 2014. 2. 6. 선고 2013노929 판결 이유의 각주 1) 참조

43) 대법원 2015. 7. 16. 자 2011모1839 전원합의체 결정

자의 혐의(준항고인 1의 배임 혐의)와 무관하다고 보았다.

5) 선거운동 관련 금품 제공 혐의사실과 유사기관 설치 및 사전선거운동 혐의사실[44)]

1차 압수·수색영장(2014. 9. 25. 자)의 혐의사실은 '피고인 1이 2014. 5. 경부터 같은 해 6.경까지 사이 피고인 3의 선거사무소에서 전화홍보원들에게 선거운동과 관련하여 금품을 제공하였다'는 것이었으나, 그 집행으로 압수한 증거물은 '피고인 1, 피고인 2, 피고인 3 등이 2012. 8.경부터 2013. 11.경까지 사이 ○○포럼을 설립·운영하고 회비를 조성한 것과 관련하여 유사기관 설치와 사전선거운동으로 인한 공직선거법위반, 정치자금법위반 혐의' 관련으로 1차 압수·수색영장의 혐의사실에 관해서는 증거로서의 가치가 없었던 사안이다.

검사는 2014. 9. 25. 1차 압수·수색영장에 기하여 위 포럼 사무실에 있던 컴퓨터 4대와 USB 2개에 저장된 파일 합계 8,628개(디렉토리 포함)를 이미징의 형태로 추출해 휴대용 저장매체에 복제하는 방식으로 압수하였는데, 이때 컴퓨터 등 저장매체에 담긴 파일 가운데 1차 압수·수색영장의 혐의사실과 관련된 파일만을 범위를 정하여 복제하는 방식으로 압수하지는 않았다. 같은 날 검사는 위 복제본을 검찰 사무실로 옮겨와 전자정보를 탐색하였고, 그 과정에서 그것이 1차 압수·수색영장의 혐의사실과 무관한 전자정보임을 확인하였음에도 탐색을 중단하지 않았다.

법원은 1차 압수·수색영장으로 압수한 증거물은 그 발부의 사유가 된 혐의사실과 관련이 없으므로, 이에 대한 1차 압수·수색영장의 집행행위는 위법하다고 보았다.[45)]

---

44) 대법원 2017. 11. 14. 선고 2017도3449 판결

45) 이후 검사는 2차 압수·수색영장(2014. 10. 2. 자)을 발부받아 집행하였으나, 2차 압수·수색영장을 발부받을 때까지 무관정보 탐색을 중단하지 않았고, 2차 압수·수색영장으로 압수한 전자정보가 담긴 복제본을 검찰 사무실에서 탐색·복제·출력하면서 피압수자인 위 피고인 2 등에게 참여할 기회를 주지 않았다. 이에 법원은 2차 압수·수색영장에 기하여 취득한 전자정보도 위법하게 수집된 증거로서 증거능력이 없다고 판단하였다. 특히 법원은 1·2차 압수·수색영장에 기하여 전자정보를 이미징 형태로 '복제'하는 과정에서 피고인 2가 참여하여 혐의사실과 직접 연관성이 없는 전자정보가 섞여 있을 수 있다는 것에 동의한 사실을 인정하였음에도, 이러한 사정만으로 피압수자 측에 절차 참여를 보장하였다고 볼 수 없다고 판시하였다.

6) 재단법인 설립·운영 과정에서의 기부금품법위반 등 혐의사실과 청와대 인사안 등 대통령 관련 자료[46)]

압수·수색영장에 기재된 혐의사실은 공소외 1 등이 ① 공소외 2, 3 재단법인의 설립·운영과정에서 기부금품법을 위반하여 866억 원의 기부금품을 모집하고, ② 공소외 2, 3 재단법인 창립총회 회의록을 위조·행사하고 담당 공무원의 법인설립허가 업무를 방해하고, ③ 여러 기업들로 하여금 866억 원을 출연하게 함으로써 공소외 2, 3 재단법인에 재산상 이익을 취득하게 하고 피해 기업들에게 손해를 가하고, ④ 위 출연금 중 일부를 공소외 4 주식회사의 운영자금으로 사용하여 횡령하였다는 것이었다. 압수·수색영장의 '압수할 물건'란에는 위와 같은 혐의사실과 관련하여 공소외 1이 소유하거나 보관 중인 물건들이 열거되어 있었는데, 그중 제1호에는 '공소외 2, 3 재단법인의 설립 및 운영에 관련된 보고서류, 회계서류, 결재서류, 업무일지, 수첩, 메모지, 명함 등 관련 문서 일체'라고 기재되어 있었다.

이 사건 압수·수색영장으로 압수한 전자정보는 '청와대 인사안', '청와대 및 행정 각부의 보고서', '대통령 일정 관련 자료', '대통령 말씀자료', '외교관계자료' 등이었는데, 법원은 이 전자정보들이 이 사건 압수·수색영장 기재 혐의사실에 대한 직접 또는 간접증거로서의 가치가 있다고 보기 어렵고, 영장의 '압수할 물건'란에 기재된 어느 항목에도 해당된다고 보기 어렵다고 판단했다.

7) 특수관계에 있으나 별개의 독립된 법인격을 가진 회사의 경리·회계 자료[47)]

수사기관이 세무법인 사무실에서 '압수할 물건'으로 주식회사 AO와 주식회사 AP의 경리·회계 관련 자료라고 기재된 압수·수색영장을 집행하면서 AO와 특수관계에 있으나 별개의 독립된 법인격을 가진 회사인 AM의 경리·회계 관련 자료까지 압수한 사안이다.

---

46) 대법원 2018. 4. 26. 선고 2018도2624 판결
47) 대법원 2019. 3. 14. 선고 2018도2841 판결

법원은 "헌법과 형사소송법이 구현하고자 하는 적법절차와 영장주의의 정신에 비추어 볼 때, 법관이 압수·수색영장을 발부하면서 '압수할 물건'을 특정하기 위하여 기재한 문언은 이를 엄격하게 해석하여야 하고, 함부로 피압수자 등에게 불리한 내용으로 확장 또는 유추해석하는 것은 허용될 수 없다(대법원 2009. 3. 12. 선고 2008도763 판결 등 참조)."는 법리를 원용하여 위 압수·수색이 영장에 기재된 압수 대상의 범위를 초과하여 위법하다고 판단하였다.

8) 성폭력처벌법위반(카메라등이용촬영) 혐의사실과 청소년성보호법위반(음란물소지) 혐의사실[48]

압수·수색영장 혐의사실	쟁점 공소사실
피고인은 2018. 5. 16.부터 2018. 8. 16. 경까지 17회에 걸쳐 피고인의 집과 두 군데 장소에서 카메라 등 기계장치를 이용하여 성적 욕망 또는 수치심을 유발할 수 있는 피해자들의 신체를 피해자들의 의사에 반하여 촬영하였다.	피고인은 2017. 초순경 피고인의 집에서 피고인 소유의 노트북으로 인터넷 파일공유 사이트 'D'에 접속하여 아동·청소년 이용 음란물을 다운로드받아 피고인 소유 노트북에 저장함으로써 이를 소지하였다.

수사기관이 제보에 기초하여 피고인의 성폭력처벌법위반(카메라등이용촬영) 혐의와 관련된 압수·수색영장을 발부받아 집행한 결과 피고인의 노트북에서 불법 촬영물로 의심되는 동영상 26개와 함께 아동·청소년 이용 음란물로 의심되는 영상 68개가 발견되어 이를 모두 압수한 사안이다. 피고인은 위 압수·수색영장 집행일인 2018. 9. 19. 경찰에서 최초로 피의자신문을 받았고 당시는 카메라 등 이용 촬영의 점에 대해서만 조사받았으나, 2018. 11. 15. 경찰에서 제2회 피의자신문을 받으면서 아동·청소년 이용 음란물 영상을 제시받고 음란물 소지 혐의에 관하여 조사받았다. 아동·청소년 이용 음란물에 대해서는 별도의 사후 압수·수색영장이 발부된 적이 없었다.

법원은 압수·수색영장 혐의사실과 청소년성보호법위반(음란물소지) 공소사

48) 서울중앙지방법원 2019. 7. 26. 선고 2019노1308 판결(대법원 2019. 11. 28. 선고 2019도11986 판결로 확정)

실은 동종·유사 범행에 해당한다고 보기 어려우므로 영장의 효력이 이 부분 공소사실에는 미치지 않는다고 판단하였다.

9) 특정 시점의 필로폰 투약 혐의사실로 소변을 압수하는 취지의 압수·수색영장을 발부받았으나, 혐의사실 일시의 투약으로 소변에서 마약류의 검출이 가능한 기간이 지난 후에 이를 집행하여 양성반응이 나온 사례[49]

압수·수색영장 혐의사실	쟁점 공소사실
피고인은 2018. 5. 23. 시간불상경 부산 이하 불상지에서 필로폰 불상량을 불상의 방법으로 투약하였다.	피고인이 2018. 6. 21.경부터 같은 달 25.경까지 사이에 부산 이하 불상지에서 필로폰 불상량을 불상의 방법으로 투약하였다.

경찰은 제보자의 진술을 토대로 압수·수색영장 혐의사실을 특정하였으나, 영장이 발부된 후 약 1달이 지난 2018. 6. 25.에야 이를 집행하여 피고인의 소변을 압수하였다. 소변 감정 결과 양성반응이 나왔지만, 그때는 이미 2018. 5. 23.경 필로폰을 투약한 사람의 소변에서 마약류 등이 검출될 수 있는 기간이 지난 뒤였고, 별도의 압수·수색영장으로 압수한 피고인의 모발에서 마약류 등이 검출되지 않았다. 결국 압수된 피고인의 소변에서 필로폰 양성반응이 나온 점을 근거로 기소한 사안이다.[50]

법원은 "마약류 투약 범죄는 그 범행일자가 다를 경우 별개의 범죄로 보아야 하고, 이 사건 압수영장 기재 혐의사실과 이 부분 공소사실은 그 범행 장소, 투약방법, 투약량도 모두 구체적으로 특정되어 있지 않아 어떠한 객관적인 관련성이 있는지 알 수 없다."고 하면서, "이 사건 압수영장 기재 혐의사실과 이 부분 공소사실이 동종 범죄라는 사정만으로 객관적 관련성이 있다고 할 수 없다."고 판시하였다.

특히 "이 사건 압수영장 기재 혐의사실의 내용과 수사의 대상, 수사 경

---

49) 대법원 2019. 10. 17. 선고 2019도6775 판결(유사한 사안에서 관련성을 인정한 사례로는 대법원 2021. 8. 26. 선고 2021도2205 판결 참조)

50) 검사는 필로폰 양성반응이 나온 소변의 채취일시와 필로폰 투약 후 소변으로 배출된 기간에 대한 자료에 기초하여 범죄일시를 '2018. 6. 21.경부터 2018. 6. 25.경까지 사이'로 특정하였다.

위 등을 종합하여 보면, 이 부분 공소사실과 같은 필로폰 투약의 점은 경찰이 이 사건 압수영장을 발부받을 당시 전혀 예견할 수 없었던 혐의사실이었던 것으로 보이므로, 이 사건 압수영장 기재 혐의사실과 이 부분 공소사실 사이에 연관성이 있다고 보기 어렵다."고 하였는데, 이 점이 유사 사안에서 관련성을 인정한 대법원 2021. 8. 26. 선고 2021도2205 판결과 구별된다.

10) 동종·유사 범행이지만 피해자, 피해 내용, 범행의 수단과 방법, 범행에 가담한 사람의 범위 등이 달라 기본적 사실관계가 동일하다고 보기 어려운 별건 범죄[51)]

피고인 A에 대한 압수·수색영장에 기재된 혐의사실은 '피고인 A가 R과 공모하여 피해자 S의 영업비밀인 과산화수소 제조공정 기술을 부정한 방법으로 취득하여 외국에서 사용하였다'는 것이고, 압수·수색을 필요로 하는 사유는 'R로부터 취득한 영업비밀이 무엇인지, 취득한 영업비밀을 중국 어떤 회사에 유출하였는지, 그 대가로 받은 금액이 얼마인지, 본 건에 추가 가담한 사람이 있는지 여부 등을 명확히 하고, 본건 외에 피고인 E가 추가로 취득한 영업비밀 자료가 있는지, 추가 해외 유출 사실이 있는지 여부를 확인한 다음 범죄혐의를 특정하기 위함'이었다. 수사기관이 위 영장을 집행하여 압수한 압수물에는 ① 피해자 P의 POM 제조공정 기술에 관한 자료, ② 피해자 U의 PC 제조공정 기술에 관한 자료 및 ③ 피고인 D가 근무하였던 피해자 V에 관한 자료 등이 포함되어 있었다.

수사기관은 위 압수물을 복제·탐색·출력하는 과정에서 R과 피고인 A, D의 이메일 등을 확인하고 '피고인 A, D 등이 공모하여 피해자 P의 POM 제조공정 기술, 피해자 U의 PC 제조공정 기술을 빼돌려 해외로 유출하였다'는 범죄혐의를 특정하였다.

법원은 "수사기관이 위와 같이 압수·수색에서 확보한 이 사건 압수물은 영장 기재 혐의 사실과 동종·유사의 범행이라는 점 이외에는 피해자, 피해

51) 울산지방법원 2020. 8. 13. 선고 2019노138 판결(대법원 2021. 7. 29. 선고 2020도12087 판결로 확정)

내용, 범행의 수단과 방법, 범행에 가담한 사람의 범위 등이 달라 기본적 사실관계가 동일하다고 보기 어렵고, 영장 기재 혐의사실에 관한 간접증거나 정황증거 등으로 사용될 수 있는 경우라고 보기도 어렵다."고 판단하였다.

또한 법원은 당초 압수·수색영장에 기재된 압수·수색의 사유인 '추가 범죄혐의 특정'이 완료된 이상 수사기관으로서는 법원으로부터 추가 범죄혐의에 관한 압수·수색영장을 발부받아야만 이 사건 압수물을 계속 압수할 수 있음에도 수사기관은 별도의 압수·수색영장을 발부받지 아니하였다고 지적하였다.

한편 위 압수·수색영장의 혐의사실은 R에 대한 선행 압수·수색을 통해 확보한 자료로 포착한 것인데, 법원은 R에 대한 위 선행 압수·수색의 경우 관련성이 인정되는 범위 내에서 이루어졌다고 보았다. 이에 대한 자세한 내용은 관련성 긍정례에서 본다.

11) 누설의 상대방, 내용, 목적 등이 서로 다른 공무상비밀누설 혐의사실[52)]

가) 사실관계

압수·수색영장에 기재된 혐의사실은 'A가 F로부터 보상을 약속받고 경찰공무원인 피고인 등에게 F의 식품위생법위반 사건 무마를 청탁하였다'는 A의 변호사법위반 혐의였다. 영장의 구체적인 내용은 아래와 같다.

52) 대구지방법원 서부지원 2021. 4. 15. 선고 2020고합271 판결(항소심인 대구고등법원 2022. 1. 19. 선고 2021노186 판결에서 일부 파기 주문이 있으나 이 사건 문자메시지를 위법수집증거로 보아 그 증거능력을 부정한 판단은 그대로 유지되었고, 대법원 2022. 8. 19. 선고 2022도1839 판결에서 상고가 기각되어 확정됨)

[피의자]

A

[범죄사실]

A가 F로부터 AJ 식품위생법위반 사건의 무마를 위하여 경찰공무원들에게 청탁을 하면 보상을 해주겠다고 약속받은 후 경찰공무원인 D, C, E, B(피고인), CI에게 청탁을 하여 변호사법위반

[압수할 물건]

- 피고인을 비롯한 대상자가 사용, 소지, 보관 중인 휴대폰(본건 범죄사실 관련 전자정보에 한함)
(이하 생략)

[압수·수색영장을 필요로 하는 사유]

- 현재까지 확보한 자료로도 피의자가 위 대상 경찰관들에게 청탁을 했다는 부분은 소명이 되나, 구체적인 접근 방식이나 청탁의 효과에 대해서는 추가 확인이 필요하며, 그 대상 경찰관들의 반응 등도 혐의사실 성립 여부를 결정하는 간접사실 및 정황정거로서 확보해야 할 자료이다. 또한, 위 대상 경찰관들의 행위가 또 다른 범죄사실을 구성하는지 여부도 확인해야 한다.
- 따라서 피의자의 변호사법위반 범죄사실을 확정하고, 대상자의 범위와 그 과정을 명백히 특정하기 위해서는 위 적시한 압수할 물건이 필요하다.
- 대상자들은 휴대폰 등을 제출하지 않겠다고 명시적인 의사표시를 하는 등 위 자료들을 임의제출받을 가능성이 없다. 이들의 관계 및 범행 시 분담한 행위 등을 고려할 때 증거를 인멸할 우려도 배제할 수 없어 압수·수색영장에 의한 증거물 확보가 필요하다.

경찰은 피고인의 휴대전화 2대를 원본 반출에 의해 압수하였고, 피고인은 반출된 휴대전화에 대한 후속 탐색·복제·출력 과정에 참여할 수 있음을 고지받았으나 참여하지 않겠다는 의사를 표시하였다.

이후 피고인의 휴대전화에서 별건 공무상비밀누설 혐의에 관한 문자메시지가 발견되자 수사기관은 이를 출력한 뒤 피고인으로부터 임의제출받아 이를 압수하였다. 해당 공무상비밀누설 혐의사실은 '피고인이 경찰대학교 동기로부터 특정 보이스피싱 피의자에 관한 사건 정보를 알아봐 달라는 요청을 받고 현행범체포보고 문자메시지를 전달하는 등으로 직무상 비밀을

누설하였다'는 것으로, 이는 피고인의 휴대전화에서 해당 문자메시지를 발견하기 전까지 수사기관이 전혀 알지 못하던 혐의였다.

나) 법원의 판단

법원은 피고인의 이 부분 공무상비밀누설은 압수·수색영장을 청구할 당시 전혀 확인되지 않았던 새로운 혐의사실로 압수·수색영장에 기재된 식품위생법위반 사건에 관한 A의 변호사법위반 혐의사실과 아무런 관련이 없다고 보았다.

압수·수색영장을 필요로 하는 사유에 '위 대상 경찰관들의 행위가 또 다른 범죄사실을 구성하는지 여부도 확인해야 한다.'고 기재되어 있으나, '압수할 물건'에 '본건 범죄사실 관련 전자정보에 한함'이라고 기재되어 있는 점에 비추어 위 '또 다른 범죄사실'은 '본건 범죄사실' 즉 '피의자 A의 식품위생법 사건 무마 변호사법위반과 관련된 공무상비밀누설' 혐의사실로 해석함이 타당하고, 위 압수·수색영장을 발부받을 당시 전혀 예견할 수 없었던 '보이스피싱 사건 정보 누설' 혐의사실까지 포함되는 것은 아니라고 보았다.

12) 압수·수색영장에 피의자를 잘못 특정한 사례[53)]

피해자가 피고인과 채팅 어플을 통해 대화를 나누던 중 피고인의 요구에 따라 피해자 자신의 특정 신체 부위를 촬영한 사진을 피고인에게 전송하였는데, 피고인이 위 사진을 피해자의 페이스북 친구들에게 유포한 사안이다.

피해자는 피고인의 인적사항을 알지 못하였으므로 수사기관은 피고인의 페이스북 계정에 대한 정보 및 메시지 송수신 기록 등에 관한 압수·수색영장을 발부받아 집행하였고, 범인이 피해자와 페이스북 메신저를 통해 대화한 계정의 접속 IP 가입자가 공소외 1(피고인의 어머니)이고 공소외 1의 주민등록표상 공소외 2(피고인의 아버지)와 공소외 3(피고인의 남동생)이 함께 거주하고 있음을 확인하였다. 당시 피고인도 위 페이스북 접속지에서 거주하고 있었으나, 주민등록상 거주지가 달라 공소외 1의 주민등록표에는 나타나지

53) 대법원 2021. 7. 29. 선고 2020도14654 판결

않았다. 이에 수사기관은 피의자를 공소외 3으로 특정하여 아래와 같이 압수·수색영장을 발부받았다.

[피의자] 공소외 3(피고인의 남동생)
[수색·검증할 장소·신체·물건] 가. (위 페이스북 접속지 주소) 나. 피의자의 신체 및 피의자가 소지·소유·보관하는 물건
[압수할 물건] 피의자가 소유·소지 또는 보관·관리·사용하고 있는 스마트폰 등 디지털기기 및 저장매체

경찰이 위 영장을 집행하기 위하여 피고인의 주거지에 도착하였을 때 피고인은 출근을 하여 부재중이었고, 경찰은 공소외 1과 공소외 3으로부터 이 사건 피의사실의 행위자가 공소외 3이 아닌 피고인이라는 취지의 말을 들었다. 이에 경찰은 공소외 1에게 영장을 제시하고 위 주거지를 수색하여 피고인 소유의 휴대전화 등을 압수하였다.

경찰은 그 자리에서 위 압수물에 대한 압수조서를 작성하였는데, 그 '압수경위'란에 "페이스북 접속 IP 설치장소에 거주하는 공소외 3을 피의자로 특정하였으나 현장 방문한바, 형 피고인이 세대 분리된 상태로 같이 거주하고 있었고 모친 및 공소외 3 진술을 청취한바 실제 피의자는 피고인으로 확인됨. 그러나 영장 집행 당시 출근하여 부재중이므로 모친 공소외 1 참여하에 이 사건 영장을 집행함."이라고 기재하였다.

법원은 "이 사건 영장의 문언상 압수·수색의 상대방은 공소외 3이고, 압수할 물건은 공소외 3이 소유·소지·보관·관리·사용하는 물건에 한정된다."고 하면서 "비록 경찰이 압수·수색 현장에서 다른 사람으로부터 이 사건 범행의 진범이 피고인이라는 이야기를 들었다고 하더라도 이 사건 영장에 기재된 문언에 반하여 피고인 소유의 물건을 압수할 수는 없다."고 보아 "피고인이 아닌 사람을 피의자로 하여 발부된 이 사건 영장을 집행하면서 피고인 소유의 이 사건 휴대전화 등을 압수한 것은 위법하다."고 판단했다.

13) D社로부터 분사한 R社의 혐의사실로 발부받은 압수·수색영장으로 D社의 혐의사실에 관한 증거를 압수한 사례[54)]

검사는 2016. 6. 12. 하수처리시설 관리업체인 주식회사 S의 대표이사 V, U 등을 허위 수질시험성적서 등 발급·제출 혐의사실의 피의자로 신문하면서, '2005년경 사업을 시작할 당시에는 D社로부터 수질시험성적서를 발급받았는데, 2007년에서 2008년 사이에 R社로 거래처를 바꿨다'는 진술을 듣고 2016. 6. 16. 법원으로부터 피의자란에 R社가 기재된 1차 영장을 발부받았다. 1차 영장의 요지는 아래와 같다.

- 압수할 물건: R社 및 D社가 대기오염 배출시설 운영 사업자와 환경전문업체로부터 대기 및 수질의 측정대행을 위탁받은 계약서 등
- 압수·수색할 장소: R社의 사무실 및 창고 등 부속시설, D社의 본점 및 지점 사무실 및 창고 등 부속시설
- 범죄사실: '피의자 성명불상은 측정대행업체인 R社에 근무하는 사람이고, 피의자 R社는 측정대행업 등을 목적으로 설립된 법인인데, 1. 피의자 성명불상은 환경전문업체로부터 의뢰받거나 위 R社가 환경전문업체로서 직접 실시한 하수처리시설에 관한 수질검사에 대해 수질시험성적서의 측정분석 결과를 거짓으로 기록하였고, 2. 대기오염 배출시설 운영 사업자로부터 측정대행을 위탁받았음에도, 대기측정기록부의 측정결과를 거짓으로 기록하였으며, 3. 피의자 R社는 피의자 성명불상이 피의자의 업무에 관하여 위와 같이 측정분석 결과를 거짓으로 기록하였다.' 등
- 압수·수색을 필요로 하는 사유: S의 공동대표인 U, V, W는 피의자 R社로부터 허위의 수질시험성적서를 발급받아 관할관청에 제출하였다고 진술하고 있고, 주식회사 X의 대표이사인 Y는 측정대행업체들이 허위의 대기측정기록부와 허위의 수질시험성적서를 발급하고 있다고 진술하고 있으며, 피의자 R社가 수질뿐만 아니라 대기에 대해 측정대행업 지정을 받은 것으로 나타나, 범죄의 소명이 있음. 피의자 R社는 2007. 5.경 D社로부터 분사하였고, D社의 이사로 피의자 R社의 대표이사인 Z가 등재되어 있는 점, V는 원래 D社로부터 허위의 수질시험성적서를 발급받았다고 진술하고 있는 점, 피의자 R社가 2007. 5.경 자가측정업무 분야에 대해 D社로부터 분사한 것으로 나타난 이후에도 D

54) 의정부지방법원 2021. 9. 9. 선고 2017노702 판결(대법원 2022. 1. 27. 선고 2021도13057 판결로 확정)

社가 수질 및 대기에 대해 측정대행업 등록을 하고, 자가측정부에 대기측정팀과 수질측정팀을 두고 측정대행을 하고 있는 점 등에 비추어 볼 때, 피의자 R社와 D社는 동일한 경영주체에 의해 경영되는 것으로 보이는 점 등 밀접한 관계에 있어 피의자 R社의 본건 범행과 관련하여 D社의 본점 및 지점에 대한 압수·수색이 필요함.

검찰수사관은 2016. 7. 7. 위 1차 영장에 따라 D社의 사무실을 수색하여 '수질 및 대기측정' 관련된 각종 자료들을 압수하였는데, 그중에는 '거짓 대기측정기록부 작성방법, 거짓성적서의 특정값을 기재하도록 메모된 수첩, 영향평가 대기질 거짓 분석일지, 거짓 검량선-UV선 만드는 방법, 거짓 검량서 및 그래프, 수질분야 등 영향평가 거짓 성적서, 수질모니터링 관련 성적서 및 분석일지' 등이 있었다. 검사와 검찰수사관은 위 1차 영장의 집행에 따른 압수물의 내용을 수사보고로 정리하였고, D社의 직원들을 조사하면서 1차 압수물 및 그에 기초하여 작성된 수사보고를 제시하기도 하였다.

검사는 2016. 9. 27. 법원으로부터 범죄사실란에 D社의 혐의사실이 기재된 2차 영장을 발부받아 2016. 9. 29. D社 사무실에서 '환경질측정결과보고서' 등 각종 서류들과 전산증거자료를 압수하였다.

법원은 위 1차 압수물이 1차 영장에 기재된 혐의사실과의 관련성이 인정되지 않는다고 보아 그 증거능력을 부정하였다. 1차 영장은 R社를 피의자로 하여 R社의 혐의사실과 관련된 자료를 압수하라는 취지가 명백하고, 당시 수사상황에 비추어 보더라도 D社의 혐의점이 압수·수색영장을 받을 만큼 소명된 상태가 아니었으므로 D社를 피의자로 기재하여서는 압수·수색영장을 발부받기 어려운 상태였던 것으로 보이는 점을 근거로 들었다. 1차 압수물에 관한 각 수사보고와 1차 압수물을 제시한 조사에서 작성된 조서들 역시 1차 압수물 수집 과정에서의 절차적 위법과 직접적인 인과관계가 있다고 보아 모두 증거능력을 부정하였다.[55]

55) 2차 영장에 따라 압수한 2차 압수물의 경우 1차 압수물 수집 과정에서의 절차적 위법과 직접적인 인과관계가 희석되거나 단절되었다고 보았으나, 2차 압수물 중 전자정보의 경우 피압수자 측에 참여할 기회를 보장하지 아니하여 위법수집증거로 보았다.

14) 압수·수색영장 혐의사실과 발견된 전자정보가 모두 마약 범죄에 관한 것이었으나 일시, 장소, 관련자, 마약의 종류와 양, 구체적 행위 태양이 다르고 시간적 간격도 상당했던 경우[56]

'피고인이 2021. 9.경 서울 강남구에 있는 자신의 주거지에서 E로부터 펜타닐 패치를 수수하고 E와 함께 이를 사용하였다'는 혐의사실로 압수·수색영장을 집행한 결과 피고인의 휴대전화에서 G, J, K 등과 관련된 별건 전자정보 즉, '피고인이 ① 2021. 5. 17. 서울 마포구에서 G에게 향정신성의약품 메디키넷리타드정 4정을 무상 교부하고, ② 2022. 4. 13. 서울 종로구에서 J로부터 향정신성의약품 자나팜정 4정을 무상 수수하고, ③ 2022. 6. 11. 서울 마포구에서 K로부터 향정신성의약품 페니드정 5정을 무상 수수하였다'는 혐의사실과 관련하여 피고인과 G, J, K가 주고받은 메시지 전자정보가 발견되어 이를 압수한 사안이다.

법원은 피고인의 휴대전화에서 발견된 전자정보 관련 혐의사실은 압수·수색영장 기재 혐의사실과 마약류 수수의 일시, 장소, 관련자, 마약류의 종류와 양, 구체적 행위태양이 전혀 다르고 시간적 간격도 상당하므로, 압수·수색영장 기재 혐의사실과 사이에 객관적 관련성이 인정되지 않는다고 보았다.

검사는 위 압수·수색영장의 '압수할 물건'란에는 '피의자가 소지·사용하는 전자정보 저장매체에 저장된 전자정보 중 마약류 범행과 관련된 전자정보'라고 기재되어 있으므로, 영장에 기재된 혐의사실에 한정되지 않고 피고인의 마약류 범행에 관한 전자정보를 폭넓게 압수·수색할 수 있다고 주장하였다. 그러나 법원은 위 영장에 첨부된 별지 '압수 대상 및 방법의 제한'에 전자정보의 압수는 혐의사실과 관련된 전자정보만을 출력·복사하여야 함이 명확하게 기재되어 있음을 근거로 위 검사의 주장을 배척하였다.

검사는 또한 G, J, K와의 대화 메시지 전자정보를 통해 피고인이 평소 마약류를 취급해온 사람이라는 점을 알 수 있으므로 이는 영장 기재 혐의사실에 대한 간접증거나 정황증거로 사용할 수 있어 관련성을 인정할 수

56) 서울고등법원 2023. 4. 21. 선고 2023노150, 842 판결(대법원 2023. 7. 27. 선고 2023도5700 판결로 확정)

있다는 취지로도 주장하였다. 그러나 법원은 수사기관이 G 등과의 메시지 전자정보를 압수·수색할 당시에는 이미 영장 기재 혐의사실에 관하여 공범인 E의 진술, E와 피고인 사이의 인스타그램 대화내역 및 전화통화내역 등 핵심적인 증거를 확보한 상태여서 피고인이 E가 아닌 다른 사람들과 다른 시기에 향정신성의약품 수수에 관한 대화를 나누었다는 사정은 E와 관련된 범행의 동기와 경위, 범행 수단 및 방법, 범행 시간과 장소 등을 증명하는 데 도움이 된다고 볼 수 없고, 이러한 정보에 대한 압수·수색은 별건 범죄혐의의 수사를 위한 것으로 볼 수밖에 없다고 판단했다. 결국 경찰이 이 사건 전자정보에 대한 탐색을 중단하고 새로운 압수·수색영장을 발부받는 등의 절차를 거치지 않고 임의로 별건 전자정보의 탐색·추출에 나아간 것은 관련성 제한을 위반하여 위법함을 이유로 검사의 이 부분 주장도 받아들이지 않았다.

15) 특정 사업과 관련한 군사기밀을 누설하였다는 혐의사실로 발부된 압수·수색영장을 집행하여 해당 사업과 관련 없는 군사기밀 자료를 압수한 경우[57)]

이 사건에서 압수·수색영장 기재 혐의사실은 "AB가 군의 방위력 개선을 위해 AC에서 발주한 'AA 사업' 수주 등에 활용할 목적으로 관련 군사기밀을 탐지·수집하고, 같은 회사 직원들에게 누설하였다."는 것이었다. 수사관은 위 영장에 기하여 K가 소지하던 지갑 안에서 메모지 2장을 압수하였는데, 그 메모지에 기재된 내용은 전시 N 포병탄약과 O탄에 대한 소요량 산정 결과였던 사안이다.

법원은 압수된 메모지에 기재된 내용이 'AA 사업'과 관련한 군사기밀이 아님이 명백하고, 달리 이 사건 메모지가 영장에 기재된 혐의사실과 관련하여 그 범행 동기와 경위, 범행 수단과 방법, 범행 시간과 장소 등에 있어 어떠한 구체적·개별적 연관관계가 있다고 볼만 사정은 찾기 어렵다고 보아 관련성을 부정하였다.

---

57) 대법원 2023. 6. 1. 선고 2018도18866 판결(유사한 사안에서 관련성을 인정한 사례로는 대법원 2025. 2. 27. 선고 2021도8284 판결 참조)

16) 휴대전화 연락처를 선별 없이 통째로 압수한 경우[58)]

압수·수색영장에 전자정보 압수의 방법에 관하여 다음과 같은 제한이 있었음에도 준항고인의 휴대전화 중 연락처 전자정보에 대해서 별도의 선별을 거치지 않고 그 전체를 압수하자, 준항고인의 변호인이 '전자정보의 관련성에 관한 의견 진술서'를 통하여 "연락처 전체 압수는 범죄사실과 전혀 관련성 없음, 비례성 위반되는 과도한 압수임"이라는 내용으로 위 압수 처분에 대한 이의를 제기한 사안이다.

> 나. 전자정보의 압수
>
> (1) 원칙: 저장매체의 소재지에서 수색·검증 후 혐의사실과 관련된 전자정보만을 범위로 정하여 문서로 출력하거나 수사기관이 휴대한 저장매체에 복제하는 방법으로 압수할 수 있음
>
> (2) 저장매체 자체를 반출하거나 하드카피·이미징 등 형태로 반출할 수 있는 경우
>
> ...(중략)...
>
> (3) 전자정보 압수 시 주의사항
>
> (가) 위 (1), (2)항에 따라 혐의사실과 관련된 전자정보의 탐색·복제·출력이 완료된 후에는 지체 없이, 피압수자 등에게 ① 압수 대상 전자정보의 상세목록을 교부하여야 하고, ② 그 목록에서 제외된 전자정보는 삭제·폐기 또는 반환하고 그 취지를 통지하여야 함[위 상세목록에서 삭제·폐기하였다는 취지를 명시함으로써 통지에 갈음할 수 있음]
>
> (나) (생략)
>
> (다) 압수·수색의 전체 과정(복제본의 획득, 저장매체 또는 복제본에 대한 탐색·복제·출력 과정 포함)에 걸쳐 피압수자 등의 참여권이 보장되어야 하며, 참여를 거부하는 경우에는 신뢰성과 전문성을 담보할 수 있는 상당한 방법으로 압수·수색이 이루어져야 함
>
> ...(이하 생략)...

법원은 수사기관이 혐의사실 관련성에 대한 구분 없이 임의로 휴대전화에 저장된 연락처 일체를 복제한 것은 영장에서 허용한 범위를 벗어난 것

58) 전주지방법원 2024. 7. 18. 자 2024보3 결정(대법원 2024. 11. 1. 자 2024모2840 결정으로 확정)

으로서 적법절차원칙과 영장주의를 중대하게 위반한 것이라고 보았다.

수사기관은 '특정 연락처의 부존재' 역시 혐의사실과 관련성 있는 정보이고 연락처가 본명 외에 가명이나 별명, 이명 등으로 저장되는 경우도 있어 검색을 통한 선별도 불가능하므로 연락처 전체의 압수가 필요하다고 주장하였으나, 법원은 "위와 같은 사정을 고려한다고 하여도 연락처의 저장 일자, 관련자 성명이나 직책 등을 특정하는 방식으로(적어도 준항고인이 관련 업무를 맡지 않게 된 이후 저장된 연락처는 관련성이 없다고 볼 수 있다) 최소한의 선별절차를 진행할 수는 있다"는 이유로 그 주장을 배척하였다.

바 '관련성' 긍정례

1) 압수·수색영장 기재 혐의사실 중 일부에 대하여 직접 또는 간접증거로서 가치가 있는 자료[59]

피고인 A와 피고인 B의 '기부행위'로 인한 교육자치법위반 혐의사실로 발부된 압수·수색영장을 집행하여 피고인 A와 피고인 C의 '사전선거운동'으로 인한 교육자치법위반 혐의사실에 관한 증거를 압수한 사안이다.

두 차례 발부된 압수·수색영장의 주요 혐의사실은 2014. 6. 4. 실시된 교육감 선거 관련하여 입후보예정자였던 피고인 A가 피고인 B 단체와 공모하여 2013. 5.경 '양말'을 기부하고 2014. 2.경 '저서'를 기부하였다는 것이었는데, 그 집행으로 압수한 전자정보 출력물에는 "피고인 A가 2013. 9. 2. 피고인 C 등과 함께 선거준비계획의 일환으로 B 회원들에게 피고인 A가 2014년 H교육감 선거에 출마한다는 내용의 편지를 보내기로 논의한 점, 피고인 A가 2014년 H교육감 선거에 출마하니 회원들의 지지를 호소한다는 내용의 문서 파일이 작성된 점, 그 무렵 B 계좌에서 CH 문구점으로 26,000원이, X우체국으로 116,770원이 각 결제된 점, B 회원 현황 등을 인정할 수 있는 자료들"이 있었다. 이에 검사는 피고인 A와 피고인 C가 공모하여 2013. 9. 13. '추석 감사편지 보내기 행사'를 빙자하여 사전선

59) 대법원 2015. 10. 29. 선고 2015도9784 판결

거운동을 하였다는 교육자치법위반 혐의사실을 인지하여 기소하였다.

법원은 압수·수색영장 기재 혐의사실과 압수된 위 전자정보 출력물 사이에 관련성이 인정된다고 보았다. 위 전자정보 출력물은 "피고인 A가 2014년 H교육감 선거에 출마하고자 하는 의사를 B 회원들에게 표명함과 동시에 자신에 대한 지지를 호소하는 내용의 문건을 작성하고, 이러한 문건을 회원들에게 우편으로 발송하였음을 인정할 수 있는 직접 또는 간접증거"로서의 가치를 가지고 있고, 이는 압수·수색영장 기재 혐의사실 중 적어도 '저서' 기부행위로 인한 교육자치법위반 혐의사실과 관련하여 객관적 구성요건 중 하나인 '피고인 A가 2014년 H교육감선거의 후보자가 되고자 하는 자'인지 여부를 판단할 수 있는 주요 증거자료라는 것을 근거로 들었다.60)

2) 범죄수사 목적의 통신사실확인자료 제공요청에 있어 관련성의 범위61)

검사는 피고인 1이 건설현장 식당운영권 알선 브로커로 활동하면서 전국 여러 지역의 건설현장 식당운영권 수주와 관련하여 공무원이나 공사관계자에게 금품을 제공한 혐의를 수사하는 과정에서, 2010. 12. 16. 및 2010. 12. 21. 통신비밀보호법 관련 규정에 따라 통신사실확인자료를 취득하였다.

---

60) 제1심 판결(청주지방법원 2015. 2. 9. 선고 2014고합244 판결)은 헌법에 규정된 적법절차 및 영장주의 원칙과 형사소송법 제106조, 제215조의 개정취지 등을 근거로 '관련성'을 엄격히 해석하여 위 전자정보 출력물의 증거능력을 부정하여 무죄를 선고한 반면, 항소심 판결(대전고등법원 2015. 6. 17. 선고 2015노155 판결)과 상고심 판결(대법원 2015. 10. 29. 선고 2015도9784 판결)은 "압수의 대상을 압수·수색영장의 범죄사실 자체와 직접적으로 연관된 물건에 한정할 것은 아니고, 압수·수색영장의 범죄사실과 기본적 사실관계가 동일한 범행 또는 동종·유사의 범행과 관련된다고 의심할 만한 상당한 이유가 있는 범위 내에서는 압수를 실시할 수 있다(대법원 2009. 7. 23. 선고 2009도2649 판결 참조)."는 대법원 판결의 법리를 원용하여 관련성을 인정하였다.

61) 대법원 2017. 1. 25. 선고 2016도13489 판결

법원	허가날짜	대상자 (가입자)	필요한 자료의 범위 및 요청사유 (대상범죄)
서울동부 지방법원	2010. 12. 16.	피고인 1	2010. 3.경부터 2010. 10.경까지 사이의 피고인 1과 공소외인 사이의 OOOO 직원 채용 및 OOOO 발주 공사 납품업체 선정 청탁 관련 금품수수(공여자는 피고인 1)
서울동부 지방법원	2010. 12. 21.	피고인 1 등	2009. 2.경부터 2010. 12.경까지 사이의 공소외인과 피고인 1 사이의 OOOO 직원 채용 및 OOOO 발주 공사 납품업체 선정, △△건설 사장에 대한 인천 송도 건설현장의 식당운영권 수주 영향력 행사 청탁 관련 금품수수(공여자는 피고인 1)

검사는 위 통신사실확인자료에 포함된 피고인 1과 피고인 2의 통화 내역을 '피고인들이 부산교통공사가 발주하는 지하철 공사현장의 식당운영권을 수주할 수 있도록 청탁하면서 뇌물을 수수하였다'는 뇌물공여 및 뇌물수수 공소사실에 대한 증거로 제출하였다.

법원은 위 허가서에 의하여 제공받은 통화 내역을 피고인 2에 대한 뇌물수수 공소사실의 증명을 위한 증거로 사용할 수 있다고 보았다. 위 통신사실확인자료 제공요청 허가서에 기재된 혐의사실 중 '직원 채용 및 납품업체 선정' 관련 금품수수 부분은 이 사건 뇌물수수 공소사실과 아무런 관련성도 없으나, '인천 송도 건설현장의 식당운영권 수주' 관련 금품제공 부분은 범행 경위와 수법이 이 사건 뇌물수수 공소사실과 동일하고 범행 시기도 근접해 있는 등 '객관적 관련성'이 인정된다고 보았다. 또한 허가서에 대상자로 기재된 피고인 1은 피고인 2의 뇌물수수 범행의 증뢰자로서 필요적 공범에 해당하므로 '인적 관련성'도 있다고 보았다.

이 판결은 통신사실확인자료 제공요청에 의하여 취득한 통화 내역 등을 범죄의 수사·소추를 위하여 사용하는 경우 요구되는 '관련성'의 의미를 구체적으로 설시하였는데, 그 내용은 아래와 같다.

대법원 2017. 1. 25. 선고 2016도13489 판결

통신비밀보호법은 통신제한조치의 집행으로 인하여 취득된 전기통신의 내용은 통신제한조치의 목적이 된 범죄나 이와 관련되는 범죄를 수사·소추하거나 그 범죄를 예방하기 위한 경우 등에 한정하여 사용할 수 있도록 규정하고(제12조 제1호), 통신사실확인자료의 사용제한에 관하여 이 규정을 준용하도록 하고 있다(제13조의5). 따라서 통신사실확인자료 제공요청에 의하여 취득한 통화내역 등 통신사실확인자료를 범죄의 수사·소추를 위하여 사용하는 경우 그 대상 범죄는 통신사실확인자료 제공요청의 목적이 된 범죄 및 이와 관련된 범죄에 한정되어야 한다(대법원 2014. 10. 27. 선고 2014도2121 판결 참조). 여기서 통신사실확인자료 제공요청의 목적이 된 범죄와 관련된 범죄라 함은 통신사실확인자료 제공요청 허가서에 기재한 혐의사실과 객관적 관련성이 있고 자료제공 요청대상자와 피의자 사이에 인적 관련성이 있는 범죄를 의미한다고 할 것이다.

그중 혐의사실과의 객관적 관련성은, 통신사실확인자료 제공요청 허가서에 기재된 혐의사실 자체 또는 그와 기본적 사실관계가 동일한 범행과 직접 관련되어 있는 경우는 물론 범행 동기와 경위, 범행 수단 및 방법, 범행 시간과 장소 등을 증명하기 위한 간접증거나 정황증거 등으로 사용될 수 있는 경우에도 인정될 수 있다. 다만 통신비밀보호법이 위와 같이 통신사실확인자료의 사용 범위를 제한하고 있는 것은 특정한 혐의사실을 전제로 제공된 통신사실확인자료가 별건의 범죄사실을 수사하거나 소추하는 데 이용되는 것을 방지함으로써 통신의 비밀과 자유에 대한 제한을 최소화하는 데 입법 취지가 있다고 할 것이다. 따라서 그 관련성은 통신사실확인자료 제공요청 허가서에 기재된 혐의사실의 내용과 당해 수사의 대상 및 수사 경위 등을 종합하여 구체적·개별적 연관관계가 있는 경우에만 인정된다고 보아야 하고, 혐의사실과 단순히 동종 또는 유사 범행이라는 사유만으로 관련성이 있다고 할 것은 아니다.

그리고 피의자와 사이의 인적 관련성은 통신사실확인자료 제공요청 허가서에 기재된 대상자의 공동정범이나 교사범 등 공범이나 간접정범은 물론 필요적 공범 등에 대한 피고사건에 대해서도 인정될 수 있다.

3) 행위자가 동일하고 시기가 인접한 선거운동 관련 페이스북 허위 글 게시 혐의사실과 페이스북 선거홍보물 게재 등을 부탁하면서 금품을 제공하였다는 공소사실[62)]

압수·수색영장에 기재된 허위사실공표 혐의사실은 '피고인이 2016. 4. 11. 선거운동과 관련하여 자신의 페이스북에 허위의 글을 게시하였다'는 것이고, 이 사건 공소사실은 '피고인이 2016. 3. 30.경 선거운동과 관련하여 자신의 페이스북에 선거홍보물 게재 등을 부탁하면서 공소외 1에게 금품을 제공하였다'는 것이다.

법원은 이 사건 공소사실이 압수·수색영장 기재 혐의사실에 대한 범행의 동기와 경위, 범행 수단과 방법, 범행 시간과 장소 등을 증명하기 위한 간접증거나 정황증거 등으로 사용될 수 있는 경우에 해당하여 압수·수색영장 기재 혐의사실과 객관적 관련성이 있고, 이 사건 공소사실과 압수·수색영장 기재 혐의사실은 모두 피고인이 범행 주체인 페이스북 선거운동과 관련된 내용이므로 인적 관련성 역시 인정된다고 보았다.

4) 피고인 1의 유사기관 설치·운영으로 인한 당내경선 운동방법 위반 혐의사실과 해당 유사기관 사무실에서 이루어진 피고인 2의 금품제공으로 인한 당내경선 운동방법 위반 혐의사실[63)]

피의자가 '피고인 1', 혐의사실이 '피고인 1의 유사기관 이용'인 압수·수색영장을 집행하여 피고인 2의 주거지에서 피고인 2의 금품제공 혐의사실에 관한 자료(금전집행내역이 포함된 문서)를 압수한 사안이다. 법원은 압수·수색영장에 기재된 혐의사실과 피고인 2의 금품제공으로 인한 당내경선 운동방법 위반의 점 사이에 인적, 객관적 관련성이 인정된다고 보아 피고인 2의 주거지에서 압수된 금전집행내역에 관한 문서의 증거능력을 인정하였다.

구체적으로 ① 피고인 2가 피고인 1과 함께 이 사건 별도 사무실 설치·운영 및 전화 지지 호소에 의한 당내경선 운동방법 위반죄의 공동정범으로

---

62) 대법원 2017. 12. 5. 선고 2017도13458 판결

63) 대법원 2018. 10. 12. 선고 2018도6252 판결

기소되었으므로 피고인 2는 이 사건 압수·수색영장에 기재된 피의자(피고인 1)와 인적 관련성이 있고, ② 피고인 2가 이 사건 별도 사무실을 찾아온 다수의 사람에게 금품을 제공한 내역이 기재된 자료는 이 사건 별도 사무실이 당내경선과 관련하여 불법적인 동기와 의도로 설치·운영되었다는 것을 뒷받침하는 유력한 사정으로 이 사건 압수·수색영장 기재 혐의사실과 직접적인 관련이 있을 뿐만 아니라 이를 증명하기 위한 간접증거나 정황증거에도 해당하므로 객관적 관련성이 있다고 보았다.[64]

5) 범행 시기, 범행 방법이 유사한 조세범처벌법위반 혐의사실과 업무상횡령 공소사실[65]

압수·수색영장 혐의사실	쟁점 공소사실
피의자가 F 등과 함께 2009. 2.경부터 2012. 3.경까지 사이에 행사의 기획과 광고물 제작 등으로 재화 또는 용역을 공급한 대가를 받았음에도 세금계산서를 발급, 교부하지 아니하고, 거래금액 및 수익을 신고하지 않는 등의 방법으로 조세를 포탈하였다.	피고인 D, F가 공모하여 2009. 3.경부터 2009. 4.경까지 사이에 거래처로부터 허위의 매입 세금계산서를 발급받고, AO의 회계장부를 조작하여 마치 재화나 용역을 매입한 것처럼 가공거래를 한 후 매입대금 명목으로 AO 자금을 거래처에 지급한 뒤 이를 돌려받아 횡령하였다.

여러 차례 발부되어 집행된 압수·수색영장 중 1차 압수·수색영장을 제외하고는 혐의사실에 피의자[66]가 F 등과 함께 AO 자금을 횡령한 혐의가 포함되어 있었고, 영장의 신청 및 발부 일자가 뒤로 갈수록 혐의사실에 업무상횡령의 공소사실과 거의 유사한 내용이 포함되어 있었던 사안이다.

법원은 위 혐의사실과 공소사실이 범행 시기, 허위세금계산서의 교부 및

64) 피고인 2의 일부 금품제공은 이 사건 별도 사무실 외에서 이루어진 것이나, 이 사건 별도 사무실을 찾아온 사람들에 대한 다른 금품제공 행위와 시간적 또는 장소적으로 근접하고, 그 다른 금품제공과 범행 경위, 수법이 공통되며, 모두 피고인 1의 당내경선 후보자 선출을 위하여 공직선거법을 위반한 일련의 범행이라는 이유로 이들 역시 모두 객관적 관련성을 인정하였다(위 대법원 판결의 원심 서울고등법원 2018. 4. 6. 선고 2017노1182 판결 참조).

65) 대법원 2019. 3. 14. 선고 2018도2841 판결

66) 이 사건 영장에는 피의자가 '성명불상'으로 기재되어 있었으나, 법원은 영장에 F와의 공모관계가 표시되는 등으로 그 특정 가능성이 있었다고 보아 영장 요건에 위배되지 않는다고 보았다.

수취를 통한 범행 방법이 유사하므로 위 조세범처벌법위반의 범죄 혐의사실과 업무상횡령의 공소사실 사이에 관련성을 인정할 수 있다고 보았다.

6) 같은 피고인이 각기 다른 피해자에 대해 저지른 동종·유사 성범죄

가) 대법원 2020. 2. 13. 선고 2019도14341, 2019전도130 판결

피고인이 2018. 5. 6.경 피해자 甲(여, 10세)에 대하여 저지른 간음유인미수 및 성폭력처벌법위반(통신매체이용음란) 범행과 관련하여 압수한 피고인 소유 휴대전화에서 피고인이 2017. 12.경부터 2018. 4.경까지 사이에 피해자 乙(여, 12세), 丙(여, 10세), 丁(여, 9세)에 대하여 저지른 간음유인 및 간음유인미수, 미성년자의제강간, 성폭력처벌법위반(13세미만미성년자강간), 성폭력처벌법위반(통신매체이용음란) 등 범행에 관한 추가 자료들이 획득되어 그 증거능력이 문제된 사안이다.

피고인의 휴대전화는 피고인이 긴급체포되는 현장에서 적법하게 압수되었고, 형사소송법 제217조 제2항에 의해 발부된 법원의 사후 압수·수색영장에 기하여 압수 상태가 유지되었다. 또한 수사기관이 위 휴대전화에서 추가 자료들을 확보할 당시 피고인에게 참여권이 보장되었으나 피고인은 스스로 그 절차에 참여하지 않겠다는 의사를 표시하였다.

압수·수색영장 혐의사실에는 피해자 甲에 대한 간음유인미수 및 통신매체이용음란의 점만이 명시되었으나, 법원은 위 영장에서 계속 압수·수색이 필요한 사유로서 영장 범죄사실에 관한 혐의의 상당성 외에도 추가 여죄수사의 필요성을 포함시켰다.

법원은 추가 자료들로 밝혀진 피해자 乙, 丙, 丁에 대한 범행은 압수·수색영장 혐의사실과 단순히 동종·유사 범행인 것을 넘어 이와 구체적·개별적 연관관계가 있는 경우로서 객관적·인적 관련성을 모두 갖추었다고 보았다. 그 근거로는 ① 압수·수색영장 기재 혐의사실은 미성년자인 甲에 대하여 간음행위를 하기 위한 중간 과정 내지 그 수단으로 평가되는 행위에 관한 것이고, 피고인은 형법 제305조의2 등에 따라 상습범으로 처벌될 가능성이 완전히 배제되지 아니한 상태였으므로, 추가 자료들로 밝혀지게 된 乙, 丙, 丁에 대한 범행은 압수·수색영장 기재 혐의사실과 기본적 사실관계가 동일한 범행에 직접 관련되어 있는 경우로 볼 수 있는 점, ② 실제로 2017. 12.경부터 2018. 4.경까지 사이에 저지른 위 추가 범행들은, 압수·수색영장 기재 혐의사실의 일시인 2018. 5. 7.과 시간적으로 근접하고, 범행의 동기, 대상, 수단, 방법이 공통되는 점, ③ 추가 자료들은 압수·수색영장 혐의사실 중 간음유인죄의 '간음할 목적'이나 성폭력처벌법위반(통신매체이용음란)죄의 '자기 또는 다른 사람의 성적 욕망을 유발하거나 만족시킬 목적'을 뒷받침하는 간접증거로도 사용될 수 있는 점, ④ 추가 자료들은 피고인이 위 영장 범죄사실과 같은 범행을 저지른 수법 및 준비과정, 계획 등에 관한 정황증거에 해당할 뿐 아니라, 영장 범죄사실 자체에 대하여 피고인이 하는 진술의 신빙성을 판단할 수 있는 자료로도 사용될 수 있는 점을 들었다.

나) 서울고등법원 2021. 10. 29. 선고 2021노699, 2021보노31, 2021전노65 판결(대법원 2022. 1. 14. 선고 2021도14796 판결로 확정)[67]

경찰이 피해자 AC의 협박 고소에 따라 초동 수사를 마친 후 피고인에 대한 체포영장 및 압수·수색영장을 발부받아 피고인을 체포하고 피고인의 휴대전화 등을 압수하였는데, 그 휴대전화에서 다른 피해자들에 대한 자료가 발견된 사안이다. 압수·수색영장 기재 혐의사실은 피고인이 '랜챗'이라는 어플을 통해 알게 된 피해자 AC(여, 14세)에게 요구하여 취득한 피해자 AC의 나체사진을 피해자 AC가 다니는 학교의 페이스북 페이지에 유포하겠다는 취지로 카카오톡 메시지를 보내 피해자 AC를 협박하였다는 것이었다. 압수된 피고인의 휴대전화에서는 피해자 AC의 나체사진뿐 아니라 다른 미성년자 피해자들의 나체사진 등이 발견되었다.

법원은 아래와 같은 이유로 AC 외에 다른 피해자들에 대한 자료가 압수·수색영장 기재 혐의사실과 단순 동종·유사 범행에 대한 증거에 불과한 것이 아니라 압수·수색영장 기재 혐의사실의 증명에 도움이 되는 간접증거 내지

67) 상고심인 대법원 2022. 1. 14. 선고 2021도14796 판결은 원심의 이유 설시에 일부 미흡한 부분이 있지만 판결의 결론에 영향을 미친 잘못이 없다고 보아 피고인의 상고를 기각하였는데, 구체적으로 어느 부분의 이유 설시가 어떤 면에서 미흡하였는지는 따로 설시하지 않았다.

정황증거 등으로 사용될 수 있는 경우로서 객관적 관련성이 인정된다고 판단하였다.

- 압수·수색영장 기재 혐의사실과 추가 피해자들에 대한 혐의사실은 모두 피고인이 '랜챗'이라는 채팅 어플을 통해 피해자들과 친분을 쌓은 다음 피해자들로부터 나체사진 또는 동영상을 전송받아 이를 기화로 추가적인 나체사진 등을 요구하거나 그 요구를 들어주지 않으면 이를 유포할 것처럼 협박하는 등의 방법으로 저지른 일련의 범행이다.
- 압수·수색영장 기재 혐의사실과 추가 피해자들에 대한 혐의사실은 모두 피고인이 자신의 성적 욕망을 해소하기 위하여 미성년자인 피해자들을 대상으로 저지른 성범죄로서 그 범행의 동기, 범행 대상, 범행의 수단과 방법, 음란물의 내용 등이 공통되고, 각 범행의 시기도 매우 근접하며, 그 범행 도구 역시 피고인의 이 사건 휴대전화로 동일하다.
- 다른 피해자들의 나체사진 등은 피해자 AC에 대한 범행의 목적, 수단 내지 방법, 위법성 등을 증명하기 위한 중요한 간접증거 내지 정황증거가 될 수 있고, 압수·수색영장 기재 혐의사실에 대한 피고인 진술의 신빙성 및 피해자 AC 진술의 신빙성을 판단할 수 있는 자료로도 충분히 사용할 만한 가치가 있다.
- 형법 제285조는 상습으로 협박죄를 범한 자를 가중처벌하고 있고, 피고인은 상습범으로 처벌될 가능성이 완전히 배제되지 않은 상태였다. 이후 기소된 죄명에 협박죄가 포함되지는 않았지만, 그 공소사실의 내용 중에는 나체사진 등을 유포하겠다고 AC 외에 다른 피해자들을 협박하여 아동·청소년이용음란물을 제작하거나 성적 학대행위를 하였다는 등의 범죄사실이 다수 포함되어 있다.
- 일반적으로 압수·수색은 아직 공소가 제기될 범죄사실이나 죄명이 확정되지 않은 상태인 수사 초기에 이루어지는 것이 대부분이고, 압수·수색을 실시하기 전에는 어떤 증거가 존재하는지 명확히 예상하기도 어렵다.
- 압수·수색영장 집행 결과, 당초 압수의 목적이었던 피해자 AC의 나체사진뿐 아니라 그와 유사한 다른 아동·청소년들의 나체사진 등이 다량으로 발견되었다면, 각 범행 사이에 단순한 유사 또는 동종 범행의

수준을 넘어서는 구체적인 연관관계 여부도 충분히 의심할 만하다. 수사기관이 압수·수색영장을 집행하기 전에 다른 피해자들에 대한 범행을 전혀 인지하지 못하였다거나 영장에 추가 여죄 수사의 필요성에 관한 기재가 없다고 하더라도, 그러한 사유만으로 관련성을 부인하기는 어렵다.

다) 대법원 2021. 11. 25. 선고 2021도10034 판결

(1) 사실관계

경찰은 피해자 B의 아버지가 제출한 고소장을 기초로 수사를 개시하여 압수·수색영장을 발부받았다. 영장 혐의사실에는 '피고인이 2019. 11. 9. 위력으로 13세 미만 미성년자인 피해자 B를 추행하고 피해자 B의 의사에 반하여 그 신체를 촬영하였다.'는 내용이, 압수·수색을 필요로 하는 사유에는 '피고인의 증거인멸 가능성과 카메라 촬영 영상물 유포 등의 가능성'이 각 기재되어 있었다.

경찰은 위 영장을 집행하여 피고인으로부터 휴대전화 등 전자기기를 압수하였으나 거기서는 피해자 B를 촬영한 동영상 파일이 발견되지 않았다. 이에 경찰은 위 휴대전화에 설치된 네이버 클라우드 애플리케이션에 접속하여 피고인의 클라우드 계정에 저장되어 있는 다수의 음란 동영상 파일을 발견하였고, 그중 피고인이 피해자 B를 촬영한 것이라고 지정한 영상파일을 위 휴대전화에 내려받은 뒤 이동식 저장장치에 저장하는 방식으로 피고인으로부터 이를 임의제출받았다.

이후 경찰은 피고인으로부터 압수한 전자기기에 대한 디지털 증거분석을 하였고, 그 결과 피고인이 피해자 B 외에 다른 피해자들에 대하여 제작하였거나 소지하고 있는 아동·청소년이용음란물 자료를 발견하였다. 경찰은 추가로 발견된 다른 피해자들에 대한 영상 등 전자정보에 대하여 별도의 압수·수색영장을 발부받지는 않았으나, 해당 전자정보를 특정하여 해시값을 확인한 후 피고인에게 그 목록을 교부하였고, 압수조서와 압수목록을 작성하였다.

검사는 추가로 확보한 전자정보와 이를 토대로 수집한 증거를 근거로 피해자 B 외에 다른 피해자들에 대한 범죄까지 기소하였는데, 그 공소사실은 피해자들에 대한 성적 학대행위와 아동·청소년이용음란물 소지였다.

(2) 법원의 판단

법원은 관련성에 관한 일반 판례 법리와 함께 불법촬영 성범죄에 있어 상대적으로 폭넓게 관련성을 인정한 대법원 2021. 11. 18. 선고 2016도348 전원합의체 판결의 법리를 원용하여 위 압수·수색영장에 따라 압수된 추가 전자정보와 그 분석결과의 증거능력을 인정하였다.

법원은 이 사건 압수영장이 혐의사실의 직접증거뿐 아니라 그 증명에 도움이 되는 간접증거 또는 정황증거를 확보하기 위한 것이라고 볼 수 있고, 그에 따라 압수된 이 사건 각 전자정보 및 그 분석결과 등은 혐의사실의 간접증거 또는 정황증거로 사용될 수 있는 경우에 해당하여 영장 기재 혐의사실과의 객관적 관련성이 인정된다고 보는 것이 타당하므로, 그 증거를 피해자 B를 제외한 나머지 피해자들에 대한 공소사실의 증거로 사용할 수 있다고 보았다. 이와 같은 판단의 근거로는 ① 압수·수색이 필요한 사유로 '카메라 촬영 영상물 유포 가능성'이 기재된 점을 고려하면 추가 여죄 수사 가능성이 있었던 점, ② 영장에 기재된 피해자 B에 대한 혐의사실과 다른 피해자들에 대한 공소사실은 범행 시기가 근접하여 있고, 범행 대상이 모두 아동·청소년이며, 휴대전화를 주된 범행수단으로 하고 있다는 점에서 동종·유사 범행인 점, ③ 영장 집행 당시에도 피고인이 상습범으로 처벌될 가능성이 완전히 배제되었다고 볼 수 없는 점, ④ 추가로 발견된 전자정보는 영장에 기재된 혐의사실에 대한 간접증거나 정황증거로 사용될 수 있을 뿐만 아니라 성범죄에서 중요한 심리 요소인 피고인의 성적 취향을 알 수 있는 자료인 점을 들었다.

라) 대법원 2021. 12. 30. 선고 2019도10309 판결

(1) 사실관계

피고인은 2018. 3. 9. 18:00경 안산시 단원구 K에서 우연히 마주친 피해자(여, 22세)의 치마 속을 촬영하기로 마음먹고 피해자를 따라다녔다. 이후 피고인은 자신의 차량으로 피해자가 탄 차량을 쫓아가던 중 2018. 3. 10.

04:22경 안산시 단원구에 있는 L 휴게소에서 피해자가 여자화장실로 들어가는 것을 보고 따라 들어가 성폭력처벌법위반(성적목적다중이용장소침입) 범행을 저지르고, 계속하여 피해자가 사용 중인 곳의 옆 칸으로 들어가 피해자를 촬영하기 위하여 칸막이 아래로 자신의 휴대전화를 집어넣었으나 피해자가 이를 발견하고 소리를 지르는 바람에 성폭력처벌법위반(카메라등이용촬영) 범행은 미수에 그쳤다.

수원지방법원 안산지원은 2018. 4. 5. 피고인의 위 범행을 혐의사실로 하여 압수·수색영장을 발부하였다. 경찰은 2018. 4. 7. 이 영장에 따라 피고인 소유의 휴대전화 2대를 압수하여 분석한 결과 영장 기재 혐의사실과 관련된 사진이나 동영상은 발견되지 않았으나, 운행 중인 버스 안에서 버스 좌석에 앉아있던 다른 피해자(여, 16세)의 교복 치마 속을 몰래 촬영한 영상을 비롯하여 2018. 3. 9.경부터 2018. 4. 2.경까지 사이에 다른 피해자들의 치마 속을 불법촬영한 범행과 관련된 동영상 수십 건이 발견되었다.

경찰은 피고인을 상대로 위 각 동영상 캡처파일 출력물을 제시하며 피의자신문을 하였고, 검사는 피고인을 성폭력처벌법위반(카메라등이용촬영)으로 기소하면서 위 각 동영상 등을 유죄의 증거로 제출하였다.

(2) 법원의 판단

법원은 아래와 같은 이유로 피고인의 휴대전화에서 나온 동영상은 영장 기재 혐의사실과 관련성이 인정된다고 판단했다.[68]

- 영장 기재 혐의사실과 이 사건 공소사실 모두 피고인이 공중이 밀집한 장소에서 불특정 여성 중 범행의 대상을 물색한 후 그 여성을 쫓아가 자신의 휴대전화를 이용하여 성적 욕망 또는 수치심을 유발할 수 있는 신체를 촬영한 범행에 대한 것이고, 그 범행의 일시, 간격 등에 비추어 시간적 근접성이 인정된다.
- 영장 기재 혐의사실이 미수에 그쳐 이 사건 휴대전화에서 위 범행과 관련된 사진이나 동영상이 발견되지 않았으므로, 피고인이 이 사건 영장 혐의사실과 같이 해당 피해자를 촬영하려고 하였다는 점에 대한 증

68) 다만, 압수한 피고인의 휴대전화에서 동영상을 탐색·복제·출력하는 과정에서 피고인에게 참여권을 보장하지 않은 위법으로 인해 결국 동영상의 증거능력은 인정되지 않았고, 피고인에 대하여 무죄 판결이 확정되었다.

거는 피해자의 진술이 사실상 유일하다. 이러한 경우 피고인이 그 범행 이전과 이후 그와 동종의 범행을 하였다는 점에 대한 증거인 이 사건 각 동영상은 피해자 진술의 신빙성을 뒷받침할 수 있는 간접증거나 정황증거 등으로 사용될 수 있다.

- 수사기관이 영장 기재 혐의사실을 수사하는 과정에서 영장 기재 혐의사실과 범행의 일시·장소, 범행의 양태 등에서 밀접하게 관련되어 있는 동영상을 발견한 것이고 영장 기재 혐의사실과 단순히 동종·유사 범행에 관한 것이라는 사유만으로 압수한 것이 아니다.

마) 인천지방법원 2024. 5. 24. 선고 2024노2 판결(대법원 2024. 8. 23. 선고 2024도9176 판결로 확정)

(1) 사실관계

수사기관은 피해자 E의 진술을 토대로 '피고인이 2022. 7.경 피해자의 모습을 몰래 촬영하였다'는 혐의사실로 2022. 9. 27. 제1차 압수·수색영장을 발부받았다. 수사기관은 2022. 10. 5. 피고인의 주거지 앞 노상에서 제1차 영장을 집행하여 피고인의 휴대전화 등을 압수하였고, 2022. 10. 5. 이에 대하여 인천광역시경찰청에 디지털 포렌식을 의뢰하여 2022. 10. 10. 위 휴대전화에 대한 복제본을 획득하였다.

수사기관은 2022. 10. 13.경 제1차 영장 기재 혐의사실과 관련된 내용을 확인하던 중 피고인이 2022. 5. 18. 성명불상 여성의 신체를 불법촬영한 영상을 발견하자 탐색을 중지하고 2022. 10. 18. 피고인의 추가 범행을 확인하기 위해 압수된 휴대전화에 저장된 촬영물을 대상으로 하는 압수·수색영장을 신청하여 2022. 10. 20. 제2차 영장을 발부받았다. 그 '압수·수색·검증을 요하는 사유' 및 '압수할 물건'은 다음과 같다.

압수, 수색, 검증을 요하는 사유

[범죄사실]

피의자는 2022. 5. 18. 16:34경 서울 마포구 K호텔 앞 노상에서 짧은 치마를 입고 길을 걷는 피해자의 다리와 엉덩위 부위를 휴대폰 카메라를 이용하여 몰래 촬영하였다. 이로써 피의자는 휴대폰 카메라를 이용하여 피해자의 의사에 반하여 촬영하였다.

[압수·수색·검증을 필요로 하는 사유]

- 전자정보(사진 및 영상)
  - 피의자의 스마트폰을 포렌식하여 그 결과물에 대하여 탐색하던 중 2022. 5. 18.경 서울 마포구 B에서 스마트폰을 이용하여 여성의 다리 및 엉덩이 부위를 불법 촬영하는 것으로 추정되는 영상 및 사진을 확인하였다.
  - 피의자의 추가 범행이 확인되었으므로 그 외 유사한 추가 범행이 이뤄졌는지 여부 확인이 필요하다.
  - 피의자의 혐의 명백하고 증거물로 사용하기 위해 압수·수색영장을 신청한다.

압수할 물건

가. 휴대폰(모델명: 삼성 SM-A8265, 일련번호 L, 유심포함)

나. 위 휴대폰 내 피의자가 다른 사람의 신체를 촬영한 것으로 보이는 사진, 동영상 등 전자정보 일체

수사기관은 제1차 영장 기재 혐의사실을 증명할 영상은 발견하지 못하였으나 2022. 10. 25. 미리 발부받아 놓은 제2차 영장을 집행하여 같은 날 이 사건 휴대전화 등에 저장된 전자정보(사진 및 영상파일 11개)를 압수하였다.

일시	내용
2022-09-27	피해자 E의 진술을 토대로 제1차 압수·수색영장 발부 • 혐의사실: 피고인이 2022. 7.경 인천 남동구 노상에서 피해자 E를 몰래 촬영
2022-10-05	제1차 압수·수색영장 집행 • 피고인의 휴대전화를 원본 봉인·반출의 방법으로 압수 • 압수조서: 현장 선별이나 복제본 획득이 현저히 곤란하여 원본 봉인·반출하였고, 피고인에게 참여권 고지 후 참여 포기 의사를 확인함

2022-10-05	피고인의 휴대전화에 대한 증거분석을 의뢰
2022-10-10	피고인의 휴대전화에 대한 복제본 획득
2022-10-13	피고인의 별건 범죄 관련 영상 발견 후 탐색 중지
2022-10-18	피고인의 추가 범행 확인을 위한 추가 압수·수색영장 신청
2022-10-20	제2차 압수·수색영장 발부 • 혐의사실: 피고인이 2022. 5. 18.경 서울 마포구 노상에서 성명불상의 피해자를 몰래 촬영
2022-10-25	제1차 압수·수색영장 기재 혐의사실 관련 증거는 결국 발견하지 못함 제2차 압수·수색영장 집행 • 불법촬영 전자정보(사진 및 영상파일 11개) 압수 • 압수조서: 피고인의 참여하에 해시값 추출하였고, 피고인에게 전자정보 상세목록을 교부하였으며, 참여인란에 피고인의 자필 서명과 무인 날인

(2) 공소사실 요지

일시	내용
2022-05-18	서울 마포구 노상에서 성명불상 피해자의 다리와 엉덩이 부위를 몰래 촬영
2022-05-26	파주시 노상에서 성명불상 피해자의 다리와 엉덩이 부위를 몰래 촬영
2022-07-25	인천 남동구 노상에서 피해자 E의 다리와 엉덩이 부위를 몰래 촬영하였으나 기계적 결함 등 불상의 이유로 미수에 그침

(3) 법원의 판단

법원은 앞에서 본 관련성에 관한 법리(대법원 2017. 1. 25. 선고 2016도13489 판결, 2017. 12. 5. 선고 2017도13458 판결, 2020. 2. 13. 선고 2019도14341, 2019전도130 판결 등 참조)와 압수·수색 종료 전 별건 혐의사실과 관련된 전자정보를 우연히 발견한 경우 수사기관의 적법한 조치에 관한 법리(대법원 2021. 11. 18. 선고 2016도348 전원합의체 판결)를 원용한 후 다음과 같은 이유로 수사기관이 피고인의 휴대전화에서 추출하여 압수한 전자정보의 증거능력을 인정하였다.

- 수사기관은 제1차 영장 기재 혐의사실과 관련된 내용을 확인하는 과정에서 2022. 5. 18. 촬영된 성명불상 여성의 신체를 불법촬영한 영상을 발견함으로써 추가 혐의사실을 인지하였고, 이후 법원으로부터 제2차 영장을 발부받아 불법촬영 영상들의 존재를 확인하고 이를 압수하였다.
- 휴대전화 압수 경위, 시간적 근접성, 범행 동기나 대상, 범행 수단과 방법의 공통점 등에 비추어 볼 때 추가로 발견된 자료는 제1차 영장 기재 혐의사실에 관한 간접증거 내지 정황증거에 해당하여 압수 대상에 포함된다.
- 수사기관이 추가 자료의 존재를 확인하고 제1차 영장에 의한 탐색을 중지한 상태에서 제2차 영장을 발부받은 이상, 피고인의 주장과 같이 수사기관이 제1차 영장의 집행을 종료하였음에도 임의로 추가 자료를 탐색·선별하였다고 보기도 어렵다.
- 제2차 영장의 범죄사실에 2022. 5. 26. 자 범행은 기재되어 있지 않으나, 위 영장의 압수 대상물에 "휴대폰 내 피의자가 다른 사람의 신체를 촬영한 것으로 보이는 사진, 동영상 등 전자정보 일체"라고 기재되어 있으므로, 2022. 5. 26. 자 범행 관련 영상이 영장 없이 위법하게 압수된 것이라고 할 수 없다.

바) 대법원 2024. 6. 27. 선고 2024도1881 판결

(1) 사실관계

경찰은 피고인이 2023. 3. 14. 22:00경 서울 서대문구 B 건물 화장실(이 사건 화장실) 내부를 보기 위하여 위 건물과 붙어있는 옆 건물 외벽 지붕으로 올라가 같은 날 22:40경 이 사건 화장실에 있는 피해자 C(여, 18세), D(여, 18세)가 용변을 본 후 옷매무새를 정리하는 모습을 촬영하였다(이 사건 혐의사실)는 위 피해자들의 신고를 받고 출동하였으나, 피고인을 발견하지는 못하였다.

며칠 후인 2023. 3. 16. 경찰은 인근 음식점에서 일하는 피고인을 긴급체포하면서 피고인의 휴대전화를 긴급압수하였고, 2023. 3. 18. 위 피해자들에 대한 불법촬영 혐의로 위 휴대전화와 이에 저장된 전자정보 등에 대하여 형사소송법 제217조 제2항에 따른 사후영장(제1차 영장)을 발부받아 증거분석을 진행하였으나, 이 사건 혐의사실을 신고한 피해자들의 신체를 촬영한 이미지 파일이나 동영상 파일은 발견하지 못하였다. 다만 경찰은 알 수 없는 시점에 이 사건 화장실에서 (위 신고 피해자들이 아닌) 제3자가 용변 보는 모습 등이 촬영된 이미지 파일 7개와 사건 당일인 2023. 3. 14. 23:30경 서울 마포구 E역 지하철 여자화장실 용변 칸에서 피고인이 변기를 밟고 올라서면서 촬영된 동영상 파일 2개(이 사건 각 동영상)를 발견하여 압수하였는데, 그 과정에서 별도의 압수·수색영장을 발부받지는 않았다.

경찰은 위 증거분석 결과를 토대로 2023. 4. 17. 제2차 영장을 발부받았다. 제2차 영장 혐의사실에는 '알 수 없는 날 알 수 없는 장소에서 불상의 피해자를 핸드폰 카메라 기능을 이용해 촬영하였다'는 내용이, 압수·수색을 필요로 하는 사유에는 '여죄 수사를 위한 목적'이 각각 기재되어 있었다.

경찰은 제2차 영장을 기초로 피고인의 휴대전화에 대한 증거분석을 진행하여 지하철이나 길거리 또는 이 사건 화장실과 다른 화장실에서 타인의 신체를 동의 없이 촬영한 동영상 파일들(이 사건 추가 동영상)을 압수하였다.

(2) 법원의 판단

법원은 위 대법원 2021. 11. 25. 선고 2021도10034 판결과 같이 관련성에 관한 법리를 그대로 원용한 후 이 사건 각 동영상 및 이 사건 추가 동영상 압수가 모두 적법하다고 보았다.

제1차 영장에 의해 압수된 이 사건 각 동영상의 경우 ① 이 사건 혐의사실과 동일한 유형인 범죄의 중간 과정 내지 그 수단으로 평가되는 행위에 관한 내용으로, 촬영 일자가 같고 그 촬영 시점도 1시간 남짓 차이로 근접하며, 촬영한 장소도 불특정 다수인이 사용하는 공중화장실이라는 공통점이 있을 뿐 아니라 촬영기기도 피고인의 휴대전화로 동일한 점, ② 피고인의 휴대전화에서 이 사건 혐의사실을 직접 뒷받침하는 사진이나 동영상이 발견되지 않았으므로, 피고인이 이 사건 혐의사실과 같이 해당 피해자들을 촬영하였다는 점에 관한 증거는 피해자들의 진술이 사실상 유일한데, 피고인이 그 범행 직후 그와 동종의 범행을 목적으로 다중이용장소인 화장실에 침입하였다는 점에 대한 증거인 이 사건 각 동영상은 피해자들

진술의 신빙성을 뒷받침할 수 있는 간접증거나 정황증거 등으로 사용될 수 있는 점, ③ 수사기관이 피고인을 긴급체포하면서 압수한 피고인의 휴대전화에서 이 사건 혐의사실과 범행의 일시·장소, 범행의 양태 등에서 밀접하게 관련된 이 사건 각 동영상을 발견하여 압수한 것이므로 단순히 동종 또는 유사 범행에 관한 것이라는 사유만으로 이 사건 각 동영상을 압수한 것이 아닌 점을 근거로 이 사건 혐의사실과 객관적 관련성이 있다고 보아 그 증거능력을 인정했다.

제2차 영장에 의해 압수된 이 사건 추가 동영상의 경우도 ① 경찰이 이 사건 혐의사실과 관련된 내용을 확인하는 과정에서 이 사건 각 동영상을 발견함으로써 추가 불법촬영 혐의사실을 인지하여 제2차 영장을 새로이 발부받아 집행하였고, ② 제2차 영장에 압수·수색이 필요한 사유로 이 사건 혐의사실 외에 이 사건 휴대전화를 이용한 불법촬영 혐의의 여죄 수사에 활용하기 위한 목적이 있다는 취지의 기재가 있으므로 그 압수가 위법하지 않다고 보았다.

7) 압수·수색영장 기재 혐의사실과 기본적 사실관계가 동일한 범죄에 가담한 공범을 특정할 수 있는 자료를 압수한 경우[69]

압수·수색영장에 기재된 혐의사실은 'R가 피해자 S의 영업비밀인 과산화수소 제조공정 기술을 T로 빼돌려 사용하였다'는 것이었다. 수사기관은 R에 대한 압수·수색 이전에 이미 R에 대한 건강보험내역 조회를 통해 R가 피고인 E에 재직하고 있다는 사정을 파악하고 있었고, 피고인 E의 범행 연관성을 의심하고 있었다.

수사기관은 R의 주거지 등에 대한 압수·수색으로 R이 2012. 2. 1.부터 피고인 E에서 근무하였다는 내용의 재직증명서와 R가 2013년도에 피고인 E로부터 지급받은 급여 등이 기재된 근로소득원천징수영수증을 발견하여 R의 범행에 피고인 E가 연관되어 있음을 확인하였고, R의 이메일 정보 등에 대한 압수·수색으로 R이 피고인 A 등 피고인 E 관계자들과 주고받은

69) 울산지방법원 2020. 8. 13. 선고 2019노138 판결(대법원 2021. 7. 29. 선고 2020도12087 판결로 확정)

다수의 이메일을 발견하여 'R이 피고인 A와 공모하여 피해자 S의 과산화수소 제조공정 기술 관련 자료를 해외로 유출하였다'는 혐의를 포착하였다.

피고인 A, E는 위와 같이 압수된 자료들이 영장 기재 혐의사실과 무관하다고 주장하였으나, 법원은 받아들이지 않았다. ① R에 대한 각 압수·수색에서 확보된 재직증명서, 근로소득원천징수영수증 및 R이 피고인 A 등과 주고받은 이메일은 R과 피고인 A의 공모관계를 입증할 수 있는 증거에 해당하고, ② R에 대한 각 압수·수색영장의 범죄 혐의사실에 피고인 A와의 공모관계가 적시되지는 않았지만, 피해자가 S이고 범행 내용도 과산화수소 제조공정 기술 유출로 동일하다는 점에서 위 이메일을 통해 포착된 피고인 A의 범행은 위 각 압수·수색영장에 기재된 혐의사실과 기본적 사실관계가 동일하며, ③ 피고인 A는 피해자 S에 대한 범행에 있어 R과 공동정범 관계에 있으므로 인적 관련성도 인정된다는 점을 근거로 들었다.

8) 특정 시점의 필로폰 투약 혐의사실로 압수·수색영장을 발부받아 상당한 기간이 경과한 후에 집행하였으나, 압수·수색영장의 전체 취지가 혐의사실 일시의 투약 범행뿐 아니라 그 이후 영장 집행일 무렵까지의 투약 범행에 대한 증거를 확보하기 위한 것으로 볼 수 있는 경우[70]

가) 제1압수·수색영장

혐의사실	2019. 4. 초순경 필로폰 투약
영장 발부일	2019. 10. 16.
압수·수색을 필요로 하는 사유	제보자의 진술을 바탕으로 법원으로부터 압수·수색영장을 발부받아 피의자의 소재를 추적하였지만 현재까지 피의자의 소재를 발견하지 못하였다. 피의자의 예상 주거지가 특정됨에 따라 이전에 발부받은 영장은 유효기간이 경과하여 반환하고, 새로운 영장을 발부받아 피의자에 대한 수사 계속 진행하고자 압수·수색영장을 신청한다.
압수할 물건	피의자의 소변 30cc, 모발 약 80수, 피의자가 소지 또는 은닉하고 있는 마약류, 마약류 불법사용에 대한 도구 등
유효기간	2019. 12. 8.까지

70) 대법원 2021. 8. 26. 선고 2021도2205 판결

경찰은 위 제1압수·수색영장의 유효기간 내인 2019. 11. 18. 피의자를 긴급체포하면서 위 영장에 따라 피의자로부터 소변, 모발, 일회용 주사기 등을 압수하였다. 경찰은 압수조서의 압수경위란에 "제보자의 제보진술과 피의자의 동종 범죄전력 등으로 보아 피의자는 계속해서 필로폰을 투약하고 있을 것이라는 판단이 되어 그 전 부산지방법원에서 발부받은 압수·수색영장으로 피의자의 소재를 파악하고 있었다."라고 작성하였다. 피의자로부터 압수한 소변 및 모발 등에서 필로폰 양성반응이 나왔고, 피의자는 수사단계에서 "2019. 11. 12. 및 2019. 11. 16. 각 필로폰을 투약하였다."라고 자백하였다. 검사는 이를 제1공소사실로 하여 피고인을 기소하였다.

나) 제2압수·수색영장

혐의사실	2019. 6. 26. 필로폰 투약 및 소지
영장 발부일	2019. 12. 10.
압수·수색을 필요로 하는 사유	본 건 범죄 혐의인 필로폰 투약 및 소지에 대한 증거물을 확보하고자 할 경우 피의자가 이에 항거하거나 소지하고 있을지 모르는 필로폰 등의 증거물을 은닉, 멸실시키는 등의 방법으로 인멸할 우려가 있으며, 필로폰 사범의 특성상 피의자가 이전 소지하고 있던 필로폰을 투약하였을 가능성 또한 배제할 수 없어 피의자의 필로폰 투약 여부를 확인 가능한 소변과 모발을 확보하고자 압수·수색영장을 신청한다.
압수할 물건	피의자의 소변 50cc 및 모발 60수, 필로폰 및 필로폰을 투약할 때 사용되는 기구, 기타 마약류
유효기간	2020. 2. 29.까지

경찰은 위 제2압수·수색영장의 유효기간 내인 2020. 1. 16. 피의자를 긴급체포하면서 위 영장에 따라 피의자로부터 소변, 모발 등을 압수하였다. 피의자로부터 압수한 소변 및 모발 등에서 필로폰 양성반응이 나왔고, 피의자는 수사단계에서 "2020. 1. 14. 필로폰을 투약하였다."라고 자백하였다. 검사는 이를 제2공소사실로 하여 피고인을 기소하였다.

다) 동종 범행전력

피고인은 총 3회의 동종 범행전력이 있었고 그중 2회는 징역형을, 1회는 징역형의 집행유예를 선고받았다.

라) 법원의 판단

항소심 법원은 각 압수·수색영장 혐의사실과 공소사실이 범행일시, 장소, 투약방법, 투약량이 모두 다르므로 단지 동종 범죄라는 사정만으로 객관적 관련성이 있다고 할 수 없다고 보았으나, 대법원은 각 압수·수색영장에 따라 압수된 피고인의 소변 및 모발과 그에 대한 감정 결과 등은 혐의사실의 간접증거 내지 정황증거로 사용될 수 있는 경우에 해당한다고 보아 객관적 관련성을 인정하였다.

대법원은 "법원이 마약류 범죄를 혐의사실로 한 압수·수색영장을 발부하면서 압수할 물건으로 피고인의 소변과 모발을 함께 기재하는 경우 이는 영장 집행일 무렵의 필로폰 투약 범행뿐만 아니라 그 이전의 투약 여부까지 확인하기 위한 것으로 볼 수 있고, 앞서 본 '압수·수색을 필요로 하는 사유'의 기재 내용을 더하여 보면, 이 사건 각 압수·수색영장은 혐의사실 일시의 투약 범행뿐 아니라 그 이후 영장 집행일 무렵까지의 투약 범행에 대한 증거를 확보하기 위한 것이라고 볼 수 있다."고 판시하였다.

이에 더하여 마약류 투약 범죄는 재범률이 높고 증거수집이 어려운 점, 피고인에게 다수의 동종 범죄전력이 있는 점 등을 고려하면, "비록 소변에서 위 각 압수·수색영장 기재 필로폰 투약과 관련된 필로폰이 검출될 수 있는 기간이 경과된 이후에 영장이 집행되어 압수된 소변으로 혐의사실을 직접 증명할 수는 없다고 하더라도, 유효기간 내에 집행된 위 각 압수·수색영장에 따라 압수된 피고인의 소변 및 모발 등은 적어도 위 각 압수·수색영장 기재 혐의사실을 증명하는 유력한 정황증거 내지 간접증거로 사용될 수 있는 경우에 해당한다"고 보았다.

특히 대법원은 "원심이 원용하고 있는 대법원 2019. 10. 17. 선고 2019도6775 판결은 압수·수색영장의 '압수·수색을 필요로 하는 사유'의 기재 내용, 압수·수색영장의 집행 결과 등 수사의 경위에서 이 사건과 사실관계를 달리하므로 이 사건에 그대로 적용하기에는 적절하지 않다."고 짚었다.

9) 보이스피싱 범죄단체 가입 및 활동 혐의사실로 수사 중 긴급체포한 피고인의 휴대전화에서 필로폰 매매 및 소지 혐의사실에 관한 메신저 대화가 발견된 사안[71)]

가) 사실관계

경찰은 보이스피싱 범죄조직에 대하여 수사하던 중 중국에서 국내로 배송된 중계기[72)] 부품을 수거한 피고인 A와 그로부터 중계기 부품을 전달받은 피고인 B를 각각 긴급체포하였다. 경찰은 피고인 B를 긴급체포하면서 그가 소지하고 있던 휴대전화를 긴급압수(형사소송법 제217조 제1항)하였다. 피고인 B의 휴대전화에서 피고인 B가 그의 상선인 공소외 D와 나눈 위챗 대화내용 및 계좌거래내역이 발견되었는데, 이는 피고인 B가 D의 지시를 받아 마약을 매수 및 소지한 사실과 관련된 것이었다.

경찰은 피고인 B에 대한 피의자신문 절차를 진행하면서 피고인 B의 휴대전화에서 나온 D와의 위챗 대화내용과 계좌거래내역을 피고인 B에게 제시하였고, 피고인 B의 동의를 얻어 소변·모발에 대한 간이시약 검사도 시행하였다.

법원이 발부한 사후영장에 기재된 혐의사실은 '보이스피싱 범죄집단가입 및 활동'이었고 '필로폰 매매 및 소지'에 관한 내용은 혐의사실 부분에 기재되어 있지 않았으나, '계속 압수·수색·검증이 필요한 사유' 부분에는 '상선인 D와의 대화에서 피고인 B가 D의 지시를 받아 마약을 드랍한 정황이 포착되어 마약으로 의심되는 물품을 배송받는 장소 등에 대한 수색이 필요하다'는 취지로 기재되어 있어 여죄수사의 필요성이 포함되어 있었다.

---

71) 서울동부지방법원 2024. 2. 14. 선고 2023노1353 판결(대법원 2024. 5. 17. 선고 2024도4044 판결로 확정)

72) 보이스피싱 조직은 사람들이 일반전화 또는 휴대전화 번호로 걸려오는 전화는 받지만 국제전화나 인터넷전화 번호(070 등으로 시작하는 번호)로 걸려오는 전화는 잘 받지 않는다는 사실에 착안하여, '유인책'이 해외에서 전화를 송신하는 경우 그 발신번호를 실제 번호 대신 '010'으로 시작하는 국내 휴대전화 번호로 변경하여 주는 통신장비인 일명 '중계기'를 범행에 이용하고 있다고 한다(원심인 서울동부지방법원 2023. 9. 20. 선고 2023고단1371 판결 참조).

나) 법원의 판단

법원은 긴급압수의 경우에도 혐의사실과 관련된 범위 내에서만 압수가 적법하다고 보았다.

서울동부지방법원 2024. 2. 14. 선고 2023노1353 판결
(대법원 2024. 5. 17. 선고 2024도4044 판결로 확정)

검사 또는 사법경찰관은 피의자를 긴급체포한 경우 체포한 때부터 48시간 이내에 한하여 영장 없이, 긴급체포의 사유가 된 범죄사실 수사에 필요한 최소한의 범위 내에서 당해 범죄사실과 관련된 증거물 또는 몰수할 것으로 판단되는 피의자의 소유, 소지 또는 보관하는 물건을 압수할 수 있다. 이때, 어떤 물건이 긴급체포의 사유가 된 범죄사실 수사에 필요한 최소한의 범위 내의 것으로서 압수의 대상이 되는 것인지는 당해 범죄사실의 구체적인 내용과 성질, 압수하고자 하는 물건의 형상·성질, 당해 범죄사실과의 관련 정도와 증거가치, 인멸의 우려는 물론 압수로 인하여 발생하는 불이익의 정도 등 압수 당시의 여러 사정을 종합적으로 고려하여 객관적으로 판단하여야 한다(대법원 2008. 7. 10. 선고 2008도2245 판결 참조). 한편, 수사기관이 전자정보가 아닌 정보저장매체 자체를 긴급압수한 경우에도 범죄혐의사실과 관련되고 이를 증명할 수 있는 최소한의 가치가 있는 전자정보에 대하여만 긴급압수의 효력이 미치는 것인데, 이때 범죄혐의사실과 관련된 전자정보에는 범죄혐의사실 그 자체 또는 그와 기본적 사실관계가 동일한 범행과 직접 관련되어 있는 것은 물론 범행 동기와 경위, 범행 수단과 방법, 범행 시간과 장소 등을 증명하기 위한 간접증거나 정황증거 등으로 사용될 수 있는 것도 포함될 수 있다(대법원 2021. 8. 26. 선고 2021도2205 판결, 대법원 2021. 11. 18. 선고 2016도348 전원합의체 판결 등 참조).

그러나 다음과 같은 이유로 보이스피싱 범죄조직활동 혐의사실과 필로폰 매매 및 소지 혐의사실 사이에 관련성이 인정된다고 보아 위챗 대화내용 및 계좌거래내역 중 필로폰 매매 및 소지 혐의사실에 관한 부분도 법원이 발부한 압수·수색영장에 의해 적법하게 압수된 증거라고 판단하였다.

- 피고인 B와 D의 대화내용 및 은행거래내역은 피고인 B의 중계기 운반 및 설치행위를 특정하고 그에 대한 보수를 지급받았는지 여부 등을 파악하기 위한 자료로서 보이스피싱 범죄조직활동 혐의사실을 입증하기 위한 핵심적인 증거였다.

- 피고인 B와 D가 주고받은 대화는 대부분 D의 지시에 따라 위 피고인이 받은 물건을 제3의 장소에 갖다 두는 방법으로 성명불상자에게 전달하는 것을 내용으로 하고 있는데, 그 중 일부가 중계기 부품이 아니라 마약류 전달과 관련된 것들이었으므로 대화내용 및 거래내역의 외관만으로는 중계기 부품 전달과 관련된 부분과 마약 전달과 관련된 부분으로 구분하는 것이 사실상 불가능했다.
- 피고인 B의 중계기 부품 전달이나 마약 전달은 모두 D의 지시에 따라 이루어졌고, 보이스피싱 범죄의 혐의사실과 마약 범죄의 혐의사실은 그 범행일시가 인접 또는 중복된다.
- 피고인이 D로부터 마약 전달 지시를 받은 시점과 중계기 부품 전달 지시를 받은 시점 사이에 상호 의사연락이 단절되었다고 볼 만한 사정도 보이지 않는다.
- 법원이 발부한 사후 압수·수색영장의 '계속 압수·수색이 필요한 사유' 부분에는 보이스피싱 혐의사실 외에도 '상선인 D와의 대화에서 위 피고인이 D의 지시를 받아 마약을 전달한 정황이 포착되어 마약으로 의심되는 물품을 배송받는 장소 등에 대한 수색이 필요하다'는 취지로 기재되어 있어 여죄수사의 필요성이 포함되어 있었다.
- 실제로 경찰은 사후 압수·수색영장을 발부받아 디지털 포렌식을 의뢰하는 등 위 휴대폰의 전자정보를 마약 범죄 혐의사실 관련 수사에 사용하였다.

10) 기부행위 금지제한 위반으로 인한 공직선거법위반 혐의사실과 당내 경선운동 방법제한 위반으로 인한 공직선거법위반 혐의사실[73)]

가) 사실관계

익명의 제보자는 수사기관에 피고인 A, B, C의 기부행위 금지제한 위반으로 인한 공직선거법위반 혐의사실을 제보하였다. 그 내용은 피고인들이 AB 청년위원들과의 상견례 자리를 만들어 피고인 A가 사회를 보면서 피고

73) 대구고등법원 2024. 11. 14. 선고 2023노489 판결(대법원 2025. 3. 13. 선고 2024도19114 판결로 확정)

인 C에 대한 지지와 선거운동을 부탁하고, 피고인 C가 본인의 당선을 위해 일하여 달라고 했으며, 그 날 식비를 피고인 C 캠프 측에서 계산하였다는 것이었다.

경찰은 수사를 통해 소명자료를 확보하고 압수·수색영장을 신청하였고, 피고인 A의 기부행위 금지제한 위반으로 인한 공직선거법위반을 혐의사실로 하여 2022. 10. 5. 판사로부터 1차 영장을 발부받았다. 경찰은 2022. 10. 7. 1차 영장에 기초하여 주식회사 W 사무실과 피고인 A가 운행하는 차량에서 피고인 A의 휴대전화 4대와 수첩 등을 압수하였다.

경찰은 1차 영장을 통해 확보한 피고인 A의 휴대전화에서 통화녹음 파일 등을 발견하여 이를 검토하는 과정에서 A의 새로운 범죄혐의를 발견하고 피고인 A의 당내경선운동 방법 제한 위반으로 인한 공직선거법위반 등의 혐의로 2차 압수·수색영장을 발부받았다.[74] 경찰은 2022. 10. 21. 2차 영장에 기초하여 경북경찰청 수사과 반부패·경제범죄수사대 4팀 사무실에서 A의 휴대전화 및 외장하드에 저장된 전자정보와 A의 수첩 등을 압수하였다.

나) 법원의 판단

법원은 우선 수사기관이 1차 영장에 기초하여 적법하게 A의 휴대전화를 탐색하는 과정에서 별건 범죄 혐의사실로 의심되는 통화녹음 파일 등을 발견하게 되자 그 혐의사실에 대하여 필요한 상당한 확인 절차를 거쳐 2차 영장을 발부받은 후 그에 기초하여 위 통화녹음 파일 등을 정식으로 압수하였으므로 여기에 특별한 위법이 있다고 보기 어렵다고 판단하였다.[75]

---

74) 1차 영장의 범죄 혐의사실은 A가 이 사건 선거와 관련하여 AB 청년위원회를 조직하고 청년위원들에게 식사를 제공하여 공직선거법상 금지되는 기부행위를 하였다는 것이었고, 수사기관이 추가로 발견한 범죄 혐의사실은 A가 성명불상자와 공모하여 AB 청년위원들을 동원해 공직선거법상 당내경선운동 규정을 위반하여 경선운동을 하였고, AB 청년위원들에게 위 경선운동의 대가로 금품을 제공하기로 약속하였으며, B와 A가 선거운동과 관련하여 금품을 제공·수령하였다는 것이었다.

75) 수사기관은 2차 영장을 신청하면서 "1차 영장을 집행하여 휴대전화 및 장부, 문건 등을 압수하여 분석 하던 중 수첩 및 문건, 휴대전화 전자정보에서 당내경선 부정선거운동, 당내경선 매수 및 이해유도죄, 선거운동관련 이익제공금지규정위반 등 공직선거법위반 범죄사실과 관련된 내용이 확인되었고, 이에 별개의 범죄사실에 관련된 전자정보를 우연히 발견한 경우 별도의 압수·수색영장을 받아야 한다는 법리에 따라 관련된 탐색을 중단하였으며 2차 영장을 신청하게 되었다."는 취지를 기재하였다.

나아가 설령 1차 영장에 기한 압수·수색 과정에서 피고인 C 등의 별건 범죄 혐의사실에 대해서까지 압수·수색의 집행이 이루어진 것이라 하더라도, 다음과 같은 사정들에 따르면 2차 영장 발부의 사유로 된 별건 혐의사실은 1차 영장에 기재된 혐의사실과 객관적 관련성 및 인적 관련성이 있다고 판단하였다.

- 압수·수색은 공소를 제기할 혐의사실이 확정되지 않은 수사 초기에 이루어지는 것이 대부분이고, 압수·수색을 실시하기 전에는 어떤 물건이 존재하는지 예상하기도 어렵다. 따라서 압수·수색영장에 의하여 압수할 수 있는 범위를 판단할 때 압수 대상은 영장 기재 혐의사실 자체와 직접적으로 연관된 물건에 한정할 것이 아니라 압수 당시의 상황을 기준으로 영장 기재 혐의사실 자체와 관련되거나 그와 기본적 사실관계가 동일한 범행 또는 동종·유사의 범행과 관련된다고 의심할 만한 상당한 이유가 있는 범위 내에서 압수할 수 있다.
- 수사기관은 1차 영장 신청 당시 AB 청년위원회의 결성 및 청년위원들에 대한 식사제공 비용을 자신이 단독으로 부담하였다는 피고인 A 진술의 신빙성에 의문을 가지고, 피고인 C의 선거캠프 차원에서 선거에 동원할 목적으로 청년위원회를 결성하고 기부행위를 한 것이 아닌지 의심하고 있었는바, 1차 영장에 기재된 압수·수색이 필요한 이유로도 위와 같은 내용이 기재되어 있다.
- 1차 영장의 대상자와 수사기관이 추가로 발견한 범죄 혐의사실의 피의자는 모두 피고인 A로서 동일인이고, 피고인 B 및 성명불상자는 피고인 A와 공범관계에 있으므로 인적 관련성이 인정된다.
- 피고인 C의 선거운동원인 피고인 A가 성명불상자와 공모하여 AB 청년위원회를 구성하여 청년위원들로 하여금 불법경선운동을 하도록 하고, 그 대가로 금품을 제공하기로 약속하였으며, 피고인 B로부터 선거운동 경비를 제공받았다는 사실을 인정할 수 있는 증거들은 피고인 A가 이 사건 경선에서 피고인 C가 승리하기 위하여 금품제공을 약속하고 청년위원회를 조직 및 활용하는 과정에서 청년위원들에게 식사제공을 하게 된 동기와 경위 등을 증명하기 위한 간접증거나 정황증거에도 해당하고, 1차 영장의 혐의사실과 수사기관이 추가로 발견한 혐의

사실 사이에 시간적 근접성도 있으므로, 1차 영장의 혐의사실과 수사기관이 추가로 발견한 범죄 혐의사실 사실에는 객관적 관련성도 인정된다(따라서 수사기관이 1차 영장과 함께 발부받은 피고인 F의 휴대전화에 대한 압수·수색영장을 통해 적법하게 압수한 F의 휴대전화에서 불법경선운동을 한 사실이 의심되는 정황증거인 피고인 C와 F 사이의 문자메시지를 확인하고 이를 A에 대한 피의자신문 과정에서 제시한 것 역시 위법하다고 볼 수 없다).

11) 군수 선거 관련하여 후보자 본인의 기부행위 혐의사실과 다른 사람들이 그 후보자의 당선을 위해 한 제3자 기부행위[76]

가) 사실관계

수사기관은 담양군수 후보자로 출마한 피고인 A가 선거구민에게 부의금 명목으로 금품을 교부하였다는 취지의 제보를 받고 수사를 진행하여 관련자의 진술과 CCTV 영상자료 등을 확보하였다. 수사기관은 이를 소명자료로 아래 내용의 압수·수색영장을 발부받았다.

혐의사실(피고인 A의 기부행위로 인한 공직선거법위반)
피고인 A가 2022. 3. 6. J에게 부의금 명목으로 20만 원을 교부하였다.
수색·검증할 장소
피고인 A의 거주지, K(피고인 A가 J에게 교부한 명함에 적힌 곳)
압수할 물건
• 피고인 A가 사용한 수첩 • 금품제공 명단과 선거구민(또는 권리당원)에 대한 성향 파악을 기록한 서류, 선거구민(또는 권리당원) 명부, 선거구민의 연락처가 기재된 서류 및 이를 기록한 메모장 등 • 금품의 출처와 관련된 자금 입출금 집행 내역을 기록한 장부 및 메모장, 전자파일, 기록물 등

76) 대법원 2025. 2. 13. 선고 2024도17385 판결

- 금품제공 목적으로 만들어 놓은 돈 봉투, 현금, 선물 등
- 컴퓨터, USB, 외장하드, 노트북, 태블릿에 저장된 범죄사실 관련 전자정보 등

압수·수색·검증을 필요로 하는 사유

영장의 집행을 통해 피고인 A의 기부행위뿐만 아니라 여죄 및 공범에 대한 수사의 필요성이 있다.

수사기관이 위 영장을 집행하여 압수한 자료 중에는 피고인 B 등 다른 피고인들이 피고인 A의 당선을 위하여 선거운동을 하면서 음식물을 제공하거나 축의금을 전달하는 등의 활동을 한 내역에 관한 자료가 있었다. 이에 피고인 A의 기부행위에 관한 증거 외에 다른 피고인들의 제3자 기부행위에 대한 증거를 압수한 것이 관련성의 범위를 벗어난 것인지가 문제 되었다.

나) 법원의 판단

법원은 우선 이 사건 압수·수색영장이 영장에 기재된 혐의사실의 직접증거뿐 아니라 그 증명에 도움이 되는 간접증거 또는 정황증거를 확보하기 위한 것이라고 보았다. 이는 이 사건 압수·수색영장의 '압수할 물건'란에 피고인 A의 기부행위에 대한 직접증거뿐만 아니라 간접증거나 정황증거에 해당하는 것들도 광범위하게 포함되어 있고, '압수·수색·검증을 필요로 하는 사유'란에 여죄와 공범에 대한 수사가능성이 기재된 점에 근거한 것으로 보인다.

또한 이 사건 압수·수색영장에 따라 압수된 다른 피고인들의 활동 내역에 관한 증거들은 영장에 기재된 혐의사실인 피고인 A의 기부행위에 대한 간접증거 또는 정황증거로도 사용될 수 있어 관련성이 인정된다고 보았다. 이러한 판단의 근거는 아래와 같다.

- 이 사건 압수·수색영장에 기재된 혐의사실은 군수 후보자가 되고자 하는 피고인 A가 선거구 안에서 기부행위를 하였다는 것이고, 피고인 B, C, D, E에 대한 제3자 기부행위 공소사실은 위 피고인들이 위 선거의 담양군수 후보자 또는 후보자가 되고자 하는 피고인 A를 위하여 그에 대한 지지를 호소하는 과정에서 기부행위를 하였다는 것이다.

- 피고인 A의 기부행위와 피고인 B, C, D, E의 제3자 기부행위는 모두 피고인 A의 군수 당선이라는 동일한 목적 하에 이루어진 것이고 위 피고인들의 지위, 소속, 관계 등에 비추어 포괄적·전체적인 의사연락 하에 이루어진 것으로 평가할 수 있다.
- 수사기관은 이 사건 압수·수색영장의 발부 전에 피고인 A의 기부행위 외에도 피고인 A의 선거운동원들이 금품 등을 제공하고 있다는 사실 등을 포함하여 여죄나 공범에 대한 수사의 단서를 확보한 상태였던 것으로 보이고, 압수·수색영장을 청구하면서 그러한 사정을 소명한 것으로 보인다.
- 피고인 A의 기부행위뿐만 아니라 여죄 및 공범의 개연성과 그에 따른 추가 수사의 필요성이 기재되어 있는 이 사건 압수·수색영장을 통하여 압수한 피고인 B, C, D, E의 제3자 기부행위에 대한 증거들은 피고인 B 등의 제3자 기부행위에 대한 직접증거이기도 하면서 동시에 피고인 A가 자신에 대한 지지를 직·간접적으로 호소하였다는 사실을 보강하는 증거에 해당하고, 피고인 A가 이 사건 압수·수색영장 기재 혐의사실과 같은 범행을 저지른 동기, 경위, 수법이나 준비과정, 계획 등에 관한 정황증거이기도 하다. 또한 이 사건 압수·수색영장 기재 혐의사실 자체에 대하여 피고인 A가 하는 진술의 신빙성을 판단할 수 있는 자료로도 사용될 수 있었다.

12) 공소외인이 피고인에게 '▽▽사단의 개편 및 이전 계획'에 관한 군사기밀을 누설하였다는 혐의사실로 압수·수색영장을 집행하여 피고인이 자신의 주거지에 보관하고 있던 '작전현황(지도)' 등 군사기밀 문건을 압수한 경우[77)]

가) 사실관계

☆☆☆군단 보통군사법원 군판사는 '공소외인이 피고인에게 ▽▽사단 부대개편 및 이전계획을 누설하였다'는 혐의사실로 2018. 7. 20. 압수·수색

77) 대법원 2025. 2. 27. 선고 2021도8284 판결(유사한 사안에서 관련성을 부정한 사례로는 대법원 2023. 6. 1. 선고 2018도18866 판결 참조)

영장(제1영장)을 발부하였다. ◎◎◎사단 보통검찰부 군검찰수사관은 2018. 7. 23. 위 제1영장을 집행하여 피고인1의 자택에서 군사 2급 비밀인 '△△△ 작전현황(지도)', '△△△ 작전현황(지도)'와 군사 3급 비밀인 '□□□운용(별1-1-1)', '□□□운용(별2-1-1)' 문건(이 사건 각 문건)을 압수하였다(1차 압수). 그 과정에서 피고인은 압수·수색에 저항하며 이 사건 각 문건을 찢어 훼손하려다가 제지당하기도 하였다.

군검찰수사관은 1차 압수 다음날인 2018. 7. 24. ▷▷▷ 기무부대에 이 사건 각 문건을 포함한 압수물에 대한 군사기밀 해당여부 및 등급 등에 관한 확인요청을 하였으나, 부대 해체를 이유로 10월 말 이후에나 확인이 가능하다는 답변을 받고, 2018. 11. 8. 위 기무부대의 기능을 이관받은 ⟁⟁⟁ 군사안보지원부대에 같은 요청을 하여 2018. 11. 27. 군사기밀 해당 여부 등에 관한 회신을 받았다.

군사안보지원사령부 소속 특별사법경찰관은 공소외인의 제1영장 혐의사실에 대한 군검사의 기소유예 처분일인 2019. 1. 9. 수원지방법원 여주지원 판사로부터 피고인의 군사기밀 점유 혐의사실이 기재된 새로운 압수·수색영장(제2영장)을 발부받아 같은 날 이 사건 각 문건을 다시 압수하였다(2차 압수). 2차 압수 당시에는 군검찰수사관과 피고인이 참여하였고, 당시 작성된 압수목록에는 이 사건 각 문건을 피고인으로부터 압수한 것으로 기재되어 있었다.

나) 법원의 판단

법원은 이 사건 각 문건이 제1영장 혐의사실에 대하여 객관적, 인적 관련성을 가진다고 볼 수 있으므로 1차 압수는 적법하고, 이에 근거한 2차 압수 역시 위법하다고 볼 수 없어 이 사건 각 문건을 피고인의 군사기밀 점유 공소사실에 대한 증거로 사용할 수 있다고 판단했다. 그 상세한 이유는 다음과 같다.

- 증거 수집단계의 관련성과 증거 사용을 위한 관련성은 구분되므로, 수사기관이 영장 집행 당시까지 알거나 알 수 있었던 사정에 비추어 관련성을 인정할 수 있는 물건 등을 압수하였다면, 그 후 관련성을 부정하는 사정이 밝혀졌다고 하더라도 이미 이루어진 압수처분이 곧바로

위법하게 된다고 할 수는 없다. 원심은 이 사건 각 문건의 생성, 취득 경위를 들어 1차 압수의 위법성을 판단하였으나, 이는 1차 압수 이후의 수사, 재판 과정에서 비로소 확인된 사정일 뿐, 1차 압수 당시에 수사기관이 알거나 알 수 있었던 사정이라고 보기 어렵다. 이 사건 각 문건의 생성, 취득 경위는 제1영장 혐의사실과 공소 제기된 범죄사실 사이의 관련성을 판단하는 자료가 될 수는 있지만, 제1영장 혐의사실과 압수물 사이의 객관적 관련성을 부정하는 근거가 될 수는 없다.

- 제1영장은 공소외인으로부터 경기도 소재 부대배치(개편 및 이전) 관련 군사기밀을 누설받은 피고인에 대한 대향적 범죄사실에 관련된 것이다. 그런데 이 사건 각 문건은 경기도 일대를 포함한 군부대의 규모·위치·작전수행능력, 특히 부대배치현황(경기도에 위치한 특수전부대나 항공전력 배치 내용)이 담긴 □□□계획 등에 관한 사항을 포함하고 있다. 1차 압수 당시까지 드러나거나 알 수 있었던 위와 같은 사정들에 비추어 보면, 피고인이 소지하고 있던 부대배치현황 등과 관련된 이 사건 각 문건은 공소외인에 대한 제1영장 혐의사실에 대한 간접, 정황증거가 될 수 있고, 제1영장 혐의사실에 관한 공소외인 자백의 진실성을 담보할 보강증거로서의 가치를 갖고 있다고 볼 여지가 크다.
- 수사기관은 공소외인에 대하여 혐의사실이 인정됨을 전제로 기소유예 처분을 하였다. 1차 압수가 적법한 이상, 수사기관이 종국처분인 기소유예 처분 시까지 이 사건 각 문건을 보관한 행위가 위법하다고 단정하기는 어렵다.
- 이 사건 각 문건의 내용과 군사기밀 해당 여부가 뒤늦게 밝혀지게 된 사정, 피고인이 1차 압수 과정에서 이 사건 각 문건을 훼손하려 했던 점, 비인가자의 군사기밀 점유 자체가 범죄를 구성하는 점, 2차 압수 당시 피고인의 참여권이 보장된 점 등에 비추어 보면, 이 사건 각 문건을 피고인에게 일시 반환한 후 다시 압수하는 형식을 취하지 아니하였다는 사정만으로 2차 압수 절차가 위법하다고 볼 수는 없다.
- 이 사건 각 문건은 1차 압수 당시 공소외인에 대한 제1영장 기재 혐의사실과 관련성을 인정할 수 있고, 피고인에 대한 제2영장 기재 혐의사실의 직접증거이다.

사 '적법한 압수물의 별건 증거 사용' 관련

'관련성'이 압수·수색영장에 기재된 혐의사실과의 관계에서 적법하게 압수할 수 있는 '압수물의 범위'에 관한 문제라면, '적법한 압수물의 별건 증거 사용'은 적법하게 압수된 압수물이 증거능력을 갖는 '공소사실의 범위'에 관한 문제다. '관련성'은 압수의 적법 요건 중 하나지만, '적법한 압수물의 별건 증거 사용'은 적법하게 압수된 압수물의 존재를 전제로 한다. 이처럼 양자를 개념적으로는 구별할 수 있으나 실제 사건에서 그 경계가 언제나 명확한 것은 아니다.78)

'적법한 압수물의 별건 증거 사용'에 관한 사례들 중에는 대법원 2008. 7. 10. 선고 2008도2245 판결과 대법원 2015. 10. 29. 선고 2015도9784 판결을 근거로 원용하면서 그 증거 사용 범위에 '원칙적으로 제한이 없다'는 취지로 판시한 사례가 많다. 그러나 위 두 대법원 판결의 경우 수사 중 해당 수사와 관련하여 해당 피의자 자신 또는 그와 공범관계에 있는 사람의 별건 혐의가 드러나 압수물을 그 별건 혐의에 대한 증거로 사용했던 사안인 데다가, 본건과 별건 사이에 관련성이 인정되는지를 판단하거나 관련성이 인정되지 않는 별건에 대해서도 증거 사용이 가능하다는 법리를 명시적으로 설시하지는 않았다. 또한 아래에서 보는 것과 같이 사안에 따라서는 적법하게 압수된 압수물이라도 압수·수색영장의 혐의사실과 '관련성'이 인정되지 않는 공소사실에 대한 증거로는 사용할 수 없다고 판단한 사례들도 다수 발견된다. 따라서 한 번 적법하게 압수된 압수물은 이를 증거로 사용할 수 있는 범위에 아무런 제한이 없다는 것이 판례의 확립된 법리라고 단정하기는 다소 조심스럽다.

'적법한 압수물의 별건 증거 사용'의 범위에 관해서는 실체진실 발견의 필요성과 아울러, ① 영장주의 원칙과 '관련성' 제한을 둔 취지, ② 별건 수사를 목적으로 한 압수·수색에 대한 통제 법리가 필요한 점, ③ 최근 전자정보의 압수·수색이 일반화되면서 포괄압수의 문제 등 실무상 적법한 압수의 범위에 대한 다툼이 많아진 점, ④ 전자정보의 대량성, 압수·수색 현장

78) 이하에서 '적법한 압수물의 별건 증거 사용' 사례로 소개된 것들은 해당 사안의 성격에 대한 저자 개인의 판단이 아니라 판결 이유의 표현을 기준으로 분류한 것이다.

상황의 다양성, 선별에 관한 기술적 문제 등으로 인하여 최종 압수물에 무관정보가 일부 포함되더라도 그것이 항상 위법한 압수물로 판단되는 것은 아닌 점, ⑤ 사건 기록과 증거자료의 전자정보화에 따른 자료의 통합 관리 가능성과 인공지능 등 과학기술의 발전이 접목된 결과를 예측하기 어려운 점 등도 함께 종합적으로 고려하여 앞으로 세밀한 법리가 정립될 필요가 있어 보인다.

1) 사기 피의사실로 긴급체포하면서 적법하게 압수한 지갑과 신분증이 사실은 횡령한 점유이탈물이었던 사안에서 해당 지갑과 신분증을 피고인의 별건 점유이탈물횡령 공소사실에 대한 증거로 사용할 수 있다고 본 사례[79)]

가) 사실관계

피고인은 대포통장과 현금카드를 수집하여 건네주는 방법으로 전화 사기단의 사기 범행을 도왔다는 혐의로 수사기관에 긴급체포되었다. 그 직후 이루어진 피고인의 주거지 압수·수색에서 수사기관은 피고인이 보관하던 공소외인들의 주민등록증, 운전면허증과 그것이 들어있던 지갑을 발견하고 이를 압수하였다. 압수 당시 수사기관은 해당 지갑과 신분증이 피고인의 사기방조 혐의 수사에 필요한 범위 내의 것으로서 전화 사기 범행과 관련된 증거라고 판단하여 이를 압수하였던 것이나, 수사 결과 이는 피고인의 점유이탈물횡령 혐의에 관한 자료였음이 드러났다.

나) 법원의 판단

피고인은 해당 지갑과 신분증에 대한 압수의 적법성만 다툰 것으로 보인다. 법원도 '관련성' 제한의 관점에서 압수의 적법성만 검토한 후 이를 점유이탈물횡령에 대한 증거로 사용하여 그 유죄를 인정하였고, 적법하게 압수된 압수물의 증거 사용 범위에 관한 구체적인 논증은 따로 설시하지 않았다.[80)]

---

79) 대법원 2008. 7. 10. 선고 2008도2245 판결

80) 이 판결은 적법한 압수물의 별건 증거 사용 범위에 아무런 제한이 없다는 법리의 근거로 자주 원용된다. 그러나 이 판결은 압수 당시를 기준으로 전화 사기 혐의사실과 압수물 사이에

대법원 2008. 7. 10. 선고 2008도2245 판결

구 형사소송법(2007. 6. 1. 법률 제8496호로 개정되기 전의 것, 이하 같다) 제217조 제1항 등에 의하면 검사 또는 사법경찰관은 피의자를 긴급체포한 경우 체포한 때부터 48시간 이내에 한하여 영장 없이, 긴급체포의 사유가 된 범죄사실 수사에 필요한 최소한의 범위 내에서 당해 범죄사실과 관련된 증거물 또는 몰수할 것으로 판단되는 피의자의 소유, 소지 또는 보관하는 물건을 압수할 수 있다. 이때, 어떤 물건이 긴급체포의 사유가 된 범죄사실 수사에 필요한 최소한의 범위 내의 것으로서 압수의 대상이 되는 것인지는 당해 범죄사실의 구체적인 내용과 성질, 압수하고자 하는 물건의 형상, 성질, 당해 범죄사실과의 관련 정도와 증거가치, 인멸의 우려는 물론 압수로 인하여 발생하는 불이익의 정도 등 압수 당시의 여러 사정을 종합적으로 고려하여 객관적으로 판단하여야 한다.

위 법리와 기록에 비추어 살펴보면, 이 사건 증 제1호 내지 제4호는 피고인이 보관하던 다른 사람의 주민등록증, 운전면허증 및 그것이 들어있던 지갑으로서, 피고인이 이른바 전화사기죄의 범행을 저질렀다는 범죄사실 등으로 긴급체포된 직후 압수되었는바, 그 압수 당시 위 범죄사실의 수사에 필요한 범위 내의 것으로서 전화사기범행과 관련된다고 의심할 만한 상당한 이유가 있었다고 보이므로, 적법하게 압수되었다고 할 것이다.

같은 취지에서 원심이, 증 제1호 내지 제4호가 위법수집증거에 해당한다는 피고인의 주장을 배척하고, 이를 증거로 삼아 점유이탈물횡령죄의 공소사실을 유죄로 인정한 제1심판결을 유지한 조치는 정당하여, 거기에 상고이유에서 주장하는 바와 같은 구 형사소송법 제217조에 따라 영장 없이 압수할 수 있는 범위에 관한 법리오해 등의 위법이 없다.

2) 압수·수색영장 기재 혐의사실과 동종·유사 범행이더라도 '관련성'이 인정되지 않는 별건 공소사실에 대한 증거로 사용하는 것은 허용되지 않는다고 본 사례[81)]

가) 사실관계

수사기관이 피고인 2의 공직선거법위반 범행을 혐의사실로 하여 발부받

관련성이 인정되므로 적법하게 압수되었다는 취지이고, 전화 사기 혐의사실과 점유이탈물횡령 혐의사실 사이에 관련성이 인정되는지에 관한 명시적인 판단은 없었다.

81) 부산고등법원 2013. 6. 5. 선고 2012노667 판결(대법원 2014. 1. 16. 선고 2013도7101 판결로 확정)

은 압수·수색영장의 집행 과정에서 피고인 1과 피고인 7 사이의 대화가 녹음된 녹음파일을 압수하여 피고인 1과 피고인 7의 공직선거법위반 혐의사실을 발견하였으나 별도의 압수·수색영장을 발부받지 않았던 사안이다. 발부된 압수·수색영장의 내용은 아래와 같다.

압수·수색영장 내용
• 피의자: 피고인 2
• 죄명: 공직선거법위반
• 압수할 물건 1. 범죄행위와 관련하여 작성·보관 중인 수첩 등 2. 위 1항의 자료가 포함된 컴퓨터(노트북), 디스켓, 이동식 저장장치(CD, USB, 외장형 하드디스크) 3. 피고인 1 등이 소지하고 있는 휴대전화(휴대전화, 스마트폰 등), 태블릿PC(아이패드, 갤럭시탭 종류) 및 저장된 정보
• 압수·수색할 장소·신체·물건 - 피고인 1의 주거지 - 피고인 1이 운전하는 차량 - 피고인 1의 신체 및 휴대전화, 태블릿PC 등이 소재한 장소 등
• 영장 범죄사실 및 압수를 필요로 하는 사유 '피의자는 공천과 관련하여, 2012. 3. 15. 및 3. 28. 공소외 1에게 지시하여 ○○○당 공천심사위원인 공소외 13 등에게 거액이 든 돈 봉투를 각 제공하였다' 등

압수·수색영장에 기재된 혐의사실은 '피고인 2가 공소외 1에게 지시하여 피고인 1을 통해 공천과 관련하여 ○○○당 공천심사위원인 공소외 13 등에게 거액이 든 돈 봉투를 각 제공하였다'는 것이었고, 피고인 1과 피고인 7의 공직선거법위반 혐의사실은 '피고인 1은 공천 및 선거운동을 도와주는 대가로 피고인 7에게 3억 원을 요구하였고, 피고인 7은 피고인 1에게 이를 제공하기로 약속하였다'는 것이었다.

검사는 이 사건 녹음파일의 내용과 이 사건 영장의 혐의사실은 3주 남짓의 근접한 시기에 제19대 국회의원 선거에서의 공천과 관련하여 이루어진 금품수수 또는 약속에 관한 내용이고, 그 청탁의 매개자가 피고인 1, 청탁의 대상이 되는 공천위원이 공소외 13으로 공통된다는 점에 비추어 볼 때,

이 사건 영장 기재 혐의사실과 동종·유사의 범행에 해당한다고 의심할 만한 상당한 이유가 있으므로 이 사건 녹음파일을 압수한 것에 아무런 잘못이 없다고 주장하였다.

나) 법원의 판단

법원은 이 사건 녹음파일이 피고인 2에 대한 공소사실을 입증하는 간접증거로 사용될 수 있다는 것과 이 사건 녹음파일을 이 사건 영장 범죄사실과 무관한 피고인 7과 피고인 1 사이의 범죄사실을 입증하기 위한 증거로 사용하는 것은 별개의 문제이므로, 피고인 2에 대한 관계에서 이 사건 녹음파일에 대한 압수가 적법하다고 하여 피고인 7, 1에 대한 관계에서도 적법한 것은 아니라고 보았다. 이 판결의 법리에 의하면, 압수·수색영장에 의해 적법하게 압수한 자료라도 그 압수·수색영장에 기재된 혐의사실과 '관련성'이 인정되지 않는 공소사실에 대한 증거로는 사용할 수 없다.

3) '기부행위'로 인한 교육자치법위반 혐의사실로 발부된 압수·수색영장에 의해 적법하게 압수된 압수물이 당해 영장에 기재된 피의자 및 그와 공범인 자의 '사전선거운동'으로 인한 교육자치법위반 혐의사실에 대한 증거로서도 의미가 있는 경우 이를 후자에 대한 증거로 사용할 수 있다고 본 사례[82)]

가) 사실관계

피고인 A가 2013. 5.경 및 2014. 2.경 각각 '기부행위'를 하였다는 혐의사실로 발부된 압수·수색영장을 집행하여 적법하게 압수된 압수물이 피고인 A와 피고인 C가 2013. 9.경 '사전선거운동'을 하였다는 혐의사실에 관한 증거로서도 의미가 있었던 사안이다.

두 차례 발부된 압수·수색영장의 주요 혐의사실은 2014. 6. 4. 실시된 교육감 선거 관련하여 입후보예정자였던 피고인 A가 B 단체와 공모하여 2013. 5.경 '양말을 기부'하고 2014. 2.경 '저서를 기부'하였다는 것이었다.

82) 대법원 2015. 10. 29. 선고 2015도9784 판결

그 영장 집행으로 압수한 전자정보 출력물은 피고인 A가 2013. 9.경 피고인 C 등과 함께 선거준비계획의 일환으로 B 단체 회원들에게 피고인 A가 2014년 H교육감 선거에 출마한다는 내용의 편지를 보내기로 논의하고, 피고인 A가 교육감 선거에 출마하니 회원들의 지지를 호소한다는 내용의 문서파일을 작성한 사실 등에 관한 자료들이었다. 검사는 피고인 A와 피고인 C가 공모하여 2013. 9.경 '추석 감사편지 보내기 행사'를 빙자하여 '사전선거운동'을 하였다는 혐의사실을 추가로 인지하여 기소하였다.

나) 법원의 판단

법원은 우선 위 압수물이 압수·수색영장 기재 혐의사실과 관련성이 인정되므로 적법하게 압수되었다고 보았다. 그 이유는 위 압수물이 '피고인 A가 2014년 H교육감 선거의 후보자가 되려는 자인지 여부'에 관한 증거자료인데, 이는 압수·수색영장 기재 혐의사실 중 적어도 2014. 2.경의 '저서 기부행위' 혐의사실의 구성요건 중 하나라는 것이었다.

나아가 법원은 적법하게 압수된 위 압수물을 피고인 A 및 그와 "공범관계에 있는" 피고인 C의 '사전선거운동'으로 인한 교육자치법위반 혐의사실의 증거로 사용하는 데 특별한 제한이 없다고 보았다.[83]

대법원 2015. 10. 29. 선고 2015도9784 판결

원심은 그 판시와 같은 이유를 들어, ① 이 사건 각 전자정보 출력물은 제1, 2 압수·수색영장 기재 혐의사실 중 적어도 '저서' 기부행위 제한 위반의 점에 대한 직접 또는 간접증거로서의 가치가 있어 영장 기재 혐의사실과 관련성이 인정되고 영장집행 과정에서도 적법절차가 준수되었던 것으로 판단되므로 모두 증거능력이 인정되며, ② 적법하게 압수된 이 사건 각 전자정보 출력물을 피고

83) 다만 대법원 판결에서 그러한 제한이 없다고 본 이유가 '공범관계'라는 관련성 요소가 인정되기 때문이라는 취지인지 아니면 그러한 관련성 제한마저 불필요하다는 취지인지는 불분명하다. 원심인 대전고등법원 2015. 6. 17. 선고 2015노155 판결의 경우 "수사기관이 적법하게 압수한 압수물이 압수의 전제가 되는 범죄에 대한 증거로서 의미가 있을 뿐만 아니라 그 자체로 다른 범죄의 증거로서도 의미가 있는 경우 이를 이용하여 다른 범죄를 수사하고 다른 범죄의 증거로 사용하는 것은 원칙적으로 제한이 없다고 보아야 한다."고 하여 대법원과 달리 '공범관계'를 언급하지 않고 단순히 '다른 범죄'의 증거로 사용할 수 있다는 취지로 판시하였다.

인 A 및 그와 공범관계에 있는 피고인 C에 대한 사전선거운동으로 인한 교육자치법 위반 혐의사실의 증거로 사용하는 데 특별한 제한이 있다고 할 수 없으며, ③ 이 사건 각 전자정보 출력물을 토대로 한 진술 증거의 증거능력도 인정된다고 판단하였다.

앞서 본 법리에 따라 원심판결 이유와 기록을 살펴보면, 원심의 위와 같은 판단은 정당하다. 거기에 논리와 경험의 법칙을 위반하여 자유심증주의의 한계를 벗어나거나 증거능력 등에 관한 법리를 오해하여 판결에 영향을 미친 위법이 없다.

4) '적법한 압수물의 별건 증거 사용' 가부를 '관련성'을 기준으로 판단한 사례[84)]

수사기관은 M병원의 원장 T가 환자와 공모하여 허위 또는 과잉 입원, 허위진단서 발급 등으로 환자의 사보험금 편취를 도와주거나 건강보험공단의 보험금을 편취하였다는 사기(방조) 및 의료법위반 혐의사실로 발부된 압수·수색영장을 집행하여 T가 운영하는 M병원에서 '전자진료차트 등 데이터베이스 자료(파일) 1,412개'를 압수하였는데, 이것을 환자인 피고인들의 보험사기 공소사실에 대한 증거로 사용할 수 있는지가 문제 된 사안이다.

법원은 T에 대하여 발부된 압수·수색영장의 혐의사실이 피고인들에 대한 공소사실과 객관적 관련성이 있고, 압수·수색영장 대상자인 T와 피고인들 사이에 인적 관련성 또한 인정된다는 것을 이유로 T에 대한 압수·수색의 결과인 전자진료차트를 피고인들에 대한 유죄 증거로 사용할 수 있다고 판시하였다. 즉, 법원은 수사기관이 병원 원장 T의 혐의에 관하여 T로부터 적법하게 압수한 압수물을 피고인들의 별건 범행 증거로 사용할 수 있는지에 관하여 혐의사실 사이의 객관적 관련성 유무 및 T와 피고인들 사이의 인적 관련성 유무를 판단 기준으로 삼은 것이다.[85)]

---

84) 대법원 2022. 12. 29. 선고 2018도3119 판결

85) 이 사건의 원심판결인 창원지방법원 2018. 2. 1. 선고 2016노2369 판결은 "'전자진료차트 등 데이터베이스 자료(파일) 복사본 1,412개'는 이 사건 영장의 혐의사실 중 T의 사기(방조) 혐의와 관련하여 직접 또는 간접증거로서의 증거가치가 있는데, 이러한 증거는 공범 또는 그에 준하는 관계에 있다고 볼 수 있는 피고인들의 사기 혐의사실(즉 이 사건 공소사실)에 대한 증거가치도 함께 보유하고 있다. 즉 이 사건 영장의 범죄사실과 이 사건 공소사실은 관련성이 있다. 또한 앞서 살펴본 바와 같이 이 사건 영장의 집행과정에서 적법절차가 준수

대법원 2022. 12. 29. 선고 2018도3119 판결

원심은 판시와 같은 이유로 T에 대하여 발부된 압수·수색영장의 범죄 혐의사실이 피고인들에 대한 이 사건 범죄사실과 객관적 관련성이 있고, 압수·수색영장 대상자인 T과 피고인들 사이에 인적 관련성 또한 인정되므로, T에 대한 압수·수색의 결과인 전자진료차트를 피고인들에 대한 이 사건의 유죄 증거로 사용할 수 있으며, 압수된 전자정보 전자진료차트와 그 출력문건 사이의 동일성과 무결성 또한 인정된다고 판단하였다.

원심판결 이유를 관련 법리와 적법하게 채택된 증거에 비추어 살펴보면, 원심의 판단에 논리와 경험의 법칙을 위반하여 자유심증주의의 한계를 벗어나거나 영장주의, 위법수집증거배제, 저장매체에 저장된 전자정보의 동일성·무결성 인정에 관한 법리를 오해하는 등으로 판결에 영향을 미친 잘못이 없다.

5) 적법한 압수물을 혐의사실과 관련성이 인정되지 않는 별건 공소사실에 대한 증거로 사용할 수 있는지에 관하여 제1심과 항소심의 결론이 달랐으나 상고심에서 해당 쟁점이 판단되지 않은 사례[86]

가) 사실관계

수사기관이 공소외 2의 공소외 17에 대한 직권남용권리행사방해 혐의사실 등으로 발부된 압수·수색영장을 집행하여 공소외 2의 USB에서 발견된 파일(이 사건 각 보고서 파일)을 압수하고, 이를 기초로 이 사건 피고인에 대한 공무상비밀누설 및 직권남용권리행사방해 혐의사실을 인지하여 기소한 사안이다.

된 것으로 판단된다. 따라서 '전자진료차트 등 데이터베이스 자료(파일) 복사본 1,412개' 중 피고인들에 대한 의료기록을 피고인들에 대한 사기 혐의사실의 증거로 사용하는 데 특별한 제한이 있다고 볼 수 없다."고 하여 관련성 유무를 심사하는 법리와 특별한 제한 없이 사용 가능하다는 법리를 모두 설시하였으나, 대법원 판결 이유에서 명시적으로 인용·지지된 부분은 관련성 유무를 심리한 부분만이다.

86) 제1심인 서울중앙지방법원 2020. 9. 18. 선고 2019고합190 판결은 적법한 압수물의 별건 사용에도 관련성이 필요하다는 취지로 판단하였으나, 항소심인 서울고등법원 2021. 8. 19. 선고 2020노1756 판결은 적법한 압수물이라면 관련성이 인정되지 않는 별건에 대한 증거로도 사용할 수 있다는 취지로 판단하였다. 그러나 결론적으로는 제1심과 항소심 모두 피고인에 대하여 무죄 판결이 선고되었기 때문에 검사만 상소할 수 있었고, 항소심에서 별건 증거 사용을 인정한 판단에 대해서는 검사가 이를 상고이유로 삼지 않았기 때문에 상고심인 대법원 2021. 12. 30. 선고 2021도11924 판결에서는 해당 쟁점이 다루어지지 않았다.

나) 제1심 법원의 판단[87]

제1심 법원은 적법하게 압수한 물건이라도 다른 범죄사실에 대한 증거로 사용하기 위해서는 영장 기재 혐의사실과 다른 범죄사실 사이에 객관적·인적 관련성이 인정되어야 한다고 보고, 공소외 2에 대한 '영장 기재 혐의사실'과 피고인에 대한 '공소사실' 사이에 관련성이 인정되지 않는다는 이유로 압수된 보고서의 증거능력을 부정하였다.

검사는 이 사건 보고문건이 적법하게 압수된 경우에는 이를 다른 범죄의 증거로 사용하는 데 특별한 제한이 없다고 주장하며 대법원 2015. 10. 29. 선고 2015도9784 판결을 근거로 들었다. 그러나 제1심 법원은 ① 대법원 2015. 10. 29. 선고 2015도9784 판결의 경우 그 사실관계에서 영장 기재 혐의사실과 해당 사건 공소사실 사이에 관련성이 인정되는 경우였으므로, 검사가 인용한 판시 부분을 일반적인 경우에도 적용할 수 있는 법리로 해석할 수는 없고, ② 압수·수색의 결과를 압수·수색의 목적이 된 범죄나 이와 관련된 범죄의 경우에 한정하여 유죄의 증거로 사용할 수 있다는 것이 대법원의 일관된 입장[88]이라고 보았다.

다) 항소심 법원의 판단[89]

항소심 법원은 압수된 보고서가 영장 기재 혐의사실에 관한 간접증거나 정황증거로 적법하게 압수되었다고 전제한 뒤, 적법한 압수물이라면 이를 '영장 기재 혐의사실과 관련성 없는 공소사실'에 대한 증거로도 사용할 수 있다고 보아 그 증거능력을 인정하였다.

---

87) 서울중앙지방법원 2020. 9. 18. 선고 2019고합190 판결 각주 2) 참조

88) 대법원 2017. 1. 25. 선고 2016도13489 판결, 대법원 2017. 12. 5. 선고 2017도13458 판결, 대법원 2019. 10. 17. 선고 2019도6775 판결, 대법원 2020. 2. 13. 선고 2019도14341, 2019전도130 판결 등

89) 서울고등법원 2021. 8. 19. 선고 2020노1756 판결

서울고등법원 2021. 8. 19. 선고 2020노1756 판결
(대법원 2021. 12. 30. 선고 2021도11924 판결로 확정)

나) 이 사건 각 보고서 파일출력물을 이 사건 공소사실의 증거로 사용할 수 있는지 여부

공소외 2에 대한 압수·수색영장의 집행으로 이 사건 각 보고서 파일에 대한 압수가 적법하다고 하더라도 이 사건 각 보고서 파일출력물을 공소외 2에 대한 압수수색영장에 포함되어 있는 범죄사실(특히 공소외 2의 공소외 17에 대한 직권남용권리행사방해 범죄사실)과 관련성이 없는 이 사건 공소사실의 증거로 사용할 수 있는지 여부가 문제된다. 압수 범위에 관한 관련성 문제는 일정한 범죄사실을 전제로 하여 발부받은 압수수색영장에 의하여 어떤 범위까지 압수할 수 있는가의 문제인 반면, 이 사건 각 보고서 파일출력물을 이 사건 공소사실의 증거로 사용할 수 있는지 여부는 적법하게 압수된 증거를 압수수색영장의 범죄사실에 대한 증거로 사용하는 것과 별개로 별건 범죄사실에 대한 증거로 사용할 수 있는가의 문제이다.

영장주의는 대상물의 점유권을 침해당하는 과정에서 주거나 프라이버시의 침해와 재산권의 침해 등을 보호하기 위한 장치이므로, 법원이나 수사기관이 압수수색영장에 의하여 적법하게 대상물의 점유권을 취득하면 그 취득된 압수물을 어떻게 사용하는가의 문제는 영장주의와 관련이 없다. 따라서 법원 또는 수사기관이 압수수색영장의 범죄사실과 관련된 대상물을 적법하게 압수하면 그 물건의 점유권이 법원 또는 수사기관에 속하게 되므로, 통신비밀보호법 제12조와 같은 법률상의 제한이 없는 이상 그 압수물을 별건 범죄사실의 증거로 사용하는 것에는 아무런 제한이 없다(대법원 2008. 7. 10. 선고 2008도2245 판결, 대법원 2015. 10. 29. 선고 2015도9784 판결 등 참조).

이 사건 각 보고서 파일이 공소외 2에 대한 압수수색영장의 집행으로 적법하게 압수되었고, 이에 따라 이 사건 각 보고서 파일출력물을 위법수집증거라고 볼 수 없음은 위에서 본 바와 같으므로, 이 사건 각 보고서 파일출력물을 공소외 2에 대한 압수수색영장의 범죄사실과 관련성이 없어 별건 범죄사실에 해당하는 이 사건 공소사실의 증거로 사용하는 것에는 아무런 제한이 없다고 봄이 타당하다.

6) 불법 사행성 게임장 업주에 대한 게임산업진흥법위반 혐의사실로 적법하게 압수된 통화 녹음파일을 단속 경찰관인 피고인에 대한 공무상비밀누설 공소사실에 대한 증거로 사용할 수 있다고 본 사례[90)]

경찰서 형사과 팀장으로 재직하던 피고인 A는 불법 사행성 게임장 단속을 지시하는 공문이 접수된 사실을 알게 되자 그의 아들인 피고인 B와 친분이 있는 불법 사행성 게임장 운영자 F에게 그 사실을 알려주었다는 공무상비밀누설 공소사실로 기소되었다. 피고인 A의 공무상비밀누설에 관한 증거는 F의 휴대전화에 자동녹음된 F와 피고인 B 사이의 통화녹음 파일이었다.

항소심 법원은 해당 녹음파일이 F 등의 게임산업진흥법위반 혐의사실에 관한 압수·수색영장의 집행으로 적법하게 압수된 것을 피고인 A에 대한 공무상비밀누설 공소사실에 대한 증거로 사용한 경우로 보고, 적법한 압수물을 별건 증거로 사용함에는 '아무런 제한이 없다'고 보아 그 증거능력을 인정하였다.

광주지방법원 2021. 10. 6. 선고 2020노1398 판결
(대법원 2022. 1. 14. 선고 2021도14377 판결로 확정)

(1) 관련 법리

영장주의는 대상물의 점유권을 침해당하는 과정에서 주거나 프라이버시의 침해와 재산권의 침해 등을 보호하기 위한 장치이므로, 법원이나 수사기관이 압수수색영장에 의하여 적법하게 대상물의 점유권을 취득하면 그 취득된 압수물을 어떻게 사용하는가의 문제는 영장주의와 관련이 없다. 따라서 법원 또는 수사기관이 압수수색영장의 범죄사실과 관련된 대상물을 적법하게 압수하면 그 물건의 점유권이 법원 또는 수사기관에 속하게 되므로, 통신비밀보호법 제12조와 같은 법률상의 제한이 없는 이상 그 압수물을 별건 범죄사실의 증거로 사용하는 것에는 아무런 제한이 없다(대법원 2008. 7. 10. 선고 2008도2245 판결, 대법원 2015. 10. 29. 선고 2015도9784 판결 등 참조).

(2) 구체적인 판단

원심이 적법하게 채택하여 조사한 증거들에 의하면, 이 사건 녹음 파일이 F 등의 게임산업진흥에관한법률위반 혐의사실에 관한 압수수색영장의 집행으로 적

90) 광주지방법원 2021. 10. 6. 선고 2020노1398 판결(대법원 2022. 1. 14. 선고 2021도14377 판결로 확정)

법하게 압수된 사실이 인정된다. 이 사건 녹음파일을 위법수집증거라고 볼 수 없는 이상 이를 피고인에 대한 이 사건 공소사실의 증거로 사용하는 것에는 아무런 제한이 없다고 봄이 타당하다.

따라서 이 부분 피고인 및 변호인의 주장은 이유 없다.

다만, 제1심 판결에 따르면, 이 사건 녹음파일은 게임산업진흥법위반뿐 아니라 '공무상비밀누설' 혐의에 대하여도 별도의 압수·수색영장을 발부받아 압수한 것으로 보이는바, 이 사건이 진정으로 '적법한 압수물의 별건 증거 사용' 사안인지는 명확하지 않다.

제1심 광주지방법원 목포지원 2020. 6. 9. 선고 2019고단847-2 판결

각주 1) 변호인은 2020. 4. 7.자 의견서에서 위 녹음파일은 F의 범인도피 혐의사실과 관련된 전자정보를 탐색하던 중 발견된 증거이므로, 별도의 압수영장을 발급받지 아니한 이상 위법수집증거에 해당하여 증거능력이 없다는 취지로 주장하나, 2020. 4. 23.자 검사 의견서 및 첨부된 2019. 4. 6.자 압수수색영장 기재와 같이 게임산업법위반 및 공무상비밀누설 혐의에 관한 별도의 압수영장을 발급받아 위 녹음파일을 압수한 사실이 인정되므로, 변호인의 위 주장은 받아들일 수 없다.

7) 피고인 A의 필로폰 '수입' 혐의사실로 발부된 압수·수색영장을 집행하여 압수한 필로폰 희석액을 피고인 B의 필로폰 '소지' 공소사실에 대한 증거로 사용할 수 있는지를 '관련성'에 따라 판단한 사례[91]

가) 사실관계

피고인 B의 필로폰 '소지' 공소사실에 대한 유일한 증거였던 필로폰 희석액(이 사건 압수물)은 피고인 A에 대한 2021. 9. 27. 자 압수·수색영장(이 사건 영장)의 집행으로 피고인 A, B가 함께 거주하던 오피스텔에서 압수되었다. 이 사건 영장 기재 혐의사실은 'A가 B, C와 공모하여 필로폰을 수입하였다'는 것이었다.

91) 서울고등법원 2022. 10. 21. 선고 2022노921 판결(대법원 2022. 12. 13. 자 2022도14035 결정으로 확정)

한편 피고인 B에 대해서도 2021. 9. 27. 자로 이 사건 영장과 동일한 혐의사실에 관하여 별도의 압수·수색영장(별도 영장)이 발부되었는데, 그 별도 영장의 '수색, 검증할 장소, 신체, 물건'란에는 '피고인 B가 마약류 및 마약류범죄 관련 물품을 보관하고 있는 장소'가 기재되어 있었다. 위 오피스텔에서 피고인 A에 대하여 발부된 영장을 집행할 당시 피고인 A가 피고인 B와 그곳에 함께 거주하고 있다는 것을 이야기했더라면 위 별도 영장에 기하여 이 사건 압수물을 압수할 수도 있는 상황이었다.92)

나) 법원의 판단

이 사건에서는 별건 증거 사용 가부를 '관련성' 법리에 따라 판단하였다. 즉 법원은, 피고인 A에 대하여 발부된 이 사건 영장에 피고인 B도 공범으로 기재되어 있었으므로 인적 관련성이 인정되고, 피고인 B의 필로폰 소지 범행은 이 사건 영장 기재 혐의사실과 시간적으로 근접한 동종·유사 범행으로서 필로폰 수입 혐의를 인정할 수 있는 간접사실 또는 정황증거가 될 수 있으므로 객관적 관련성도 인정된다는 것을 이유로 들어 이 사건 압수물을 피고인 B의 필로폰 '소지' 공소사실에 대한 증거로 사용할 수 있다고 판단했다.

8) 공직선거 후보자의 재산관계 허위신고로 인한 공직선거법위반 혐의사실로 압수한 카카오톡 대화내용을 해당 후보자에 대하여 그러한 의혹을 제기한 기자들에 대한 무고 공소사실에 대한 증거로 사용할 수 있다고 본 사례93)

가) 사실관계

수사기관은 F에 대한 1차 압수·수색영장을 집행하여 피고인과 F 등의

---

92) 판결 이유에 의하면, 피고인 A는 압수·수색 당시 허구의 인물인 'J'가 자신과 함께 그곳에 거주하고 있고 이 사건 압수물이 보관되어 있던 냉장고가 비치된 방이 'J'의 방이라고 거짓말을 하였기 때문에 피고인 B에 대하여 발부된 별도 영장에 기한 압수가 이루어지지 못한 것으로 보인다.

93) 서울고등법원 2022. 12. 15. 선고 2022노213 판결(대법원 2023. 11. 30. 선고 2022도16922 판결로 확정)

카카오톡 대화내용과 통화녹음을 압수하였다. 위 1차 영장의 혐의사실은 '피고인이 F에게 명의신탁한 이 사건 E 상가의 대지지분이 누락된 공직선거후보자재산신고서를 제출하여 피고인의 재산 중 위 대지 지분 가액 5억여 원이 누락된 채 중앙선거관리위원회의 홈페이지에 게시되게 함으로써 당선될 목적으로 피고인에게 유리하도록 피고인의 재산에 관하여 허위사실을 공표하였다'는 것이었고, 압수된 자료는 위 혐의사실과 관련성이 인정되었다.

한편, 피고인은 제21대 국회의원 선거 비례대표 후보자 추천 및 검증 과정에서 드러난 위와 같은 명의신탁 및 재산신고 누락 사실에 관하여 진상조사를 받고, 공직선거법위반 등으로 고발을 당하는 과정에서 고발 관계자들과 이와 관련한 취재 및 보도를 하였던 기자들을 허위사실 적시에 의한 명예훼손으로 고소하였는데, 검찰은 1차 압수·수색으로 압수한 자료들을 통해 피고인의 위 명예훼손 고소가 무고에 해당한다고 판단하여 피고인의 무고 혐의를 인지하였다. 검찰은 피고인의 무고 혐의에 대하여 1차 압수·수색에 따른 압수물을 보관하고 있는 검찰주사보를 피압수자로 하여 2차 압수·수색영장을 발부받아 이를 집행하였다.

나) 법원의 판단

법원은 적법하게 압수된 압수물의 별건 증거 사용에는 아무런 제한이 없다는 법리를 원용한 후 공직선거법위반 혐의에 관한 1차 압수·수색이 적법했던 이상 그 압수물을 공직선거법위반 혐의사실과 관련성이 없는 별건 무고 혐의사실에 대한 증거로 사용할 수 있다고 보아 2차 압수·수색 절차의 적법성에 관하여 나아가 살필 필요 없이 증거능력이 인정된다고 판단했다.

서울고등법원 2022. 12. 15. 선고 2022노213 판결
(대법원 2023. 11. 30. 선고 2022도16922 판결로 확정)

영장주의는 대상물의 점유권을 침해당하는 과정에서 주거나 프라이버시의 침해와 재산권의 침해 등을 보호하기 위한 장치이므로, 법원이나 수사기관이 압수·수색영장에 의하여 적법하게 대상물의 점유권을 취득하면 그 취득된 압수물을 어떻게 사용하는가의 문제는 영장주의와 관련이 없다. 따라서 법원 또는 수사기관이 압수수색영장의 범죄사실과 관련된 대상물을 적법하게 압수하면 그 물건의 점유권이 법원 또는 수사기관에 속하게 되므로, 통신비밀보호법 제12조와 같은 법률상의 제한이 없는 이상 그 압수물을 별건 범죄사실의 증거로 사용하는 것에는 아무런 제한이 없다(대법원 2008. 7. 10. 선고 2008도2245 판결, 대법원 2015. 10. 29. 선고 2015도9784 판결 등의 취지 및 서울고등법원 2021. 8. 19. 선고 2020노1756 판결 참조).

9) 수사기관이 특정 범죄사실로 압수한 증거에서 별건 혐의사실을 발견한 경우 별건 혐의사실과 영장 기재 혐의사실 사이에 '관련성'이 인정되지 않으면 별건 증거 사용이 불가하다고 본 사례[94)]

서울중앙지방검찰청이 피고인을 입찰담합으로 인한 공정거래법위반 및 입찰방해 공소사실로 기소하면서 서울남부지방검찰청이 보관 중인 피고인의 카카오톡 메시지 내역 등을 증거로 제출한 사안이다. 해당 카카오톡 메시지 내역 등은 서울남부지방검찰청이 피고인의 배임수증재 혐의사실을 수사할 때 임의제출받은 것이었고, 그 배임수증재 혐의사실은 피고인의 입찰담합과 관련이 없었다. 법원은 아래와 같이 관련성의 법리에 따라 해당 카카오톡 메시지 내역 등의 증거능력을 부정하였다.

서울중앙지방법원 2025. 1. 24. 선고 2022고합1058 판결(미확정)

II. 증거에 관한 판단(증거배제 결정)

이 부분 공소사실에 대한 판단에 앞서 검사가 제출한 증거 중 서울남부지검 2022형제○○○○ 2022. 1. 5.자 수사보고(휴대전화분석 메시지 및 사진), 서울남부지검 2022형제○○○○ 사건 모바일 포렌식 추출 파일 정보 등, 카카오톡 메시지 내역, 카카오톡 메시지 캡쳐 사진 파일 경로, 카카오톡 메시지 캡쳐 사진(기재 순서대로 증거순번 116~120번, 이하 '남부지검 사건 증거들'이라고 한다)은 다음과 같은 이유로 증거능력이 인정되지 않으므로 증거에서 배제하기로 한다.

1. 관련 법리

형사소송법 제215조 제1항은 '검사는 범죄수사에 필요한 때에는 피의자가 죄

94) 서울중앙지방법원 2025. 1. 24. 선고 2022고합1058 판결(미확정, 항소심 서울고등법원 2025노444 계속 중)

를 범하였다고 의심할 만한 정황이 있고 해당 사건과 관계가 있다고 인정할 수 있는 것에 한정하여 지방법원판사에게 청구하여 발부받은 영장에 의하여 압수, 수색 또는 검증(이하 '압수수색'이라고 한다)을 할 수 있다'라고 규정한다. 여기서 '해당 사건과 관계가 있다고 인정할 수 있는 것'은 압수수색영장의 범죄 혐의사실과 객관적 관련성이 인정되고 압수수색영장 대상자와 피의자 사이에 인적 관련성이 있는 경우를 의미한다. 그중 혐의사실과의 객관적 관련성은 압수수색영장에 기재된 혐의사실 자체 또는 그와 기본적 사실관계가 동일한 범행과 직접 관련되어 있는 경우는 물론 범행 동기와 경위, 범행 수단과 방법, 범행 시간과 장소 등을 증명하기 위한 간접증거나 정황증거 등으로 사용될 수 있는 경우에도 인정될 수 있으나, 이러한 객관적 관련성은 압수수색영장 범죄 혐의사실의 내용과 수사의 대상, 수사 경위 등을 종합하여 구체적·개별적 연관관계가 있는 경우에만 인정된다고 보아야 할 것이다(대법원 2017. 12. 5. 선고 2017도13458 판결, 대법원 2021. 11. 25. 선고 2021도10034 판결 등 참조).

따라서 수사기관이 특정 범행을 범죄사실로 한 압수수색영장을 집행하여 압수한 증거에서 별건 범행의 혐의사실을 발견한 경우 별건 범행과 영장 기재 범죄사실 사이에 관련성이 인정되지 않는다면 별건 범행에 관하여 별도의 압수수색영장을 발부받아 그 증거를 압수하여야 하는바, 그러한 절차를 거치지 않고 별건 범행에서 그 증거를 사용하는 경우 영장주의를 위반한 절차적 위법이 있으므로 적법한 절차에 따르지 아니하고 수집한 증거로서 증거능력이 없다(대법원 2014. 1. 16. 선고 2013도7101 판결의 취지 참조).

한편 임의제출물의 압수는 압수물에 대한 수사기관의 점유취득이 제출자의 의사에 따라 이루어진다는 점에서 차이가 있을 뿐 범죄혐의를 전제로 한 수사 목적이나 압수의 효력은 영장에 의한 경우와 동일하므로(대법원 2021. 11. 18. 선고 2016도348 전원합의체 판결의 취지 참조), 수사기관은 특정 범죄의 혐의사실과 관련성이 인정되는 전자정보만을 임의제출받아 압수하여야 하고 임의제출받은 전자정보에서 별건 범행의 혐의사실을 발견한 경우 별건 범행에 관하여 별도로 압수수색영장을 발부받아 집행하거나 임의제출을 받지 않은 이상 그 전자정보를 별건 범행의 증거로 쓸 수 없다고 볼 것이다.

2. 판단

앞서 본 법리에 따라 살피건대, 검사가 제출한 위 남부지검 사건 증거들은 □□□과 피고인 ▽▽▽의 배임수증재의 범죄사실에 관한 서울남부지방검찰청 형제○○○○호 사건의 수사 과정에서 □□□이 임의제출한 것인데, 이 사건 범죄사실은 입찰담합으로 인한 독점규제및공정거래에관한법률위반 및 입찰방해로서 위 배임수증죄와 범행 내용과 수사의 대상, 수사 경위에 있어서 서로 구체적·

개별적 연관관계가 있다고 보기 어려우므로, 검사가 위 증거들을 이 사건에서 증거로 사용하기 위해서는 이 사건 범죄사실에 관하여 별건 압수수색영장을 발부받아 집행하거나 별도로 임의제출을 받았어야 할 것이다.

그러나 검사는 위와 같은 절차를 거치지 않은 채 배임수증재죄의 범죄사실로 임의제출받은 남부지검 사건 증거들을 이 사건에 증거로 제출하였으므로, 위 증거들은 위법수집증거로서 증거능력이 인정되기 어렵다.

4

압수·수색 방법의 제한과 참여권 보장

4 압수·수색 방법의 제한과 참여권 보장

가 관련 규정

1) 당사자의 참여권

검사, 피고인 또는 변호인은 압수·수색영장의 집행에 참여할 수 있다(형사소송법 제121조, 제219조). 압수·수색영장을 집행함에는 미리 집행의 일시와 장소를 위 참여권자에게 통지하여야 한다(형사소송법 제122조 본문, 제219조). 다만, 참여권자가 참여하지 아니한다는 의사를 명시하였거나 급속을 요하는 때에는 예외로 한다(형사소송법 제122조 단서, 제219조). 여기서 '급속을 요하는 때'라고 함은 압수·수색영장 집행 사실을 미리 통지할 경우 증거를 인멸·은닉·훼손하여 압수·수색이 실효를 거두기 어렵거나 그 목적을 달성할 수 없게 되는 때는 의미한다.[1]

형사소송법이 압수·수색영장을 집행하는 수사기관에 대해 피압수자와 변호인에 대한 사전 통지 의무를 부여한 취지는 피압수자와 변호인의 참여권을 절차적으로 담보하기 위함이다. 특히 압수·수색의 집행을 중지하였다가 재개하는 경우 그 재개에 앞서 피압수자와 변호인에게 그 재개 일시·장소를 통지하고 참여할 기회를 보장하는 절차가 반드시 필요하다. 이와 달리 만일 최초 압수·수색의 집행 개시 전에만 통지하면 족하다고 보는 경우, 수사기관이 집행 개시 후 중지하였다가 임의의 시점에 집행을 재개함으로써 피압수자와 변호인의 참여권을 보장하도록 한 형사소송법을 잠탈하는 결과를 초래할 수 있기 때문이다.[2]

검사 또는 사법경찰관은 압수·수색의 전 과정에 걸쳐 피압수자나 변호

1) 대법원 2012. 10. 11. 선고 2012도7455 판결, 헌법재판소 2012. 12. 27. 선고 2011헌바225 전원재판부 결정

2) 서울중앙지방법원 2020. 7. 24. 자 2020보7 결정(대법원 2020. 11. 13. 자 2020모2485 결정으로 확정), 서울중앙지방법원 2021. 11. 26. 자 2021보10 결정(대법원 2022. 11. 8. 자 2021모3291 결정으로 확정)

인의 참여권을 보장해야 하고, 피압수자와 변호인이 참여를 거부하는 경우에는 신뢰성과 전문성을 담보할 수 있는 상당한 방법으로 압수·수색을 해야 한다(수사준칙 제42조 제4항, 대검 디지털 증거 예규 제21조). 대검 디지털 증거 예규는 전자정보 압수·수색의 경우 현장에서 선별하는 경우는 물론 현장 외에서 이루어지는 선별에도 피압수자나 변호인의 참여권을 실질적으로 보장하도록 하고 있고(대검 디지털 증거 예규 제26조, 제32조), 경찰청 디지털 증거 훈령에도 압수·수색 시 피의자, 변호인, 소유자, 소지자, 보관자의 참여를 보장하는 규정을 두고 있다(경찰청 디지털 증거 훈령 제13조, 제17조).

2) 책임자의 참여

공무소, 군사용 항공기 또는 선박·차량 안에서 압수·수색영장을 집행하려면 그 책임자에게 참여할 것을 통지하여야 하고, 그 외에 타인의 주거, 간수자 있는 가옥, 건조물, 항공기 또는 선박·차량 안에서 압수·수색영장을 집행할 때는 주거주, 간수자 또는 이에 준하는 사람을 참여하게 하여야 하며, 이들이 참여하지 못할 때는 이웃 사람 또는 지방공공단체의 직원을 참여하게 하여야 한다(형사소송법 제123조, 제219조). 당사자의 참여권과 달리 예외 규정이 없다.

법원은 형사소송법 제123조 제2항, 제3항, 제219조에서 정한 바에 따라 압수·수색영장의 집행에 참여하는 주거주 등이나 이웃 사람 등은 최소한 압수·수색절차의 의미를 이해할 수 있는 정도의 능력 즉, 참여능력을 갖추어야 한다고 보았다. 나아가 이러한 법리는 주거지 등에 대한 압수·수색에서 피의자가 동시에 주거주 등인 경우도 동일하게 적용된다고 보았다.3)

대법원 2024. 10. 8. 선고 2020도11223 판결

형사소송법 제123조 제2항, 제3항, 제219조가 주거지 등에서 압수·수색영장을 집행할 때 주거주 등이나 이웃 등을 참여하도록 한 것은 주거의 자유나 사생활의 비밀과 자유와 같은 기본권 보호의 필요성이 특히 요구되는 장소에 관하여 밀접한 이해관계를 갖는 사람을 참여시켜 영장집행절차의 적정성을 담보함

3) 대법원 2024. 10. 8. 선고 2020도11223 판결

으로써 수사기관이나 법원의 강제처분을 받는 당사자를 보호하고 궁극적으로 국민의 기본권을 보호하려는 데 그 취지가 있다. 이러한 점에 비추어 보면 형사소송법 제123조 제2항, 제3항, 제219조에서 정한 바에 따라 압수·수색영장의 집행에 참여하는 주거주 등 또는 이웃 등은 최소한 압수·수색절차의 의미를 이해할 수 있는 정도의 능력 즉, 참여능력을 갖추고 있어야 한다. 압수·수색영장의 집행에 참여하는 주거주 등 또는 이웃 등이 참여능력을 갖추지 못한 경우에는 영장의 집행 과정에서 발생할 수 있는 위법·부당한 처분이나 행위로부터 당사자를 보호하고 영장집행절차의 적정성을 담보하려는 형사소송법의 입법 취지나 기본권 보호·적법절차·영장주의 등 헌법적 요청을 실효적으로 달성하기 어렵기 때문이다.

형사소송법 제123조 제2항과 제3항은 주거주 등이나 이웃 등의 참여에 관하여 그 참여 없이 압수·수색영장을 집행할 수 있는 예외를 인정하지 않고 있다. 이는 형사소송법 제121조, 제122조에서 압수·수색영장의 집행에 대한 검사, 피의자, 변호인의 참여에 대하여 급속을 요하는 등의 경우 집행의 일시와 장소의 통지 없이 압수·수색영장을 집행할 수 있다고 한 것과 다른 점이다. 따라서 형사소송법 제123조 제2항에서 정한 주거지 등에 대한 압수·수색영장의 집행이 주거주 등이나 이웃 등의 참여 없이 이루어진 경우 특별한 사정이 없는 한 그러한 압수·수색영장의 집행은 위법하다고 보아야 한다. 나아가 주거주 등 또는 이웃 등이 참여하였다고 하더라도 그 참여자에게 참여능력이 없거나 부족한 경우에는, 주거주 등이나 이웃 등의 참여 없이 이루어진 것과 마찬가지로 형사소송법 제123조 제2항, 제3항에서 정한 압수·수색 절차의 적법요건이 갖추어졌다고 볼 수 없으므로 그러한 압수·수색영장의 집행도 위법하다.

한편, 「장애인차별금지 및 권리구제 등에 관한 법률」 제26조 제6항은 '사법기관은 사건관계인에 대하여 의사소통이나 의사표현에 어려움을 겪는 장애가 있는지 여부를 확인하고, 그 장애인에게 형사사법 절차에서 조력을 받을 수 있음과 그 구체적인 조력의 내용을 알려주어야 한다. 이 경우 사법기관은 해당 장애인이 형사사법 절차에서 조력을 받기를 신청하면 정당한 사유 없이 이를 거부하여서는 아니 되며, 그에 필요한 조치를 마련하여야 한다.'라고 정하고 있다. 이는 수사, 기소, 공판에 이르는 일련의 형사사법절차에서 의사소통이나 의사표현에 어려움을 겪는 장애가 있는 사람으로 하여금 자기의 형사사법절차상의 지위와 이해관계를 이해하고 충분한 방어행위를 할 수 있도록 함으로써 그들의 절차적 지위와 권리, 방어권을 보장하는 데에 그 취지가 있다. 형사소송법 제123조 제2항, 제3항에 따라 압수·수색영장의 집행에 참여하는 주거주 등이나 이웃 등에게도 의사소통이나 의사표현에 어려움을 겪는 장애가 있을 수 있으므로, 압수·수색영장을 집행하는 수사기관으로서는 그러한 장애가 있는 참여자에 대하여 장애인차별금지법 제26조 제6항의 취지에 맞는 적법한 조치를 취함으로써 형사소송법 제123조 제2항, 제3항이 요구하는 압수·수색 절차의 적법요건이 갖추어질 수 있도록 하여야 한다.

이러한 법리는 주거지 등에 대한 압수·수색에서 피의자가 동시에 주거주 등인 경우에도 동일하게 적용된다. 형사소송법이 제121조, 제122조, 제219조에서 '당사자의 참여권'이라는 표제 아래 검사, 피의자, 변호인의 참여권을 규정하면서도 제123조에서 '책임자의 참여'라는 표제로 주거주 등이나 이웃 등의 필요적 참여를 별도로 정하고 있고, '당사자의 참여권'과 '책임자의 참여'는 그 취지나 목적, 보호법익이 동일하지 않기 때문이다. 따라서 피의자가 주거주 등인 주거지 등에서 압수·수색영장을 집행하는 경우 피의자에게 참여능력이 없다면 그 피의자만 참여하는 것으로는 부족하고, 수사기관은 형사소송법 제123조 제3항에 따라 참여능력이 있는 이웃 등을 함께 참여시켜야 한다. 이때 참여능력이 없는 피의자만이 참여하였다면 그 압수·수색은 형사소송법 제123조 제2항, 제3항을 위반한 것으로 원칙적으로 위법하다.

위와 같이 형사소송법 제123조 제2항, 제3항, 제219조에 따라 압수·수색 절차에 참여한 참여자와 관련하여 해당 절차의 적법요건이 갖추어졌는지는, 수사기관이 인식하였거나 인식할 수 있었던 사정 등을 포함하여 압수·수색 당시를 기준으로 외형적으로 인식 가능한 사실상의 상태를 살펴 판단하여야 한다. 압수·수색 당시 수사기관이 인식할 수 없었던 참여자의 내부적, 주관적 사정이나 참여자의 객관적 능력에 관한 법률적·사후적인 판단은 고려대상이 아니다.

3) 여자의 신체 수색과 참여

여자의 신체를 수색할 때는 성년의 여자를 참여하게 하여야 한다(형사소송법 제124조, 제219조).

4) 법원사무관 등의 참여

법원이 압수·수색을 할 때에는 법원사무관 등을 참여하게 하여야 하고 법원사무관 등 또는 사법경찰관리가 압수·수색영장에 의하여 압수·수색을 할 때에는 다른 법원사무관 등 또는 사법경찰관리를 참여하게 하여야 한다(형사소송규칙 제60조). 수사단계에서 검사가 압수, 수색, 검증을 함에는 검찰청수사관 또는 서기관이나 서기를 참여하게 하여야 하고, 사법경찰관이 압수, 수색, 검증을 함에는 사법경찰관리를 참여하게 하여야 한다(형사소송규칙 제110조).

나 기본 법리

1) 대법원 2011. 5. 26. 자 2009모1190 결정

이 결정은 전자정보에 대한 압수·수색영장을 집행할 때 정보저장매체 자체를 수사기관 사무실 등 외부로 반출할 수 있는 예외 요건과 함께 그 반출 이후까지 전체 과정에 피압수자나 변호인의 계속적 참여권이 보장되어야 함을 선언한 대표 사례다.

대법원 2011. 5. 26. 자 2009모1190 결정

검사나 사법경찰관이 압수·수색영장을 집행함에 있어서는 자물쇠를 열거나 개봉 기타 필요한 처분을 할 수 있지만 그와 아울러 압수물의 상실 또는 파손 등의 방지를 위하여 상당한 조치를 하여야 하므로(형사소송법 제219조, 제120조, 제131조 등), 혐의사실과 관련된 정보는 물론 그와 무관한 다양하고 방대한 내용의 사생활 정보가 들어 있는 저장매체에 대한 압수·수색영장을 집행함에 있어서 그 영장이 명시적으로 규정한 위 예외적인 사정이 인정되어 그 전자정보가 담긴 저장매체 자체를 수사기관 사무실 등으로 옮겨 이를 열람 혹은 복사하게 되는 경우에도, 그 전체 과정을 통하여 피압수·수색 당사자나 그 변호인의 계속적인 참여권 보장, 피압수·수색 당사자가 배제된 상태에서의 저장매체에 대한 열람·복사 금지, 복사대상 전자정보 목록의 작성·교부 등 압수·수색의 대상인 저장매체 내 전자정보의 왜곡이나 훼손과 오·남용 및 임의적인 복제나 복사 등을 막기 위한 적절한 조치가 이루어져야만 그 집행절차가 적법한 것으로 될 것이다.

2) 고유권으로서 변호인의 압수·수색 절차 참여권[4)]

법원은 형사소송법 제219조, 제121조가 규정한 변호인의 참여권이 피압수자의 보호를 위하여 변호인에게 주어진 고유권이라고 본다. 따라서 설령 피압수자가 수사기관에 압수·수색영장의 집행에 참여하지 않는다는 의사를 명시하였다고 하더라도, 특별한 사정이 없는 한 그 변호인에게는 형사소송법 제219조, 제122조에 따라 미리 집행의 일시와 장소를 통지하는 등으로 압수·수색영장의 집행에 참여할 기회를 별도로 보장하여야 하고, 그렇게 하지 않으면 압수 절차를 위반한 것이 된다.

다만, 이러한 절차 위반을 이유로 압수된 자료의 증거능력을 부정할 것인지는 다른 위법수집증거의 경우와 마찬가지로 수사기관의 증거 수집 과정에서 이루어진 절차 위반행위와 관련된 모든 사정, 즉 절차 조항의 취지, 위반 내용과 정도, 구체적인 위반 경위와 회피가능성, 절차 조항이 보호하고자 하는 권리나 법익의 성질과 침해 정도, 이러한 권리나 법익과 피고인 사이의 관련성, 절차 위반행위와 증거 수집 사이의 관련성, 수사기관의 인식과 의도 등을 전체적·종합적으로 고찰하여 판단한다.

3) 여러 장소에서 동시에 압수·수색영장을 집행할 필요가 있는 경우 피압수자의 참여권 보장

가) 관련 법리

수사기관이 판사로부터 내용이 같은 여러 통의 영장을 발부받아 여러 곳에서 동시에 압수·수색영장을 집행할 필요가 있는 경우 수사기관은 참여권자에게 모든 장소에 관해 집행사실을 미리 통지해야 하고, 피압수자가 어느 한 곳에서 영장 집행을 당하면서 다른 장소에 대한 영장 집행에도 참여하기를 원할 경우 다른 장소에서 이루어질 영장 집행 절차를 중단할 필요가 있다고 보는 것이 판례다.[5)]

---

4) 대법원 2020. 11. 26. 선고 2020도10729 판결, 서울중앙지방법원 2019. 10. 17 선고 2016노4872 판결(대법원 2020. 3. 12. 선고 2019도17613 판결로 확정) 등

5) 서울중앙지방법원 2020. 7. 24. 자 2020보7 결정(대법원 2020. 11. 13. 자 2020모2485

서울중앙지방법원 2021. 11. 26. 자 2021보10 결정
(대법원 2022. 11. 8. 자 2021모3291 결정으로 확정)

판사로부터 발부받은 내용이 같은 여러 통의 영장(형사소송규칙 제107조 제1항 제1호, 제95조 제5호 참조)에 의하여 여러 곳에 대해 동시에 압수·수색 영장을 집행할 현실적인 필요가 있다 하더라도 피압수자가 어느 한 곳에서 영장 집행을 당하면서 다른 장소에 대한 영장 집행에도 참여하기를 원하는 경우 그 참여권 보장을 위해서는 다른 장소에서 이루어질 영장 집행 절차를 중단할 필요가 있다. 나아가 이러한 참여권의 충실한 보장을 위해서는 영장 집행이 이루어지는 모든 장소에 관해 그 집행사실을 미리 통지하여야 하는데, 만일 한 곳에 대한 영장 집행이 마쳐질 무렵에야 다른 장소에 대한 영장 집행 사실을 통지한다면 그 통지 시에는 이미 다른 장소에서의 영장 집행이 종료되거나 상당 부분 진행된 상태가 될 것이기 때문이다. 이때 다른 장소에서의 영장 집행을 중단하는 경우 수사기관은 집행 현장에 타인의 출입을 금지하는 등의 조치를 취할 수 있으므로(형사소송법 제219조, 제119조 참조), 한 곳에서 먼저 영장 집행에 참여하는 피압수자가 다른 장소에 있는 관련자에게 연락하여 증거를 인멸하는 상황을 충분히 방지할 수 있다.

나) 구체적 사례

언론사 보도본부 사회부 소속 기자인 피압수자의 '주거지'와 '사무실' 등에서 동시에 압수·수색영장을 집행하면서 '주거지'에서의 영장 집행을 마칠 무렵에서야 '사무실'에서의 영장 집행 사실을 통지한 사안에서 법원은 늦어도 '주거지'에 대한 압수·수색영장 집행 직후에는 '사무실'에서의 영장 집행 일시, 장소를 통지하고 피압수자의 참여권 행사 여부를 물은 후 피압수자가 참여를 원한 경우 '사무실'에서의 영장 집행을 중단하였어야 한다고 보았다. 결국 이 사건 '사무실'에서의 영장 집행은 사전 통지 없이 개시된 것으로서 위법하다고 판단했다.[6]

또한, 국회의원인 피압수자의 '주거지'와 '사무실'에서 내용이 같은 여러 통의 압수·수색영장이 동시에 집행된 사안에서도 법원은 '주거지'에서 진행

결정으로 확정), 서울중앙지방법원 2021. 11. 26. 자 2021보10 결정(대법원 2022. 11. 8. 자 2021모3291 결정으로 확정)

6) 서울중앙지방법원 2020. 7. 24. 자 2020보7 결정(대법원 2020. 11. 13. 자 2020모2485 결정으로 확정)

된 절차에 참여한 피압수자가 '사무실'에서의 영장 집행에 대한 참여권 포기 의사를 명시하지 않았음에도 피압수자에게 '사무실'에서의 영장 집행에 대하여 그 일시를 사전 통지하지 않고 그에 대한 참여권도 보장하지 않은 것은 위법하다고 보았다.[7)]

4) 피압수자가 미성년자인 경우 참여권의 보장[8)]

가) 관련 법리

수사기관의 압수·수색 과정에서 처분을 받는 자가 미성년자인 경우 해당 미성년자에게 의사능력이 있는 한 그 미성년자나 그 변호인에게 압수·수색 영장 집행 절차에 참여할 기회가 보장되어야 하고, 그 친권자에게 참여의 기회가 보장되었다는 이유만으로 압수·수색이 적법하게 되는 것은 아니다.

나) 사실관계

경찰은 A를 피의자로 하여 발부받은 압수·수색영장을 A에게 제시하고, A는 딸인 피고인들(각 16세)로부터 피고인들이 사용하거나 보관 중인 그 소유 휴대전화 4대를 인도받아 경찰에 제출한 사안이다. 영장의 '압수할 물건' 란에는 '참고인인 피고인들이 실제 사용·보관 중인 휴대전화'가 기재되어 있었다.

경찰은 A를 위 휴대전화의 피압수자인 소지자·제출자로 보아 압수조서를 작성하고, A는 참여인으로서 위 압수조서에 서명하였다. 경찰은 A에게 위 휴대전화 반출 후의 탐색·복제·출력 등 과정에 참여할 수 있다는 취지로 고지하면서 전자정보 확인서를 작성하였고, A는 피압수자(제출자)의 지위에서 '참여하지 않겠다'는 뜻을 위 확인서에 표시하고 서명하였다. 그러나 경찰은 이 사건 영장에 기초한 일련의 압수·수색의 과정에서 피고인들에게 이 사건 영장을 제시하거나 참여의 기회를 보장하지는 않았다.

---

7) 서울중앙지방법원 2021. 11. 26. 자 2021보10 결정(대법원 2022. 11. 8. 자 2021모3291 결정으로 확정)

8) 대법원 2024. 12. 24. 선고 2022도2071 판결

다) 법원의 판단

법원은 피고인들의 휴대전화에 대한 압수·수색이 비단 영장에 피의자로 기재된 A뿐만 아니라 참고인인 피고인들의 범죄 혐의사실에 대한 수사에도 해당하고, 피고인들은 이 사건 휴대전화에 대한 관리처분권을 행사하고 있었으므로, 경찰은 피압수자인 피고인들에게 이 사건 휴대전화의 탐색·복제·출력 등 일련의 과정에 참여할 기회를 보장하였어야 한다고 보았다. 또한 경찰이 피고인들의 이익을 위하여 피고인들을 대신하여 친권자인 A에게 참여의 기회를 부여하였다는 사정만으로 피압수자인 피고인들의 절차 참여를 보장한 취지가 실질적으로 침해되지 않았다거나 압수·수색이 적법하게 된다고 볼 수 없다고 판단하였다. 결국 법원은 이 사건 휴대전화의 전자정보나 이에 기초하여 수집한 증거의 증거능력을 부정하였다.

5) 참여권의 포기의 방법과 그 효력이 미치는 범위

가) '명시적'인 포기의 의사표시 필요

참여권 포기의 의사표시는 '명시적'이어야 한다(형사소송법 제112조, 제219조). 법원은 여러 통의 압수·수색영장이 발부되어 준항고인의 주거지와 사무실이 모두 압수·수색 장소에 포함되었던 사안에서 주거지에서의 집행에 참여하고 있던 준항고인이 사무실에서의 집행에 대한 참여 의사를 묻는 수사기관의 질문에 "거기에는 아무것도 없을 텐데."라고 말하였더라도 이는 참여 포기 의사를 명시한 것으로 볼 수 없다고 판단했다.[9)]

나) '관련성' 범위 내로 포기의 효력이 제한됨

참여권자가 참여권을 명시적으로 포기한 경우라도 압수·수색영장 기재 혐의사실과 관련성이 인정되는 범위 내에서만 압수가 적법하고, 그 참여권 포기 의사에 혐의사실과 무관한 정보에 대한 압수·수색 절차에도 참여하지 않겠다는 의사까지 포함된 것으로 해석할 수는 없다. 따라서 정보저장매체

9) 서울중앙지방법원 2021. 11. 26. 자 2021보10 결정(대법원 2022. 11. 8. 자 2021모3291 결정으로 확정)

원본을 압수당한 피압수자가 해당 기기에 대한 후속 선별 절차에 대한 참여권을 포기하였더라도, 수사기관이 이를 탐색하던 중 별건 혐의사실에 관한 자료를 발견하였다면, 수사기관으로서는 추가 탐색을 중단하고 별도로 압수·수색영장을 발부받아야 하고, 그 별도 영장의 집행 절차에서 피압수자의 참여권을 따로 보장해야 한다.[10)]

전자정보에 대한 압수·수색이 종료되기 전에 혐의사실과 관련된 전자정보를 적법하게 탐색하는 과정에서 별도의 범죄혐의와 관련된 전자정보를 우연히 발견한 경우, 수사기관은 추가 탐색을 중단하고 법원으로부터 별도의 범죄혐의에 대한 압수·수색영장을 발부받아야 그러한 정보에 대하여도 적법하게 압수·수색을 할 수 있다. 이러한 별도 범죄혐의에 관한 후속 압수·수색 절차는 최초의 압수·수색 절차와 구별되는 별개의 절차이기 때문이다.[11)]

다) 전자정보 상세목록 작성·교부의무에는 영향이 없음

피압수자가 압수·수색 절차에 대한 참여권을 포기한 경우라도 압수된 개별 파일의 명세가 구체적으로 특정된 상세목록을 작성·교부하지 않으면 압수절차가 위법하다. 나아가 이러한 위법은 방어권 행사에 중대한 영향을 미치므로 영장주의 원칙과 적법절차 및 전자정보 상세목록 작성·교부의무의 실질적인 내용을 침해하는 경우로서 압수된 자료의 증거능력을 부정하는 사유가 된다.[12)]

6) 준항고 관련

준항고인이 전체 압수·수색 과정을 단계적·개별적으로 구분하여 각 단계의 개별 처분의 취소를 구하더라도 준항고법원으로서는 특별한 사정이

10) 대법원 2023. 10. 18. 선고 2023도8752 판결, 대구지방법원 서부지원 2021. 4. 15. 선고 2020고합271 판결(항소심인 대구고등법원 2022. 1. 19. 선고 2021노186 판결에서 일부 파기 주문이 있으나 증거능력 판단 부분은 그대로 유지되었고, 대법원 2022. 8. 19. 선고 2022도1839 판결에서 상고가 기각되어 확정됨)

11) 대법원 2015. 7. 16. 자 2011모1839 전원합의체 결정, 대법원 2017. 11. 14. 선고 2017도3449 판결, 대법원 2021. 11. 18. 선고 2016도348 전원합의체 판결

12) 광주지방법원 2024. 11. 13. 선고 2024노40 판결(대법원 2025. 2. 13. 선고 2024도18498 판결로 확정)

없는 한 그 구분된 개별 처분의 위법이나 취소 여부를 판단할 것이 아니라 당해 압수·수색 과정 전체를 하나의 절차로 파악하여 그 과정에서 나타난 위법이 압수·수색 절차 전체를 위법하게 할 정도로 중대한지 여부에 따라 전체적으로 그 압수·수색 처분을 취소할 것인지를 가려야 한다.[13]

준항고 사건에서 준항고인이 참여의 기회를 보장받지 못하였다는 이유로 압수·수색 처분에 불복하는 경우 준항고인으로서는 불복하는 압수·수색 처분을 특정하는 데 한계가 있고, 특히 실질적 피압수자로 인정되는 준항고인에 대한 통지 없이 제3자가 보관하고 있는 전자정보에 대하여 압수·수색을 실시한 경우에는 더욱 그러하다. 따라서 준항고인이 불복의 대상이 되는 압수 등에 관한 처분을 구체적으로 특정하기 어려운 경우 법원은 석명권 행사 등을 통해 준항고인에게 불복 대상인 처분을 특정할 수 있는 기회를 부여하여야 한다.[14]

수사기관의 압수물 환부에 관한 형사소송법 제417조의 준항고는 검사 또는 사법경찰관이 수사 단계에서 압수물의 환부에 관하여 처분할 권한을 가지고 있을 경우 그 처분에 관하여 제기할 수 있는 불복절차이다. 따라서 공소제기 이후의 단계에서는 위 권한이 수소법원에 있으므로 검사의 압수물에 대한 처분에 관하여 위 준항고로 다툴 수 없다. 또한 준항고는 항고의 실익이 있는 한 제기기간에 아무런 제한이 없다.[15]

다 압수·수색영장 별지 '압수 대상 및 방법의 제한'

실무상 발부되는 거의 모든 압수·수색영장의 맨 마지막 장에는 아래의 내용이 1장으로 정리된 "압수 대상 및 방법의 제한" 별지가 첨부되어 있는데, 이 별지의 내용도 엄연히 영장의 일부로서 실질적인 규범력을 지닌다. 실제로 법원은 별지 "압수 대상 및 방법의 제한"을 영장의 필요적 기재사항 중 하나로 보고 있고,[16] 이를 위반한 경우 압수처분을 취소하거나[17] 수

13) 대법원 2015. 7. 16. 자 2011모1839 전원합의체 결정
14) 대법원 2023. 1. 12. 자 2022모1566 결정
15) 대법원 2024. 3. 12. 자 2022모2352 결정
16) 대법원 2017. 9. 21. 선고 2015도12400 판결

집된 증거의 증거능력을 부정한다.[18]

별지 '압수 대상 및 방법의 제한' 내용의 골자는 ① 실물 문서 압수 시 '사본 압수'의 원칙, ② 전자정보 압수 시 '현장 선별'의 원칙, ③ 정보저장매체 원본의 반환 및 무관정보의 삭제·폐기, ④ 압수·수색 전체 과정에 피압수자 등의 참여권 보장 및 전자정보 상세목록 교부 ⑤ 전자정보의 동일성 확보 조치 등이다.

압수 대상 및 방법의 제한

1. 문서에 대한 압수

가. 해당 문서가 몰수 대상물인 경우, 그 원본을 압수함.

나. 해당 문서가 증거물인 경우, 피압수자 또는 참여인[1](이하 '피압수자 등'이라 한다)의 확인 아래 사본하는 방법으로 압수함(다만, 사본 작성이 불가능하거나 협조를 얻을 수 없는 경우 또는 문서의 형상, 재질 등에 증거가치가 있어 원본의 압수가 필요한 경우에는 원본을 압수할 수 있음).

다. 원본을 압수하였더라도 원본의 압수를 계속할 필요가 없는 경우에는 사본 후 즉시 반환하여야 함.

2. 컴퓨터용 디스크 등 정보저장매체(휴대전화 포함)에 저장된 전자정보에 대한 압수·수색·검증

가. 전자정보의 수색·검증

수색·검증만으로 수사의 목적을 달성할 수 있는 경우, 압수 없이 수색·검증만 함.

나. 전자정보의 압수

(1) 원칙: 저장매체의 소재지에서 수색·검증 후 협의사실과 관련된 전자정보만을 범위를 정하여 문서로 출력하거나 수사기관이 휴대한 저장매체에 복사하는 방법으로 압수할 수 있음.

(2) 저장매체 자체를 반출하거나 하드카피·이미징 등 형태로 반출할 수 있는 경우

(가) 저장매체 소재지에서 하드카피·이미징 등 형태(이하 '복제본'이라 함)로 반출하는 경우

17) 대법원 2024. 7. 31. 자 2021모231 결정, 전주지방법원 2024. 7. 18. 자 2024보3 결정(대법원 2024. 11. 1. 자 2024모2840 결정으로 확정)

18) 대법원 2018. 6. 15. 선고 2017도9794 판결, 서울고등법원 2022. 5. 18. 선고 2020노2058 판결(대법원 2022. 9. 15. 선고 2022도6686 판결로 확정), 서울고등법원 2023. 4. 21. 선고 2023노150, 842 판결(대법원 2023. 7. 27. 선고 2023도5700 판결로 확정)

- 혐의사실과 관련된 전자정보의 범위를 정하여 출력·복제하는 위 (1)항 기재의 원칙적 압수 방법이 불가능하거나, 압수 목적을 달성하기에 현저히 곤란한 경우[2]에 한하여, 저장매체에 들어있는 전자파일 전부를 하드카피·이미징하여 그 복제본을 외부로 반출할 수 있음.

(나) 저장매체의 원본 반출이 허용되는 경우

1) 위 (가)항에 따라 집행현장에서 저장매체의 복제본 획득이 불가능하거나 현저히 곤란할 때[3]에 한하여, 피압수자 등의 참여 하에 저장매체 원본을 봉인하여 저장매체의 소재지 이외의 장소로 반출할 수 있음.

2) 위 1)항에 따라 저장매체의 원본을 반출한 때에는 피압수자 등의 참여권을 보장한 가운데 원본을 개봉하여 복제본을 획득할 수 있고, 그 경우 원본은 지체없이 반환하되, 특별한 사정이 없는 한 원본 반출일로부터 10일을 도과하여서는 아니됨.

(다) 위 (가), (나)항에 의한 저장매체 원본 또는 복제본에 대하여는, 혐의사실과 관련된 전자정보만을 출력 또는 복제하여야 하고, 전자정보의 복구나 분석을 하는 경우 신뢰성과 전문성을 담보할 수 있는 방법에 의하여야 함.

(3) 전자정보 압수시 주의사항

(가) 위 (1), (2)항에 따라 혐의사실과 관련된 전자정보의 탐색·복제·출력이 완료된 후에는 지체없이, 피압수자 등에게 ① 압수 대상 전자정보의 상세목록을 교부하여야 하고, ② 그 목록에서 제외된 전자정보는 삭제·폐기 또는 반환하고 그 취지를 통지하여야 함[위 상세목록에 삭제·폐기하였다는 취지를 명시함으로써 통지에 갈음할 수 있음].

(나) 봉인 및 개봉은 물리적인 방법 또는 수사기관과 피압수자 등 쌍방이 암호를 설정하는 방법 등에 의할 수 있고, 복제본을 획득하거나 개별 전자정보를 복제할 때에는 해시 함수값의 확인이나 압수·수색과정의 촬영 등 원본과의 동일성을 확인할 수 있는 방법을 취하여야 함.

(다) 압수·수색의 전체 과정(복제본의 획득, 저장매체 또는 복제본에 대한 탐색·복제·출력 과정 포함)에 걸쳐 피압수자 등의 참여권이 보장되어야 하며, 참여를 거부하는 경우에는 신뢰성과 전문성을 담보할 수 있는 상당한 방법으로 압수·수색이 이루어져야 함.

---

1) 피압수자 - 피의자나 변호인, 소유자, 소지자 // 참여인 - 형사소송법 제123조에 정한 참여인

2) ① 피압수자 등이 협조하지 않거나, 협조를 기대할 수 없는 경우, ② 혐의사실과 관련될 개연성이 있는 전자정보가 삭제·폐기된 정황이 발견되는 경우, ③ 출력·복제에 의한 집행이 피압수자 등의 영업활동이나 사생활의 평온을 침해하는 경우, ④ 그 밖에

위 각 호에 준하는 경우를 말한다.
3) ① 집행현장에서의 하드카피·이미징이 물리적·기술적으로 불가능하거나 극히 곤란한 경우, ② 하드카피·이미징에 의한 집행이 피압수자 등의 영업활동이나 사생활의 평온을 현저히 침해하는 경우, ③ 그 밖에 위 각 호에 준하는 경우를 말한다.

1) 종이 문서의 '사본 압수' 원칙

종이 문서는 '사본 압수'를 원칙으로 한다. 다만, 해당 문서가 몰수 대상물인 경우 원본을 압수하고, 문서 자체의 형상, 재질에 증거가치가 있는 경우 원본을 압수할 수 있다. 사본 작성이 불가능하거나 협조를 얻을 수 없는 경우도 원본을 압수할 수 있다. 사본을 압수할 경우 수사기관으로서는 원본의 소유관계나 반환에 관한 부담을 덜 수 있고, 피압수자로서는 원본을 그대로 보유함으로써 영장 집행에 따른 불편이 최소화되므로 사본 압수는 쌍방 모두에게 이로운 면이 있다.

2) 전자정보의 '현장 선별' 원칙

전자정보는 '현장 선별'이 원칙이다. 현장 선별이 불가능하거나 현장 선별로는 압수 목적 달성이 현저히 곤란한 경우에 한하여 저장매체에 들어있는 전자파일 전부를 하드카피·이미징하여 그 복제본을 외부로 반출할 수 있고, 현장에서 그와 같은 복제본의 획득마저 불가능하거나 현저히 곤란할 때에 한하여 저장매체 원본의 반출이 허용된다.

3) 전자정보 압수 시 피압수자 등에 대한 절차적 권리 보장 등

형사소송법은 압수·수색영장 집행 시 피압수자 측의 참여권 보장과 압수목록 작성·교부의무를 정하고 있다(형사소송법 제121조, 제122조, 제129조, 제219조).

그런데 전자정보의 경우 복제하기 쉽고, 방대한 양을 작고 가벼운 물건 안에 손쉽게 보관할 수 있다는 특성으로 인해 현장에서 압수·수색영장 기재 혐의사실과 관련성 있는 정보를 선별하지 못하고 그 복제본이나 저장매체 원본을 반출하는 경우가 발생할 수 있다.

이에 위 별지에서는 ① 반출 이후 압수·수색 현장 밖에서 이루어지는 절차도 압수·수색영장 집행 절차로서 그 전체 과정에 참여권이 보장됨을 명확히 하면서, ② 압수의 대상이 된 전자정보에 관해서는 일반적인 압수 목록과 구별되는 '전자정보 상세목록'을 지체 없이 교부하고, ③ 압수의 대상에서 제외된 전자정보는 지체 없이 삭제·폐기·반환하도록 정했다. 아울러 전자정보가 위·변조에 취약하다는 특성을 고려하여 ④ 해시값 확인 등 동일성·무결성 확보를 위한 조치를 하도록 정했다.

4) 정보저장매체 원본 반출 시 반환 기한 도과의 문제

압수·수색영장 별지 '압수 대상 및 방법의 제한'에는 정보저장매체의 원본을 반출한 경우 피압수자 측의 참여권을 보장한 가운데 복제본을 획득한 후 원본은 지체 없이 반환하도록 하면서, 특별한 사정이 없는 한 그 반환은 "원본 반출일로부터 10일"을 도과하여서는 아니 된다고 정한다. 경찰청 디지털 증거 훈령에도 같은 취지의 규정이 있다(경찰청 디지털 증거 훈령 제19조 제4항).

앞에서 본 것과 같이 정보저장매체 원본의 반출은 2단의 예외 사유가 모두 갖추어졌을 때 비로소 취할 수 있는 압수·수색의 방법임에도 실무상 빈번하게 활용되고 있고, 특히 휴대전화의 경우 사실상 원본 반출이 마치 원칙인 것처럼 운용되고 있다. 그러나 휴대전화나 업무용 컴퓨터와 같은 정보저장매체의 경우 원본이 반출되면 사생활의 비밀 또는 업무상 비밀에 해당하는 정보를 포함한 다량의 무관정보가 통째로 수사기관의 영역으로 이전됨은 물론, 피압수자의 개인적·사회적·경제적 활동 등에도 즉시 장애가 발생한다.[19]

수사기관이 정보저장매체 원본을 반출한 후 그로부터 10일을 넘겨 이를 반환한 경우 압수·수색영장에 기재된 압수 방법의 제한을 위반하여 압수 절차가 위법하다고 본 사례들이 있다.[20] 다만, 이 사례들은 원본 반환 기

19) 휴대전화 원본 봉인·반출의 경우 ① 압수·수색영장에 특별히 유심칩을 포함하여 압수한다는 기재가 없고, ② 유심칩이 물리적으로 분리가 가능한 형태인 경우, 봉인 전 유심칩을 분리하여 피압수자에게 교부하고 기기 본체만 봉인·반출함으로써 피압수자에 대한 기본권 제한이 최소화되도록 조치하기도 한다.

한을 어긴 위법 외에 다른 위법 사유도 함께 있었던 경우이고, 다른 위법 사유 없이 오로지 원본 반환 기한 도과의 위법만을 이유로 압수처분을 취소하거나 압수된 자료의 증거능력을 부정한 사례는 아직 발견되지 않는다.

원본 반출일로부터 10일이 지난 후에 정보저장매체 원본을 반환하였으나, 10일 내에 반환할 수 없었던 특별한 사정이 있었기 때문에 위법하지 않다고 판단한 사례,[21] 원본 반환 기한 내에 후속 압수·수색영장이 발부되어 집행되었기 때문에 위법하지 않다고 본 사례,[22] 원본 반환 기한을 준수하지 않은 것을 위법하다고 보면서도 그 위법의 내용과 정도가 중대하지 않다는 이유로 증거능력을 인정한 사례[23] 등도 있다.

한편, 반출한 정보저장매체 원본(서버)을 이미징하여 복제본을 생성하였음에도 그 원본의 반환을 거부한 처분을 다투는 준항고가 영장의 집행 방법이 위법하므로 그 집행을 취소해 달라는 취지라기보다는 해당 서버를 당장 사용해야 하므로 이를 환부해 달라는 취지인 경우 수사기관이 피압수자 측에 해당 서버를 반환하면 그 준항고는 이익을 상실하여 부적법해진다.[24]

---

20) 대법원 2017. 9. 21. 선고 2015도12400 판결, 서울고등법원 2019. 6. 27. 선고 2018노2035 판결(대법원 2023. 6. 1. 선고 2019도9764 판결로 확정), 서울중앙지방법원 2019. 10. 17. 선고 2016노4872 판결(대법원 2020. 3. 12. 선고 2019도17613 판결로 확정), 울산지방법원 2022. 1. 27. 선고 2019고단4457 판결(울산지방법원 2023. 1. 12. 선고 2022노141 판결에서 검사의 항소가 모두 기각되었고 상고 부제기로 확정), 서울고등법원 2022. 5. 18. 선고 2020노2058 판결(대법원 2022. 9. 15. 선고 2022도6686 판결로 확정), 대법원 2022. 7. 14. 자 2019모2584 결정 등

21) 수원고등법원 2022. 4. 26. 선고 2021노911 판결(대법원 2022. 7. 14. 선고 2022도5559 판결로 확정), 춘천지방법원 2021. 8. 20. 선고 2021노192 판결(대법원 2021. 11. 25. 선고 2021도12215 판결로 확정)

22) 울산지방법원 2022. 7. 8. 선고 2021고합70 판결[항소심인 부산고등법원(울산) 2023. 11. 16. 선고 2022노122 판결에서 원심을 일부 파기하였으나, 압수·수색의 적법성에 관하여는 다투어지지 않았고, 상고심인 대법원 2024. 2. 8. 선고 2023도17681 판결에서 상고가 기각되어 확정]

23) 대구고등법원 2022. 2. 17. 선고 2020노338 판결(대법원 2022. 11. 17. 선고 2022도3804 판결로 확정), 서울고등법원 2022. 8. 12. 선고 2022노594 판결(대법원 2022. 12. 15. 선고 2022도10452 판결로 확정)

24) 대법원 2015. 10. 15. 자 2013모1970 결정

라 범행 현장 또는 압수·수색 현장에서의 촬영·녹음과 압수·수색 방법의 적법성

1) 현장 사진·동영상의 증거능력

가) 국가보안법위반 사례

수사기관이 범죄를 수사함에 있어 ① 현재 범행이 행하여지고 있거나 행하여진 직후이고, ② 증거보전의 필요성 및 긴급성이 있으며, ③ 일반적으로 허용되는 상당한 방법에 의하여 촬영을 한 경우라면 위 촬영이 영장 없이 이루어졌다 하여 이를 위법하다고 단정할 수 없다는 것이 일반적인 판례 법리다.[25] 즉, 범죄혐의가 상당히 포착된 상태에서 증거보전의 필요성에 따라 공개된 장소나 일반적으로 출입이 허용된 장소에서의 모습을 촬영하는 것은 위법하지 않다고 본다. 국가보안법위반 사례는 아니었으나 위 판례 법리에 대하여 비판적인 견해를 소개하면서 현장 사진의 증거능력을 부정한 판결례도 있다.[26]

나) 풍속영업규제법위반 및 식품위생법위반 사례

법원은 수사기관이 풍속영업소(나이트클럽)나 일반음식점이 관련 법령에서 금지하는 방식으로 영업하는 행위를 단속하기 위해 손님을 가장하여 영장 없이 해당 장소에 들어간 후 그 위반행위가 진행 중인 현장을 촬영한 사안에서 아래와 같은 법리에 따라 그 현장 사진의 증거능력을 인정하였다.[27]

---

25) 대법원 1999. 9. 3. 선고 99도2317 판결, 대법원 1999. 9. 3. 선고 99도2318 판결, 대법원 2013. 7. 26. 선고 2013도2511 판결, 대법원 2013. 11. 14. 선고 2013도7476 판결, 대법원 2019. 8. 30. 선고 2015도10098 판결, 청주지방법원 2024. 2. 16. 선고 2021고합198 판결[항소심인 대전고등법원(청주) 2024. 10. 21. 선고 2024노55 판결에서 일부 파기 주문이 있었으나 증거능력 판단 부분은 그대로 유지되었고, 상고심인 대법원 2025. 3. 13. 선고 2024도17383 판결에서 상고 기각되어 확정]

26) 의정부지방법원 2020. 6. 25. 선고 2019노2864 판결 이유 2. 나. 2) 가) 부분 참조(이 판결은 상고심인 대법원 2024. 6. 17. 선고 2020도9371 판결로 파기되었으나, 현장 사진의 증거능력을 부정한 결론 부분은 유지되었다.)

27) 나이트클럽의 음란공연 영업행위 단속과 관련하여 촬영된 사진의 증거능력을 인정한 사례로는 대법원 2023. 4. 27. 선고 2018도8161 판결, 일반음식점의 유흥주점 영업행위 단속과

대법원 2023. 7. 13. 선고 2019도7891 판결

수사기관이 범죄를 수사하면서 불특정, 다수의 출입이 가능한 장소에 통상적인 방법으로 출입하여 아무런 물리력이나 강제력을 행사하지 않고 통상적인 방법으로 위법행위를 확인하는 것은 특별한 사정이 없는 한 임의수사의 한 방법으로서 허용되므로 영장 없이 이루어졌다고 하여 위법하다고 할 수 없다.

또한 수사기관이 범죄를 수사하면서 현재 범행이 행하여지고 있거나 행하여진 직후이고, 증거보전의 필요성 및 긴급성이 있으며, 일반적으로 허용되는 상당한 방법으로 촬영한 경우라면 위 촬영이 영장 없이 이루어졌다 하여 이를 위법하다고 할 수 없다(대법원 1999. 9. 3. 선고 99도2317 판결 등 참조). 다만, 촬영으로 인하여 초상권, 사생활의 비밀과 자유, 주거의 자유 등이 침해될 수 있으므로 수사기관이 일반적으로 허용되는 상당한 방법으로 촬영하였는지 여부는 수사기관이 촬영장소에 통상적인 방법으로 출입하였는지 또 촬영장소와 대상이 사생활의 비밀과 자유 등에 대한 보호가 합리적으로 기대되는 영역에 속하는지 등을 종합적으로 고려하여 신중하게 판단하여야 한다(대법원 2023. 4. 27. 선고 2018도8161 판결 참조).

식품위생법위반 사례의 경우 영업소에 출입하여 영업시설 등을 검사하는 공무원으로 하여금 그 권한을 표시하는 증표와 함께 조사기간 등이 기재된 서류를 제시하도록 하는 식품위생법 규정이 준수되지 않은 점도 다투어졌으나, 법원은 해당 절차가 행정조사에 한정되는 절차라고 보아 특별사법경찰관리로 지명된 공무원이 범죄수사를 위하여 음식점 등 영업소에 출입하여 증거수집 등 수사를 하는 경우에는 해당 절차를 준수하지 않았다고 하여 위법하다고 할 수는 없다고 판시했다.[28]

다) 성매매업소 단속 사례

수사기관이 손님을 가장하여 성매매업소를 단속한 경우 현장 사진의 증거능력에 관하여 법원은 구체적 사안에 따라 결론을 달리하였다.

우선, 성매매알선 혐의로 피고인을 '현행범 체포'하면서 해당 성매매업소 내부를 수색하여 콘돔을 발견하고 이를 업소시설과 함께 사진 촬영[29]했던

관련하여 촬영된 사진의 증거능력을 인정한 사례로는 대법원 2023. 7. 13. 선고 2019도7891 판결 및 대법원 2023. 7. 13. 선고 2021도10763 판결

28) 대법원 2023. 7. 13. 선고 2021도10763 판결

사안에서는 현장 사진의 증거능력을 인정하였다.30) 이 경우 형사소송법 제216조 제1항 제2호에 의하여 예외적으로 영장에 의하지 아니한 강제처분을 할 수 있는 경우에 해당하므로 수색이나 촬영이 영장 없이 이루어졌다고 하더라도 위법하다고 할 수 없고, 콘돔을 촬영한 것만으로는 그 점유를 강제로 취득한 것이 아니어서 압수가 아니므로 사후영장을 받을 필요도 없다고 본 것이다.

반면, 위와 유사하나 현행범 체포가 이루어지지 않았던 사안의 경우 경찰관들이 영장 없이 해당 성매매업소에 들어가 수색한 것이라고 보아 그 과정에서 발견한 콘돔 등을 영업시설과 함께 촬영한 현장 사진의 증거능력을 부정하였다.31)

2) 현장 녹음의 증거능력

법원은 성매매업소 단속 사례에서 수사기관이 손님을 가장하여 업소를 방문하고 성매매알선 현행범인과의 대화를 상대방 몰래 녹음한 경우 그 현장 녹음의 증거능력과 관련하여 현장 사진과 유사한 법리를 설시하였다. 다만, 현장 녹음의 경우 통신비밀보호법에 위반되지 않아야 한다는 요건이 추가되었다.32)

대법원 2024. 5. 30. 선고 2020도9370 판결

수사기관이 적법한 절차와 방법에 따라 범죄를 수사하면서 현재 그 범행이 행하여지고 있거나 행하여진 직후이고, 증거보전의 필요성 및 긴급성이 있으며, 일반적으로 허용되는 상당한 방법으로 범행현장에서 현행범인 등 관련자들과 수사기관의 대화를 녹음한 경우라면, 위 녹음이 영장 없이 이루어졌다 하여 이를 위법하다고 단정할 수 없다. 이는 설령 그 녹음이 행하여지고 있는 사실을 현장에 있던 대화상대방, 즉 현행범인 등 관련자들이 인식하지 못하고 있었더라도, 통신비밀보호법 제3조 제1항이 금지하는 공개되지 아니한 타인간의 대화를 녹

29) 사진만 촬영하였을 뿐 콘돔 자체를 압수하지는 않았다.
30) 대법원 2024. 5. 30. 선고 2020도9370 판결
31) 대법원 2024. 6. 17. 선고 2020도9371 판결, 대법원 2024. 5. 30. 선고 2020도10728 판결
32) 대법원 2024. 5. 30. 선고 2020도9370 판결, 대법원 2024. 5. 30. 선고 2020도10728 판결

음한 경우에 해당하지 않는 이상 마찬가지이다. 다만 수사기관이 일반적으로 허용되는 상당한 방법으로 녹음하였는지 여부는 수사기관이 녹음장소에 통상적인 방법으로 출입하였는지, 녹음의 내용이 대화의 비밀 내지 사생활의 비밀과 자유 등에 대한 보호가 합리적으로 기대되는 영역에 속하는지 등을 종합적으로 고려하여 신중하게 판단하여야 한다.

3) 압수·수색 현장에서의 촬영

압수·수색 현장에서 수사기관, 피압수자, 변호인 등 관여 당사자들 모두 사진이나 동영상 촬영을 활용하는 경우가 흔하다. 일반적으로 널리 사용되는 휴대전화에 조작이 간편하고 성능이 좋은 카메라가 장착되어 있어 더욱 그러하다. 수사기관의 경우 영장 원본 제시 및 사본 교부 사실에 대한 소명자료를 확보하거나 내부 보고서를 작성할 때 활용할 목적 등으로 압수·수색영장 집행 과정의 일부를 사진이나 동영상으로 촬영하기도 하는데,[33] 그 과정에서 수사기관과 피압수자 측 사이에 마찰이 생기기도 한다.[34]

최근에는 특히 전자정보의 압수·수색이 중요하게 다루어지는데, 수사기관이 정보저장매체를 탐색하는 과정에서 증거수집이나 내부 상황공유 등 목적으로 폴더 트리, 파일 목록, 사진이나 문서의 내용 등이 현출된 모니터 화면을 촬영하는 경우가 적지 않다. 사진 촬영이 임의수사나 검증으로서의 성격을 갖는 경우가 없는 것은 아니나, 전자정보나 문서 등 실무상 중요하게 다루어지는 증거들은 이를 촬영하면 그 촬영 대상을 직접 압수한 것과

---

33) 예를 들어, 서울남부지방법원 2024. 2. 1. 선고 2023고합330 판결 이유 중 "피고인에게 영장을 제시하는 모습, 영장을 집행하는 과정, 피고인에게 이미징 및 선별절차를 설명하는 과정 등이 모두 사진으로 촬영되어 수사보고로 남아있다(증거기록 111쪽 이하)." 부분 참조

34) 예를 들어, 서울중앙지방법원 2021. 8. 12. 선고 2020고합886 판결 이유 중 "N 수사관이 피해자가 이 사건 압수·수색영장을 열람하는 장면을 휴대전화로 사진 촬영하자, 피해자는 '초상권 침해다, 영장에 나의 신체를 촬영할 수 있게 되어 있느냐, 법령에 근거가 있느냐' 등의 말을 하면서 N에게 사진촬영을 중단할 것과 촬영한 사진을 삭제할 것을 요구하였다. 사진촬영이 제지당하자 N은 이 사건 압수·수색영장 진행상황 보고를 위해 당시 상황을 필기로 기록하였다. 이후 뒤늦게 압수·수색영장 집행 현장에 도착한 M 수사관이 사전에 지시받은 대로 캠코더를 이용하여 피해자가 영장을 열람하는 장면을 촬영하자 피해자는 "아니 지금 이거 뭐하자는 거에요, 제가 말씀드렸잖아요"라고 하면서 불쾌한 기색을 드러내었고, 이에 피고인이 M에게 손짓으로 촬영을 중단하라고 지시하여 캠코더 촬영도 중단되었다." 부분 참조

사실상 동일한 효과가 있는 경우가 대부분이다.[35] 따라서 수사기관이 촬영한 내용이 압수·수색영장 기재 혐의사실과 무관한 정보나 압수 대상 및 방법의 제한을 위반하여 현출시킨 자료 등을 포함하고 있는 경우 압수·수색 절차의 적법성에 문제가 생길 수 있다.

실제로 법원은 압수·수색영장에 기재된 '압수할 물건'에 포함되지 아니하고 '압수·수색의 방법 제한'을 위반한 방법으로 검색하여 현출시킨 모니터 화면을 촬영한 사진이 위법수집증거라고 보아 그 증거능력을 부정하였다.[36] 이 사건에서 검사는 ① 현장 사진의 증거능력을 인정한 대법원 1999. 9. 3. 선고 99도2317 판결이나 ② 압수·수색영장 집행을 위한 부수처분(형사소송법 제219조, 제120조)을 근거로 모니터 화면 사진의 증거능력이 인정되어야 한다고 주장하였으나, 법원은 이를 모두 배척하였다. 법원은 ① 위 대법원 1999. 9. 3. 선고 99도2317 판결은 수사기관이 범죄를 수사함에 있어 현재 범행이 행하여지고 있거나 행하여진 직후이고, 증거보전의 필요성 및 긴급성이 있으며, 일반적으로 허용되는 상당한 방법에 의하여 촬영을 한 경우라면 영장 없이 이루어진 촬영이 위법하다고 단정할 수 없다는 취지이므로, 현재 범행 실행 중이거나 실행 직후라고 보기 어려운 압수·수색 현장에서의 사진 촬영과는 사안을 달리한다고 보았고, ② 압수·수색영장 집행을 위한 부수처분은 영장을 원활하고 적정하게 집행하기 위하여 불가피하게 필요한 행위를 할 수 있다는 것이므로 영장에 기재된 수색방법으로 영장을 집행하고도 압수할 물건을 찾지 못한 수사기관이 임의로 다른 수색방법으로 수색을 계속하고 나아가 그 결과를 사진으로 촬영한 행위가 그러한 부수처분이라고 볼 수는 없다고 판단했다.

한편, 법원은 압수·수색영장의 '수색, 검증할 장소, 신체, 물건' 항목에 기재된 장소를 사진 촬영하였더라도 그 목적이 압수·수색영장 기재 혐의사

---

35) 주요 증거의 대부분을 차지하는 문서나 사진의 경우 수사기관이 이를 모니터에 현출시켜 촬영하는 것은 해당 문서나 사진의 사본을 출력하여 압수하는 것과 사실상 차이가 없다. 형사소송법은 증거로만 사용하기 위해 압수한 물건을 신속히 가환부하여야 할 때 그 원형 보존 조치로 '사진촬영'을 규정하고 있기도 하다(형사소송법 제133조 제2항 참조).

36) 대법원 2021. 10. 14. 선고 2021도2485 판결(검사의 상고를 기각한 이 판결의 원심판결인 서울고등법원 2021. 2. 4. 선고 2020노132 판결은 그 이유에서 "이 사건 모니터 화면 사진은 압수물 자체와 같이 독립한 증거가치가 있으므로, 증거능력을 판단함에 있어 사진이라고 하여 달리 볼 이유가 없다."고 판시했다.)

실과 관련된 압수물을 찾기 위함이 아니었던 경우 적법한 수색의 범위를 벗어난 것으로 위법하다고 보았다.[37]

4) 경찰의 바디캠(body cam) 영상은 그 사본을 만드는 과정에 피의자에게 절차적 권리를 보장할 필요가 없다고 본 사례[38]

경찰이 음주측정 현장에서 촬영한 바디캠 영상이 피고인에 대한 음주측정거부 등 공소사실에 대한 증거로 제출된 사안이다. 피고인은 위 바디캠 영상을 복사하는 과정에서 형사소송법 제219조, 제121조, 제129조에 의해 피고인에게 참여권 보장과 전자정보 목록의 교부 등 절차적 권리가 보장되어야 한다고 주장하면서, 그러한 조치가 없었던 이 사건 바디캠 영상은 위법수집증거로서 증거능력이 없다고 주장하였다.

그러나 법원은 경찰의 바디캠 영상은 수사기관이 음주운전과 관련된 수사 과정에서 직접 촬영하여 생성한 것이므로 피압수자나 임의제출자가 존재하지 않아 압수·수색이나 임의제출 절차를 규정한 형사소송법 제219조, 제121조, 제129조가 적용되지 않는다고 보았다. 따라서 경찰의 바디캠 영상을 복사하는 과정에서 피고인에게 참여권이 보장되지 않았거나, 전자정보 상세목록 작성·교부 등이 이루어지지 않았다고 하더라도 위법수집증거가 되는 것은 아니라고 보았다.[39]

---

37) 광주지방법원 2021. 1. 6. 자 2020보2 결정(대법원 2024. 7. 31. 자 2021모231 결정으로 확정)

38) 수원지방법원 안산지원 2022. 12. 1. 선고 2022고정322 판결(수원지방법원 2023. 11. 15. 선고 2022노7232 판결로 항소 기각 후 상고 부제기로 확정)

39) 다만, 촬영자가 누구인지 불분명하고 영상 사본의 동일성·무결성을 인정할 다른 증거가 없었던 일부 영상은 그 증거능력을 부정하였다. 이는 동일성·무결성 부분에서 상술한다.

마 사인(私人)의 수사기관 측 관여와 압수·수색 방법의 적법성

1) 사인(私人)에 대한 영장 집행 위탁 사례[40)]

가) 관련 법리

압수·수색영장의 집행도 수사의 일환이므로 원칙적으로 수사기관이 주체가 되어야 하나, 사인의 도움 없이는 영장의 집행이 사실상 불가능하거나 곤란한 특별한 사정이 있는 경우 비례의 원칙에 위배되지 않는 한도 내에서 사인에 대한 집행 위탁이 가능하다.

서울중앙지방법원 2022. 1. 25. 선고 2018고합865, 2020초기177, 2018초기2609 판결

형사소송법에서 수사권의 주체를 수사기관인 검사 또는 사법경찰관으로 한정하고 강제수사에 해당하는 압수·수색의 집행주체 역시 수사기관으로 정한 취지는, 수사를 통한 실체적 진실의 발견 및 국가의 정당한 형벌권의 행사에는 필연적으로 그 대상이 되는 개인의 기본권 침해 또는 제약이 수반될 수밖에 없으므로, 국가기관이 아닌 사인에 의한 자의적인 수사행위를 방지하는 데에 그 취지가 있다. 그러나 형사소송법에 통신비밀보호법과 같이 통신기관 등에 대한 집행위탁이나 협조 요청에 관한 규정이 없다고 하더라도 집행주체가 제3자의 도움을 받지 않고서는 영장의 집행이 사실상 불가능하거나 곤란한 사정이 있는 경우에는 비례의 원칙에 위배되지 않는 한 제3자에게 집행을 위탁하거나 그로부터 협조를 받아 영장의 집행을 할 수 있다고 봄이 타당하다.

나) 사실관계 및 법원의 판단

수사기관이 인터넷서비스제공자 회사에 대하여 송·수신이 완료된 이메일에 대한 압수·수색영장을 집행할 때 인터넷서비스제공자 회사의 직원에게 압수대상 이메일의 추출 작업을 일부 위탁한 사안이었다. 인터넷서비스제공자 회사의 법무 담당 직원이 압수·수색 대상 기간 중 해당 이메일 계

40) 서울중앙지방법원 2022. 1. 25. 선고 2018고합865, 2020초기177, 2018초기2609 판결(항소심 서울고등법원 2023. 3. 23. 선고 2022노266 판결에 의해 파기되었으나, 사인에 대한 영장 집행 위탁으로 인한 영장주의 위반 여부 판단 부분은 그대로 유지되었고, 상고심 대법원 2024. 1. 25. 선고 2023도4155 판결로 상고 기각되어 확정)

정으로 이용한 이메일 등 자료를 경찰 공용 이메일로 전송하였고, 담당 경찰관은 위 자료 중 압수의 필요성이 있는 부분만을 선별한 목록을 인터넷서비스제공자 회사에 보내준 후, 인터넷서비스제공자 회사로부터 선별된 파일이 봉인된 CD와 이에 대한 소유권포기서를 제출받았다.

법원은 ① 압수·수색 대상 기간이 장기간이라서 현장에서 수사기관이 직접 수색하거나 선별하는 것이 현저히 곤란한 점, ② 수사기관은 이메일로 전송받은 파일 중 피고인의 혐의사실과 관련성이 있는 파일을 직접 선별하였으므로 인터넷서비스제공자에 의한 선별 작업은 이루어지지 않은 점, ③ 수사기관은 선별된 자료가 봉인된 CD를 인터넷서비스제공자로부터 압수한 후 나머지 무관정보를 폐기하여 비례의 원칙을 위반하였다고 보기도 어려운 점 등을 종합하여 영장의 집행절차가 적법하다고 보았다.

2) 참여권자나 참여할 수 있도록 규정된 사람 이외의 참여 사례[41)]

가) 관련 법리

강제처분 법정주의의 원칙상 법령에 따라 압수·수색영장 집행에 참여가 허용된 사람 이외의 제3자를 임의로 참여하게 하는 것은 위법하다.

대법원 2024. 12. 16. 자 2020모3326 결정

형사소송법 제199조 제1항 단서는 "강제처분은 이 법률에 특별한 규정이 있는 경우에 한하며, 필요한 최소한도의 범위 안에서만 하여야 한다."라고 규정하여 강제처분 법정주의를 취하고 있으므로, 형사소송법에 근거하지 아니한 수사기관의 강제처분은 허용될 수 없고, 압수·수색은 주거의 자유나 사생활의 비밀과 자유를 중대하게 제한하는 강제처분이다. 따라서 수사기관은 강제채혈, 강제채뇨 등과 같이 강제처분이 법률상 의료인 아닌 자가 수행할 수 없는 의료행위를 수반하는 경우, 잠금장치 해제, 전자정보의 복호화나 중량 압수물의 운반과 같이 단순한 기술적, 사실적 보조가 필요한 경우, 압수·수색 후 환부 대상이 될 도품의 특정을 위하여 필요한 경우 등 제한적 범위 내에서 압수·수색영장의 집행기관인 사법경찰관리의 엄격한 감시·감독 하에 제3자의 집행 조력이 정당화될 수 있는 예외적인 경우가 아닌 이상 압수·수색 현장에 형사소송법상 참여권

41) 대법원 2024. 12. 16. 자 2020모3326 결정

자나 참여할 수 있도록 규정된 사람 이외의 사람을 참여시킬 수는 없고, 참여가 허용된 사람 이외의 제3자를 임의로 참여케 하여 압수·수색영장을 집행하는 것은 위법하다.

나) 사실관계 및 법원의 판단

경찰이 치과병원을 영장에 의해 압수·수색하면서 생명보험협회 소속 치과위생사 1명을 참여하게 한 사안이다. 해당 치과위생사는 압수·수색 현장에서 피압수자가 사용하던 책상 서랍과 그 내용물을 촬영하였고, 압수대상 문서를 직접 분류하였으며, 병원 접수대 안쪽에 설치된 간호사 PC를 탐색하는 등 약 3시간에 걸쳐 압수·수색의 전과정에 참여하였다.

법원은 해당 압수처분이 헌법과 형사소송법이 정한 절차에 따르지 않은 것으로 위법하고, 적법절차 원칙, 주거의 자유, 사생활의 비밀과 자유의 중요성에 비추어 그 위반의 정도도 무겁다고 판단하여 압수처분을 취소하였다.

3) 수사기관의 지시·요청에 따라 사인(私人)이 자기 외의 제3자가 지배·관리하는 물건을 취거하여 수사기관에 전달한 사례[42)]

가) 관련 법리

수사기관이 직접 하였다면 강제처분인 압수·수색에 해당하는 행위를 사인이 수사기관의 지시·요청에 따라 행한 경우 특별한 사정이 없는 한 수사기관이 사인을 이용하여 강제처분을 하였다고 보아 형사소송법 등 절차의 준수를 요구하는 것이 판례다.

대법원 2024. 12. 24. 선고 2022도2071 판결

형사소송법이 헌법 제12조에서 선언한 적법절차와 영장주의 원칙을 이어받아 압수·수색절차에서 실체적 진실 규명과 개인의 권리보호 이념을 조화롭게 실현할 수 있도록 마련한 구체적 기준의 규범력은 확고히 유지되어야 한다. 수사기

42) 대법원 2024. 12. 24. 선고 2022도2071 판결

관의 지시·요청에 따라 사인(私人)이 자기 외의 제3자가 지배·관리하는 물건을 취거하여 수사기관에 전달하는 등으로 수사기관이 직접 하였다면 강제처분인 압수·수색에 해당하는 행위를 한 경우, 이러한 사인의 행위가 오로지 자기의 이익이나 목적 추구를 위해 이루어진 것이라거나 수사기관이 해당 물건의 실제 점유자가 제3자임을 미처 인식·예견하지 못하였다는 등의 특별한 사정이 없는 이상, 수사기관이 사인을 이용하여 강제처분을 하였다고 보아, 형사소송법에서 규정하는 영장의 제시, 참여권의 보장 등 절차의 준수를 요구하는 것이 헌법과 형사소송법이 구현하고자 하는 적법절차와 영장주의의 정신에 부합한다.

나) 사실관계 및 법원의 판단

친권자가 압수·수색영장 집행에 착수한 경찰로부터 영장을 제시받고 그 지시에 따라 의사능력이 있는 미성년 자녀들(각 16세)로부터 그들이 사용·관리하는 휴대전화의 점유를 이전받아 경찰에 제출한 사안에서, 법원은 친권자의 행위가 오로지 친권자 본인의 사적 이익이나 목적 추구를 위해 이루어졌다거나 경찰이 휴대전화의 실제 점유자가 피고인들임을 인식·예견하지 못하였다고 보기 어렵다는 이유로, 경찰이 친권자를 이용하여 휴대전화에 대한 압수 등 강제처분을 한 것이라고 보았다.

바 개별 판결례

1) 압수·수색영장의 집행 절차가 적법하려면 그 전체 과정에 피압수자나 그 변호인의 계속적인 참여권 보장이 필요하다고 본 사례[43]

법원은 저장매체 자체를 외부로 반출할 수 있는 예외적인 사정이 인정되어 그 전자정보가 담긴 저장매체 자체를 수사기관 사무실 등으로 옮겨 이를 열람·복사하게 되는 경우에도, 그 전체 과정을 통하여 ① 피압수·수색 당사자나 그 변호인의 계속적인 참여권 보장, ② 피압수·수색 당사자가 배제된 상태에서의 저장매체에 대한 열람·복사 금지, ③ 복사대상 전자정보

43) 대법원 2011. 5. 26. 자 2009모1190 결정

목록의 작성·교부 등 압수·수색의 대상인 저장매체 내 전자정보의 왜곡이나 훼손과 오·남용 및 임의적인 복제나 복사 등을 막기 위한 적절한 조치가 이루어져야만 그 집행절차가 적법하다고 보았다.

다만, 이 사건에서 법원은 "영장의 명시적 근거가 없음에도 수사기관이 임의로 정한 시점 이후의 접근 파일 일체를 복사하는 방식으로 8,000여 개나 되는 파일을 복사한 이 사건 영장집행은 원칙적으로 압수·수색영장이 허용한 범위를 벗어난 것으로서 위법하다고 볼 여지가 있다"고 하면서도, ① 압수·수색영장에 전자정보의 반출을 허용하는 취지가 기재되어 있었던 점, ② 그 과정 내내 피압수·수색 당사자의 직원들과 변호인들의 참여가 허용된 점, ③ 피압수·수색 당사자 측에서 혐의사실과의 관련성에 관한 별도의 이의가 없었던 점 등을 이유로 피압수·수색 당사자 측도 그 조치의 적합성에 대하여 묵시적으로 동의한 것으로 보았다.

2) 압수·수색 영장 집행 시 사전 통지 누락, 주거주 등의 참여 결여 등 위법이 있었음에도 전제적인 진행 경과에 비추어 그 위법이 중대하지 않다고 보아 압수된 자료의 증거능력을 인정한 사례[44]

수사관들이 압수한 디지털 저장매체 원본이나 복제본을 국가정보원 사무실 등으로 옮긴 후 범죄혐의와 관련된 전자정보를 수집하거나 확보하기 위하여 삭제된 파일을 복구하고 암호화된 파일을 복호화하는 과정에서 피고인들과 변호인에게 압수·수색 일시와 장소를 통지하지 않은 사안이다.

법원은 이것이 형사소송법 제219조, 제122조 본문, 제121조에 위배된다고 보면서도, ① 피고인들이나 그 관련자들의 참여가 있었고, ② 현장에서 압수된 정보저장매체들은 제3자의 서명하에 봉인되고 그 해시값도 보존되어 있어 복호화 과정 등에 대한 사전통지 누락이 증거수집에 영향을 미쳤다고 보이지 않는 등 사정을 들어, 위 압수·수색 과정에서 수집된 관련 증거를 유죄 인정의 증거로 사용할 수 있는 예외적인 경우에 해당한다고 보았다.

수사관들이 압수·수색 현장에 도착한 때로부터 일정 시간 동안 주거주 등 형사소송법 제123조 제2항, 제3항에서 정한 사람의 참여가 없었던 점

44) 대법원 2015. 1. 22. 선고 2014도10978 전원합의체 판결

도 다투어졌으나, 법원은 이것 역시 위법하다고 보면서도 증거능력을 인정할 수 있는 예외적인 경우에 해당한다고 보았다. 그 근거는 ① 참여인이 현장에 도착한 이후부터 본격적인 절차가 진행된 점, ② 압수·수색의 전 과정을 영상녹화하는 등 절차의 적정성을 담보하기 위해 상당한 조치를 취한 점 등이었다.

3) 피의자가 전자정보를 이미징 형태로 복제하는 과정에 참여하여 무관정보의 혼재 가능성에 동의하였다는 사정만으로는 절차 참여를 보장하였다고 볼 수 없다고 판단한 사례[45)]

가) 사실관계

검사는 2014. 9. 25. 1차 압수영장을 집행하면서 혐의사실과 관련된 파일의 범위를 따로 정하지 않고 컴퓨터 4대와 USB 2개에 저장된 파일들(디렉토리 포함 8,628개)을 '이미징'의 형태로 추출해 휴대용 저장매체에 복제하는 방식으로 압수하였다. 같은 날 검사는 위 복제본을 검찰 사무실로 옮겨와 전자정보를 탐색하였고, 그 과정에서 그것이 1차 압수영장의 혐의사실과 무관한 전자정보임을 확인하였다. 검사는 위 탐색 과정에서 피압수자(피고인 2 등)에게 참여할 기회를 주지 않았고, 무관정보임을 확인한 후에도 탐색을 중단하지 않았다.

검사는 위 파일에 관하여 2014. 10. 2. 자로 2차 압수영장을 발부받아 2014. 10. 8. 같은 '이미징' 방법으로 압수하였는데, 그 무렵까지 무관정보로 확인한 혐의사실에 관하여 수사를 계속하였고, 2차 압수영장으로 압수한 전자정보가 담긴 복제본을 검찰 사무실에서 탐색·복제·출력하면서 마찬가지로 피압수자에게 참여할 기회를 주지 않았다.

나) 법원의 판단

법원은 "2차 압수영장으로 압수한 전자정보가 담긴 복제본을 탐색하여 혐의사실과 관련된 전자정보를 출력하거나 파일로 복제하는 일련의 과정은

---

45) 대법원 2017. 11. 14. 선고 2017도3449 판결

전체적으로 2차 압수영장에 기한 압수·수색에 해당한다고 볼 수 있다."고 하면서, "검사는 복제본의 탐색 등의 과정에서 피압수자인 피고인 2 등에게 참여할 기회를 보장하지 않았으므로, 2차 압수영장에 기한 압수·수색은 적법절차를 위반하여 위법하다."고 판단했다.

특히 법원은 "1·2차 압수영장에 기하여 전자정보를 이미징 형태로 복제하는 과정에서 피고인 2가 참여하여 혐의사실과 직접 연관성이 없는 전자정보가 섞여 있을 수 있다는 것에 동의하였음을 알 수 있다"고 하면서도 "이러한 사정만으로 피압수자 측에 절차 참여를 보장하였다고 볼 수 없다"고 판단했다.

4) 종이 문서와 관련하여 사본 압수 원칙의 예외 사유를 인정한 사례[46)]

이 사건 영장에는 서류증거의 압수방법에 관하여 "해당 문서가 몰수 대상물인 경우 그 원본을 압수하고, 해당 문서가 증거물인 경우 피압수자 또는 참여인의 확인 아래 사본하는 방법으로 압수한다. 다만, 사본 작성이 불가능하거나 협조를 얻을 수 없는 경우 또는 문서의 형상, 재질 등에 증거가치가 있어 원본의 압수가 필요한 경우에는 원본을 압수할 수 있다."는 취지로 기재되어 있었다. 피고인들은 압수·수색 당시 사본 압수가 가능하여 원본을 압수할 예외적인 사정이 없었음에도 문서 원본을 그대로 압수하였다고 주장하면서 압수 방법 제한 위반을 주장하였다.

법원은 압수·수색 당시 피압수자 측에서 증거인멸을 시도한 점과 사본 협조 요청을 거부한 점 등을 근거로 원본의 압수가 필요한 예외 사유가 인정된다고 보았다. 법원이 구체적으로 설시한 근거는 아래와 같다.

- 수사기관에서 영장 집행을 위하여 현장을 방문하였을 때나 압수·수색이 진행되는 중에 피압수자 측 직원들은 수사기관의 사무실 출입을 저지하면서 사무실 내에 있는 문서 세절기를 이용하여 문서의 파쇄를 시도하였다.

---

46) 서울중앙지방법원 2016. 1. 11. 선고 2012고합1392, 1393 판결(항소심인 서울고등법원 2018. 1. 26. 선고 2016노333 판결에 일부 파기 주문이 있으나 압수·수색의 적법성에 대한 판단은 그대로 유지되었고, 상고심인 대법원 2019. 3. 14. 선고 2018도2841 판결에서 상고 기각되어 확정)

• 당시 압수·수색 현장에 전용 복사기가 없었고 모사전송을 주된 기능으로 하는 복합기 1대만 설치되어 있었던 반면 압수 대상 문서들은 다양한 형태로 다량이 존재하였다.
• 피압수자 측 직원들은 수사기관의 사본 작업 협조 요청에 대하여 "전용복사기가 없다.", "성능이 좋지 않다.", "밖에 나가서 하라."라는 식으로 압수·수색 과정 내내 협조를 거부하였다.
• 당시 원래 기재된 금액과 다른 금액을 수기로 가필하거나 수정한 흔적이 남아 있는 계약서들이 다수 발견되었고, 수사기관은 이를 원본 압수가 필요한 사유 중 하나로 판단하였다. 압수·수색영장 혐의사실의 주된 내용이 허위 견적서 등을 작성하였다는 것이므로, 작성된 문서의 허위성을 밝히기 위해 사무실에 존재하는 문서 원본이 필요할 수 있다.
• 원본 압수의 필요성 여부는 압수 당시 현장에서 영장을 집행하는 사람이 판단하여 결정할 수밖에 없는데, 압수 당시 사정에 비추어 원본 압수의 필요성이 인정된다면, 설령 그 후 수사나 재판을 진행한 결과 원본 압수의 필요성이 없는 것으로 밝혀지더라도 그로 인하여 압수 자체가 위법하게 되는 것은 아니다.
• 피압수자 측 직원들은 압수·수색 절차가 진행되는 동안 계속 참여하면서 원본 압수에 대하여 특별한 반대의사를 표시하지 않았고, 압수할 물건들을 일일이 확인한 다음 일부 문서를 압수 대상에서 제외하기도 하는 등 참여가 충분히 보장되었다.
• 피압수자 측에서 제기한 준항고[47]와 수사기관을 상대로 한 손해배상 청구[48] 등이 모두 기각되어 확정되었다.
• 이 사건 압수 집행이 종료된 이후 검사가 추가로 발부받은 영장(제2영장)을 팩스로 전송받아 제시하였고, 제2영장에는 원본을 압수하더라도 특정 시한까지 사본 후 원본을 즉시 반환하여야 한다는 기재가 있었으나, 제2영장은 집행되지 않고 법원에 반환되었으므로 이를 기준으로 압수의 적법성을 판단할 수는 없다.

47) 서울남부지방법원 2014. 12. 30. 자 2012보1 결정
48) 서울중앙지방법원 2014. 5. 13. 선고 2012가합67325 판결

5) 정보저장매체 내 전자정보 중 일부를 발췌하여 복제하였더라도 영장 기재 혐의사실과 관련 없는 전자정보가 다수 포함되었다면 전부 복제본의 반출에 준하여 참여의 기회를 보장하여야 한다고 본 사례49)

가) 사실관계

수사기관이 클라우드 사업팀 사무실을 압수·수색할 당시 그 사업팀이 보관하고 있는 웹하드 데이터 중 압수·수색영장에 기재된 관계자 아이디와 기간을 기준으로 이에 해당하는 자료 일체를 수사기관의 외장하드에 저장하였다. 당시 수사기관이 외장하드에 저장한 전자정보는 영장 기재 혐의사실과의 관련성에 따른 선별이 이루어지지 않은 상태로 유관정보와 무관정보가 혼재되어 파일과 폴더의 개수가 2,103개에 이르렀다.

수사기관은 위 외장하드에 저장된 파일들에 대한 해시값을 생성하고 위 외장하드에 대하여 봉인조치를 하였고, 압수한 데이터의 목록과 해시값이 기재된 압수·수색 과정 확인서를 피압수자 측에 제공하여 확인 및 서명을 받은 다음 그 사본을 교부하였다.

수사기관은 피압수자 측에 알리지 않은 채 수사기관 사무실에서 위 외장하드에 저장된 파일 중 범죄혐의와 관련된 정보를 선별하는 작업을 마친 다음 이를 이 사건에서 증거로 제출하였는데, 실제 증거로 제출된 자료는 3개에 불과했다.

한편, 위 클라우드 사업팀에 대한 압수·수색영장에는 압수 방법의 제한이 명시되어 있었는데, 전자정보의 압수에 관하여 "혐의사실과 관련된 전자정보만을 문서로 출력하거나 수사기관이 휴대한 저장매체에 복사하는 방법으로 압수할 수 있음"을 원칙으로 하고, "출력·복사에 의한 집행이 불가능하거나 압수의 목적을 달성하기에 현저히 곤란한 때에 한하여" 저장매체 전부를 복제할 수 있는 예외를 허용하고 있으나, 이 경우에도 "압수·수색의 전체 과정을 통하여 피압수자 등의 참여권이 보장되어야 한다."고 명시되어 있었다.

피고인과 변호인은 수사기관이 복제본 중 혐의사실과 관련된 전자정보를

---

49) 서울고등법원 2018. 1. 26. 선고 2016노333 판결(대법원 2019. 3. 14. 선고 2018도2841 판결로 확정)

선별할 때 피의자나 피압수자 측에 참여의 기회를 보장하지 않았으므로 압수·수색 절차가 위법하다고 주장했다.

나) 법원의 판단

법원은 현장 선별이 곤란한 예외적인 사정이 인정되어 복제본을 수사기관 사무실 등으로 옮겨 복제·탐색·출력하는 경우에도 피압수자나 그 변호인에게 참여의 기회를 보장하지 않은 경우 설령 수사기관이 혐의사실과 관련된 전자정보만 복제·출력하였다고 하더라도 압수·수색이 적법하다고 평가할 수 없다는 대법원 2015. 7. 16. 자 2011모1839 전원합의체 결정의 법리를 원용하여 위 피고인과 변호인의 주장이 이유 있다고 판단했다.

특히 수사기관의 외장하드에 저장된 전자정보가 비록 웹하드에 들어 있는 "전자파일 전부를 하드카피나 이미징 등 형태로 복제한 것이 아니라 그 중 영장에 기재된 사용자 아이디와 일정 기간을 기준으로 발췌한 것이라고 하더라도, 그 전자정보의 양이 방대할 뿐 아니라 그 발췌 기준 및 방법의 포괄성으로 인하여 영장 발부의 사유로 된 범죄 혐의사실과 아무런 관련이 없는 다수의 전자정보가 포함된 것"이어서, "앞서 본 복제본에 준하는 것으로 보아야 한다"고 판시했다.[50] 따라서 위 외장하드를 수사기관 사무실로 옮겨 이를 복제·탐색·출력하는 경우에도 피의자나 피압수자의 참여 기회가 보장되어야 하는바, 클라우드 사업팀에 대한 압수·수색은 이러한 참여 기회가 보장되지 않은 상태에서 이루어진 것으로 위법하다고 보았다. 나아가 당시 수사기관의 외장하드에 저장된 전자정보 중 범죄혐의와 무관한 정보의 비율 및 그 정보량, 피의자나 피압수자의 참여 기회 침해 정도, 압수·수색영장 기재의 명확성, 범죄혐의와 관련된 정보의 증거가치 등에 비추어 보면, 위법수집증거의 증거능력을 인정할 수 있는 예외적인 경우에도 해당하지 않는다고 보았다.

---

50) 현행 대검 디지털 증거 예규도 "압수·수색·검증 현장에서 사건과 관련이 있는 전자정보만 선별하여 압수하는 것이 어려운 경우 일정한 기준에 따라 전체 전자정보 중 일부만 부분 복제하여 현장 이외의 장소로 반출하는 것"을 "가선별"이라고 정의하고, 이 경우 압수·수색 현장에서 전자정보의 전부 복제본 또는 정보저장매체 원본을 반출한 경우에 준하여 필요한 조치를 할 것을 규정하고 있다(대검 디지털 증거 예규 제3조 제6호, 제27조 제3항 참조).

6) 압수된 전자정보 중 일부에 대한 압수 절차가 참여권 미보장으로 위법하더라도 적법한 압수 절차에 의해 압수된 부분의 전자정보를 기초로 작성된 감정서는 위법수집증거로 볼 수 없다고 판단한 사례[51)]

가) 사실관계

피고인 A, B, C가 피고인 D社에 근무하면서 피해자 회사의 영업비밀인 멤브레인 금형제조 기술을 부정하게 사용하였다는 혐의사실로 압수·수색영장이 발부되었다. 수사기관이 피고인 D社에서 압수한 증거물 중 피고인 D社의 메인 서버 폴더(Zyrus 8GB)의 전자정보에 대해서는 피고인 D社 등이 임의로 제출한 파일을 기초로 현장에서 복제하는 방식으로, 피고인 A 소유의 휴대용 외장형 하드디스크 3개에 저장된 전자정보에 대해서는 정보저장매체 자체를 압수하는 방법으로 영장을 집행하였다.

수사기관은 압수한 정보저장매체 등을 봉인하지 않은 채 수사기관 사무실로 옮겼고, 이를 복제·탐색·출력하는 과정에서 피압수자나 그 변호인에게 별다른 통지나 참여 기회 보장을 하지 않았다.

제1심이 증거로 채택하고 원심이 유지한 '서울대 Y 교수 감정결과 회보서 및 한국금형기술사회 Z 기술사 감정결과 보고'(이 사건 각 감정서)는 피고인 D社와 피해자 회사가 당사자인 부산지방법원 2013가합47364 사건에서 감정이 이루어진 결과물인데, 위 감정은 피고인 D社와 피해자 회사가 각각 임의제출한 멤브레인 제조금형 파일을 기초로 피고인 D社의 메인 서버 폴더(Zyrus 8GB)에 저장되어 있던 파일을 참조하여 실시되었다.

나) 법원의 판단

법원은 피고인 A 소유의 3개 휴대용 외장형 하드디스크의 경우 그 압수 절차가 위법하다고 볼 여지가 있다고 하면서도, 이 사건 각 감정서의 경우 피고인 D社와 피해자 회사가 임의로 제출한 파일을 기초로 현장에서 복제하는 방식으로 이루어져 그 압수 절차가 위법하다고 볼 수 없는 피고인 D社의 메인 서버 폴더(Zyrus 8GB)에 저장되어 있던 파일을 참조하여 실시되

51) 대법원 2018. 9. 13. 선고 2018도8630 판결

었으므로 위법수집증거라고 볼 수 없다고 판단했다.

7) 피고인의 주거지에서 노트북을 이미징 파일로 복제하고 원본을 반출할 때는 참여권을 보장하였으나, 이후 수사기관에서 탐색·출력·복사하는 과정에서 참여권을 보장하지 않은 경우 압수·수색 절차가 위법하다고 본 사례[52]

가) 사실관계

경찰은 피고인이 미국 백악관 민원코너(Contact the White House)에 미국 대통령 등을 협박하는 취지의 글을 게시하였다는 혐의사실로 압수·수색영장을 발부받았다.

(1) 피고인의 주거지에서의 압수·수색

경찰은 2015. 7. 13. 19:41경부터 2015. 7. 14. 00:20경까지 피고인의 주거지에서 압수·수색영장을 집행하면서 피고인과 Y(피고인의 어머니)에게 압수·수색 과정에 참여할 수 있음을 안내하였다. 피고인은 참여를 거부하였으나, Y가 주거주(형사소송법 제123조 제2항) 또는 소지자(영장 기재 피압수자)로서 참여한 후 '압수·수색 절차에 참관하였고 이후의 압수·수색 과정에 참여할 수 있다고 고지받았다'는 취지와 '참여 여부에 대해서는 차후 답변하겠다'는 취지가 포함된 압수물 무결성 확인서를 작성하였다. 경찰은 피고인과 Y에게 노트북에서 발견한 유관정보를 제시하며 관련 내용의 확인을 시도하기도 했으나, 노트북에 저장된 전자정보를 선별하지는 않고 그 전부를 이미징 파일로 복제하여 반출하였다.

(2) 반출 이후 경찰 사무실에서의 압수·수색

경찰은 2015. 7. 14. 01:32경 피고인과 함께 서울지방경찰청 사무실에 돌아와 피고인을 긴급체포로 인치하는 한편, 피고인의 주거지에서 반출한 노트북 이미징 파일을 재복제하고 이미징 파일 또는 재복제본을 탐색하여

---

52) 서울중앙지방법원 2019. 10. 17. 선고 2016노4872 판결(대법원 2020. 3. 12. 선고 2019도17613 판결로 확정)

노트북에 저장된 전자정보를 문서로 출력하거나 파일로 복사하였다. 경찰은 2015. 7. 14. 02:14경 Y에게 '컴퓨터 부분은 사이버팀에서 지금 자료를 뽑고 있다. 다 설명해드리겠다.'는 취지로 말하기는 하였으나, Y에게 위 탐색·출력·복사 과정에 참여할 수 있다는 점을 구체적으로 고지하거나 참여 의사를 명확히 확인하지 않았다.

피고인은 2015. 7. 14. 14:00경부터 경찰 조사에 응하기 시작하였고, 그 무렵 변호인이 선임되어 피고인을 접견하고 피의자신문에 참여하였다. 그러나 경찰은 2015. 7. 14. 오후경 피고인에 대한 조사를 준비할 무렵부터 2015. 7. 23. 디지털 증거분석 결과보고서를 작성할 때까지 노트북 이미징 파일을 탐색하여 무관정보를 포함한 다수의 전자정보를 출력하거나 복사하였고, 그 과정에서 피고인, Y, 변호인 등 누구에게도 참여의 기회를 보장하지 않았다.

(3) 검찰의 압수·수색

검사는 2015. 8. 3. 노트북 봉인 해제, 설정시간 확인 및 재이미징 시작 과정과 2015. 8. 4. 노트북 재봉인 과정에 피고인 또는 AD(피고인의 아버지)와 변호인을 참여하게 하였다. 다만, 2015. 8. 3. 시작한 노트북 재이미징 과정에 오류가 발생하여 2015. 8. 4. 08:59경 새로이 재이미징 과정을 밟게 되었는데, 검사는 재이미징이 완료된 이후인 2015. 8. 4. 오후경 노트북을 재봉인하면서 AD와 변호인을 참여하게 하였을 뿐, 그 재이미징 과정에는 피고인이나 변호인의 참여권을 보장하지 않았다. 검사는 경찰로부터 송치받은 이미징 파일에서 인터넷 접속기록 중 일부를 문서로 출력하기도 하였는데, 그 과정에서도 피고인 등에게 따로 참여권을 보장하지 않았다.

나) 법원의 판단

(1) 피고인의 주거지에서의 압수·수색

법원은 피고인의 주거지에서 이루어진 경찰의 압수·수색은 피압수자 등의 참여권을 적절히 보장하였으나, 노트북 복제본 반출 이후 경찰과 검찰의 압수·수색은 아래와 같이 피고인 측에 참여의 기회를 보장하지 않아 위법하다고 판단했다.

(2) 반출 이후 경찰 사무실에서의 압수·수색

노트북 이미징 파일로부터 유관정보를 문서로 출력하거나 파일로 복사하는 일련의 과정 역시 전체적으로 하나의 영장에 기한 압수·수색의 일환에 해당하므로 경찰은 이미징 파일로부터 문서출력 또는 파일복사 작업을 하기에 앞서 피고인, Y, 변호인 등 피압수자 측에게 집행의 일시와 장소를 통지하여 참여의 기회를 보장하여야 한다고 보았다. 특히 변호인의 참여권은 고유권이므로 피고인과 별도로 변호인에게 집행의 일시와 장소를 통지해야 한다고 보았다.

법원은 특히 '긴급체포의 시한이 짧고 디지털 증거분석에 장시간이 소요된다는 사정'은 사전 통지를 생략할 수 있는 예외 사유인 '급속을 요하는 때'에 해당하지 않는다고 보았다. 아울러 경찰이 검찰에 구속영장을 신청함으로써 긴급체포 시한이 촉박하다는 사정이 해소된 후에도 계속하여 피고인 측에 참여의 기회를 보장하지 않은 점도 지적했다.

(3) 검찰의 압수·수색

법원은 이미징 과정이 정상적으로 완료되었을 때 비로소 수사기관이 이미징 파일을 압수하게 되는 것이므로 1차 이미징 과정이 완료되기 전에 오류가 발생하여 다시 2차 이미징을 시작하는 경우 후자는 전자와 구분되는 별개의 집행에 해당한다고 보았다. 따라서 1차 이미징 시작 시점으로부터 장시간이 지난 후 이미징을 다시 시작하는 등 이미징 과정에 변경사항이 발생한 경우에는 1차 이미징 시작 당시 참여와 별도로 2차 이미징에 대하여 참여권을 보장하여야 할 필요가 있다고 보았다. 그럼에도 검사는 이미징이 완료된 이후인 2015. 8. 4. 오후경 노트북을 재봉인하면서 AD와 변호인을 참여하게 하였을 뿐, 새로이 이미징 파일을 창출해내는 위 재이미징 과정에 피고인 등의 참여권을 보장하지 않았으므로 형사소송법 제219조, 제122조가 정한 참여의 기회를 보장하지 않아 위법하다고 보았다.

8) 압수·수색 현장에서 피압수자 측의 참여권을 보장하였더라도 이후 현장 외 절차에서 피압수자 측의 참여권을 보장하지 않았다면 적법절차의 실질적인 내용을 침해하였다고 본 사례[53)]

수사기관이 압수·수색 현장에서 피압수자 측의 참여권을 보장한 상태에서 저장매체를 복제하였고, 피압수자 측에서 저장매체의 하드카피 또는 이미징에 참여하여 협조하였다는 취지의 확인서 및 원본과 복제본이 동일함을 확인한다는 내용의 확인서에 서명한 사실은 인정되나, 이후 반출된 저장매체 또는 복제본을 현장 외에서 복제·탐색·출력하는 절차에 참여할 수 있음을 고지하였다거나 피압수자 측이 그 절차에 참여하지 않겠다는 의사를 명시적으로 표시하였다는 점에 관한 아무런 자료가 없었던 사안이다.

법원은 수사기관이 압수·수색 현장에서 반출한 저장매체 또는 복제본을 수사기관 사무실 등 현장 외에서 다시 복제·탐색·출력하는 절차에 피압수자 측의 참여 기회를 배제하여 적법절차의 실질적인 내용을 침해하였다고 판단하였다. 특히 "전자정보는 복제가 용이하여 전자정보가 수록된 저장매체 또는 복제본이 압수·수색 과정에서 외부로 반출되면 압수·수색이 종료한 후에도 복제본이 남아있을 가능성을 배제할 수 없고, 그 경우 혐의사실과 무관한 전자정보가 수사기관에 의해 다른 범죄의 수사의 단서 내지 증거로 위법하게 사용되는 등 새로운 법익침해를 초래할 가능성이 있으므로, 혐의사실 관련성에 대한 구분 없이 이루어지는 복제·탐색·출력을 막는 절차적 조치가 중요성을 가지게 되는데, 수사기관이 피압수자 측의 참여 없이 저장매체 또는 복제본을 복제·탐색·출력하여 중요한 자료를 발견하고 이후 피고인들이나 관련자들에 대한 조사 과정에서 이를 제시한 경우에 원심과 같이 피압수자 측 참여의 기회가 사실상 보장된 것이나 다름없다고 보거나 참여권 미보장의 하자가 치유된 것으로 본다면, 피압수자 측에 절차 참여를 보장한 취지가 무색하게 된다."는 점을 지적했다.

---

53) 울산지방법원 2020. 8. 13. 선고 2019노138 판결(대법원 2021. 7. 29. 선고 2020도12087 판결로 확정)

9) 피고인이 원본 반출된 정보저장매체의 탐색·복제·출력 과정에 참여하지 않겠다는 의사를 표시하였더라도 이후 선임된 변호인에게 참여할 기회를 제공하지 않았다면 압수 절차가 위법하다고 본 사례[54)]

가) 사실관계

경찰은 2019. 10. 4. ○○노래연습장 화장실에서 카메라가 발견되었다는 신고를 받고 현장에 도착하여 노래방 업주인 공소외인로부터 해당 카메라를 임의제출받았다. 경찰은 해당 카메라에 저장된 동영상 파일을 확인하고 피고인에 대하여 체포영장 및 압수·수색영장을 발부받아 2019. 10. 25. 집행하였다. 당시 경찰은 피고인의 주거지에서 피고인 소유의 컴퓨터 본체 1대와 휴대전화 1대를 정보저장매체 원본 반출의 방식으로 압수하였는데, 피고인은 원본반출확인서를 작성하면서 후속 탐색·복제·출력 과정에 참여하지 않겠다는 의사를 표시하였다.

피고인은 압수·수색영장 집행 직후 시행된 제1회 경찰 피의자신문에서 수년간 피시방, 노래방 등 화장실에 몰래카메라를 설치하였고, 촬영한 영상을 위 컴퓨터 하드디스크에 저장해두었다고 진술하였다. 경찰은 같은 날인 2019. 10. 25. 위 컴퓨터 하드디스크를 탐색하여 피고인이 몰래 촬영한 것으로 보이는 다수의 동영상 파일 등을 발견한 후 그 취지 등을 담은 수사보고를 작성하였다. 한편, 검사는 2019. 10. 25. 피고인에 대한 구속영장을 청구하였고, 판사는 2019. 10. 26. 피고인의 국선변호인을 선정한 다음 심문을 거쳐 구속영장을 발부하였다.

피고인은 2019. 10. 29. 제2회 경찰 피의자신문에서 몰래카메라를 설치하여 불법촬영한 사실을 진술하면서 연도별 범행 장소를 특정하였다.

경찰은 2019. 10. 30. 그 사무실에서 피고인의 컴퓨터 하드디스크를 탐색하여 찾은 불법촬영 동영상의 재생 장면을 캡처하여 해당 동영상 파일 정보를 캡처한 이미지와 함께 출력하였는데, 그 과정에서 위 변호인에게 사전 통지를 하지 않았고, 피고인이나 변호인이 위 절차에 참여하지도 않았다.

---

54) 대법원 2020. 11. 26. 선고 2020도10729 판결

나) 법원의 판단

법원은 변호인의 참여권을 고유권이라고 보고 "설령 피고인이 수사기관에 이 사건 컴퓨터의 탐색·복제·출력 과정에 참여하지 않겠다는 의사를 표시하였다고 하더라도, 수사기관으로서는 2019. 10. 30. 수사기관 사무실에서 저장매체인 이 사건 컴퓨터를 탐색·복제·출력하기에 앞서 피고인의 변호인에게 그 집행의 일시와 장소를 통지하는 등으로 위 절차에 참여할 기회를 제공하였어야 함에도 그러지 않았다."라고 하면서 압수·수색영장을 집행한 수사기관이 압수 절차를 위반하였다고 보았다.

다만, 아래와 같은 사정을 종합하여 볼 때, 그러한 수사기관의 절차 위반행위가 적법절차의 실질적인 내용을 침해하는 경우에 해당하지 않고, 오히려 이 사건 영장의 집행을 통해 수집된 증거의 증거능력을 배제하는 것이 헌법과 형사소송법이 형사소송에 관한 절차 조항을 마련하여 적법절차의 원칙과 실체적 진실 규명의 조화를 도모하고 이를 통하여 형사사법정의를 실현하려 한 취지에 반하는 결과를 초래하는 것으로 평가되는 예외적인 경우라고 보았다.

- 수사기관은 피고인이 유일한 참여권자이던 때(2019. 10. 25.) 피고인의 참여 포기 의사를 확인한 후 피고인의 컴퓨터에 대한 탐색을 시작하였고, 당시 피고인 스스로 컴퓨터 하드디스크에 불법촬영 영상물이 저장되어 있다고 진술한 상태였다.
- 피고인에게 변호인이 선정될 무렵에는 수사기관이 컴퓨터에 대한 탐색을 어느 정도 진행하여 압수 대상 전자정보가 저장된 폴더의 위치 정도는 파악하고 있었던 것으로 보인다.
- 피고인의 변호인이 수사기관에 압수·수색영장의 집행 상황을 문의하거나 그 과정에서의 참여를 요구한 바 없다.
- 압수·수색영장 집행 당시 피압수자의 참여 포기 또는 거부 의사에도 불구하고 압수·수색 절차 개시 후 선임 또는 선정된 그 변호인에게 별도의 사전통지를 하여야 한다는 점에 관하여 판례나 수사기관 내부의 지침이 확립되어 있었던 것은 아니다.[55]

55) 이 부분 판시 내용은 향후 사건에는 원용되기 어려울 것이다.

- 수사기관은 압수·수색영장의 집행 과정에서 피고인이 2011년경부터 피시방, 노래방 등의 화장실에 설치해 둔 몰래카메라를 통해 수백 명에 이르는 피해자들의 신체를 촬영해 둔 영상물을 압수하였고, 그중 296건에 대한 범행을 기소하였으며, 피고인은 수사기관 및 법정에서 위 범행을 모두 자백하였다.

10) 종이 문서의 '사본 압수 원칙'을 위반한 압수처분이 위법하다고 본 사례[56)]

이 사건 압수·수색영장 말미에 별지로 첨부된 '압수 대상 및 방법의 제한'에는 ① 해당 문서가 증거물인 경우 사본하는 방법으로 압수하도록 하고, ② 사본 작성이 불가능하거나 협조를 얻을 수 없는 경우 또는 문서의 형상, 재질 등에 증거가치가 있어 원본의 압수가 필요한 경우에는 예외적으로 원본을 압수하되, ③ 예외적으로 원본을 압수하였더라도 원본의 압수를 계속할 필요가 없는 경우 사본 후 즉시 반환하여야 한다고 기재되어 있었다.

수사기관은 병원에서 위 압수·수색영장을 집행하여 간호인계노트 등 종이 문서 원본을 압수한 후 이를 반환하지 않고 있었다. 압수대상 피의자들의 자료만을 선별하기 어렵고, 종이 문서 내용이 병원에서 사용하는 전산기록의 내용과 다르다는 이유였다.

법원은 수사기관이 종이 문서 원본을 압수하고 이를 반환하지 않음으로써 위 압수 방법의 제한 내용을 위반하였다고 보았다. 즉, 법원은 수사기관이 주장한 사유가 '사본 작성이 불가능하거나 피압수자 측으로부터 협조를 얻을 수 없는 경우'에 해당하지 아니하므로, 수사기관은 피압수자 등의 확인 하에 그 사본을 압수하였어야 하고, 원본의 압수를 계속할 필요가 있다고 볼 만한 사정도 없으므로 사본한 후 즉시 피압수자에게 원본을 반환하여야 한다고 보았다.

56) 광주지방법원 2021. 1. 6. 자 2020보2 결정(대법원 2024. 7. 31. 자 2021모231 결정으로 확정)

11) 참여권을 보장하지 않은 위법에도 불구하고 예외적으로 증거능력을 인정한 사례[57)]

경찰은 피고인들의 대부업법위반 혐의와 관련하여 방대한 데이터가 담긴 이 사건 USB를 압수하여 경찰서로 반출하고 이를 분석하여 피고인들에 대한 범죄일람표를 엑셀 파일 형태로 작성하였다. 그러나 경찰은 이 사건 USB의 탐색·복제와 이를 바탕으로 한 엑셀 파일의 생성·편집 등 절차에 피고인들이나 변호인의 참여 기회를 보장하지 않았다.

법원은 경찰의 위와 같은 증거수집 과정에 피고인들이나 변호인에게 참여권을 보장하지 아니한 위법이 있다고 보았다. 그러나 ① 피고인들은 수사기관에서 범행을 자백하는 취지로 진술하였던 점, ② 압수된 USB는 이 사건 대부업체의 사무실에서 압수된 것이고 위 USB에는 이 부분 범죄사실과 무관한 다른 정보가 저장되어 있지 않았으므로 피고인들이 USB 탐색 및 분석 절차에 참여하였더라도 이는 큰 의미를 갖기는 어려웠을 것으로 보이는 점, ③ 피고인들의 변호인이 수사기관에 이 사건 영장의 집행 상황을 문의하거나 그 과정에의 참여를 요구한 사실도 없는 점 등을 더하여 보면, 영장의 집행을 통해 수집된 증거의 증거능력을 배제하는 것이 오히려 헌법과 형사소송법이 형사사법정의를 실현하려 한 취지에 반하는 결과를 초래하는 것으로 평가되는 예외적인 경우에 해당한다고 보아 압수된 USB에서 나온 전자정보의 증거능력을 인정했다.

---

57) 서울중앙지방법원 2021. 2. 2. 선고 2020노1586 판결(대법원 2021. 8. 19. 선고 2021도2856 판결로 확정)

12) 압수·수색영장에서 전자정보의 수색 방법을 특정 검색어로 제한한 경우 그것과 띄어쓰기를 달리하는 검색어를 입력하여 현출된 모니터 화면을 촬영한 사진은 압수 방법의 제한을 위반한 위법수집증거로 증거능력이 인정되지 않는다고 본 사례[58)]

가) 사실관계

사법행정권 남용 의혹 수사 과정에서 O를 피의자로 하여 발부된 압수·수색영장 집행 결과 피고인의 이름이 포함된 'Z요약보고[A].hwp' 파일(이 사건 사안요약 문건)이 발견되었다. 이 사건 사안요약 문건에는 Q社와 AY社 사이의 특허등록무효사건 및 관련 사건의 진행 경과와 향후 처리계획 등이 기재되어 있었다.

검사는 '피고인이 이 사건 사안요약 문건을 O에게 제공함으로써 직무상 비밀을 누설하였다'는 혐의사실로, 위 혐의사실과 관련된 서류 및 물건을 포함하여 Q社가 당사자인 사건의 관련자료, 이와 관련성이 인정되는 범위 내의 파일 또는 그 출력물 등 일체에 대하여 압수·수색영장을 청구하였다. 그러나 영장 담당 판사는 '검찰이 이미 이 사건 사안요약 문건을 취득하였고 피고인 역시 이를 작성하여 송부한 사실을 다투지는 않을 것으로 보이는 점, 피고인이 위 문건을 소지하고 있을 개연성이나 다른 압수·수색청구 문건에 대한 압수·수색의 필요성에 대한 소명이 부족한 점 등에 비추어, 현 단계에서 포괄적 압수·수색을 허용할 필요성과 상당성을 인정하기 어려움'을 이유로 위 영장청구를 기각하였다.

피고인은 검사의 제안에 따라 혐의 인정 여부와 관련 자료 임의제출 의향 유무 확인을 위해 검사와 비공식 면담을 하였으나, 결국 혐의 부인 및 임의제출 거부 의사를 명확히 하였다.

검사는 위 비공식 면담 등을 통하여 피고인에게 혐의 관련 자료의 임의제출 의사가 없음을 확인하였다는 등의 내용을 기재한 수사보고 등을 기록에 첨부한 후 압수·수색영장을 재청구하였고, 영장 담당 판사는 '압수할 물건'과 '압수·수색의 방법'을 특별히 제한하여 아래와 같이 압수·수색영장

---

58) 서울고등법원 2021. 2. 4. 선고 2020노132 판결(대법원 2021. 10. 14. 선고 2021도2485 판결로 확정)

을 발부하였다.

[압수할 물건]

본 영장 범죄사실란 기재 문건인 "사안요약"(문서정보 상 최종수정일 2016. 3. 8.)의 원본 파일과 그 출력물 및 위 파일의 사본파일과 그 출력물로 한정함.

[압수·수색의 방법 제한]

위 압수할 물건에 대한 압수·수색의 경우, 피의자 본인의 참여하에서 [별지] 기재 내용을 준수하여 집행할 수 있음.

[별지]

1. 문서에 대한 압수

- 생략 -

2. 컴퓨터용 하드디스크 등 정보저장매체(휴대전화기 제외)에 저장된 전자정보에 대한 압수·수색

가. 전자정보의 수색

(1) 수색만으로 수사의 목적을 달성할 수 있는 경우, 압수 없이 수색만 함.

(2) 수색은 검색어 "Z" 또는 "CC"를 입력하여 해당 전자정보를 탐색하는 방법에 의해서 실시함.

검사는 피고인의 변호사 사무실에서 현장용 디지털 포렌식 장비를 피고인의 컴퓨터에 연결하여 영장에 기재된 수색 방법인 "Z" 또는 "CC"를 검색어로 입력하는 방법으로 영장을 집행하였으나, '압수할 물건'에 기재된 파일을 찾지 못하였다. 이에 포렌식 수사관은 영장 집행 현장에 있던 검사의 지휘를 받아 "CA CB BZ"를 검색어로 입력하는 제목 기반 검색으로 피고인의 컴퓨터에 대한 수색을 계속한 결과, 모니터 화면에 J법원 사건번호 중 "CA" 또는 "CB" 또는 "BZ"가 포함된 사건들의 기초보고 등 파일 리스트가 나타났다.[59]

이에 검사는 위와 같이 "CA" 또는 "CB" 또는 "BZ"가 포함된 사건들의 기초보고 등 파일 리스트가 나타난 모니터 화면 사진을 촬영하였다. 그 후

59) 아래 링크의 언론보도에 따르면, 압수·수색영장에 기재된 검색어는 "2015후2204" 또는 "15후2204"였고, 수사기관이 입력한 검색어는 그와 띄어쓰기를 달리한 "2015" 또는 "후" 또는 "2204"였던 것으로 보인다.
https://news.kbs.co.kr/news/view.do?ncd=4362178 (2025. 3. 1. 방문)

검사는 '이 사건 모니터 화면 사진에 나타난 기초보고 등 파일을 반출하여 변호사 사무실에 비치한 행위가 공공기록물 무단 유출 및 개인정보 유출에 해당된다'는 취지로 이 사건 공소를 제기하고, 위 모니터 화면 사진 및 그 촬영 시각 등이 기재된 속성 화면 사진을 증거로 제출하였다.

나) 법원의 판단

법원은 이 사건 모니터 화면 사진과 그 속성화면 사진들은 모두 '적법한 절차에 따르지 아니하고 수집한 증거'에 해당되므로 증거능력을 인정할 수 없고, 달리 유죄의 증거로 사용할 수 있는 예외적인 경우로 볼 수도 없다고 판단했다. 그 이유는 다음과 같다.

- 영장에서 수색방법을 검색어 "Z" 또는 "CC"로만 한정하고 있음에도 이러한 제한을 위반하여 "CA CB BZ"를 검색어로 입력하는 방법으로 포괄적으로 수색한 것은 영장주의를 규정한 헌법과 형사소송법의 취지에 정면으로 반한다.
- 이 사건 영장이 수색 방법을 특별히 제한한 것은 광범위한 정보가 저장된 정보저장매체의 특성상 압수할 물건을 수색하는 과정에서 혐의사실과 무관한 다른 내용이 발견되는 피해를 최소화하기 위한 것이므로 수색 대상 컴퓨터에 저장된 파일 제목 중 "CA" 또는 "CB" 또는 "BZ"가 포함된 모든 파일의 수색을 허용하는 취지라고 볼 수 없다.
- 검사가 이 사건 영장에 기재된 수색 방법을 위반하여 수색한 결과 이 사건 영장 기재 혐의사실인 공무상비밀누설과 관계없는 새로운 별건 자료를 발견하고, 이를 촬영한 사진을 별건 공소사실에 대한 증거로 제출하는 것은 수사기관의 자의적인 강제처분에 대한 법관의 사법적 통제를 무시하는 행위로서 그 절차 위반행위가 중대하여 적법절차의 실질적인 내용을 침해하는 경우에 해당한다. 또한 이 사건 모니터 화면 사진은 압수물 자체와 같이 독립한 증거가치가 있으므로, 증거능력을 판단할 때 사진이라고 하여 달리 볼 이유가 없다.
- 검사가 압수할 물건을 포괄적으로 기재하여 압수·수색영장을 청구하였음에도 영장 담당 판사는 압수할 물건과 검색 방법을 엄격하게 제한하여 영장을 발부한 것이고, 피고인이 임의제출을 거절하여 검사가 압

수·수색영장을 청구하기에 이른 것인바, 검사가 영장에 기재된 수색 방법을 위반하고 영장 집행 과정에서 압수할 물건과 무관한 자료의 임의제출을 종용한 점에 비추어 보면 검사는 의도적으로 위법한 압수 절차에 나아간 것으로 볼 수 있다.

- 형사소송법 제219조, 제120조에서 정한 부수처분은 수색 장소에 진입하기 위해 시정장치를 여는 행위와 같이 압수·수색영장을 원활하고 적정하게 집행하기 위하여 불가피하게 필요한 행위를 의미하는바, 영장에 기재된 수색 방법으로 이 사건 영장을 집행하고도 압수할 물건을 찾지 못한 수사기관이 임의로 다른 수색 방법으로 수색을 계속하고 나아가 그 결과를 사진으로 촬영한 행위를 형사소송법 제219조, 제120조 소정의 부수처분이라고 볼 수는 없다.

13) 압수·수색영장 기재 혐의사실과 객관적 관련성이 인정되는 범위 내의 자료를 압수하였으나 피압수자에게 참여권을 보장하였음을 인정할 자료가 없어 압수된 자료의 증거능력을 부정한 사례[60]

피고인이 피해자(여, 22세)를 불법촬영하기 위해 피해자를 따라 여자화장실에 들어가 칸막이 아래로 자신의 휴대전화를 집어넣었으나 피해자가 이를 발견하고 소리를 지르는 바람에 미수에 그쳤다는 혐의사실로 발부받은 압수·수색영장으로 피고인의 휴대전화를 압수하여 분석한 결과 영장 기재 혐의사실과 관련된 사진이나 동영상은 발견되지 않았으나, 운행 중인 버스 안에서 버스 좌석에 앉아있던 다른 피해자(여, 16세)의 교복 치마 속을 몰래 촬영한 영상을 비롯하여 영장 기재 혐의사실과 시간적으로 근접한 시기에 다른 여러 피해자의 치마 속을 불법촬영한 범행과 관련된 동영상이 여러 건 발견된 사안이다.

법원은 영장 기재 혐의사실과 피고인의 휴대전화에서 압수한 동영상 사이에 객관적 관련성은 인정된다고 보면서도, 피고인의 휴대전화에서 증거자료를 탐색·복제·출력하면서 피고인에게 참여권을 보장하였다는 사실을 인정할 자료가 없다는 이유로 압수된 동영상의 증거능력을 부정하였다. 아

60) 대법원 2021. 12. 30. 선고 2019도10309 판결

울러, 피고인이 수사단계에서 공소사실을 모두 인정하면서 압수 절차의 위법성을 다투지 않았다거나, 영장 혐의사실과 범행 방법이 동일하여 피고인의 방어권이 침해되지 않았다는 등의 사유만으로는 위법수집증거라도 유죄의 증거로 사용할 수 있는 예외적인 경우에 해당하지 않는다고 보았다.

14) 수사기관이 인터넷서비스업체를 피압수자로 하여 피의자의 메신저 대화 내용을 선별 없이 압수하면서 피의자에게 참여권을 보장하지 않고 전자정보 상세목록도 교부하지 않은 사안에서 압수처분이 위법하다고 판단한 사례[61)]

가) 사실관계

검사의 청구에 따라 2014. 5. 24. 발부된 압수·수색영장의 내용은 아래와 같다.

[범죄사실의 요지]
피의자의 주최자 준수 사항 위반으로 인한 집회및시위에관한법률위반 등

[압수할 물건]
1) 피의자 명의로 개통된 휴대전화 단말기
2) 피의자의 휴대전화의 카카오톡과 관련된 피의자의 카카오톡 아이디 및 대화명, 피의자와 대화하였던 상대방 카카오톡 아이디의 계정정보, 대상 기간(2014. 5. 12.부터 2014. 5. 21.까지) 동안 피의자와 대화한 카카오톡 사용자들과 주고받은 대화 내용 및 사진정보, 동영상 정보 일체

[수색·검증할 장소, 신체 또는 물건]
1) 준항고인의 신체(영장 집행 시 제출을 거부할 경우에 한함), 휴대전화를 보관, 소지하고 있을 것으로 판단되는 가방, 의류
2) 카카오 본사 또는 압수할 물건을 보관하고 있는 데이터센터

[압수 대상 및 방법의 제한] 별지 첨부

---

61) 대법원 2022. 5. 31. 자 2016모587 결정

수사기관은 2014. 5. 26. 카카오를 상대로 위 압수·수색영장에 기하여 피의자의 카카오톡 대화 내용 등이 포함된 위 '압수할 물건'에 대하여 압수·수색을 실시하였으나, 처분의 상대방인 카카오에 영장을 팩스로 송부하였을 뿐 영장 원본을 제시하지 않았다. 카카오 담당자는 피의자의 카카오톡 대화 내용이 저장되어 있는 서버에서 2014. 5. 20. 00:00부터 2014. 5. 21. 23:59까지 준항고인의 대화 내용을 모두 추출하여 수사기관에 이메일로 전달하였는데, 거기에는 피의자가 부모, 친구 등과 나눈 일상적 대화 등 혐의사실과 관련 없는 내용이 포함되어 있었다.

수사기관은 위 압수·수색영장 집행 과정에서 피의자에게 미리 집행의 일시와 장소를 통지하지 않아 피의자는 그 집행 과정에 참여하지 못하였다. 수사기관은 혐의사실과 관련된 부분을 선별하지 않고 피의자의 대화 내용 일체를 출력하여 증거물로 압수하였고, 이후 이를 탐색·출력하는 과정에도 피의자에게 참여의 기회를 부여하지 않았으며, 카카오나 피의자에게 압수한 전자정보 목록을 교부하지도 않았다.

나) 법원의 판단

법원은 이 사건 압수·수색에서 피의자가 서비스이용자로서 실질적 피압수자라고 보아 압수·수색 절차 전체가 위법하다고 판단했다. 즉, 압수·수색영장을 집행하는 과정에서 영장 원본을 제시하지 않은 위법, 수사기관이 카카오로부터 압수한 전자정보에서 혐의사실과 관련된 부분의 선별 없이 그 일체를 출력하여 증거물로 압수한 위법, 그 과정에서 서비스이용자로서 실질적 피압수자인 피의자에게 참여권을 보장하지 않고 전자정보 목록도 교부하지 않은 위법을 종합하면, 압수·수색 절차의 위법이 중대하다고 보았다.

다) 유사 사례

수원지방법원 평택지원 2023. 7. 21. 선고 2022고합264 판결(대법원 2024. 4. 25. 선고 2024도2064 판결로 확정)도 수사기관이 인터넷서비스제공자인 회사를 상대로 압수·수색영장을 집행하여 피고인 명의의 휴대전화로 가입한 계정 관련 정보를 압수하면서, 서비스이용자로서 실질적 피압수자이자 피의자였던 피고인에게 참여권을 보장하지 않았고, 영장 원본을 제시하고 혐의사실 관련 자료를 선별하거나 전자정보 상세목록을 교부하는 등 일련의 절차를 거친 정황도 확인되지 않았던 사안에서, 적법절차의 본질적이고도 실질적인 내용을 침해한 것으로 판단하여 압수된 자료의 증거능력을 부정했다.

15) 수사기관이 피고인을 체포하면서 압수한 휴대전화를 탐색할 당시 피고인이 입감 상태였던 사안에서 참여권이 보장되지 않았다고 보아 증거능력을 부정한 사례[62]

가) 사실관계

수사기관은 피고인에 대하여 성매매알선 혐의로 체포영장과 압수·수색영장을 함께 발부받아 2021. 4. 15. 13:25경 피고인을 체포하면서 피고인 소유의 휴대전화를 압수하였다. 피고인은 같은 날 21:36경 경찰서 유치장에 입감되었다. 경찰관은 2021. 4. 16. 09:00경 위와 같이 압수한 휴대전화를 탐색하던 중 성매매영업 매출액 등이 기재된 엑셀 파일을 발견하였고, 이를 별도의 저장매체에 복제하여 출력한 후 수사기록에 편철하였다. 그러나 위 휴대전화 탐색 당시까지도 피고인은 경찰서 유치장에 입감된 상태였다.

수사기관은 2021. 4. 17.경 위 엑셀 파일 등에 대하여 사후 압수·수색영장을 발부받았다. 그러나 휴대전화 내 전자정보 탐색·복제·출력과 관련하여 사전에 그 일시·장소를 통지하거나, 피고인에게 참여의 기회를 보장하거나, 압수한 전자정보 목록을 교부하거나, 피고인의 참여권 포기 의사를 확인하였음을 알 수 있는 객관적인 자료가 없었다.

나) 법원의 판단

법원은 피고인의 휴대전화에서 압수된 엑셀 파일의 증거능력을 부정하였다. 수사기관이 피고인의 휴대전화에서 압수한 엑셀 파일은 피압수자인 피고인에게 참여권을 보장하지 않은 상태에서 임의로 탐색·복제·출력한 전자정보로서, 피고인에게 압수한 전자정보 목록을 교부하거나 참여 포기 의

62) 대법원 2022. 7. 28. 선고 2022도2960 판결

사를 확인한 바 없으므로 이는 위법하게 수집된 증거이고, 사후에 압수·수색영장을 발부받아 압수 절차를 진행하였더라도 그 위법성이 치유되지 않는다고 보았다.

16) 피고인과의 통화녹음 및 카카오톡 대화 내용을 피고인과 교신한 상대방으로부터 압수하면서 피고인에게 참여권 등 절차적 권리를 보장하지 않은 사안에서 피고인을 '실질적 피압수자'로 볼 수 없어 압수·수색영장 집행이 적법하다고 본 사례[63]

수사기관은 피고인과 F 사이의 통화녹음 및 카카오톡 대화 내용을 확보하기 위해 F에 대하여 압수·수색영장을 발부받아 F 및 그의 변호인에게 참여권을 보장하고 이를 압수하였다.

피고인은 영장 집행 당시 피의자로서 '실질적 피압수자'였던 자신에게 압수·수색 집행의 일시 및 장소 통지, 압수·수색영장 제시, 참여의 기회 보장 등 절차적 권리를 보장해야 한다고 주장했다. 수사기관이 피고인을 피압수자로 하여 해당 자료를 압수할 수 있었음에도 F로부터 이를 압수함으로써 피고인을 압수·수색 절차에서 의도적으로 배제한 것은 적법절차와 영장주의 원칙을 잠탈한 것이라는 취지였다.

그러나 법원은 피고인의 주장을 받아들이지 않았다. 수사기관이 압수·수색영장을 청구할 때 '압수할 물건'을 F의 휴대전화로 할 것인지 피고인의 휴대전화로 할 것인지는 수사기관의 재량에 맡겨져 있는바, F의 휴대전화를 선택하여 영장을 발부받고 F 측에 절차적 권리를 보장하여 이를 집행한 이상 수사기관이 피고인을 자의적으로 압수·수색 절차에서 배제하였다거나 영장주의에 반한다고 볼 수 없다고 판시했다. 또한 F가 전속적인 관리처분권을 가지고 있는 F의 휴대전화에 대하여 영장을 집행하는 이상, 피고인이 압수된 대화 내용 중 일부(통화녹음 및 카카오톡 대화 내용)를 생성하는 데에 관여한 '정보주체'라는 사정만으로 피고인을 '실질적 피압수자'로 취급하여야 하는 것은 아니라고 보았다.

---

63) 서울고등법원 2022. 12. 15. 선고 2022노213 판결(대법원 2023. 11. 30. 선고 2022도16922 판결로 확정)

17) 피고인이 스스로 압수물과의 관련을 부인하여 부득이 제3자를 피압수자로 하였다면 피고인에게 참여권을 보장하지 않았더라도 증거능력이 인정된다고 본 사례[64]

가) 사실관계

인천세관 소속 검사관들은 공소외인이 중국에서 인천항으로 반입한 화물 중 위조품인 메모리카드를 적발하여 유치하였다. 인천세관 소속 특별사법경찰관은 공소외인이 제출한 화물 송장(인보이스) 등에 수하인으로 기재된 ○○상사를 방문하여 대표자인 피고인을 조사하였는데, 피고인은 "자신은 화물의 화주도 아니고, 이 사건 메모리카드와는 아무런 관련이 없다"는 취지로 진술하였다. 인천지방법원 판사는 피고인을 피의자로 하고 상표법위반을 혐의사실로 하여 위 메모리카드와 피고인 소유의 휴대전화 등에 대한 압수·수색영장을 발부하였다.

(1) 메모리카드 압수

특별사법경찰관은 인천세관 유치품보관창고에서 인천세관 유치창고 담당자를 피압수자로 하여 메모리카드를 압수하였다. 그 과정에서 메모리카드 압수에 관한 압수조서를 작성하였고, 유치창고 담당자에게 압수목록을 교부하였다.

(2) 피고인의 휴대전화 압수

특별사법경찰관은 ○○상사에 대한 압수·수색을 실시하여 피고인의 휴대전화를 압수한 다음 디지털 포렌식을 진행하여 피고인의 카카오톡 및 문자메시지를 탐색·복원·출력하였다. 휴대전화 압수에 관해서는 압수조서가 작성되지 않았고, 피고인에 대하여 전자정보 파일명세가 특정된 압수목록이 교부되지 않았다. 다만, 특별사법경찰관은 압수·수색 당시 휴대전화를 제출받은 일시, 장소 및 압수경위 등을 '조사보고(압수·수색·검증영장 집행결과 보고)'로 작성하여 기록에 편철하였다.

---

64) 대법원 2023. 6. 1. 선고 2020도12157 판결

나) 법원의 판단

(1) 메모리카드의 증거능력에 관한 판단

법원은 메모리카드 압수 집행 경과 등을 감안하면 피고인에게 절차 참여를 보장해야 한다거나, 압수 집행 과정에서 피고인에 대한 절차 참여를 보장한 취지가 실질적으로 침해되었다고 보기 어려우므로 압수가 위법하지 않다고 판단했다. 메모리카드를 압수할 당시 피고인은 이를 소지하고 있지 않았던 점, 수사기관이 피고인으로부터 메모리카드를 임의제출받으려 하였으나 피고인이 '자신은 관련이 없다'고 주장하면서 자필 진술서까지 제출하자 부득이 압수·수색영장을 발부받아 인천세관 유치창고 담당자를 피압수자로 하여 압수를 집행한 점, 유치창고 담당자에게 영장 제시, 압수조서 작성, 압수목록 교부 등 절차를 준수한 점을 근거로 들었다.

(2) 휴대전화에 저장된 전자정보의 증거능력에 관한 판단

법원은 휴대전화 압수도 위법하지 않다고 보았다. 비록 피고인에게 전자정보 파일명세가 특정된 압수목록을 작성·교부하지는 않았지만, 그에 갈음하여 압수의 취지가 상세히 기재된 '조사보고(압수·수색·검증영장 집행결과 보고)'를 작성하였는바, 조사보고의 작성 경위 및 복원된 전자정보의 내용을 감안하면 적법절차의 실질적인 내용을 침해하였다고 보기 어렵다고 판단했다.

18) 압수·수색 현장에서 참여권 보장의 정도에 관한 사례들

가) 대법원 2018. 2. 8. 선고 2017도13263 판결

공소외인은 피고인의 지시를 받아 피고인이 운영하는 유흥주점 관련 장부를 USB에 파일 형태로 작성·관리하던 사람이었다. 수사기관은 피고인의 조세포탈 혐의와 관련하여 압수·수색영장을 발부받아 그 집행 현장에서 공소외인이 사용하던 위 USB에서 조세포탈 장부가 담긴 파일로 추정되는 엑셀 파일이나 문서 파일들을 추출한 뒤 이를 이미징하여 압수하였다. 이 과정에서 수사기관은 위 USB에 저장된 파일과 이미징으로 복제한 파일의 해시값을 비교하여 서로 같음을 확인한 후 사실확인서에 공소외인의 서명을

받았고, 압수·수색 현장에 있던 공소외인에게 참여권을 고지하였으며, 공소외인은 옆에 있는 다른 방에 머무르면서 필요한 경우 압수·수색 현장으로 출입하였다. 법원은 피압수자 등의 참여권이 충분히 보장되었다고 판단했다.

나) 서울고등법원 2022. 10. 21. 선고 2022노921 판결
(대법원 2022. 12. 13. 자 2022도14035 결정으로 확정)

수사기관이 필로폰 수입의 공범인 피고인 A와 피고인 B가 함께 거주하는 오피스텔[65]에서 피고인 A에 대하여 발부된 체포영장과 압수·수색영장을 집행한 사안이다. 수사기관은 당시 피고인 A의 두 손에 수갑을 채우기는 하였으나, 피고인 A에게 압수·수색영장을 교부하여 이를 읽게 하였고, 발견된 압수대상 물품들을 제시하면서 그 내역을 설명하거나 질문하였으며, 압수물총목록도 교부하였다. 피고인 B는 당시 집행 현장에 없었다.

법원은 우선 피고인 A의 참여권이 충분히 보장되었다고 판단했다. 피고인 B는 자신의 참여권도 보장되지 않았다고 주장하였으나, 법원은 해당 압수·수색영장이 피고인 A를 피의자로 하여 발부된 것임을 이유로 피고인 B는 참여권 보장의 대상이 아니라고 보았다.

다) 광주지방법원 2023. 11. 15. 선고 2023노1809 판결
(대법원 2024. 2. 29. 선고 2023도17456 판결로 확정)

수사기관이 피고인을 필로폰 교부 혐의로 체포영장에 의해 적법하게 체포한 후 피고인의 차량 내부를 압수·수색할 당시 피고인이 그 차량 내부에 함께 있지는 않았으나, 자신의 차량 내부에 대한 압수·수색 절차가 진행되고 있는 사정을 알고 있는 상태에서 인접한 곳에 주차된 수사기관의 차량 안에 있거나 밖에 나와있기도 하였고, 피고인의 차량에서 찾은 압수

65) 원래 두 개의 원룸이던 것을 중간에 문을 만들고 하나로 연결한 것으로, 두 개의 방으로 나뉘어 있었으나, 바깥으로 통하는 출입구는 하나여서 출입구가 없는 방에서 밖으로 나가려면 출입구가 있는 방을 반드시 거쳐야 하는 구조였다. 각 방에 화장실, 냉장고, 세탁기가 따로 비치되어 있었지만, 방 하나를 흡연 용도로 사용하고 나머지 방에 침대 2개를 놓는 등 각자 독점적으로 점유하는 공간을 엄격하게 나누어 사용한 것은 아니었다.

물의 목록을 확인한 후 압수조서에 참여인으로 지장을 찍기도 한 사안이다. 법원은 실질적으로 피고인이 압수·수색 절차에 참여할 권리를 보장받았다고 판단했다.

19) 분실물인 휴대전화도 참여권 보장의 대상이 된다고 본 사례들

법원은 아래 사례들에서 모두 분실물인 휴대전화 내 전자정보 탐색 시 휴대전화 소유자에 대하여 참여권 보장이 필요하다고 보아 절차적 권리 보장 여부를 심리하였다. 이는 유류물 압수의 경우 참여권이 문제 되지 않는다고 본 것[66]과 비교된다.

가) 서울서부지방법원 2023. 10. 12. 선고 2023고합12, 76, 175 판결[67]

피고인이 지갑과 휴대전화를 노래연습장에 두고 귀가하였는데, 그 노래연습장 직원이 이를 습득하여 경찰서 지구대에 제출하였고, 경찰서 지구대는 그 휴대전화를 유실물 담당 경찰관에게 인계하였다. 유실물 담당 경찰관이 피고인의 휴대전화에서 불법촬영물을 발견하고 경찰서 여성청소년계에 수사를 의뢰하면서 이를 사법경찰관에게 임의제출하였다.

나) 대법원 2023. 12. 14. 선고 2020도1669 판결

피고인이 저녁 모임 도중 분실한 휴대전화를 성명불상자가 습득하여 주인을 찾기 위해 휴대전화 메시지 등을 확인하던 중 음란합성사진을 발견하고, 그 음란합성사진의 피해자에게 휴대전화를 건네주었다. 그 피해자는 건네받은 휴대전화를 경찰에 임의제출하였다.

---

66) 대법원 2024. 7. 25. 선고 2021도1181 판결

67) 이 사건은 서울고등법원 2024. 2. 23. 선고 2023노3398 판결로 항소가 기각된 후 상고 부제기로 확정되었는데, 휴대전화 압수가 위법하다고 보아 거기서 나온 불법촬영물의 증거능력을 부정한 판단 부분은 검사가 항소이유로 삼지 않아 항소심의 판단 대상이 되지 않았다.

다) 대법원 2025. 1. 9. 선고 2024도12689 판결, 대법원 2025. 1. 9. 선고 2024도12820 판결

택시에서 분실한 휴대전화를 택시 기사가 습득하여 이를 경찰에 습득물로 제출하였다. 경찰이 휴대전화 소유자의 인적사항을 파악하기 위해 휴대전화에 저장된 정보를 확인하던 중 마약 구매 정황으로 의심되는 메신저 대화 내용이 발견되었다.

20) 군청 메신저 대화 내용을 압수한 사안에서 군청 전산서버 관리자에게 참여권을 보장하면 충분하고 대화 당사자들에게까지 참여권을 보장할 필요는 없다고 본 사례[68]

수사기관이 J군청 메신저 대화 내용에 대하여 압수·수색영장을 집행함에 있어 영장에 압수·수색 대상자로 기재된 J군청 전산서버 관리자(J군 전산담당 직원 FF)에게 영장 원본을 제시하고 그의 참여 아래 절차를 진행하였으나 대화 당사자들에게 따로 참여의 기회를 부여하지는 않았던 사안이다.

법원은 “제3자가 과거 그 정보저장매체의 이용 내지 개별 전자정보의 생성·이용 등에 관여한 사실이 있다거나 그 과정에서 생성된 전자정보에 의해 식별되는 정보주체에 해당한다는 사정만으로 그들을 실질적으로 압수·수색을 받는 당사자로 취급하여야 하는 것은 아니다”라는 법리를 원용한 후, 대화 당사자들의 참여권을 보장하지 않았다는 사정만으로는 압수 과정에 증거능력을 부정할 정도로 중대한 위법이 있다고 보이지 않는다고 판단했다. 이유의 요지는 아래와 같다.

- J군청 메신저는 J군청 내부의 전산망을 이용하여 소속 공무원 등이 업무와 관련한 용도로 사용하는 것이다. 위 메신저의 사용자와 용도, 이용방법 등에 제한이 있는 점을 고려하면, 이를 증거로 사용하더라도 대화 당사자들이 입는 사생활 침해 등의 불이익은 사실상 없거나 미미할 것으로 보인다. 반면 위 메신저를 통해 이 사건 각 공소사실 기재 일시 무렵 관련 공무원들이 주고받은 대화 내용은 이 사건과 관련한

68) 광주지방법원 2024. 9. 6. 선고 2022노1031 판결(대법원 2025. 3. 27. 선고 2024도14765 판결로 확정)

객관적인 자료로서 증거로서의 가치 내지 필요성이 충분히 인정된다.

- 수사기관은 영장에 기재된 혐의사실과 관련성이 인정되는 범위 내에서 일정 기간 내의 메신저 대화 내용을 선별한 후 이를 이미징하였고, 그 이미지 파일에 대한 해시값을 생성하고 개별 파일을 각각 추출한 것으로 보인다. 그리고 위 전산서버 관리자인 FF가 압수 및 선별 등의 과정에 참관하고 직접 서명을 하였고, 전자정보 상세목록을 모두 교부받았다.
- 카카오톡 문자메시지나 이메일의 경우, 이를 별도로 삭제하지 않는 이상 그 서비스 이용자는 휴대전화 등의 해당 메신저 앱이나 이메일 계정에 로그인함으로써 언제든 종전에 오고 간 대화나 이메일의 내용에 접근할 수 있다. 이와 달리 J군청 메신저를 통한 대화의 경우, 이를 별도로 보관하지 않는 이상 사용자가 업무용 컴퓨터의 전원을 내림으로써 로그아웃되고 이후 서버에만 그 내용이 남는다. 대화 당사자들이라고 할지라도 종전의 대화 내용에 접근할 수 없으므로, 이들이 위와 같은 정보를 점유하거나 관리할 여지가 없다.

5

전자정보 압수·수색의 방법과 참여권 보장

5 전자정보 압수·수색의 방법과 참여권 보장

가 관련 규정

압수의 목적물이 컴퓨터용 디스크, 그 밖에 이와 비슷한 정보저장매체인 경우에는 기억된 정보의 범위를 정하여 출력하거나 복제하여 제출받아야 한다. 다만, 범위를 정하여 출력 또는 복제하는 방법이 불가능하거나 압수의 목적을 달성하기에 현저히 곤란하다고 인정되는 때에는 해당 정보저장매체를 압수할 수 있다(형사소송법 제106조 제3항, 제219조).

대검 디지털 증거 예규와 경찰청 디지털 증거 훈령에는 전자정보 압수·수색의 절차에 관한 상세한 규정과 함께 상황별로 작성하는 문서의 서식이 규정되어 있다. 이는 법제처 홈페이지를 통해 일반에 공개되어 있으므로 누구든지 확인할 수 있다. 아래에서 주요 내용을 본다.[1)]

1) 압수·수색 현장에서의 전자정보 압수 절차(현장 선별의 원칙)

가) 현장에서 선별을 완료한 경우

정보저장매체에 저장된 전자정보를 압수하는 경우에는 해당 정보저장매체의 소재지에서 수색 또는 검증한 후 혐의사실과 관련된 전자정보의 범위를 정하여 출력하거나 복제하는 방법으로 한다. 압수의 대상이 된 전자정보의 해시값을 생성하는 등 동일성 및 무결성 확보를 위한 조치를 취하고 '전자정보 상세목록'을 작성하여 피압수자 측에 교부한다(대검 디지털 증거 예규 제20조 제1항, 제27조, 경찰청 디지털 증거 훈령 제14조). 참여권자가 압수된 전자정보의 관련성에 관하여 의견을 제시한 때에는 이를 조서에 적거나 참여권자로부터 의견진술서를 제출받아 조서 말미에 첨부해야 한다(수사준칙 제

1) 고용노동부, 공정거래위원회, 병무청, 특허청, 해양경찰청 등에서도 유사한 명칭의 행정규칙을 두고 있으나, 여기서는 경찰청 훈령과 대검 예규에 한정하여 본다.

42조 제5항, 대검 디지털 증거 예규 제21조 제3항).

'전자정보 상세목록'의 교부는 원칙적으로 해당 정보저장매체에 대한 압수·수색 절차의 종료를 의미한다. 압수·수색 절차가 종료되면 수사기관으로서는 해당 압수·수색영장의 유효기간이 남아 있더라도 해당 정보저장매체에 대해 재집행이 불가하고,[2] 피압수자 측으로서는 압수 종료 이후 수사기관이 수사기관의 사무실에서 압수된 전자정보를 탐색·복제·출력하는 과정에 대해 참여권이 인정되지 않는다.[3]

나) 전자정보 전부 복제본을 반출하는 경우

압수·수색영장에 현장 선별 원칙에 따른 압수·수색이 불가능하거나 현저히 곤란한 경우 전부 복제본의 생성·반출을 허용하는 취지가 기재되어 있고, 실제로 그러한 예외 사유가 충족되는 경우 수사기관은 해당 정보저장매체 안에 있는 전자정보 전부를 복제하여 압수·수색 현장 밖으로 반출할 수 있다.[4]

실무상 대부분의 압수·수색영장 말미에 별지로 첨부되는 '압수 대상 및 방법의 제한'에는 복제본 반출의 사유를 "① 피압수자 등이 협조하지 않거나, 협조를 기대할 수 없는 경우, ② 혐의사실과 관련될 개연성이 있는 전자정보가 삭제·폐기된 정황이 발견되는 경우, ③ 출력·복제에 의한 집행이 피압수자 등의 영업활동이나 사생활의 평온을 침해하는 경우, ④ 그 밖에 위 각 호에 준하는 경우"로 정하고 있다.[5]

---

2) 대법원 1999. 12. 1. 선고 99모161 판결, 대법원 2023. 3. 16. 선고 2020도5336 판결

3) 대법원 2018. 2. 8. 선고 2017도13263 판결

4) 대법원 2011. 5. 26. 자 2009모1190 결정, 대검 디지털 증거 예규 제20조 제2항

5) 경찰청 디지털 증거 훈령 제15조 제1항 각 호에서는 전자정보 전부 복제본 반출 사유를 위 영장 별지 내용과 동일하게 규정하였으나, 대검 디지털 증거 예규 별지 제13호 서식 "전자정보 압수·수색·검증 안내문"는 전자정보 전부 복제본 반출 사유를 "① 파일 암호화 등으로 인해 범위를 정한 출력·복제가 불가능한 경우, ② 안티포렌식 등 범죄혐의와 개연성이 있는 디지털 정보가 조작 또는 삭제된 정황이 발견된 경우, ③ 정보저장매체등에 저장되어 있는 정보가 방대하여 현장에서 출력·복제 방식으로 압수하는 데 많은 시간이 소요되어 피압수자의 사생활의 평온이나 영업 활동을 침해할 우려가 있는 경우, ④ 정보저장매체등이 사이버범죄 및 새로운 유형의 첨단범죄에 이용되는 등 수사 또는 공소의 제기 및 유지를 위하여 정보저장매체등에 기억된 디지털 증거의 종합적인 분석이 필요한 경우, ⑤ DB시스템이나 RAID시스템 등과 같이 분석 대상 시스템과 동일한 시스템을 구축하여 분석해야 하는 경우, ⑥ 그 밖에 위 각 호에 준하는 경우"로 조금 더 구체적으로 정하고 있다.

전부 복제본을 반출하는 경우 해시값을 생성하는 등 동일성 및 무결성 확보를 위한 조치를 취한다. 이후 전부 복제본이 담긴 정보저장매체를 봉인하고, 피압수자 측이 후속 절차에 참여할 의사가 있는지를 확인하는 취지의 서류를 작성한다(대검 디지털 증거 예규 제28조, 경찰청 디지털 증거 훈령 제15조, 제17조). 압수목록[6]에는 전자정보 전부 복제본 반출 사실도 기재하여 피압수자등에게 교부한다(대검 디지털 증거 예규 제28조 제3항).

전부 복제본에는 압수·수색영장 기재 혐의사실과 관련성이 인정되는 전자정보(유관정보)와 그렇지 않은 전자정보(무관정보)가 혼재되어 있으므로 압수 절차가 아직 종료된 것이 아니고, 이를 탐색하여 유관정보를 선별하는 후속 절차가 필요하다. 따라서 압수·수색영장 집행 현장에서 적법하게 반출한 전부 복제본을 포함하여 압수목록이 작성·교부되었더라도 그 '전부 복제본'에 관한 압수·수색영장의 집행은 아직 종료된 것이 아님을 유의하여야 한다.

피의자, 피압수자, 변호인 등의 참여권은 적법한 압수의 대상과 방법에 관한 의견을 개진하고 위법한 방법에 의한 압수나 무관정보 및 별건정보의 압수에 이의를 제기할 수 있는 중요한 권리이나, 참여권자가 참여 포기 의사를 명시한 경우 그에 대한 사전 통지 없이 후속 절차가 진행될 가능성이 있으므로(대검 디지털 증거 예규 제32조 제1항 단서, 경찰청 디지털 증거 훈령 제17조 제1항 단서) 참여권 포기 의사를 명시함에는 신중할 필요가 있다.

다) 정보저장매체 원본을 반출하는 경우

현장에서 복제본의 생성·반출마저 불가능하거나 현저히 곤란한 경우 해당 정보저장매체 원본을 반출할 수 있다. 이 경우도 마찬가지로 압수·수색영장에 그러한 예외를 허용하는 취지의 기재가 있을 것을 요한다.[7]

실무상 대부분의 압수·수색영장 말미에 별지로 첨부되는 '압수 대상 및

6) 여기서 말하는 '압수목록'은 해당 전자정보에 대한 압수·수색 절차가 종료되었을 때 작성·교부하는 '전자정보 상세목록'과 다르다. 일반적으로 '압수목록'은 압수·수색 현장에서 수사기관이 미리 준비하여 가지고 온 종이 서식을 이용하여 수기로 작성·교부하는 반면, '전자정보 상세목록'은 포렌식 결과에 따라 디지털 포렌식 프로그램에 의해 엑셀 파일의 형태로 자동 생성되고 그 파일 형태로 교부한다.

7) 대법원 2011. 5. 26. 자 2009모1190 결정, 대검 디지털 증거 예규 제20조 제3항

방법의 제한'에는 정보저장매체 원본 반출의 사유를 "① 집행현장에서의 하드카피·이미징이 물리적·기술적으로 불가능하거나 극히 곤란한 경우, ② 하드카피·이미징에 의한 집행이 피압수자 등의 영업활동이나 사생활의 평온을 현저히 침해하는 경우, ③ 그 밖에 위 각 호에 준하는 경우"로 정하고 있다.[8]

정보저장매체 원본 반출 시 그 원본을 봉인하고 피압수자 측이 후속 절차에 참여할 의사가 있는지를 확인하는 취지의 서류를 작성함은 전부 복제본 반출의 경우와 같다(대검 디지털 증거 예규 제29조, 경찰청 디지털 증거 훈령 제16조, 제17조). 압수목록[9]에는 정보저장매체 원본 반출 사실도 기재하여 피압수자 등에게 교부한다(대검 디지털 증거 예규 제29조 제2항).

전부 복제본의 경우와 마찬가지로 정보저장매체 원본에도 압수·수색영장 기재 혐의사실과 관련성이 인정되는 전자정보(유관정보)와 그렇지 않은 전자정보(무관정보)가 혼재되어 있으므로 이를 탐색하여 유관정보를 선별하는 후속 절차가 필요하다. 따라서 압수·수색영장을 집행하는 현장에서 적법하게 반출한 정보저장매체 원본을 포함하여 압수목록이 작성·교부되었더라도 그 정보저장매체 원본에 관한 압수·수색영장의 집행은 아직 종료된 것이 아니다.

라) '가선별'의 경우(전자정보 일부 복제본을 반출하는 경우)

'가선별'이란 압수·수색·검증 현장에서 사건과 관련이 있는 전자정보만 선별하여 압수하기 어려운 경우 일정한 기준에 따라 전체 전자정보 중 일부

---

8) 경찰청 디지털 증거 훈령 제16조 제1항 각 호에서는 정보저장매체등 원본 반출 사유를 위 영장 별지 내용과 동일하게 규정하였으나, 대검 디지털 증거 예규 별지 제13호 서식 "전자정보 압수·수색·검증 안내문"에서는 정보저장매체등 원본 반출 사유를 "① 정보저장매체등이 물리적으로 손상된 경우, ② 정보저장매체등에 암호가 걸려 있고 피압수자등이 협조하지 않는 경우, ③ 현장에서 복제·출력할 수 있는 장비나 도구가 개발되어 있지 않거나 준비에 장시간이 소요되는 경우, ④ 현장에 전력 공급이 원활하지 않은 경우, ⑤ 피압수자가 위력을 행사하여 정상적인 압수·수색 집행이 불가능한 경우, ⑥ 전자정보의 전부 복제 반출을 위한 집행이 피압수자 등의 영업활동이나 사생활의 평온을 현저히 침해하는 경우, ⑦ 정보저장매체등 또는 동 매체에 기억된 전자정보가 몰수대상인 경우, ⑧ 그 밖에 위 각 호에 준하는 경우"로 조금 더 구체적으로 정하고 있다.

9) 여기서 말하는 '압수목록'도 해당 정보저장매체에 대한 압수·수색 절차가 종료되었을 때 작성·교부하는 '전자정보 상세목록'과 구별된다.

만 복제하여 현장 이외의 장소로 반출하는 것을 말한다(대검 디지털 증거 예규 제3조 제6호).

서울고등법원 2018. 1. 26. 선고 2016노333 판결(대법원 2019. 3. 14. 선고 2018도2841 판결로 확정)은 "비록 수사기관이 ○○ 클라우드 사업팀이 보관하고 있는 웹하드 데이터 전부를 하드카피나 이미징 등 형태로 복제한 것이 아니라 그중 영장에 기재된 사용자 아이디와 일정 기간을 기준으로 발췌한 것이라고 하더라도, 그 전자정보의 양이 방대할 뿐 아니라 그 발췌 기준 및 방법의 포괄성으로 인하여 영장 범죄사실과 아무런 관련이 없는 다수의 전자정보가 포함된 것이어서 '복제본'에 준하는 것으로 보아야 하고, 따라서 위 외장하드를 수사기관 사무실로 옮겨 이를 복제·탐색·출력하는 경우에도 피의자나 피압수·수색 당사자의 참여 기회가 보장되어야 함에도 ○○ 클라우드 사업팀에 대한 압수·수색은 이러한 참여 기회가 보장되지 않은 상태에서 이루어진 것으로 위법할 뿐만 아니라 나아가 위법수집증거의 증거능력을 인정할 수 있는 예외적인 경우에 해당한다고 볼 수도 없다"고 한 원심(서울중앙지방법원 2016. 1. 11. 선고 2012고합1392, 1393 판결)의 판단이 정당하다고 하였는데, 이것이 가선별의 한 예다.

현장에서 가선별한 전자정보를 현장 이외의 장소로 반출하는 경우 전자정보 전부 복제본 또는 정보저장매체 원본의 반출에 준하여 필요한 조치를 하여야 한다(대검 디지털 증거 예규 제27조 제3항, 제28조, 제29조). 가선별된 전자정보에 대해서는 아직 압수·수색 절차가 종료된 것이 아니므로 전부 복제본 반출의 경우에 준하여 해당 가선별 자료 반출 이후 수사기관 사무실 등에서 이루어지는 후속 복제·탐색·출력 등 절차에 피의자, 피압수자, 변호인 등의 참여권이 보장된다는 것이 핵심이다.

현대사회는 거의 모든 정보가 전자정보의 형태로 생성·보관·사용되고 일반인이 사용하는 정보저장매체에도 방대한 양의 전자정보가 저장된 경우가 흔하다. 이러한 이유로 수사기관은 압수·수색 현장에서 디지털 포렌식 프로그램을 활용하여 범죄혐의와 관련 있다고 판단하는 특정 키워드나 기간 등으로 일정한 조건을 설정하고 그 조건을 만족하는 전자정보를 추출하는 작업을 수행함이 일반적이다. 이 경우 수사기관으로서는 사건과 관련된 자료를 빠뜨리지 않기 위해 키워드나 기간을 광범위하게 설정하는 경향이 있으므로 추출된 결과에 사건과 무관한 정보가 다수 포함되어 있는 경우가 드물지 않다. 이렇게 압수·수색 현장에서 일정한 기준에 따른 선별 절차를 거친 경우 수사기관은 이로써 현장 선별이 완료되어 압수 절차가 종료되었다고 주장하고, 피압수자 측에서는 선별된 자료에 무관정보가 다수 포함되어 있음을 주장하며 서로 대립하는 양상은 압수·수색 현장에서 흔히 발생하는 관련성 이견의 형태다. 이 경우 관련 당사자들로서는 위 '가선별'을 적절히 활용할 필요가 있다. 즉, 수사기관과 참여권자는 ① 키워드 등에 의해 선별된 전체 정보의 양, ② 그 중 무관정보로 다투어지거나 추정되는 정보의 비율, ③ 무관정보 선별의 난이도와 예상 소요 시간 ④ 유관정보와 무관정보의 범위에 대한 쌍방의 견해 차이 정도 등을 종합적으로 고려하여 '현장 선별 완료'로 처리할 부분과 '가선별'로 처리할 부분을 상호 협의하여 합리적으로 정함이 바람직할 것이다.

2) 압수·수색 현장 외에서의 전자정보 압수 절차(반출 이후의 절차)

가) 현장 외 절차 일반

(1) 참여권자에 대한 사전 통지

전자정보 전부 복제본 또는 정보저장매체 원본을 압수·수색 현장에서 반출한 후 수사기관의 사무실 등에서 증거분석이나 복제·탐색·출력 등 후속 절차를 진행하는 경우 그 후속 절차 역시 압수·수색영장 집행 절차의 일환이므로 여전히 피의자, 피압수자, 변호인 등의 참여권이 보장된다. 따라서 참여권자가 명시적으로 참여권을 포기한 경우가 아닌 한 수사기관은 참여권자에게 현장 외 압수·수색 절차의 일시와 장소를 미리 통지하여야 한다(형사소송법 제122조, 제219조).

형사소송법은 일반 규정으로서 "급속을 요하는 때"를 사전 통지의 예외 사유로 규정하고, 대검 디지털 증거 예규와 경찰청 디지털 증거 훈령 모두 '현장 외 절차'에 대해서도 "급속을 요하는 때"를 예외 사유로 규정하나(대검 디지털 증거 예규 제32조 제1항 단서, 경찰청 디지털 증거 훈령 제17조 제1항 단서), '현장 외 절차'는 이미 수사기관이 확보한 정보저장매체 원본 또는 전자정보 복제본에 대한 후속 선별 절차이므로 해석상 참여권자에 대한 사전 통지 생략을 정당화할 정도로 급속을 요하는 경우를 상정하기 어렵다.10)

서울중앙지방법원 2019. 10. 17. 선고 2016노4872 판결
(대법원 2020. 3. 12. 선고 2019도17613 판결로 확정)

여기서 '급속을 요하는 때'라고 함은 압수·수색영장 집행 사실을 미리 알려주면 증거물을 은닉할 염려 등이 있어 압수·수색의 실효를 거두기 어려울 경우라고 해석된다(대법원 2012. 10. 11. 선고 2012도7455 판결 참조). 따라서 경찰이 수사보고서(공판기록 제1124쪽)에 기재한 사유, 즉 긴급체포의 시한이 짧고 디지털 증거분석에 장시간이 소요된다는 점은 증거물의 은닉 우려 등 참여권을 보장하였을 때 압수·수색이 실효를 거두기 어려운 사유에 해당하지 않는다. 또한 이 사건에서 경찰은 피고인의 주거지에서 노트북에 저장된 전자정보 전부를 이미징 파일로 복제하였고, 피고인은 긴급체포되어 경찰서 유치장에 구금되어 있으므로, 피고인 등에게 이미징 파일을 탐색하여 전자정보를 문서로 출력하거나 파일로 복제하려 한다는 사실을 미리 통지하더라도 피고인 등이 유관정보를 비롯한 증거물을 은닉할 염려가 있다거나 기타 압수·수색이 실효를 거두기 어려운 상황에 있었다고 보이지 않는다.

형사소송법이 압수·수색영장을 집행하는 수사기관에 대해 피압수자와 변호인에 대한 사전 통지 의무를 부여하는 취지는 피압수자와 변호인의 참여권을 절차적으로 담보하기 위함이다. 특히 압수·수색의 집행을 중지하였다가 재개하는 경우 그 재개에 앞서 피압수자와 변호인에게 그 재개 일시·장소를 통지하고 참여할 기회를 보장하는 절차가 반드시 필요하다. 이와 달리 만일 최초 압수·수색의 집행 개시 전에만 통지하면 족하다고 보는 경우, 수사기관이 집행 개시 후 중지하였다가 임의의 시점에 집행을 재개함으로써 피압수자와 변호인의 참여권을 보장하도록 한 형사소송법규를 잠탈하는 결과를 초래할 수 있기 때문이다.11)

10) 서울중앙지방법원 2019. 10. 17. 선고 2016노4872 판결(대법원 2020. 3. 12. 선고 2019도17613 판결로 확정)

11) 서울중앙지방법원 2020. 7. 24. 자 2020보7 결정(대법원 2020. 11. 13. 자 2020모2485 결정으로 확정), 서울중앙지방법원 2021. 11. 26. 자 2021보10 결정(대법원 2022. 11. 8. 자 2021모3291 결정으로 확정)

(2) 정보저장매체에 대한 봉인 해제 및 유관정보 선별

'현장 외 절차'에서는 현장에서 반출된 정보저장매체에 대한 봉인을 해제하고 이를 탐색하여 압수·수색영장에 기재된 혐의사실과 관련성이 인정되는 전자정보를 선별하고, 참여권자는 그 전과정에 계속적으로 참여할 기회를 보장받는다.[12] 참여권자가 선별 대상인 전자정보의 관련성에 대하여 수사기관과 견해를 달리할 경우 이의를 제기할 수 있다. 참여권자가 관련성에 관하여 의견을 제시한 때에는 수사기관은 이를 압수조서에 기재하거나 별도 의견진술서를 제출받아 압수조서 말미에 첨부하여야 한다(대검 디지털 증거 예규 제21조 제3항, 별지 제14호 '전자정보의 압수 등에 관한 의견진술서' 서식 참조). 선별이 완료된 전자정보는 압수의 대상이 되므로 이를 복제 또는 출력하고 해당 '전자정보 상세목록'을 피압수자 측에 교부한다(대검 디지털 증거 예규 제33조 내지 제35조, 경찰청 디지털 증거 훈령 제19조). 전자정보의 압수·수색에 있어서는 이 '전자정보 상세목록'의 교부가 해당 전자정보에 대한 압수·수색 절차의 종료를 의미한다.

(3) 무관정보의 삭제·폐기·반환

전자정보 상세목록에 포함되지 않은 전자정보는 무관정보이므로 이를 "지체 없이" 삭제·폐기·반환해야 한다(대검 디지털 증거 예규 제24조, 제36조). 수사기관이 유관정보를 선별하여 압수한 후에도 무관정보를 삭제·폐기·반환하지 아니한 채 그대로 보관하고 있다면 해당 부분을 영장 없이 압수·수색하여 취득한 것이 되어 위법하고, 사후에 법원으로부터 그 부분에 대하여 압수·수색영장을 발부받았다거나 피고인이나 변호인이 이를 증거로 함에 동의하였다고 하여도 그 위법성이 치유되지 않는다.[13] 수사기관이 새로운 범죄혐의의 수사를 위하여 무관정보가 남아 있는 복제본을 열람하는 것은 압수·수색영장으로 압수되지 않은 전자정보를 영장 없이 수색하는 것과 다르지 않으므로 복제본은 더 이상 수사기관의 탐색·복제·출력 대상이 될 수 없고, 수사기관은 새로운 범죄혐의의 수사를 위하여 필요한 경우에도 기존 압수·수색 과정에

---

12) 대법원 2011. 5. 26. 자 2009모1190 결정

13) 대법원 2022. 1. 14. 자 2021모1586 결정, 대법원 2024. 4. 16. 선고 2020도3050 판결, 서울고등법원 2022. 8. 12. 선고 2022노594 판결(대법원 2022. 12. 15. 선고 2022도10452 판결로 확정) 등

서 출력하거나 복제한 유관정보의 결과물을 열람할 수 있을 뿐이다. 사후에 법원으로부터 복제본을 대상으로 압수·수색영장을 발부받아 집행하였다고 하더라도, 이는 압수·수색 절차가 종료됨에 따라 당연히 삭제·폐기되었어야 할 전자정보를 대상으로 한 것이므로 위법하다.14)

나) 참여 일정 조율의 문제

휴대전화, 컴퓨터, 외장하드 등과 같이 일반적으로 널리 사용되는 정보저장매체에도 방대한 양의 전자정보가 저장될 수 있으므로 참여권자가 현장 외 절차에 온전히 참여하기 위해서는 그날의 업무 시간 전체를 투입하여야 하는 경우가 보통이다. 따라서 수사기관으로서는 합리적인 범위 내에서 이루어지는 참여권자의 일정 조율 협의 요청에 응할 필요가 있다. 같은 취지에서 경찰 디지털 증거 훈령과 대검 디지털 증거 예규 모두 현장 외에서 이루어지는 전자정보 증거분석 절차와 관련하여 참여권자가 참여일시 등의 변경을 요청할 수 있도록 하는 규정을 두고 있다(대검 디지털 증거 예규 제32조 제3항, 경찰 디지털 증거 훈령 제17조 제3항).

대검 디지털 증거 예규

제32조(참관 기회의 부여)

① 주임검사등은 제28조 또는 제29조에 따라 현장 외에서 전자정보의 압수·수색·검증을 계속하는 경우 피압수자등에게 참관일시와 장소를 통지하여야 한다. 단, 피압수자등이 참여하지 아니한다는 의사를 명시한 때 또는 참여가 불가능하거나 급속을 요하는 때에는 예외로 한다.

② 피압수자등이 참관하지 않을 경우에는 신뢰성과 전문성을 담보할 수 있도록 디지털 포렌식 수사관이 포렌식 도구를 통해 압수·수색 또는 검증을 해야 한다.

③ 제1항 전단에 따른 통지를 받은 피압수자등 또는 변호인은 참관일시, 참관장소, 참관인 등에 대하여 변경을 요청할 수 있다. 이 경우, 주임검사등은 피압수자등 또는 변호인과 협의하여 변경된 참관일시와 장소를 통지하여야 한다. 〈신설〉

14) 대법원 2023. 6. 1. 선고 2018도19782 판결, 대법원 2023. 10. 18. 선고 2023도8752 판결, 대법원 2024. 4. 16. 선고 2020도3050 판결 등

④ 제1항, 제3항에 따라 통지한 참관일시에 피압수자등이 출석하지 않은 경우 주임검사등은 일시를 다시 정한 후 이를 피압수자등에게 통지하여야 한다. 단, 피압수자등이 다음 각호의 사유로 불출석하는 경우에는 제2항에 따른다. 〈신설〉

1. 피압수자등의 소재를 확인할 수 없거나 불명인 경우
2. 피압수자등이 도망하였거나 도망한 것으로 볼 수 있는 경우
3. 피압수자등이 증거인멸 또는 수사지연, 수사방해 등을 목적으로 출석하지 않은 경우
4. 그 밖에 위의 사유에 준하는 경우

⑤ 참관인이 참여하는 경우 제33조의 절차를 개시하기 전에 참관인에게 별지 제13호의 "전자정보 압수·수색·검증 안내문"에 따라 전자정보에 대한 압수·수색·검증 과정을 설명하는 등으로 참여권의 실질적 보장을 위하여 노력하여야 한다.

경찰청 디지털 증거 훈령

제17조(현장 외 압수 시 참여 보장절차)

① 경찰관은 제15조 또는 제16조에 따라 복제본 또는 정보저장매체등 원본을 반출하여 현장 이외의 장소에서 전자정보의 압수·수색·검증을 계속하는 경우(이하 "현장 외 압수"라고 한다) 피압수자 등에게 현장 외 압수 일시와 장소를 통지하여야 한다. 다만, 제15조 제2항 또는 제16조 제2항에 따라 참여할 수 있음을 고지받은 자가 참여하지 아니한다는 의사를 명시한 때 또는 참여가 불가능하거나 급속을 요하는 때에는 예외로 한다.

② 피압수자 등의 참여 없이 현장 외 압수를 하는 경우에는 해시값의 동일성을 확인하거나 압수·수색·검증과정에 대한 사진 또는 동영상 촬영 등 신뢰성과 전문성을 담보할 수 있는 상당한 방법으로 압수하여야 한다.

③ 제1항 전단에 따른 통지를 받은 피압수자 등은 현장 외 압수 일시의 변경을 요청할 수 있다.

④ 제3항의 변경 요청을 받은 경찰관은 범죄수사 및 디지털 증거분석에 지장이 없는 범위 내에서 현장 외 압수 일시를 변경할 수 있다. 이 경우 경찰관은 피압수자 등에게 변경된 일시를 통지하여야 하고, 변경하지 않은 경우에는 변경하지 않은 이유를 통지하여야 한다.

⑤ 제1항, 제4항에 따라 통지한 현장 외 압수 일시에 피압수자 등이 출석하지 않은 경우 경찰관은 일시를 다시 정한 후 이를 피압수자 등에게 통지하여야 한다. 다만, 피압수자 등이 다음 각호의 사유로 불출석하는 경우에는 제2항의 절차를 거쳐 현장 외 압수를 진행할 수 있다.

1. 피압수자 등의 소재를 확인할 수 없거나 불명인 경우
2. 피압수자 등이 도망하였거나 도망한 것으로 볼 수 있는 경우
3. 피압수자 등이 증거인멸 또는 수사지연, 수사방해 등을 목적으로 출석하지 않은 경우
4. 그 밖에 위의 사유에 준하는 경우

⑥ 경찰관 또는 증거분석관은 현장 외 압수를 진행함에 있어 다음 각 호의 어느 하나에 해당하는 경우 별지 제6호 서식의 참여 (철회) 확인서를 작성하고 피압수자 등의 확인·서명을 받아야 한다. 피압수자 등의 확인·서명을 받기 곤란한 경우에는 그 사유를 해당 확인서에 기재하고 기록에 편철한다.
1. 현장 외 압수에 참여 의사를 명시한 피압수자 등이 참여를 철회하는 때. 이 경우 제2항의 절차를 거쳐야 한다.
2. 현장 외 압수에 불참 의사를 명시한 피압수자등이 다시 참여 의사를 명시하는 때

특히, 변호인의 압수·수색 절차 참여권은 변호인의 고유권이고,15) 강제처분인 압수·수색 절차에서 변호인의 조력을 받을 권리를 더욱 두텁게 보호해야 할 필요성도 있으므로, 피압수자 본인의 참여 일정이 가능하다는 사유만으로는 변호인의 참여 일정 변경 요청을 거부할 정당한 사유가 되지 않는다고 봄이 타당하다.

나 전자정보 압수·수색 관련 주요 판례 법리

1) 전자정보 압수·수색 시 현장 외 반출을 위한 요건과 참여권 보장의 법리

대법원 2011. 5. 26. 자 2009모1190 결정은 전자정보에 대한 압수·수색영장의 집행 시 현장에서 혐의사실과 관련된 부분만을 선별하여 압수함이 원칙임을 선언함과 아울러 그 저장매체 자체를 직접 또는 하드카피나 이미징 등 형태로 수사기관 사무실 등 외부로 반출할 수 있는 예외적인 경

15) 대법원 2020. 11. 26. 선고 2020도10729 판결, 서울중앙지방법원 2019. 10. 17 선고 2016노4872 판결(대법원 2020. 3. 12. 선고 2019도17613 판결로 확정) 등

우와 그러한 영장 집행이 적법하기 위해 갖추어야 할 요건에 관한 법리를 설시한 대표 사례이다. 뒤이은 대법원 2015. 7. 16. 자 2011모1839 전원합의체 결정에서는 전자정보의 압수·수색에 있어 정보저장매체 등의 외부 반출과 피압수자 측의 참여권 보장에 관한 법리를 더욱 구체화하였고, 그 법리는 후속 판결들에서도 반복적으로 원용되고 있다.[16)]

대법원 2015. 7. 16. 자 2011모1839 전원합의체 결정

(1) 오늘날 기업 또는 개인의 업무는 컴퓨터나 서버 등 정보처리시스템 없이 유지되기 어려우며, 전자정보가 저장된 저장매체는 대부분 대용량이어서 압수·수색영장 발부의 사유로 된 범죄혐의와 관련이 없는 개인의 일상생활이나 기업 경영에 관한 정보가 광범위하게 포함되어 있다. 이러한 전자정보에 대한 압수·수색은 사생활의 비밀과 자유, 정보에 대한 자기결정권, 재산권 등을 침해할 우려가 크므로 포괄적으로 이루어져서는 아니 되고 비례의 원칙에 따라 필요한 최소한의 범위 내에서 이루어져야 한다.

따라서 수사기관의 전자정보에 대한 압수·수색은 원칙적으로 영장 발부의 사유로 된 범죄 혐의사실과 관련된 부분만을 문서 출력물로 수집하거나 수사기관이 휴대한 저장매체에 해당 파일을 복제하는 방식으로 이루어져야 하고, 저장매체 자체를 직접 반출하거나 그 저장매체에 들어 있는 전자파일 전부를 하드카피나 이미징 등 형태(이하 '복제본'이라 한다)로 수사기관 사무실 등 외부로 반출하는 방식으로 압수·수색하는 것은 현장의 사정이나 전자정보의 대량성으로 인하여 관련 정보 획득에 긴 시간이 소요되거나 전문 인력에 의한 기술적 조치가 필요한 경우 등 범위를 정하여 출력 또는 복제하는 방법이 불가능하거나 압수의 목적을 달성하기에 현저히 곤란하다고 인정되는 때에 한하여 예외적으로 허용될 수 있을 뿐이다.

이처럼 저장매체 자체 또는 적법하게 획득한 복제본을 탐색하여 혐의사실과 관련된 전자정보를 문서로 출력하거나 파일로 복제하는 일련의 과정 역시 전체적으로 하나의 영장에 기한 압수·수색의 일환에 해당한다 할 것이므로, 그러한 경우의 문서출력 또는 파일복제의 대상 역시 저장매체 소재지에서의 압수·수색과 마찬가지로 혐의사실과 관련된 부분으로 한정되어야 함은 헌법 제12조 제1항, 제3항과 형사소송법 제114조, 제215조의 적법절차 및 영장주의 원칙이나 앞서 본 비례의 원칙에 비추어 당연하다. 따라서 수사기관 사무실 등으로 반출

16) 대법원 2017. 9. 21. 선고 2015도12400 판결, 대법원 2017. 11. 14. 선고 2017도3449 판결, 대법원 2019. 7. 11. 선고 2018도20504 판결, 대법원 2021. 11. 18. 선고 2016도348 전원합의체 판결, 대법원 2022. 11. 17. 선고 2019도11967 판결 등 다수

된 저장매체 또는 복제본에서 혐의사실 관련성에 대한 구분 없이 임의로 저장된 전자정보를 문서로 출력하거나 파일로 복제하는 행위는 원칙적으로 영장주의 원칙에 반하는 위법한 압수가 된다.

(2) 전자정보는 복제가 용이하여 전자정보가 수록된 저장매체 또는 복제본이 압수·수색 과정에서 외부로 반출되면 압수·수색이 종료한 후에도 복제본이 남아있을 가능성을 배제할 수 없고, 그 경우 혐의사실과 무관한 전자정보가 수사기관에 의해 다른 범죄의 수사의 단서 내지 증거로 위법하게 사용되는 등 새로운 법익침해를 초래할 가능성이 있으므로, 혐의사실 관련성에 대한 구분 없이 이루어지는 복제·탐색·출력을 막는 절차적 조치가 중요성을 가지게 된다.

따라서 저장매체에 대한 압수·수색 과정에서 범위를 정하여 출력 또는 복제하는 방법이 불가능하거나 압수의 목적을 달성하기에 현저히 곤란한 예외적인 사정이 인정되어 전자정보가 담긴 저장매체 또는 복제본을 수사기관 사무실 등으로 옮겨 이를 복제·탐색·출력하는 경우에도, 그와 같은 일련의 과정에서 형사소송법 제219조, 제121조에서 규정하는 피압수·수색 당사자(이하 '피압수자'라 한다)나 그 변호인에게 참여의 기회를 보장하고 혐의사실과 무관한 전자정보의 임의적인 복제 등을 막기 위한 적절한 조치를 취하는 등 영장주의 원칙과 적법절차를 준수하여야 한다. 만약 그러한 조치가 취해지지 않았다면 피압수자 측이 참여하지 아니한다는 의사를 명시적으로 표시하였거나 절차 위반행위가 이루어진 과정의 성질과 내용 등에 비추어 피압수자 측에 절차 참여를 보장한 취지가 실질적으로 침해되었다고 볼 수 없을 정도에 해당한다는 등의 특별한 사정이 없는 이상 압수·수색이 적법하다고 평가할 수 없고(대법원 2011. 5. 26. 자 2009모1190 결정 등 참조), 비록 수사기관이 저장매체 또는 복제본에서 혐의사실과 관련된 전자정보만을 복제·출력하였다 하더라도 달리 볼 것은 아니다.

2) 전자정보 압수·수색 종료 전 적법한 탐색 과정에서 별도의 범죄혐의와 관련된 전자정보를 우연히 발견한 경우 수사기관이 취해야 할 조치

전자정보의 특성상 적법한 수색의 대상인 정보저장매체라도 그 안에는 혐의사실과 무관한 전자정보가 다수 저장되어 있는 경우가 흔하다. 법원은 수사기관이 적법한 탐색 과정에서 별도의 범죄혐의와 관련된 전자정보를 우연히 발견한 경우 이를 적법하게 압수하려면 ① 추가 탐색을 중단하고 ② 별도 범죄혐의에 대한 압수·수색영장을 발부받아야 한다고 보았다. 또한, 그 별도 영장의 집행 과정에 피압수자 측의 절차적 권리를 보장해야 한다고 보았는데, 이는 특히 현장 외 반출의 경우 별도 영장을 발부받았더라도 피압수자 측의 절차 관여를 배제한 집행은 위법하다는 의미이다.

대법원 2015. 7. 16. 자 2011모1839 전원합의체 결정

전자정보에 대한 압수·수색에 있어 그 저장매체 자체를 외부로 반출하거나 하드카피·이미징 등의 형태로 복제본을 만들어 외부에서 그 저장매체나 복제본에 대하여 압수·수색이 허용되는 예외적인 경우에도 혐의사실과 관련된 전자정보 이외에 이와 무관한 전자정보를 탐색·복제·출력하는 것은 원칙적으로 위법한 압수·수색에 해당하므로 허용될 수 없다. 그러나 전자정보에 대한 압수·수색이 종료되기 전에 혐의사실과 관련된 전자정보를 적법하게 탐색하는 과정에서 별도의 범죄혐의와 관련된 전자정보를 우연히 발견한 경우라면, 수사기관으로서는 더 이상의 추가 탐색을 중단하고 법원으로부터 별도의 범죄혐의에 대한 압수·수색영장을 발부받은 경우에 한하여 그러한 정보에 대하여도 적법하게 압수·수색을 할 수 있다고 할 것이다.

나아가 이러한 경우에도 별도의 압수·수색 절차는 최초의 압수·수색 절차와 구별되는 별개의 절차이고, 별도 범죄혐의와 관련된 전자정보는 최초의 압수·수색영장에 의한 압수·수색의 대상이 아니어서 저장매체의 원래 소재지에서 별도의 압수·수색영장에 기해 압수·수색을 진행하는 경우와 마찬가지로 피압수자는 최초의 압수·수색 이전부터 해당 전자정보를 관리하고 있던 자라 할 것이므로, 특별한 사정이 없는 한 그 피압수자에게 형사소송법 제219조, 제121조, 제129조에 따라 참여권을 보장하고 압수한 전자정보 목록을 교부하는 등 피압수자의 이익을 보호하기 위한 적절한 조치가 이루어져야 할 것이다.

3) 전자정보 또는 그 저장매체의 임의제출과 '실질적 피압수자'

수사기관이 특정 범죄혐의와 관련하여 전자정보가 수록된 정보저장매체를 임의제출받아 그 안에 저장된 전자정보를 압수하는 경우에도 참여의 기회 부여와 압수목록 교부 등 절차적 보장은 물론 관련성 제한, 복제본 또는 저장매체 원본의 반출에 관한 제한 등 영장에 의한 압수·수색의 기본 법리가 적용된다.[17] 다만, 정보저장매체가 유류물인 경우 관련성 제한이나 참여권 보장의 법리가 적용되지 않는다.[18]

---

17) 대법원 2021. 11. 18. 선고 2016도348 전원합의체 판결, 대법원 2022. 1. 27. 선고 2021도11170 판결, 대법원 2023. 9. 18. 선고 2022도7453 전원합의체 판결 등

참여권 등 압수·수색에 관한 절차적 권리의 주체로서 '실질적 피압수자' 개념과 그 인정 범위가 다투어지는데, 영장에 의한 압수·수색뿐만 아니라[19] 제3자의 임의제출 사안에서도 문제 된다.[20] 이에 관해서는 임의제출물 압수 부분에서 상술한다.

다 전자정보 압수·수색에 있어 참여권 보장의 정도

수사기관이 압수·수색 현장에서 반출한 전자정보의 복제본이나 저장매체 원본을 수사기관 사무실로 옮겨 탐색·복제·출력하는 과정도 모두 압수·수색의 일환에 해당하므로 혐의사실과 관련된 부분만 선별하여 압수하여야 하고, 그 전체 과정에서 피압수자나 변호인에게 참여의 기회를 보장하고 혐의사실과 무관한 전자정보의 임의적인 복제 등을 막기 위한 적절한 조치를 취하는 등 영장주의 원칙과 적법절차를 준수하여야 한다는 것이 기본 법리임은 앞에서 본 것과 같다.[21] 그렇다면 이 경우 피압수자와 그 변호인 측에 대한 참여의 기회 보장은 어느 정도로 이루어져야 하는가? 이하에서 구체적인 사례들을 살펴본다.

18) 대법원 2024. 7. 25. 선고 2021도1181 판결
19) 대법원 2022. 5. 31. 자 2016모587 결정
20) 대법원 2021. 11. 18. 선고 2016도348 전원합의체 판결, 대법원 2021. 11. 25. 선고 2019도7342 판결, 대법원 2022. 1. 27. 선고 2021도11170 판결, 대법원 2023. 9. 18. 선고 2022도7453 전원합의체 판결, 대법원 2024. 12. 24. 선고 2023도3626 판결 등
21) 대법원 2015. 7. 16. 자 2011모1839 전원합의체 결정 등

1) 압수·수색영장 집행 도중 별건 정보를 발견하였음에도 탐색·추출을 계속하여 그 결과만 피압수자 측에 제시한 경우 피압수자 측에서 별다른 이의를 제기하지 않았더라도 참여권이 실질적으로 보장되었다고 할 수 없다고 본 사례[22)]

가) 사실관계

수사기관이 피고인의 마약 혐의사실(E와 펜타닐 수수 및 사용)로 압수·수색영장을 발부받아 피고인의 휴대전화를 압수하여 이를 탐색하던 중 피고인의 별건 마약 혐의사실[23)]에 관한 전자정보[24)]가 발견되어 이를 압수하고, 해당 범죄혐의를 인지하여 기소한 사안이다.

경찰관 M이 피고인의 휴대전화에서 전자정보를 탐색·추출할 당시 피고인은 변호인의 참여하에 같은 사무실에 있는 경찰관 N으로부터 피의자신문을 받고 있었다. 경찰관 N과 M은 나란히 배열된 책상에 앉아있었고, 피고인과 변호인은 책상을 사이에 두고 N의 맞은편에 앉아있어 M과는 책상을 사이에 두고 대각선 맞은편에 앉아있었는데, 피고인과 변호인이 앉은 자리에서 M이 탐색 중인 휴대전화 화면이 보이지 않았다. M은 휴대전화를 탐색하여 피고인이 휴대전화를 통해 G, J, K와 주고받은 메시지 전자정보를 출력한 다음 이를 N에게 교부하였고, N은 피고인과 변호인에게 이를 제시하였다. 피고인이나 변호인은 이러한 압수·수색 과정에 대해 특별히 이의를 제기하지 않았고, 법정에서도 범행을 모두 자백하였다.

나) 법원의 판단

법원은 “당사자와 변호인에게 압수·수색 절차에 참여권을 보장하는 취지는

22) 서울고등법원 2023. 4. 21. 선고 2023노150, 842 판결(대법원 2023. 7. 27. 선고 2023도5700 판결로 확정)

23) 피고인이 ① 2021. 5. 17. 서울 마포구에서 G에게 향정신성의약품 메디키넷리타드정 4정을 무상 교부하고, ② 2022. 4. 13. 서울 종로구에서 J로부터 향정신성의약품 자나팜정 4정을 무상 수수하고, ③ 2022. 6. 11. 서울 마포구에서 K로부터 향정신성의약품 페니드정 5정을 무상 수수하였다는 혐의사실이었다. 법원은 압수·수색영장 기재 혐의사실과 마약류 수수의 일시, 장소, 관련자, 마약류의 종류와 양, 구체적 행위태양이 전혀 다르고 시간적 간격도 상당하다는 이유로 객관적 관련성이 인정되지 않는다고 보았다.

24) 피고인이 휴대전화로 G, J, K와 주고받은 메시지

범죄혐의사실과 무관한 전자정보의 탐색·추출을 막기 위함"이므로 "피고인이나 변호인에게 압수·수색에 대한 참여 기회가 '실질적으로' 보장되었다고 하기 위해서는 그들이 전자정보를 탐색·추출하는 과정을 실제로 확인하면서 영장 기재 혐의사실과 무관한 정보의 탐색·추출에 이의하는 등 사전에 이를 제지할 수 있는 기회가 있었어야 할 것"이라고 판시하여 이 사건의 경우 피고인 및 변호인의 참여권이 실질적으로 보장되었다고 할 수 없다고 보았다.

그 근거로 ① 경찰관 M이 피고인 및 변호인과 같은 사무실에 있기는 하였지만 그들의 관여 없이 혼자서 이 사건 전자정보를 탐색·추출한 점, ② 경찰관 M이나 N이 피고인과 변호인에게 휴대전화에서 전자정보를 탐색·추출하는 과정을 실제로 보여주거나, 피고인이나 변호인에게 전자정보 탐색·추출 과정을 참관할 수 있음을 고지하고 그들이 원할 경우 그 과정에 참여시키는 등으로 참여의 기회를 제공하였다는 점에 관한 객관적인 자료가 없는 점(당사자의 참여권을 보장하였다는 점에 대한 증명책임은 수사기관에 있다), ③ 피고인과 변호인이 이러한 고지를 받지 않은 채 별다른 이의를 제기하지 않았다는 점만으로 그들이 참여 포기 의사를 명확히 하였다고 보기 어려운 점을 들었다.

이 사건의 경우 법원은 압수·수색영장 기재 혐의사실과 별건 전자정보 사이에 관련성이 인정되지 않는다고 보았고, 경찰이 별건 전자정보를 발견하고도 탐색을 중단하거나 새로운 압수·수색영장을 발부받는 등의 절차를 거치지 않고 임의로 그 탐색·추출에 나아간 것은 영장주의 위반이라고 보았다. 따라서 별건 혐의사실에 관한 전자정보는 위법수집증거로서 증거능력이 없고, 나아가 수사기관이 이를 토대로 별건 혐의를 인지한 다음 관련자들을 소환하여 작성한 피의자신문조서 등도 위법수집증거를 기초로 획득한 2차적 증거에 해당하여 증거능력이 없다고 보았다.[25]

---

25) 다만, 법정진술의 경우 G는 본인 스스로의 기억보다는 수사기관 조사 당시 제시받은 전자정보에 의존하였는바, 별건 전자정보 수집 과정의 위법성과 인과관계가 희석·단절되었다고 보기 어려워 증거능력을 부정한 반면, J, K는 자신들의 기억에 의존하여 명확하게 공소사실에 부합하는 진술을 하였고, 수사기관에서 별건 전자정보를 제시받지 않았더라도 동일한 취지의 진술을 하였을 것으로 보이는 점 등을 고려하여 인과관계가 희석·단절되었다고 보아 증거능력을 인정하였다. 결국 공소사실 중 E, J, K 관련 부분을 유죄로, G 관련 부분을 무죄로 판단하였다.

2) 압수·수색영장 집행 도중 별건 정보를 발견하자 탐색을 중단하고 추가 영장을 발부받아 압수하였다면 피압수자가 추가 영장 집행을 시작할 때 참여하지 못하였더라도 1차로 선별된 전자정보를 제시받아 열람한 경우 참여의 기회를 충분히 보장받았다고 본 사례[26)]

가) 사실관계

수사기관은 C의 별건 범행 관련하여 발부된 압수·수색영장(영장번호: 2022-8650)에 의하여 C의 휴대전화 내 전자정보를 선별·압수하던 중 C의 필로폰 매도 범행 관련 상선, 하선들 사이의 통화녹음, 메시지 등 전자정보가 발견되자 탐색을 중지하고, 이를 선별·압수하기 위하여 추가 압수·수색영장(영장번호: 2022-10415)을 발부받았다. 추가 영장의 혐의사실은 'C가 2022. 5. 19.부터 같은 달 20.경 사이 H에게 필로폰 7그램을 매도하였다'는 것이었고, 압수할 물건 중에는 '동종 범죄와 관련된 관련자들의 통화녹음'이 기재되어 있었다.

수사기관은 위 추가 영장을 집행하여 중단하였던 C의 휴대전화 전자정보 선별·탐색을 재개하였고, 수사기관 사무실에 보관 중이던 C의 휴대전화 전자정보 복제본 파일 내에서 필로폰 범죄 관련한 여러 공범들과의 통화녹음, 메시지, 연락처 등을 1차로 선별하였다. 수사기관은 당시 수감 중이던 C를 교도소 수사접견실에서 만나 위 1차 선별된 전자정보를 제시하여 열람·참여하게 하고, 압수한 전자정보의 상세목록을 CD에 담아 교부하였다. 위 열람 과정에서 "압수된 전자정보 내용이 수정·변경되지 않았음을 확인하였고 전자정보 상세목록을 교부받았다"는 취지의 기재와 함께 각 전자정보 목록이 첨부된 전자정보 확인서가 작성되었고, 하단 '피압수자(제출자)'란에 C의 서명이 있었다.

수사기관이 위와 같이 압수한 전자정보 중에는 이 사건 피고인의 필로폰 매도 혐의사실 관련 전자정보(피고인과 C, 피고인과 B, 피고인과 F 사이의 각 통화녹음 파일)가 포함되어 있었고 이 사건에 증거로 제출되었다. 피고인은 위 추가 영장 집행 시 선별 과정에서 C의 참여권이 보장되지 않았고, 당시 수

26) 광주지방법원 2024. 7. 17. 선고 2024노586 판결(대법원 2024. 10. 31. 선고 2024도11676 판결로 확정)

감 중이었던 C에게 CD로 전자정보 상세목록을 교부한 것은 실질적인 교부로 보기 어렵다는 등의 사유로 C로부터 압수한 위 통화녹음 파일과 그 녹취록의 증거능력이 없다고 주장하였다.

나) 법원의 판단

법원은 추가 영장 집행 과정에서 C의 참여권이나 방어권, 불복의 기회 등이 실질적으로 침해되었다거나, 압수된 녹음파일의 증거능력을 부정하여야 할 만큼 중대한 위법이 있었다고 볼 수 없다고 판단하여, 위 통화녹음 파일과 그에 기초한 녹취록의 증거능력을 인정했다.

법원은 수사기관이 추가 영장을 집행함에 있어 기존에 중단하였던 전자정보 탐색을 재개하여 C의 휴대전화에서 이 사건 관련 녹음파일 등을 1차로 선별하는 과정에서 미리 C에게 참여권을 고지하였다거나 위 탐색 '시작 시'부터 C의 참여를 보장하였다고 인정할 만한 자료가 없고, 압수한 전자정보의 상세목록이 'CD'로 교부된 사실은 인정하면서도, ① 수사기관이 위 1차 선별 후 곧바로 수감 중인 C에게 1차 선별 전자정보를 제시·열람하게 하여 압수 대상인 전자정보의 구체적인 내용을 알게 하였고, ② C로 하여금 위 전자정보 내용의 수정·변경 여부 및 압수 대상 전자정보 목록을 확인하도록 하였으므로 추가 영장의 집행이 종료되기 전 C에게 참여의 기회가 충분히 보장되었다고 보았다.

3) 참여권의 실질적 보장을 위해서는 수사기관이 압수할 전자정보를 특정하여 제시하고 이에 대하여 피압수자나 변호인이 의견을 진술할 수 있어야 한다고 본 사례[27]

일반적으로 수사기관은 압수·수색을 통해 되도록 많은 자료를 확보하려는 경향이 있다. 특히 전자정보는 컴퓨터 등 정보처리장치를 활용하면 방대한 자료도 효율적으로 분석할 수 있으므로 더욱 그러하다. 이에 압수·수

27) 서울중앙지방법원 2023. 5. 30. 자 2022보5 결정(미확정, 대법원 2023모1661 재항고심 계속 중), 전주지방법원 2024. 7. 18. 자 2024보3 결정(대법원 2024. 11. 1. 자 2024모2840 결정으로 확정)

색 현장에서는 영장 기재 혐의사실과 관련성이 인정되는 전자정보를 선별하는 방법과 관련하여 검색 조건(키워드, 기간 등)이나 검색된 결과의 성격(최종 선별인지 가선별인지) 등과 관련하여 수사기관과 피압수자 측 사이에 견해차가 생기기도 한다.[28] 특히 수사기관은 전자정보의 선별 방식과 관련하여 '키워드나 기간을 포괄적으로 설정하여 검색함으로써 압수·수색영장의 범위를 벗어난 자료가 다수 포함되어 있을 것으로 추정되는 방대한 양의 전자정보를 일응 선별 대상으로 하되 그중 압수·수색영장의 범위 밖임이 명백한 자료를 피압수자 측이 특정하여 제시하게 함으로써 이를 제외한 나머지를 모두 최종 선별 압수물로 하는 방식'(네거티브 방식)을 제안하는 경우가 있다.[29]

법원은 이와 관련하여, "전자정보의 대량성 등 예외적인 사유로 전체 전자정보를 외부로 반출하여 선별절차를 진행하는 경우에도 혐의사실과 관련된 단어를 이용하여 파일명을 검색하거나. 전자정보의 내용을 개별적으로 확인하여 혐의사실과 관련된 전자정보를 특정한 다음 이를 복제 또는 출력하는 방식으로 압수가 이루어져야 한다"고 하면서 "이 경우 피압수자나 변호인의 참여권은 선별절차를 진행하는 수사기관이 압수할 전자정보를 특정하여 제시하고 이에 대하여 피압수자나 변호인의 의견을 진술할 수 있을

28) 키워드 또는 확장자 검색 등을 통해 혐의사실과 관련 있는 정보를 선별하면 일응 압수·수색 절차가 종료되었다고 본 사례(대법원 2018. 2. 8. 선고 2017도13263 판결), 압수된 전자정보 중 일부가 관련성 없는 정보이나 그 비율이 극히 일부이고 압수·수색 당시 피압수자 측에서도 그러한 사실을 인식하였으나 그 배제에 기술적으로 상당한 시간이 소요되는 관계로 그 압수를 용인한 경우 압수절차가 위법하지 않다고 본 사례[서울고등법원 2018. 1. 26. 선고 2016노333 판결(대법원 2019. 3. 14. 선고 2018도2841 판결로 확정)] 등도 있어 특정 방식에 의한 검색 결과가 최종 선별인지 가선별인지가 언제나 명확한 것은 아니다.

29) 서울중앙지방법원 2023. 5. 30. 자 2022보5 결정(미확정, 대법원 2023모1661 재항고심 계속 중) 사건의 경우 압수·수색영장 기재 혐의사실이 군대 내 강제추행 사건 관련한 직권남용이었고 해당 사건을 수임하여 변호한 준항고인에 대하여 압수·수색이 필요한 이유는 준항고인의 군법무관 근무 경력 등을 고려할 때 피의자들과 유착관계가 있을 수 있다는 것이었는바, 준항고인은 자신이 속한 법무법인이 해당 강제추행 사건을 수임한 기간인 2021. 3. 5.부터 2021. 6. 9.까지에 한정하여 전자정보를 압수하여야 하고, 키워드를 넣어 검색하는 방법으로 수사상 필요성과 관련성 있는 정보만을 추출·선별하여 최소한으로 압수하여야 한다고 주장하였으나, 수사기관은 이를 받아들이지 않고 준항고인의 휴대전화에 저장된 전자정보 중 2020. 6. 1.부터 생성된 전자정보들을 선별대상으로 하되 그중 가족 등 사생활과 관련된 부분, 안내 문자나 공지사항 문자 등 혐의사실과 관련성이 없는 일부 전자정보들만 제외하고 나머지를 모두 압수하는 방식으로 선별절차를 진행하였다.

때 실질적으로 보장된다고 볼 수 있다"고 판시하여 '수사기관이 압수·수색영장의 범위 내에 있는 전자정보를 특정하여 제시하고 이에 대하여 피압수자나 변호인이 의견을 진술하는 방식'(포지티브 방식)을 취하여야 피압수자나 변호인의 참여권이 실질적으로 보장된다고 보았다.

라 개별 판결례

1) 정보저장매체 원본의 반출을 정당화하는 예외적인 사유는 인정되었으나 후속 절차의 위법으로 압수처분을 취소한 사례[30]

가) 사실관계

강력부 검사는 준항고인 1의 배임 혐의와 관련된 압수·수색영장(제1영장)을 발부받아 준항고인 2 빌딩 내 준항고인 1의 사무실에서 무관정보가 혼재된 것으로 판단되는 저장매체를 봉인하여 자신의 사무실로 반출하였다. 이후 강력부 검사는 대검찰청 디지털포렌식센터에서 위 저장매체의 봉인을 해제하고 거기에 저장된 전자정보 전부를 '이미징'의 방법으로 다른 저장매체에 복제(제1처분)한 후 당초 봉인·반출한 저장매체를 준항고인 2에게 반환하였는데, 준항고인 1 측은 그 봉인 해제 및 복제 과정을 참관하다가 임의로 퇴거하였다. 강력부 검사는 위와 같이 이미징한 복제본을 자신의 외장 하드디스크에 다시 복제(제2처분)하고 이를 탐색하는 과정에서 준항고인 2의 약사법위반 및 조세범처벌법위반 혐의와 관련된 전자정보 등 위 영장 혐의사실과 무관한 정보들을 발견하여 이를 함께 출력(제3처분)하였는데, 그 과정에서 준항고인 1 측은 참여하지 못했다.

한편, 강력부 검사는 위와 같이 발견한 별건 정보를 특별수사부에 통보하였는데, 특별수사부 검사는 위 별건 정보를 소명자료로 삼아 압수·수색영장(제2영장)을 발부받은 후 이를 강력부 검사의 외장 하드디스크(제2처분에 의해 만든 재복제본)에 대하여 집행하였다. 그 집행 과정에서 특별수사부 검사

30) 대법원 2015. 7. 16. 자 2011모1839 전원합의체 결정

는 준항고인 측에 참여의 기회를 부여하지 않았고 압수한 전자정보의 목록을 교부하지도 않았다.

나) 법원의 판단

(1) 제1영장에 기한 입수·수색

법원은 제1영장에 기한 압수처분이 전체적으로 위법하다고 보았다. 제1처분은 준항고인들에게 저장매체 원본을 가능한 한 조속히 반환하기 위한 목적에서 이루어진 조치로서 준항고인들이 묵시적으로나마 이에 동의하였고 그 복제 과정에도 참여하였으므로 제1처분은 위법하지 않다고 보았으나, 제2·3처분은 제1처분 후 피압수자에게 계속적인 참여권을 보장하는 등의 조치가 이루어지지 아니한 채 제1영장 기재 혐의사실과 무관한 정보까지 재복제·출력한 것으로서 영장주의와 적법절차를 위반한 위법한 처분이라고 보았다.

(2) 제2영장에 기한 압수·수색

법원은 제2영장에 기한 압수·수색도 위법하다고 보았다. 제2영장의 경우 청구 당시 압수할 물건으로 삼은 정보가 제1영장의 피압수자에게 참여의 기회를 부여하지 않은 상태에서 임의로 재복제한 외장 하드디스크 내 정보여서 그 자체가 위법한 압수물이므로 별건 정보에 대한 영장청구 요건을 충족하지 못했다고 보았다. 따라서 비록 제2영장을 발부받아 집행하였더라도 그 압수·수색은 영장주의의 원칙에 반하여 위법하다고 판단했다.

2) 정보저장매체 원본 반출을 정당화하는 예외 사유가 있었다고 본 사례[31)]

이 사건 영장에는 전자정보의 압수 방법에 관하여 현장 선별의 원칙과 복제본 또는 정보저장매체 원본 반출을 위한 2단의 예외 요건이 기재되어

---

31) 서울중앙지방법원 2016. 1. 11. 선고 2012고합1392, 1393 판결(항소심인 서울고등법원 2018. 1. 26. 선고 2016노333 판결에 일부 파기 주문이 있으나 압수·수색의 적법성에 대한 판단은 그대로 유지되었고, 상고심인 대법원 2019. 3. 14. 선고 2018도2841 판결에서 상고가 기각되어 확정)

있었다.

피고인들은 당시 현장 선별이 가능하였음에도 정보저장매체 전체를 이미징하거나 정보저장매체 원본을 그대로 반출하였다고 주장하면서 압수 방법 제한 위반을 주장하였다. 그러나 법원은 아래 사정들을 근거로 이 사건 영장에 의한 전자정보의 압수에 위법이 없다고 보았다.

- 이 사건 사무실 압수·수색 당시 정보저장매체에 저장된 전자정보 중 대부분의 전자정보는 이 사건 영장에서 명하는 원칙적인 압수방법에 따라 혐의사실과 관련된 것을 추출하는 절차를 거쳐 수사기관이 휴대한 저장매체에 복사하는 방법으로 압수되었다.
- 당시 저장매체 전체를 이미징한 것은 없었고, 저장매체 원본이 반출된 것은 E가 사용하는 노트북의 하드디스크가 유일하였는데, 위 노트북 하드디스크는 노트북과 분리된 채 보관되어 있었고 현장에서 해당 노트북을 찾을 수 없었다. 노트북용 하드디스크의 경우 노트북 기종별로 하드디스크가 장착되는 구조가 달라 해당 하드디스크가 장착될 수 있는 노트북이 없는 한 압수 현장에서 혐의사실과 관련된 전자정보를 문서로 출력하거나 하드디스크 자체를 수사기관이 휴대한 저장매체에 복사하는 방법은 불가능하거나 현저하게 곤란하였다.
- 이에 수사기관은 위 하드디스크 자체를 압수하였으나, 그 분석 결과 이 사건 사무실 압수·수색 전날 위 하드디스크에서 문서파일이 모두 삭제된 것으로 추정되었고, 위 하드디스크에서는 아무런 증거도 확보하지 못하였다.

3) 집행 현장에서 확인한 정보저장매체나 전자정보의 양이 방대하여 압수·수색영장에 기재된 혐의사실과 관련된 정보의 확인과 범위의 특정이 곤란하였더라도 수사기관이 압수 방법의 제한을 준수하려는 최소한의 노력도 없이 정보저장매체 원본 등에 대하여 장기간 압수된 상태를 유지한 것은 위법하다고 본 사례[32]

가) 사실관계

수사기관은 과산화수소 제조공정 기술 관련 영업비밀 부정사용 등 혐의사실로 2건의 압수·수색영장을 발부받았다. 해당 영장에는 관련성 제한, 현장 선별 원칙, 전부 복제본 반출의 예외 등 제한이 부가되어 있었으나, 수사기관은 기술유출 사건의 특성, 선별의 어려움 등을 이유로 원칙적인 방법을 시도도 하지 않고 다수의 정보저장매체 원본 또는 그 전부 복제본을 압수하였다.

나) 법원의 판단

법원은 다음의 사정에 비추어 볼 때 수사기관이 압수·수색영장에 기재된 압수 대상 및 방법의 제한을 위반하였다고 보았다.

- 수사기관은 일부 집행을 제외하고는 혐의사실과 관련된 전자정보로 범위를 특정하여 문서로 출력하거나 휴대한 저장매체에 복제하는 등의 원칙적 방법으로 전자정보를 압수하려는 시도 자체를 하지 않았다.
- 현장 상황상 원칙적인 방법으로 집행이 불가능하거나 현저히 곤란한 부득이한 사정이 실제로 발생하였다는 사실을 뒷받침하는 객관적인 증거가 없다. 설령 집행 현장에서 확인한 전자정보의 양이 방대하여 영장 기재 혐의사실과 관련된 정보의 특정이 곤란하였더라도, 수사기관은 별다른 조치 없이 관련된 전자정보의 탐색·복제·출력이 완료될 때까지 장기간 압수된 상태를 유지해 둔 것으로 보인다(혐의사실과 관련성이 없음을 비교적 쉽게 알 수 있는 증거들까지 압수된 정황이 있음에도 이를 피압수자에게 반환하였다는 자료는 찾아볼 수 없다).

---

32) 울산지방법원 2020. 8. 13. 선고 2019노138 판결(대법원 2021. 7. 29. 선고 2020도12087 판결로 확정)

• 기술유출 사건의 특성상 수사기관이 수많은 전자정보 중에서 혐의사실과 관련 있는 정보를 선별하기 어려웠다거나, 압수·수색 현장에서 전자정보를 담고 있는 것으로 보이는 저장매체들이 많았다거나, 현장에 출동한 수사기관의 인원이 선별적인 압수를 하기에는 턱없이 부족했다는 점 등은 모두 수사기관 측의 사정에 불과하다. 수사기관이 압수·수색영장에 기재된 압수 대상 및 방법의 제한을 준수하려는 최소한의 노력조차 하지 않은 이상 위와 같은 사정들이 압수·수색 절차의 위법성을 치유하여 정당화한다고 보기 어렵다.

4) 사생활 평온과 집행 현장 상황 등을 이유로 정보저장매체 원본의 반출이 적법하다고 본 사례[33)]

가) 사실관계

수사기관은 텔레그램을 이용한 아동·청소년 이용 음란물 등의 제작 및 배포와 관련한 수사를 진행하던 중 피고인이 이 사건 텔레그램 그룹에 참여하여 운영진의 지시에 따라 실검 챌린지에 참여한 정황을 발견하고 피고인에 대하여 압수·수색영장을 발부받았다. 압수할 물건 중에는 '휴대전화기기, 태블릿기기, 데스크톱 컴퓨터, 노트북, HDD, SSD, 이동식 하드디스크, USB, CD 등 전자정보저장매체 및 이와 네트워크로 연결된 클라우드 저장소(텔레그램 포함) 내 아동·청소년 성착취물'이 기재되어 있었다.

경찰은 위 영장을 집행하여 ① 피고인의 주거지에서 피고인의 어머니가 참여한 가운데 피고인 소유의 데스크톱 PC 1대를 압수하였고, ② 울산 남구 AN학원 앞 노상에서 피고인의 참여하에 피고인 소유의 휴대전화 1대와 태블릿 PC 1대를 압수하였다. 같은 날 위 데스크톱 PC, 휴대전화, 태블릿 PC에 대하여 각 원본 반출 확인서가 작성되었고 피고인이 서명 및 무인날인하였다.

---

33) 울산지방법원 2022. 7. 8. 선고 2021고합70 판결[항소심인 부산고등법원(울산) 2023. 11. 16. 선고 2022노122 판결에서 원심을 일부 파기하였으나, 압수·수색의 적법성에 관하여는 다투어지지 않았고, 상고심인 대법원 2024. 2. 8. 선고 2023도17681 판결에서 상고 기각으로 항소심 판결이 확정됨]

나) 법원의 판단

법원은 영장에 기재된 예외 사유가 인정되므로 저장매체 원본 반출이 적법하다고 보았다. 그 근거는 다음과 같다.

- 주거지 압수·수색의 경우 집행 당시 현장에 피고인의 어머니 외에 그 지인들이 있어 압수절차가 장시간 진행될 경우 사생활의 평온을 침해한다고 판단하여 피고인의 어머니가 참여한 가운데 저장매체 원본인 데스크톱 PC를 봉인·반출한 것이다. 이는 영장에 기재된 예외 사유 중 사생활의 평온을 현저히 침해하는 경우에 해당한다.
- 울산 남구 AN학원 앞 노상 압수·수색의 경우 피고인이 소지하고 있던 태블릿 PC, 휴대전화를 수색하여 해당 기기들에 모두 텔레그램이 설치된 것을 확인하고, 해당 기기들이 피고인이 범행 시 이용한 기기 정보와 일치하는 것을 확인한 후, 피고인의 참여하에 위 정보저장매체 원본을 봉인·반출한 것이다. 이는 영장에 기재된 예외 사유 중 집행 현장에서의 하드카피·이미징이 물리적·기술적으로 불가능하거나 극히 곤란한 경우에 해당한다.

6

압수·수색 집행의 중지와 종료

6 압수·수색 집행의 중지와 종료

가 관련 법령 및 기본 법리

1) 압수·수색 집행의 중지

압수·수색영장에는 유효기간 및 그 기간을 경과하면 집행에 착수하지 못하며 영장을 반환하여야 한다는 취지를 기재하여야 하고, 압수·수색영장의 집행을 중지한 경우에 필요한 때에는 집행이 종료될 때까지 그 장소를 폐쇄하거나 간수자를 둘 수 있다(형사소송법 제114조 제1항, 제127조, 제219조).

영장에 기재된 유효기간은 집행에 착수할 수 있는 기한을 의미하나, 그 집행의 중지는 원칙적으로 그 유효기간 안에서만 가능하다. 다만, 집행 중지기간 중 압수할 물건이 다른 장소로 무단히 옮겨질 염려가 없고, 중지의 계속으로 피압수자의 지위가 불안정해질 염려가 없거나 중지의 장기화가 피압수자 측 사유라는 등 특별한 사정이 있는 경우 유효기간을 넘겨서까지 영장 집행을 중지하는 것이 가능하다.[1)]

서울중앙지방법원 2020. 7. 24. 자 2020보7 결정
(대법원 2020. 11. 13. 자 2020모2485 결정으로 확정)

압수·수색영장에는 유효기간 및 그 기간을 경과하면 집행에 착수하지 못하며 영장을 반환하여야 한다는 취지를 기재하여야 하고, 압수·수색영장의 집행을 중지한 경우에 필요한 때에는 집행이 종료될 때까지 그 장소를 폐쇄하거나 간수자를 둘 수 있다(형사소송법 제219조, 제114조 제1항, 제127조).

이와 같은 형사소송법의 문언에 비추어, 영장에 기재된 유효기간은 그 집행에 착수할 수 있는 기한을 의미할 뿐 그 안에 집행이 종료되어야 한다는 취지는 아니며, 수사기관이 영장의 집행에 착수한 다음에라도 필요한 경우 그 집행을

---

1) 서울중앙지방법원 2020. 7. 24. 자 2020보7 결정(대법원 2020. 11. 13. 자 2020모2485 결정으로 확정)

일시 중지하였다가 그 중지 사유가 해소되는 때를 기다려 영장 집행을 재개하는 것이 가능하다.

형사소송법은 압수·수색영장 집행의 중지가 가능함을 전제로 그때 필요한 조치를 할 수 있다고 규정할 뿐 중지사유나 중지기간의 한도를 특별히 정하고 있지 아니하나, ① 압수·수색영장에 유효기간을 정하도록 한 취지는 시간이 지나면 압수물이 다른 장소로 옮겨져 존재하지 않게 될 수 있고, 만일 영장의 유효기간을 정해두지 아니하면 피압수자의 지위가 과도하게 불안하게 될 가능성이 있기 때문인데 이는 영장 집행의 중지가 무한정 계속되는 경우에도 마찬가지로 발생할 수 있는 문제라는 점, ② 수사기관이 7일을 초과하는 유효기간의 영장을 청구하는 경우에는 영장청구서에 그 취지 및 사유를 기재하여야 하는데(형사소송규칙 제107조 제1항 제1호, 제95조 제1항 제4호), 만일 수사기관이 유효기간 내 영장 집행을 개시한 직후 특별한 이유 없이 유효기간을 초과하여 장기간 그 집행을 중지하는 경우에는 실질적으로 영장에 유효기간을 정해둔 취지를 몰각시키게 된다는 점 등에 비추어 보면, 영장 집행은 원칙적으로 그 유효기간 안에서만 중지할 수 있다고 봄이 상당하다.

다만, 집행 중지기간 중 장소 폐쇄나 간수자 지정 등의 조치(형사소송법 제127조)로 압수할 물건이 다른 장소로 무단히 옮겨질 염려가 없고, 중지의 계속으로 피압수자의 지위가 불안정해질 염려가 없거나 중지의 장기화가 피압수자 측에 기인하는 사정 때문이라는 등 특별한 사정이 있는 경우에는, 유효기간을 넘겨서까지 영장 집행을 중지하는 것이 가능하다고 보는 것이 구체적 타당성 면에서 옳다.

압수·수색영장의 집행을 중지하는 경우 필요한 때에는 압수·수색 장소의 출구를 대검 디지털 증거 예규 별지 제5-3호 서식의 '압수장소 봉인지'로 봉인하기도 한다(대검 디지털 증거 예규 제26조 제2항 제2호). 실제 수사기관에서 사용하는 압수장소 봉인지는 그 크기가 성인 손 정도로 문과 문틀이 만나는 지점에 부착하므로 해당 장소의 봉인 사실을 모르는 사람 눈에는 잘 띄지 않을 수 있다. 압수장소 봉인지는 물리력 측면에서 해당 장소의 출입을 방지하는 효과가 전혀 없고 쉽게 훼손되므로 봉인 장소를 관리하는 사람으로서는 주의를 요한다.

2) 압수·수색 집행의 종료

수색한 경우에 증거물 또는 몰취할 물건이 없는 때에는 그 취지의 증명서를 교부하여야 하고, 압수한 경우에는 목록을 작성하여 소유자, 소지자, 보관자, 기타 이에 준할 자에게 교부하여야 한다(형사소송법 제128조, 제129조, 제219조, 군사법원법 제169조, 제170조, 제258조).

검사 또는 사법경찰관은 증거물 또는 몰수할 물건을 압수했을 때에는 압수의 일시·장소, 압수 경위 등을 적은 '압수조서'와 압수물건의 품종·수량 등을 적은 '압수목록'을 작성해야 한다. 다만, 피의자신문조서, 진술조서, 검증조서에 압수의 취지를 적은 경우에는 그렇지 않다(수사준칙 제40조).

나 압수목록 작성·교부의 시기와 방법

1) 압수목록 작성·교부 시기

압수목록은 피압수자 등이 압수물에 대한 환부·가환부 청구를 하거나 부당한 압수처분에 대한 준항고를 하는 등 권리행사절차를 밟는 가장 기초적인 자료일 뿐만 아니라 피의자의 방어권 보장을 위한 중요한 자료가 되므로, 수사기관은 이러한 권리의 행사에 지장이 없도록 압수 직후 현장에서 압수된 물건이 특정될 수 있도록 작성된 압수목록을 바로 교부해야 하는 것이 원칙이다.[2] 같은 취지에서 법원은 '전자정보 상세목록 교부는 압수·수색 절차가 모두 종료된 후에 이루어지므로 전자정부 상세목록 교부의무 위반은 수사기관이 압수·수색을 진행하는 과정에서 준수하여야 할 영장주의, 참여권 보장 등 절차 위반과는 달리 평가하여야 한다'는 취지의 검사 주장을 배척한 바 있다.[3]

임의제출물 압수의 경우에도 압수물에 대한 수사기관의 점유 취득이 제출자의 의사에 따라 이루어진다는 점에서만 차이가 있을 뿐 범죄혐의를 전제로 한 수사 목적이나 압수의 효력은 영장에 의한 압수의 경우와 동일하

---

2) 대법원 2009. 3. 12. 선고 2008도763 판결, 대법원 2018. 2. 8. 선고 2017도13263 판결, 대법원 2020. 11. 17. 자 2019모291 결정, 대법원 2024. 5. 17. 선고 2023도8426 판결

3) 춘천지방법원 2021. 4. 2. 선고 2020노856 판결(대법원 2021. 7. 8. 선고 2021도4850 판결로 확정)

므로, 헌법상 기본권에 관한 수사기관의 부당한 침해로부터 신속하게 권리를 구제받을 수 있도록 수사기관은 영장에 의한 압수와 마찬가지로 객관적·구체적인 압수목록을 신속하게 작성·교부할 의무를 부담한다.[4)]

다만, 예외적으로 압수물의 수량·종류·특성, 기타 사정상 압수 직후 현장에서 압수목록을 작성·교부하지 않을 수 있다는 취지가 영장에 명시되어 있고, 이와 같은 특수한 사정이 실제로 존재하는 경우에는 압수영장을 집행한 후 일정한 기간이 경과하고서 압수목록을 작성·교부할 수도 있다. 그러나 압수목록 작성·교부 시기의 예외에 관한 영장의 기재는 피의자·피압수자 등의 압수처분에 대한 권리구제절차 또는 불복절차가 형해화되지 않도록 그 취지에 맞게 엄격히 해석되어야 한다. 예외적 적용의 전제가 되는 특수한 사정의 존재 여부는 수사기관이 이를 증명하여야 하고, 그 예외 기간 역시 필요 최소한에 그쳐야 한다. 영장에 의한 압수 및 그 대상물에 대한 확인 조치가 끝나면 그것으로 압수 절차는 종료되고, 압수물과 혐의사실의 관련성 여부에 관한 평가 및 그에 필요한 추가 수사는 압수 절차 종료 이후의 사정에 불과하므로 이를 이유로 압수 직후 이루어져야 하는 압수목록 작성·교부의무를 해태·거부할 수는 없다.[5)]

2) 압수목록 작성·교부 방법

공무원인 수사기관이 작성하여 피압수자 등에게 교부해야 하는 압수물 목록에는 작성연월일이 기재되어야 하고(형사소송법 제57조 제1항) 그 내용도 사실에 부합하여야 한다. 법원은 작성월일을 누락한 채 일부 사실에 부합하지 않는 내용으로 압수목록을 작성하여 압수·수색이 종료된 지 5개월이나 지난 뒤에 교부한 행위는 형사소송법이 정한 바에 따른 압수물 목록 작성·교부에 해당하지 않는다고 보았다.[6)]

앞에서 본 것처럼 압수목록은 피압수자 등이 압수처분에 대한 준항고 등 권리행사절차를 밟는 가장 기초적인 자료일 뿐만 아니라 피의자의 방어권 보장을 위한 중요한 자료가 되므로, 준항고 등을 통한 권리구제가 신속하면

4) 대법원 2024. 1. 5. 자 2021모385 결정
5) 대법원 2024. 1. 5. 자 2021모385 결정
6) 대법원 2009. 3. 12. 선고 2008도763 판결

서도 실질적으로 이루어질 수 있도록 압수목록을 작성할 때 압수방법·장소·대상자별로 명확히 구분하여 압수물의 품종·종류·명칭·수량·외형상 특징 등을 최대한 구체적이고 정확하게 특정하여 기재하여야 한다.[7]

압수의 대상이 전자정보라면 압수된 전자정보의 파일 명세가 특정된 압수물목록을 작성·교부하여야 하고, 수사기관은 이를 출력한 서면을 교부하거나 전자파일 형태로 복사해 주거나 이메일을 전송하는 등의 방식으로도 할 수 있다.[8]

법원은 수사기관이 압수·수색영장에 기재된 범죄 혐의사실과의 관련성에 대한 구분 없이 임의로 전체의 전자정보를 복제·출력하여 이를 보관하여 두고, 그와 같이 선별되지 않은 전자정보에 대해 구체적인 개별 파일 명세를 특정하여 상세목록이 아닌 '….zip'과 같이 포괄적인 압축파일 이름만을 기재한 후 이를 전자정보 상세목록이라고 하면서 피압수자 등에게 교부한 사안에서 영장주의와 적법절차의 원칙을 중대하게 위반하였다고 보아 해당 전자정보에 대한 압수가 전체적으로 위법하다고 보았다.[9]

다 압수·수색영장 집행 종료의 실무적 의의

1) 동일 영장 재집행 금지

수사기관이 압수·수색영장을 제시하고 집행에 착수하여 압수·수색을 실시하고 그 집행을 종료하였다면 그 영장은 목적을 달성하여 효력이 상실된다. 만약 수사기관이 동일한 장소 또는 목적물에 대하여 다시 압수·수색할 필요가 있는 경우 그 필요성을 소명하여 법원으로부터 새로운 압수·수색영장을 발부받아야 하고, 앞서 발부받은 압수·수색영장의 유효기간이 남아있다고 하여 이를 제시하고 다시 압수·수색을 할 수는 없다. 형사소송법 제215조에 의한 압수·수색영장은 수사기관의 압수·수색에 대한 허가장으로

7) 대법원 2022. 7. 14. 자 2019모2584 결정
8) 대법원 2018. 2. 8. 선고 2017도13263 판결, 대법원 2020. 11. 17. 자 2019모291 결정
9) 대법원 2022. 1. 14. 자 2021모1586 결정

서 거기에 기재된 유효기간은 집행에 착수할 수 있는 종기(終期)를 의미하기 때문이다.[10]

따라서 수색할 장소나 압수할 물건이 다수인 관계로 해당 압수·수색영장의 집행이 계속되고 있더라도 '수색증명서가 발급된 장소'나 복제·탐색·출력이 완료되어 '전자정보 상세목록이 교부된 정보저장매체'에 대한 재집행은 금지된다고 봄이 타당하다. 그러나 압수·수색영장은 여러 날에 나누어 집행하면서 매일의 집행 결과를 정리하여 압수목록을 작성·교부하는 경우도 있을 수 있고, 전자정보 전부 복제본 또는 정보저장매체 원본을 압수·수색 현장 밖으로 반출하는 경우도 압수목록을 작성하므로(대검 디지털 증거 예규 제28조, 제29조), 특정 장소나 정보저장매체에 관하여 '압수목록'이 작성·교부되었다는 것만으로는 해당 장소나 정보저장매체 전체에 대한 압수 절차가 종료된 것으로 단정할 수 없다.

2) 참여권 소멸

압수·수색영장의 집행 절차가 종료되면 해당 절차에 참여할 기회를 보장하는 것을 내용으로 하는 참여권 역시 종료된다. 예컨대, 수사기관이 압수·수색영장 기재 혐의사실과 관련 있는 전자정보를 선별 완료하여 그 복제본을 제출받아 압수하였다면 이로써 압수의 목적물에 대한 압수·수색 절차는 종료된 것이다. 따라서 수사기관이 위와 같이 압수가 완료된 전자정보를 수사기관 사무실에서 탐색·복제·출력하는 과정에는 피압수자 측에 참여권이 인정되지 않는다.[11]

따라서 압수·수색에 관여하는 당사자들로서는 수사기관이 특정 전자정보를 복제하여 압수·수색 현장 밖으로 반출하는 경우 그것이 ① 최종 선별이 완료된 전자정보의 압수인지[12] ② 전부 복제본[13] 또는 가선별[14] 복제

---

10) 대법원 1999. 12. 1. 자 99모161 결정, 대법원 2023. 3. 16. 선고 2020도5336 판결, 대법원 2023. 10. 18. 선고 2023도8752 판결

11) 대법원 2018. 2. 8. 선고 2017도13263 판결, 서울남부지방법원 2019. 7. 4. 선고 2017노447 판결(대법원 2021. 12. 16. 선고 2019도10788 판결로 확정)

12) 대검 디지털 증거 예규 제20조 제1항, 제27조 제1항, 제2항 참조

13) 대검 디지털 증거 예규 제20조 제2항, 제28조 참조

14) 대검 디지털 증거 예규 제3조 제6호, 제27조 제3항, 제28조 참조

본의 반출인지 명확히 할 필요가 있다. 실무상으로는 '전자정보 상세목록'이 교부되면 최종 선별이 완료된 것으로 봄이 일반적이다.

라 '전자정보 상세목록' 작성·교부 의무

검사 또는 사법경찰관은 '전자정보'의 탐색·복제·출력을 완료한 경우 지체 없이 피압수자 측에 '전자정보 상세목록'을 교부해야 한다(수사준칙 제42조 제1항, 제23조 제1항, 경찰청 디지털 증거 훈령 제14조 제2항, 제3항, 제4항). 전자정보 상세목록이란 압수목록의 한 유형으로서 전자정보의 압수를 완료하였을 때 작성·교부하는 것이다(대검 디지털 증거 예규 제3조 제10호, 제11호). 전자정보 상세목록의 교부는 서면의 형태로 교부하는 방법 외에 파일 형태로 복사해주거나 전자우편으로 전송하는 등의 방법으로 갈음할 수 있다(대검 디지털 증거 예규 제23조 제2항, 경찰청 디지털 증거 훈령 제14조 제4항). 실무상 전자정보 상세목록은 디지털 포렌식 프로그램에 의해 엑셀 파일의 형태로 자동 생성된 것을 사용하므로 이 파일을 복사하거나 이메일로 전송하는 방법을 주로 활용한다.

마 전자정보 상세목록에 포함되지 않은 전자정보의 삭제·폐기·반환

검사 또는 사법경찰관이 전자정보의 탐색·복제·출력을 완료하여 피압수자 측에 전자정보 상세목록을 교부한 경우, 그 전자정보 상세목록에 포함되지 않은 전자정보는 지체 없이 삭제 또는 폐기하거나 반환해야 한다. 이 경우 삭제·폐기 또는 반환확인서를 작성하여 피압수자 측에 교부해야 한다(수사준칙 제42조 제1항, 제2항).

대검 디지털 증거 예규의 경우 전자정보 상세목록에 포함되지 않은 전자정보를 삭제·폐기할 때는 대검 디지털 증거 예규 별지 제16호 "전자정보 삭제·폐기 확인서"를 작성하여 피압수자 측에 교부하고, 정보저장매체 원본을 반환할 때는 별지 제10호 "정보저장매체 등 반환 확인서"를 작성하여 피압수자 측에 교부하도록 정하고 있다(대검 디지털 증거 예규 제36조).

경찰청 디지털 증거 훈령의 경우 압수하지 아니한 전자정보를 지체 없이 삭제·폐기하고 피압수자에게 그 취지를 통지하도록 정하면서, 전자정보 상세목록에 삭제·폐기 취지를 명시하여 교부함으로써 그 통지에 갈음할 수 있도록 하였고(경찰청 디지털 증거 훈령 제35조 제2항), 정보저장매체 원본을 피압수자에게 반환하는 경우 별지 제8호 서식의 "정보저장매체 인수증"을 작성·교부하도록 정했다(경찰청 디지털 증거 훈령 제19조 제3항). 또한 특별한 사정이 없는 한 정보저장매체 원본은 그 반출일로부터 10일 이내에 반환하도록 정하여(경찰청 디지털 증거 훈령 제19조 제4항) 법원이 발부하는 압수·수색영장에 일반적으로 첨부되는 '압수 대상 및 방법의 제한'과 같은 취지의 제한을 두었다.

바 '전부 이미지 파일' 보관의 문제

1) 대검 디지털 증거 예규 내용

대검 디지털 증거 예규는 반출된 정보저장매체 원본 또는 그 복제본에 대한 이미지 파일의 생성을 전자정보에 대한 압수·수색의 원칙적인 집행 방법으로 정하고 압수·수색영장과 관련성이 인정되는 전자정보의 최종 선별이 완료된 이후로도 무관정보가 혼재된 '전부 이미지 파일'을 계속하여 보관할 수 있도록 하는 규정을 두고 있다. 검찰은 휴대전화 등 모바일 기기의 특성에 따른 기술적 문제나 무결성 입증 필요 등 사유로 '전부 이미지 파일'을 보관할 필요가 있다는 입장으로 보이고, 같은 취지에서 2024. 10. 1. 자로 대검 디지털 증거 예규도 일부 개정한 것으로 보인다.[15] 이러한 '전부 이미지 파일'의 보관이 허용된다고 볼 경우 수사기관은 압수·수색영장에 기재된 범죄 혐의사실과 무관한 전자정보까지 포괄적으로 보관하게

15) https://www.hankookilbo.com/News/Read/A2024100702020002940 (2025. 3. 1. 방문)
http://www.yesebook.co.kr/EBOOKS/NDFC2411/#book/page52 (2025. 3. 1. 방문)

되므로 영장주의 원칙과의 관계에서 문제가 될 수 있다.

대검 디지털 증거 예규는 현장에서 반출된 정보저장매체의 복제본(대검 디지털 증거 예규 제28조) 또는 정보저장매체의 원본(대검 디지털 증거 예규 제29조)에 대하여 원칙적으로 그 '전부 이미지 파일'을 새로 생성하여 탐색하도록 하고(대검 디지털 증거 예규 제34조 제1항, 제2항), 주임검사가 법정에서 디지털 증거의 재현이나 검증을 위해 필요하다고 판단하면 그 '전부 이미지 파일'을 업무관리시스템에 등록하여 통째로 계속 보관할 수 있도록 규정한다(대검 디지털 증거 예규 제34조 제4항, 제42조, 제48조).

업무관리시스템에 등록된 이미지 파일 및 증거파일에 대해서는 접근 통제에 관한 규정을 신설하였는데(대검 디지털 증거 예규 제52조의1), 법정 재현이나 검증을 위해 무관정보가 포함된 '전부 이미지 파일'에 접근이 필요한 경우 공판검사가 소속 청 인권보호관의 승인을 받아 디지털 수사과장에게 공문으로 접근권한 부여를 요청하도록 하였다(대검 디지털 증거 예규 제52조의1 제3항 제1호). 주임검사가 당해 사건의 수사를 위해 필요하거나 공판검사가 당해 사건의 공소유지를 위해 필요한 경우라도 무관정보가 포함된 '전부 이미지 파일'에는 접근할 수 없다(대검 디지털 증거 예규 제52조의1 제3항 제2호).

보관 중인 전자정보 중 폐기대상 및 폐기방법에 관한 규정도 두고 있으나(대검 디지털 증거 예규 제54조, 제55조), 당사자의 신청권이나 폐기 시한은 따로 정하고 있지 않다. '전부 이미지 파일'에 대한 접근이 승인된 경우나 폐기대상 정보의 폐기와 관련하여 피압수자나 변호인 등에 대한 최소한의 통지 절차도 없어 접근 통제나 폐기 규정의 내용이 준수되고 있는지 외부에서 확인할 방법이 없고, 달리 보관의 적법성을 다툴 수 있는 절차에 관한 규정도 없다. 판결이 확정된 당사자에게 폐기요청권을 인정하고 있던 기존 규정[구 대검 디지털 증거 예규(2024. 10. 1. 대검찰청예규 제1449호로 개정되기 전의 것) 제58조 제2항]은 2024. 10. 1. 자 개정으로 삭제되었다.

2) 무관정보 계속 보관에 대한 판례의 법리

법원은 수사기관이 압수·수색 절차 종료 후 무관정보를 보관하는 행위가 그 자체로 위법하다고 본다.[16]

대법원 2024. 4. 16. 선고 2020도3050 판결

수사기관이 유관정보를 선별하여 압수한 후에도 무관정보를 삭제·폐기·반환하지 아니한 채 그대로 보관하고 있다면 무관정보 부분에 대하여는 압수의 대상이 되는 전자정보의 범위를 넘어서는 전자정보를 영장 없이 압수·수색하여 취득한 것이어서 위법하고, 사후에 법원으로부터 압수·수색영장이 발부되었다거나 피고인이나 변호인이 이를 증거로 함에 동의하였다고 하여 그 위법성이 치유된다고 볼 수 없다(대법원 2022. 1. 14. 자 2021모1586 결정 등 참조). 수사기관이 새로운 범죄혐의의 수사를 위하여 무관정보가 남아 있는 복제본을 열람하는 것은 압수·수색영장으로 압수되지 않은 전자정보를 영장 없이 수색하는 것과 다르지 않다. 따라서 복제본은 더 이상 수사기관의 탐색, 복제 또는 출력 대상이 될 수 없으며, 수사기관은 새로운 범죄혐의의 수사를 위하여 필요한 경우에도 기존 압수·수색 과정에서 출력하거나 복제한 유관정보의 결과물을 열람할 수 있을 뿐이다. 사후에 법원으로부터 복제본을 대상으로 압수·수색영장을 발부받아 집행하였다고 하더라도, 이는 압수·수색절차가 종료됨에 따라 당연히 삭제·폐기되었어야 할 전자정보를 대상으로 한 것으로 위법하다(대법원 2023. 6. 1. 선고 2018도19782 판결, 대법원 2023. 10. 18. 선고 2023도8752 판결 등 참조).

3) 개정 서식과 유의점

2024. 10. 1. 자로 개정된 현행 대검 디지털 증거 예규 별지 제14호 "전자정보의 압수 등에 관한 의견진술서" 서식에는 기존에 없던 '전부 이미지 파일 보관'에 관한 의견 항목이 추가되었다.

그러나 압수·수색 절차가 종료된 후에도 수사기관이 무관정보를 계속 보관하는 것은 그 자체로 위법하다는 것이 판례이고, 전자정보 압수·수색 절차 전반에 대한 이해가 충분하지 않을 수 있는 대다수 일반 국민이 '전부 이미지 파일 보관'의 의미를 완전히 이해하고 그에 대한 의견을 정리하여 기재하기를 기대하기는 어려우므로, 적어도 '전부 이미지 파일 보관' 부분에 관하여 아무런 의견을 개진하지 않았다는 사정만으로 곧 피압수자 측이 '전부 이미지 파일 보관'에 동의한 것으로 해석되어서는 안 될 것이다.

16) 대법원 2022. 1. 14. 자 2021모1586 결정, 대법원 2023. 6. 1. 선고 2018도19782 판결, 대법원 2023. 10. 18. 선고 2023도8752 판결, 대법원 2024. 4. 16. 선고 2020도3050 판결

〈2024. 10. 1. 자로 개정되기 전의 대검 디지털 증거 예규 별지 제14호 서식〉

[별지 제14호 서식] 전자정보의 관련성에 관한 의견진술서

[전자정보의 관련성에 관한 의견진술서]

<table>
<tr><td rowspan="2">의견진술인</td><td>성 명</td><td></td><td>생 년 월 일</td><td></td></tr>
<tr><td>연 락 처</td><td></td><td>사건과의 관계</td><td></td></tr>
<tr><td rowspan="2">의견진술
대상
전자정보</td><td>매체 종류
(제조사,모델)</td><td></td><td>이미지 파일명</td><td></td></tr>
<tr><td colspan="4">20 . . . 00:00 부터 20 . . . 00:00 까지 (장소)에서
집행한 위 매체에 기억된 전자정보 중 일부</td></tr>
<tr><td colspan="5">◎ 참여권 보장에 관한 의견 유무 (있음 □ / 없음 □)</td></tr>
<tr><td colspan="5">(의견 기재)</td></tr>
<tr><td colspan="5">◎ 전부 복제본 또는 매체 원본 반출에 관한 의견 유무 (있음 □ / 없음 □)</td></tr>
<tr><td colspan="5">(의견 기재)</td></tr>
<tr><td colspan="5">◎ 개개 전자정보의 압수에 관한 의견 유무 (있음 □ / 없음 □)</td></tr>
<tr><td colspan="5">(의견 기재)</td></tr>
<tr><td colspan="5">위 의견진술인은 위 일시, 장소에서 있었던 전자정보에 대한 압수·수색·검증과 관련하여 위와 같이 의견을 진술합니다.

20 . . .

위 작성자 : (서명)</td></tr>
</table>

〈2024. 10. 1. 자로 개정된 대검 디지털 증거 예규 별지 제14호 서식〉

[별지 제14호 서식] 전자정보의 압수 등에 관한 의견진술서

【전자정보의 압수 등에 관한 의견진술서】

<table>
<tr><td rowspan="2">의견진술인</td><td>성 명</td><td></td><td>생 년 월 일</td><td></td></tr>
<tr><td>연 락 처</td><td></td><td>사건과의 관계</td><td></td></tr>
<tr><td rowspan="2">의견진술 대상 전자정보</td><td>매체 종류
(제조사,모델)</td><td></td><td>이미지 파일명</td><td></td></tr>
<tr><td colspan="4">20 . . . : 부터 20 . . . : 까지 (장소)에서 집행한 위 매체에 기억된 전자정보 중 일부</td></tr>
<tr><td colspan="5">□ 참여권 보장 □ 전부 복제본 또는 매체 원본 반출 □ 전부이미지 파일 보관
□ 압수 대상 전자정보와 사건의 관련성에 관한 의견</td></tr>
<tr><td colspan="5">(의견 기재)</td></tr>
<tr><td colspan="5">위 의견진술인은 위 일시, 장소에서 있었던 전자정보에 대한 압수·수색·검증과 관련하여 위와 같이 의견을 진술합니다.

20 . . .

위 작성자 : (서명)</td></tr>
</table>

최근 '전부 이미지 파일 보관'을 준항고로 다투었으나 기각 결정한 사례가 있다.[17] 수사기관 측에서 시스템 분리를 통해 전부 이미지 파일에 대한 임의적인 열람이 불가능하도록 조치를 취하고 있다고 주장하고 있는 점과 해당 사건에서 수사기관이 전부 이미지 파일을 활용하여 추가 탐색을 시도하거나 별건 수사를 진행하였다고 볼 자료가 없는 점 등이 이유였다. 해당 결정에 대해서는 재항고가 제기되어 있는바,[18] 전부 이미지 파일 보관의 적법성에 대하여 대법원은 어떤 판단 기준이나 법리를 제시할지 주목된다.

사 전자정보의 압수·수색에 있어 절차적 권리 보장

1) 기본 법리[19]

압수의 대상이 되는 전자정보와 그렇지 않은 전자정보가 혼재된 정보저장매체나 그 복제본을 현장에서 반출하거나 임의제출받은 수사기관이 그 정보저장매체 등을 수사기관 사무실 등으로 옮겨 이를 탐색·복제·출력하는 경우, 그와 같은 일련의 과정에서 피압수자나 그 변호인에게 참여의 기회를 보장하고 압수된 전자정보의 파일 명세가 특정된 압수목록을 작성·교부하여야 하며, 범죄혐의사실과 무관한 전자정보의 임의적인 복제 등을 막기 위한 적절한 조치를 취하는 등 영장주의 원칙과 적법절차를 준수하여야 한다. 만약 그러한 조치가 취해지지 않았다면 피압수자 측이 참여하지 않겠다는 의사를 명시적으로 표시하였거나 임의제출의 취지와 경과 또는 그 절차 위반행위가 이루어진 과정의 성질과 내용 등에 비추어 피압수자 측에 절차 참여를 보장한 취지가 실질적으로 침해되었다고 볼 수 없을 정도에 해당한다는 등의 특별한 사정이 없는 이상 압수·수색이 적법하다고 평가할 수 없고, 비록 수사기관이 정보저장매체 또는 복제본에서 범죄혐의사실과

17) 서울중앙지방법원 2024. 10. 28. 자 2024보6 결정(미확정)

18) 대법원 2024모4161 재항고 계속 중

19) 대법원 2011. 5. 26. 자 2009모1190 결정, 대법원 2015. 7. 16. 자 2011모1839 전원합의체 결정, 대법원 2021. 11. 18. 선고 2016도348 전원합의체 판결, 대법원 2023. 9. 18. 선고 2022도7453 전원합의체 판결 등

관련된 전자정보만을 복제·출력하였다고 하더라도 달리 볼 것은 아니다.

피해자 등 제3자가 피의자의 소유·관리에 속하는 정보저장매체를 임의제출한 경우에는 실질적 피압수자인 피의자가 수사기관으로 하여금 그 전자정보 전부를 무제한 탐색하는 데 동의한 것으로 보기 어려울 뿐만 아니라 피의자 스스로 임의제출한 경우 피의자의 참여권 등이 보장되어야 하는 것과 견주어 보더라도 특별한 사정이 없는 한 피의자에게 참여권을 보장하고 압수한 전자정보 목록을 교부하는 등 피의자의 절차적 권리를 보장하기 위한 적절한 조치가 이루어져야 한다.

2) 불법촬영 성범죄의 경우

가) 위장형 카메라

성적 욕망 또는 수치심을 유발할 수 있는 사람의 신체를 촬영하기 위해 숙박업소나 화장실 등에 위장형 카메라를 설치하는 유형의 범죄에서, 범인이 설치한 위장형 카메라를 해당 장소의 이용자 또는 관리자인 제3자가 발견하여 수사기관에 신고하면서 이를 임의제출하는 경우가 있다.[20] 법원은 불법촬영 성범죄에 위장형 카메라 등 특수한 정보저장매체가 사용된 경우 해당 정보저장매체의 기능과 속성상 무관정보가 혼재할 여지가 거의 없어 사실상 대부분 압수의 대상이 되는 전자정보만이 저장되어 있는 경우 소지·보관자의 임의제출에 따른 통상의 압수절차 외에 피압수자에게 참여의 기회를 보장하지 않고 전자정보 압수목록을 작성·교부하지 않았다는 점만으로 곧바로 증거능력을 부정할 것은 아니라고 보았다.[21]

나) 휴대전화

불법촬영 성범죄로 적발된 피의자가 범행에 사용한 자신의 휴대전화를

20) 대법원 2020. 11. 26. 선고 2020도10729 판결(다만 이 판결은 제3자가 임의제출한 위장형 카메라에 담긴 전자정보의 증거능력이 직접적으로 문제가 된 사안이 아니라 이를 토대로 피의자에 대해 따로 압수·수색영장을 발부받아 피의자 소유 컴퓨터 등을 압수한 사안으로 위장형 카메라라는 정보저장매체의 특성에 따른 절차적 권리 보장 여부 판단 기준 완화의 법리가 직접적으로 다루어진 사례는 아니다), 대법원 2021. 11. 25. 선고 2019도7342 판결

21) 대법원 2021. 11. 25. 선고 2019도7342 판결

임의제출한 경우 법원은 그 휴대전화에 저장된 전자정보의 탐색 과정에 피의자의 참여권이 보장되었는지 여부에 따라 압수된 전자정보의 증거능력을 달리 본다. 즉, 임의제출된 휴대전화를 수사기관과 피의자가 함께 탐색하여 동종의 별건 불법촬영 성범죄에 관한 영상을 발견·특정하고, 피의자가 범행을 자백한 경우, 수사기관이 피의자에게 전자정보 상세목록을 교부하지 않았더라도 실질적으로 피의자에게 전자정보 상세목록이 교부된 것과 다름이 없다고 본 사례가 다수 있다.[22] 반면, 수사기관이 단독으로 피의자의 휴대전화를 탐색하여 발견한 자료는 설령 그것이 임의제출의 동기가 된 혐의사실과 관련성이 인정되고 피의자가 범행을 자백하였더라도 증거능력이 없다고 보았다.[23]

아 개별 판결례

1) 키워드 또는 확장자 검색 등을 통해 혐의사실과 관련 있는 정보를 선별한 다음 복제하여 생성한 파일을 제출받아 압수하였다면 이로써 압수의 목적물에 대한 압수·수색 절차가 종료되었다고 본 사례[24]

가) 사실관계

공소외인은 피고인 1의 지시를 받아 이 사건 유흥주점과 관련한 장부를 업무상 필요에 따라 USB에 파일 형태로 작성·관리하였다. 수사기관은 피고인 1의 조세포탈 혐의와 관련하여 압수·수색영장을 발부받아 그 집행 현장에서 공소외인이 사용하던 위 USB에서 조세포탈 장부가 담긴 파일로 추정되는 엑셀 파일이나 문서 파일들을 추출한 뒤 이를 이미징하여 압수하

22) 대법원 2021. 11. 25. 선고 2019도6730 판결, 대법원 2021. 11. 25. 선고 2019도9100 판결, 대법원 2022. 1. 13. 선고 2016도9596 판결, 대법원 2022. 2. 17. 선고 2019도4938 판결, 대법원 2023. 6. 1. 선고 2020도2550 판결

23) 대법원 2021. 11. 25. 선고 2016도82 판결, 대법원 2021. 12. 30. 선고 2019도14055 판결, 대법원 2021. 12. 30. 선고 2019도18010 판결, 대법원 2021. 12. 30. 선고 2019도18013 판결, 대법원 2021. 12. 30. 선고 2020도2478 판결, 대법원 2022. 11. 17. 선고 2019도11967 판결

24) 대법원 2018. 2. 8. 선고 2017도13263 판결

였다. 이 과정에서 피고인 1의 조세포탈 혐의와 무관한 일부 전자정보가 복제되기는 하였으나, 공소외인은 거기에 자신의 개인 신상과 관련된 파일은 없었다고 진술했고, 그 전자정보가 다른 범죄의 혐의와 관련된 것도 아니었다.

수사기관은 위 USB에 저장된 파일과 이미징으로 복제한 파일의 해시값을 비교하여 서로 같음을 확인한 후 사실확인서에 공소외인의 서명을 받았다. 또한, 압수·수색 현장에 있던 공소외인에게도 참여권을 고지하였고, 공소외인은 옆에 있는 다른 방에 머무르면서 필요한 경우 압수·수색 현장으로 출입하였다.

나) 법원의 판단

법원은 "수사기관이 정보저장매체에 기억된 정보 중에서 키워드 또는 확장자 검색 등을 통해 범죄 혐의사실과 관련 있는 정보를 선별한 다음 정보저장매체와 동일하게 비트열 방식으로 복제하여 생성한 파일(이미지 파일)을 제출받아 압수하였다면 이로써 압수의 목적물에 대한 압수·수색 절차는 종료된 것이므로, 수사기관이 수사기관 사무실에서 위와 같이 압수된 이미지 파일을 탐색·복제·출력하는 과정에서도 피의자 등에게 참여의 기회를 보장하여야 하는 것은 아니다."라고 판시하여 위 USB에 저장된 파일을 선별하여 이미징한 파일은 적법하게 압수되었다고 보았다.

2) 불법촬영 성범죄 혐의로 현행범 체포된 피고인이 임의제출한 휴대전화에서 추가 혐의사실에 대한 동영상 증거가 나와 이를 압수한 사안에서 압수목록을 교부하지 않았음에도 추가로 발견된 동영상 증거의 증거능력을 인정한 사례[25)]

가) 사실관계

사법경찰리는 2016. 7. 15. 00:08경 피해자로부터 피고인이 휴대전화의

25) 서울서부지방법원 2018. 5. 10. 선고 2017노1029 판결(대법원 2019. 7. 10. 선고 2018도8371 판결로 확정)

카메라를 이용하여 지하철 승강장 앞에서 자신의 다리 부분을 몰래 촬영하였다는 신고를 받고 같은 날 00:10경 현장에 출동하여 휴대전화에 저장된 영상을 확인하였다. 피고인이 범행을 인정하는 취지로 진술하자 사법경찰리는 같은 날 00:15경 피고인을 성폭력처벌법위반(카메라등이용촬영) 혐의로 현행범 체포하고 지구대로 연행하였고, 피고인은 같은 날 00:25경 지구대에서 사법경찰관에게 휴대전화기를 임의제출하였다.

사법경찰관은 압수한 위 휴대전화기를 수색하여 위 범행에 관한 동영상 파일을 확인하였고, 이어 계속된 수색에서 2016. 7. 14. 23:44경부터 23:56경 사이에 촬영된 여성의 신체가 보이는 4개의 동영상을 추가로 확인하여 그 동영상 파일을 추출하여 CD에 복제하였다. 위 4개의 동영상 파일은 모두 피고인이 인근 지하철 역사 내에서 여성의 신체 일부를 촬영한 동영상이었다.

나) 법원의 판단

법원은 사법경찰리가 피고인을 현행범 체포하고 휴대전화를 임의제출받은 과정에 어떠한 절차적 위법이 있었다고 보기 어렵다고 전제한 뒤, 휴대전화 임의제출 자체가 적법한 이상 이로써 압수 절차는 종료되었다고 보았다. 특히 임의제출물 압수의 경우 압수할 수 있는 범위가 제출자의 의사에 따라 정해지고 형사소송법 제218조에도 관련성 있는 물건으로 한정한다는 문언이 없으므로 '관련성'에 따른 제한이 없고, 제출로써 압수절차는 종료되므로 피고인에게 어떠한 '참여권'을 부여할 여지를 찾기 어렵다고 판시하였다.[26]

또한 압수물목록은 압수 직후 바로 작성하여 교부해야 하는 것이 원칙이나, 피고인이 압수처분과 관련한 권리행사절차에 지장을 받은 것으로 보이지 않는 점 등을 이유로 그러한 절차 조항 위반의 내용과 정도가 중대하지 않고 위 절차 조항이 보호하고자 하는 권리 또는 법익을 본질적으로 침해하였다고 볼 수 없어 증거능력을 인정할 수 있는 예외적인 경우에 해당한다고 보았다.

---

26) 다만, 대법원 2021. 11. 18. 선고 2016도348 전원합의체 판결 및 그에 따른 후속 대법원 판결들에 의해 지금은 임의제출물 압수의 경우에도 '관련성'에 따른 제한과 '참여권'을 인정하는 법리가 확립되었다.

3) 수사기관이 전자정보 상세목록을 교부하지 않았음을 이유로 해당 전자정보의 증거능력을 부정한 사례[27)]

피고인이 미국 백악관 민원코너(Contact the White House)에 미국 대통령 등 피해자를 협박하는 취지의 게시글을 올린 혐의로 압수·수색영장이 발부되어 피고인의 주거지에서 집행된 사안이다. 경찰은 디지털 증거분석 결과 보고서를 작성하면서 경찰 단계에서의 전자정보 압수·수색을 사실상 종료하였음에도 피고인 등에게 압수한 전자정보의 목록을 교부하지 않았고, 검사도 이러한 절차 위반의 하자를 치유하지 않았다.

법원은 아래와 같은 이유로 이 사건 압수·수색이 압수목록 교부의무를 정한 형사소송법 제219조, 제129조에 반하여 위법하다고 보았다.

- 이 사건 압수·수색영장에는 압수 대상 및 방법을 제한하여 피압수자 등에게 압수한 전자정보의 목록을 교부하라는 내용이 기재되어 있으므로 수사기관이 전자정보를 압수한 경우 전자정보가 저장된 매체에 대한 목록과 별도로 전자정보에 대한 상세한 압수목록을 작성하여 피압수자 등에게 교부하여야 한다.
- 압수목록은 피압수자 등이 압수처분에 대한 준항고를 하는 등 권리 행사절차를 밟는 가장 기초적인 자료가 되므로 이러한 권리행사에 지장이 없도록 신속하게 작성하여 교부해야 하는 것이 원칙임에도 경찰은 피고인 등에게 압수한 전자정보의 목록을 교부하지 않았고, 검사도 이러한 절차 위반의 하자를 치유하지 않았다.
- 수사기관은 피고인을 조사하면서 압수한 전자정보의 출력물을 혐의사실 입증 자료로 다수 제시하였으므로 그 사본을 피고인 등에게 교부하는 방식으로 전자정보에 대한 압수목록 교부의무를 어렵지 않게 이행할 수 있었다.

---

27) 서울중앙지방법원 2019. 10. 17. 선고 2016노4872 판결(대법원 2020. 3. 12. 선고 2019도17613 판결로 확정)

4) 수사기관이 피의자로부터 임의제출받아 보관하고 있던 전자정보 복제본에서 별건 혐의를 포착하여 새로이 압수·수색영장을 발부받은 경우라도 그 집행에 따른 압수목록을 피의자에게 교부하지 않았다면 압수처분이 위법하다고 본 사례[28)]

가) 사실관계

국방부 검찰단 보통검찰부는 재항고인이 상관에게 뇌물을 제공하고 본인의 진급을 청탁하였다는 등의 혐의로 내사에 착수하였다. 군사법경찰관은 재항고인의 사무실에서 재항고인로부터 휴대전화를 임의제출받아 이를 복제한 후 그 복제파일도 같이 임의제출받아 압수하였고(제1처분), 휴대전화 기기는 같은 날 가환부하였다.

군사법경찰관은 위 복제파일을 탐색하던 중 재항고인의 알선수재 등 별건 혐의에 관한 전자정보를 발견하여 해당 별건 혐의로 위 복제파일에 대한 압수·수색영장을 발부받았다. 군사법경찰관은 국방부 검찰단 과학수사과에 보관 중이던 위 복제파일 및 그에 대한 분석자료 파일을 복제하는 방법으로 압수하면서(제2처분) 재항고인에게 그 압수목록을 작성·교부하지 않았다. 이후 군검찰은 별건 혐의에 관하여 재항고인과 참고인들을 상대로 추가 압수·수색영장을 발부받아 집행하였다(제3처분).

나) 법원의 판단

법원은 군사법경찰관이 내사 혐의와 관련하여 재항고인으로부터 휴대전화를 임의제출받아 복제파일을 보관하고 있는 상태라고 하더라도 새로운 별건 혐의와 관련된 전자정보는 위 최초 압수의 대상이 아니므로 별건 혐의에 관한 압수·수색영장의 피압수자는 최초의 압수 이전부터 해당 전자정보를 관리하고 있던 재항고인이라고 보았다.

또한 법원은 군사법경찰관이 이 사건 복제파일에 대한 압수·수색을 실시하여 별건 혐의와 관련된 재항고인의 전자정보를 압수하는 제2처분을 하였으므로, 제2처분 직후 재항고인에게 압수된 전자정보의 파일 명세가 특

28) 대법원 2020. 11. 17. 자 2019모291 결정

정된 상세목록을 작성·교부하였어야 함에도 군사법경찰관은 재항고인에게 압수된 전자정보에 관한 압수목록을 교부하지 않았으므로, 이 사건 제2처분은 군사법원법 제258조, 제170조를 위반한 위법이 있다고 보았다.[29)]

아울러 법원은 적법절차 및 영장주의 원칙을 구현한 헌법과 군사법원법 규정들의 입법 취지 등에 비추어 보면 제2처분의 위법이 중대하고, 제3처분은 제2처분에 따라 수집된 증거를 토대로 실시된 것이어서 제2처분의 위법이 전체 압수·수색 과정에 영향을 미쳤다고 보아 제1, 2, 3처분을 모두 취소하였다.

5) 위장형 카메라를 이용한 불법촬영 성범죄의 경우 피압수자 측에 대한 절차적 권리 보장에 관하여 완화된 해석을 한 사례[30)]

가) 사실관계

B가 운영하는 모텔에 투숙한 투숙객 F, G가 해당 모텔의 E호 객실에서 위장형 카메라를 발견하여 경찰에 신고하였다. 출동한 경찰이 해당 모텔을 수색한 결과 8개 호실에서 각 1개씩 총 8개의 위장형 카메라가 발견되어 이를 모텔 운영자 B로부터 임의제출받아 압수하였다. 경찰이 위 8개 위장형 카메라에 삽입된 메모리카드 내 전자정보를 탐색한 결과 신고자인 F, G가 투숙했던 E호 외에 D, H, I호에 설치되어 있던 위장형 카메라의 메모리카드에서도 성적 욕망을 유발할 수 있는 불법촬영 동영상이 발견되었다. 피고인은 ① 위 모텔 8개 객실에 대한 방실침입과 ② 위장형 카메라를 이용하여 E, D, H, I호에서 불법촬영한 성폭력처벌법위반(카메라등이용촬영) 공소사실로 기소되었다.

---

29) 이 사건에서 군사법경찰관은 재항고인에게 전화하여 '별건으로 이 사건 복제파일에 대한 추가 압수를 실시한다'는 사실을 고지하면서도 이 사건 영장이 발부된 사실이나 위 영장에 기재된 사항에 대해서는 아무런 고지를 하지 않은 상태에서 이 사건 영장을 집행하였는바, 법원은 영장의 제시 없이 압수·수색영장이 집행된 경우로서 제2처분은 군사법원법 제258조, 제159조를 위반한 위법도 있다고 보았다.

30) 대법원 2021. 11. 25. 선고 2019도7342 판결

나) 법원의 판단

법원은 임의제출의 동기가 된 혐의사실인 E호에서의 불법촬영 성범죄와 나머지 D, H, I호에서의 불법촬영 성범죄 사이에 관련성이 인정되고, 위장형 카메라의 소유·관리자인 피고인이 아니라 제3자로서 그 소지·보관자에 불과한 모텔 운영자 B로부터 이를 임의제출받은 것에도 절차상 하자가 없다고 보았다. 구체적인 이유는 다음과 같다.

대법원 2021. 11. 25. 선고 2019도7342 판결

다. 판단

1) 경찰이 범죄혐의사실과 관련된 전자정보와 그렇지 않은 전자정보가 혼재되어 있는 정보저장매체인 휴대전화를 임의제출받는 경우 제출자의 의사를 확인하여야 한다. 모텔 업주인 B은 총 8개의 위장형 카메라를 임의제출할 당시 이 사건 각 위장형 카메라 및 그 안에 저장된 전자정보의 제출 범위를 명확히 밝히지 않았으므로, 임의제출에 따른 압수의 동기가 된 범죄혐의사실과 관련되고 이를 증명할 수 있는 최소한의 가치가 있는 전자정보에 한하여 압수의 대상이 된다. 그런데 이 사건 각 위장형 카메라에 저장된 D, H, I호에서 촬영된 영상은 E호에서 촬영된 영상과 범행 일자가 동일하고, 모두 이 사건 모텔에서 촬영되었으며, 범죄의 속성상 해당 범행의 상습성이 의심되거나 피고인의 성적 기호 내지 경향성의 발현에 따른 일련의 범행의 일환으로 이루어진 것으로 의심되어, 범행의 동기와 경위, 범행 수단과 방법 등을 증명하기 위한 간접증거나 정황증거 등으로 사용될 수 있으므로, E호 촬영에 관한 범죄혐의사실과 구체적·개별적 연관관계를 인정할 수 있다. 결국 D, H, I호에서 촬영된 영상은 임의제출에 따른 압수의 동기가 된 E호 촬영에 관한 범죄혐의사실과 관련성이 있는 증거로서 관련성이 인정될 수 있다.

2) 피의자가 소유·관리하는 정보저장매체를 피의자 아닌 제3자가 임의제출하는 경우에 그 임의제출 및 그에 따른 수사기관의 압수가 적법하더라도 임의제출의 동기가 된 범죄혐의사실과 구체적·개별적 연관관계가 있는 전자정보에 한하여 압수의 대상이 되는 것으로 더욱 제한적으로 해석하여야 하는 것은, 정보저장매체에는 그의 사생활의 비밀과 자유, 정보에 대한 자기결정권 등 인격적 법익에 관한 모든 것이 저장되어 있어, 임의제출의 주체가 소유자 아닌 소지자·보관자에 불과함에도 아무런 제한 없이 압수·수색이 허용되면 피의자의 인격적 법익이 현저히 침해될 우려가 있음을 고려하여, 그 제출행위로 소유자의 사생활의 비밀 기타 인격적 법익이 현저히 침해될 우려가 있는 경우에는 임의제출에

따른 압수·수색의 필요성과 함께 임의제출에 동의하지 않은 소유자의 법익에 대한 특별한 배려도 필요하기 때문이다(위 대법원 2016도348 전원합의체 판결 등 참조).

반면, 임의제출된 이 사건 각 위장형 카메라 및 그 메모리카드에 저장된 전자정보처럼 오직 불법촬영을 목적으로 방실 내 나체나 성행위 모습을 촬영할 수 있는 벽 등에 은밀히 설치되고, 촬영대상 목표물의 동작이 감지될 때에만 카메라가 작동하여 촬영이 이루어지는 등, 그 설치 목적과 장소, 방법, 기능, 작동원리상 소유자의 사생활의 비밀 기타 인격적 법익의 관점에서 그 소지·보관자의 임의제출에 따른 적법한 압수의 대상이 되는 전자정보와 구별되는 별도의 보호가치 있는 전자정보의 혼재 가능성을 상정하기 어려운 경우에는 위 소지·보관자의 임의제출에 따른 통상의 압수절차 외에 별도의 조치가 따로 요구된다고 보기는 어렵다. 따라서 피고인 내지 변호인에게 참여의 기회를 보장하지 않고 전자정보 압수목록을 작성·교부하지 않았다는 점만으로 곧바로 증거능력을 부정할 것은 아니다.

3) 따라서 수사기관이 이 사건 각 위장형 카메라에 저장된 D호, H호, I호에서 각 촬영된 영상은 그 증거능력이 인정된다. 그럼에도 이와 달리 이 사건 공소사실 중 D, H, I호 촬영에 관한 성폭력처벌법위반(카메라등이용촬영)죄 부분을 무죄로 판단한 원심의 판단에는 임의제출자의 의사가 불명확한 경우 관련성 인정 기준, 정보저장매체에 해당하는 임의제출물의 압수에 있어 참여권 보장, 전자정보 압수목록 교부 등에 관한 법리를 오해하여 판결에 영향을 미친 잘못이 있다. 이를 지적하는 상고이유 주장은 이유 있다.

6) 수사기관이 관련성 구분 없이 임의로 전체의 전자정보를 복제·출력·보관하면서 개별 파일 명세를 특정하지 않고 포괄적인 압축파일만을 기재한 전자정보 목록을 피압수자 등에게 교부한 경우 전자정보 전체에 대한 압수가 위법하다고 본 사례[31]

가) 사실관계

수사기관은 '피의자 공소외 1이 의뢰인으로부터 사건무마를 위해 경찰에

31) 대법원 2022. 1. 14. 자 2021모1586 결정. 참고로 이 결정에서는 해당 영장을 발부한 단독판사가 회피하지 아니한 채 그 영장에 기한 압수의 취소를 구하는 준항고 사건의 재판을 하더라도 위법하지 않다고 보았다.

전달한다는 명목으로 2018. 11.경부터 2019. 3. 하순경까지 3회에 걸쳐 합계 5,500만 원을 교부받고 1억 원을 약속받은 후, 이를 준항고인에게 전달하여 뇌물공여를 하였다.'는 내용의 변호사법위반, 뇌물공여 혐의사실을 수사하면서, 2019. 5. 17. 준항고인의 휴대전화 등에 대한 압수·수색영장(제1영장)을 발부받아 이를 집행하였다.

제1영장에는 전자정보의 압수 대상 및 방법에 관하여 유관정보 선별압수 원칙, 전자정보 상세목록 교부, 무관정보 삭제·폐기·반환 등 제한이 있었고, 준항고인은 휴대전화의 전자정보에 관한 탐색·복제·출력 절차 참여를 포기하였다.

경찰청 디지털포렌식계 담당 분석관은 별도의 선별작업 없이 준항고인의 휴대전화에 저장된 파일 대부분을 그대로 한 개의 파일(19-○○○호TF증1〈△△△ 휴대폰〉.zip)로 압축해 저장매체에 복제하여 담당 경찰관에게 건네주었다. 담당 경찰관이 작성한 압수조서 및 전자정보 상세목록에도 압수한 전자정보가 "19-○○○호TF증1〈△△△ 휴대폰〉.zip"이라고 기재되어 있었다.

제1영장의 피의자였던 공소외 1은 앞서 본 의뢰인으로부터 사건청탁 명목으로 금원을 전달받았다는 내용의 변호사법위반으로만 기소되어 유죄판결이 선고·확정되었는데, 그 이후에도 위 압축파일은 경찰청 내 이미징 자료 등을 보관하는 서버에 그대로 저장되어 있었다.

한편 수사기관은 '준항고인이 2016. 12.경부터 2017. 5.경까지 공소외 2로부터 합계 5,000만 원을, 2018. 8.경 4,000만 원을 받았다.'는 내용의 혐의사실을 수사하면서, 위와 같이 제1영장에 의하여 압수하여 취득한 위 압축파일에 대하여 압수·수색영장을 청구하였고, 법원은 2020. 4. 16. 위 혐의사실에 대해 수사기관에서 보관 중인 위 압축파일 등에 대한 압수·수색영장(제2영장)을 발부하였다.

수사기관은 제2영장을 집행하면서 준항고인이나 그 변호인에게 참여의 기회를 보장하지 않았다. 이 때문에 수사기관은 다시 압수·수색영장을 청구하여 2021. 4. 7. 준항고인에 대한 일부 범죄 혐의사실이 추가된 것 외에는 제2압수·수색영장과 거의 동일한 내용의 압수·수색영장을 발부받아(제3영장) 준항고인과 변호인의 참여 기회를 보장하고 이 사건 압축파일의 압수를 집행하였다.

나) 법원의 판단

법원은 전자정보 압수·수색 시 혐의사실과 관련성이 인정되는 전자정보의 선별압수 원칙, 선별 완료 후 유관정보에 대한 전자정보 상세목록 즉석 작성·교부 의무 및 무관정보의 지체 없는 삭제·폐기·반환 의무, 이를 위반한 위법의 중대성[32] 등 기존 법리를 재확인한 후, 구체적인 개별 파일 명세를 파악할 수 없도록 포괄적인 압축파일만을 기재한 것은 적법한 전자정보 상세목록으로 보기 어렵다고 판단했다.

대법원 2022. 1. 14. 선고 2021모1586 판결

수사기관이 압수·수색영장에 기재된 범죄 혐의사실과의 관련성에 대한 구분 없이 임의로 전체의 전자정보를 복제·출력하여 이를 보관하여 두고, 그와 같이 선별되지 않은 전자정보에 대해 구체적인 개별 파일 명세를 특정하여 상세목록을 작성하지 않고 '….zip'과 같이 그 내용을 파악할 수 없도록 되어 있는 포괄적인 압축파일만을 기재한 후 이를 전자정보 상세목록이라고 하면서 피압수자 등에게 교부함으로써 범죄 혐의사실과 관련성 없는 정보에 대한 삭제·폐기·반환 등의 조치도 취하지 아니하였다면, 이는 결국 수사기관이 압수·수색영장에 기재된 범죄 혐의사실과 관련된 정보 외에 범죄 혐의사실과 관련이 없어 압수의 대상이 아닌 정보까지 영장 없이 취득하는 것일 뿐만 아니라, 범죄혐의와 관련 있는 압수 정보에 대한 상세목록 작성·교부의무와 범죄혐의와 관련 없는 정보에 대한 삭제·폐기·반환의무를 사실상 형해화하는 결과가 되는 것이어서 영장주의와 적법절차의 원칙을 중대하게 위반한 것으로 봄이 상당하다(만약 수사기관이 혐의사실과 관련 있는 정보만을 선별하였으나 기술적인 문제로 정보 전체를 1개의 파일 등으로 복제하여 저장할 수밖에 없다고 하더라도 적어도 압수목록이나 전자정보 상세목록에 압수의 대상이 되는 전자정보 부분을 구체적으로 특정하고, 위와 같이 파일 전체를 보관할 수밖에 없는 사정을 부기하는 등의 방법을 취할 수 있을 것으로 보인다). 따라서 이와 같은 경우에는 영장 기재 범죄 혐의사실과의 관련성 유무와 상관없이 수사기관이 임의로 전자정보를 복제·출력하여 취득한 정보 전체에 대해 그 압수는 위법한 것으로 취소되어야 한다고 봄이 상당하고, 사후에 법원으로부터 그와 같이 수사기관이 취득하여 보관하고 있는 전자정보 자체에 대해 다시 압수·수색영장이 발부되었다고 하여 달리 볼 수 없다.

---

32) 사후 압수·수색영장 발부나 피고인 또는 변호인의 증거동의로도 그 위법성이 치유되지 않는다고 보았다.

법원은 수사기관이 ① 제1영장을 집행하면서 기술적인 문제를 이유로 혐의사실 관련성에 대한 구분 없이 임의로 준항고인의 휴대전화 내 전자정보 전부를 이 사건 압축파일 1개로 생성·복제한 것, ② 유관정보만을 탐색·선별하여 출력 또는 복제하는 절차를 밟지 아니한 채 압축파일 1개만 기재하여 압수조서를 작성하고 전자정보 상세목록이라는 이름으로 준항고인에게 교부한 것, ③ 무관정보를 삭제·폐기·반환하지 않고 오히려 이 사건 압축파일을 경찰청 내의 저장매체에 복제된 상태 그대로 보관하여 둔 것은 영장주의와 적법절차의 원칙, 제1영장에 기재된 압수의 대상과 방법의 제한을 중대하게 위반한 것이므로 압축파일 전체에 대한 압수가 취소되어야 한다고 보았다. 나아가 수사기관이 위와 같이 위법하게 압수한 압축파일에 대하여 별도 혐의사실로 압수·수색영장이 발부되었더라도 그 위법성은 치유되지 않으므로 제2, 3영장에 의하여 이루어진 압수 역시 취소되어야 한다고 판단했다.

7) 담당 검사와 수사관이 유출한 수사자료를 회수하고 그 유출 사실을 은폐하기 위한 목적으로 압수·수색한 사례[33)]

가) 사실관계

담당 검사와 수사관은 압수·수색에 착수하기 전 준항고인에게 압수·수색영장을 제시하지 않았고, 준항고인에 이미 체포되어 급속을 요한다고 볼 만한 사유가 없었음에도 준항고인에게 주거지 및 사무실에 대한 압수·수색 사실을 통지하지도 않았다. 압수목록 교부서에는 영장에 따라 압수한 압수물뿐 아니라 임의제출받은 압수물까지 포함되어 있었고, 압수방법·장소·대상자별로 구분되지 않은 채 압수물 중 극히 일부만 기재되었으며, 압수물의 구체적 내역을 알 수 없는 포괄적 방식의 기재 내용(지출내역 등 서류 1박스 등)과 혐의사실과 무관함이 명백한 내역(키보드·마우스·안경·연필·화장품 등)이 다수 기재되었다. 담당 검사와 수사관은 그 압수목록 교부서를 준항고인에게 교부하지도 않았다. 담당수사관은 준항고인에게 수사자료를 유출하

---

33) 대법원 2022. 7. 14. 자 2019모2584 결정

였다가 회수한 수수자료를 임의로 파쇄·폐기하였고 압수물 중 관련 형사사건에 증거로 제출된 것이 거의 없었다. 담당 검사와 수사관은 준항고인의 참여권을 보장하지 않은 상태에서 임의로 전자정보를 탐색·복제·저장하였고, 노트북 등 정보저장매체 원본을 반출하였으며, 전자정보 상세목록을 작성·교부하지도 않았다.

나) 법원의 판단

법원은 ① 이 사건 압수처분은 담당 검사와 수사관이 준항고인에게 수사자료를 유출한 사정이 알려짐에 따른 위험을 피하기 위하여 유출한 자료를 신속하게 회수하여 이를 폐기함으로써 수사자료 유출사실을 은폐하기 위한 목적이었음에도 이러한 실질적인 목적을 숨긴 채 이 사건 영장을 청구하여 발부받은 것인바, 사실상 수사기관이 영장청구권 및 영장의 집행권한을 남용한 것으로 임의수사 원칙과 비례성 원칙에 위반되고, ② 준항고인에게 영장을 제시하지도 않았으며, ③ 압수·수색영장 집행 일시·장소에 대한 사전 통지의무를 위반하고 준항고인의 참여권을 박탈하였고, ④ 압수목록에 압수물의 대부분이 누락되었고 기재 내용·방식이 지나치게 포괄적이며 이마저도 준항고인에게 교부되지 않은 등 위법이 있으며, ⑤ 노트북 2대와 휴대폰 1대에 저장된 전자정보에 대한 압수·수색은 영장에 명시된 '압수대상 및 방법의 제한'을 위반하여 원본이 반출되었고, 그 전체 과정에서 준항고인 등의 참여권이 보장되지도 않았으며, 집행 후 준항고인에게 전자정보 상세목록을 교부하지도 않았고, 저장매체 원본인 노트북 2대와 스마트폰 2대의 반환기간이 도과되었을 뿐만 아니라 담당검사 등이 적법한 절차 없이 압수한 전자정보를 개인 저장매체에 저장·반출하여 장기간 보유하는 등 여러 측면에서 위법하다고 보았다.

8) 별건으로 압수한 휴대전화의 전자정보 일체를 이미징한 파일을 검찰 서버에 보관하던 중 본건 수사로 압수·수색영장을 발부받아 위 이미징 파일에 집행한 사안에서 본건 압수·수색영장의 집행으로 취득한 전자정보의 증거능력을 부정한 사례[34)]

가) 사실관계

BT는 2020. 4. 15. 국회의원 선거와 관련하여 특정 후보자의 당선을 위해 선거구민을 모아 식사를 제공하는 등의 별건 공직선거법위반 혐의(별건)로 검찰 조사를 받았다. 2020. 4. 20. 위 별건으로 압수·수색영장(별건 영장)이 발부되어 2020. 4. 21. BT가 사용하는 휴대전화가 압수되었고, 2020. 4. 23. 위 휴대전화에 저장된 전자정보의 이미징 복제본 파일(별건 이미징 파일)이 대검찰청 디지털수사과 서버에 등록되었다.

본건과 관련하여 수사기관은 2020. 10. 28. 피고인 M을 조사하면서 그에게 관련 사진을 전송한 사람이 BT임을 확인하였고, 그 과정에서 2020. 10. 30. BT의 휴대전화에 대한 별건 이미징 파일이 대검찰청 디지털수사과 서버에 저장되어 있음을 확인하여, 같은 날 그 별건 이미징 파일에 대하여 새로이 압수·수색영장(본건 영장)을 발부받았다.

수사기관은 2020. 11. 3. BT의 참여하에 본건 영장을 집행하여 위 별건 이미징 파일을 재압수하였으나, BT는 이의를 제기한 바 없었다. 같은 날 진행된 검찰 조사에서도 BT는 압수·수색절차에 이의가 없고, 압수 과정에 위법이 이루어진 적도 전혀 없다고 진술하였다.

한편 별건 영장의 '압수 대상 및 방법의 제한' 부분에는 "혐의사실과 관련된 전자정보의 탐색·복제·출력이 완료된 후에는 지체 없이, 피압수자 등에게 ① 압수 대상 전자정보의 상세목록을 교부하여야 하고, ② 그 목록에서 제외된 전자정보는 삭제·폐기 또는 반환하고 그 취지를 통지하여야 함."이라고 규정되어 있었다.

34) 서울고등법원 2022. 8. 12. 선고 2022노594 판결(대법원 2022. 12. 15. 선고 2022도10452 판결로 확정)

나) 법원의 판단

법원은 수사기관이 별건 영장에 기재된 압수의 대상과 방법의 제한을 중대하게 위반하여 BT의 휴대전화 전자정보를 취득한 것이므로, 위 전자정보는 물론, 이를 기초로 수집한 2차 증거들까지 모두 위법수집증거로서 증거능력이 없고, 피고인이나 변호인이 이를 증거로 함에 동의하였다고 하여 달리 볼 수 없다고 판단했다. 구체적인 판시 내용은 아래와 같다.

서울고등법원 2022. 8. 12. 선고 2022노594 판결
(대법원 2022. 12. 15. 선고 2022도10452 판결로 확정)

① 수사기관은 2020. 4. 21. 별건 사건 수사 중 BT의 휴대전화를 압수하여 이미징 파일을 확보하였다. 그렇다면 별건 사건 압수·수색 검증영장의 “압수 대상 및 방법의 제한” 기재와 같이 압수의 대상이 된 전자정보의 상세목록을 교부한 후, 압수 대상과 무관한 전자정보는 삭제·폐기 또는 반환하고 그 취지를 통지하여야 한다. 그런데 위와 같이 압수된 이미징 파일은 별건 사건으로 영장이 집행된 이후에도 6개월가량 그대로 대검찰청 디지털 포렌직 센터 서버에 저장되어 있었다. 이는 위 영장이 정한 압수 대상과 방법의 제한을 위반한 것이다.

② 위와 같이 수사기관이 별건 범죄 혐의사실과 관련 있는 정보를 선별하여 압수한 후에도 그와 관련이 없는 나머지 정보를 삭제·폐기·반환하지 아니한 채 그대로 보관한 것은 범죄 혐의사실과 관련이 없는 부분에 대하여는 압수의 대상이 되는 전자정보의 범위를 넘어서는 전자정보를 영장 없이 압수·수색하여 취득한 것이어서 위법하다. 따라서 이후에 법원으로부터 다시 이 사건과 관련한 압수·수색영장이 발부되었다거나 BT이 위 압수수색에 대하여 이의를 제기한 바 없다고 하여 그 위법성이 치유된다고 볼 수 없다.

③ 설령 수사기관이 동일성, 무결성 입증 및 공소사실과 직접적으로 관련성 있는 전자정보의 진위 여부를 확인하기 위하여 해당 재판의 확정 전에는 휴대전화에 저장된 전체 전자정보에 대한 이미지 파일이 필요하다고 하더라도, 적어도 압수목록이나 전자정보 상세목록에 압수의 대상이 되는 전자정보 부분을 구체적으로 특정하고, 위와 같이 파일 전체를 보관할 수밖에 없는 사정을 부기하며, 위 상세목록에 기재되지 않은 무관정보는 ‘본래 압수수색영장의 취지에 따라 삭제·폐기되어야 하지만 유관정보의 증거가치 유지를 위하여 부득이하게 보관하는 것’에 불과하므로, 무관정보에 대하여 새롭게 압수수색을 하지 않는 등 영장주의와 적법절차 원칙을 지키기 위한 노력을 기울여야 한다. 그런데 별건 사건에서 수사기관이 BT에게 압수한 전자정보 상세목록을 교부하였다거나 범죄

혐의사실과 관련성 없는 정보를 보관하고 있다는 사실을 알려주는 등 조치를 취하였다는 자료가 없다. 오히려 BT은 이 사건 압수수색절차와 같은 날 진행된 검찰 조사에서 '별건 사건의 압수수색영장이 집행된 후 압수된 전자정보 동일성 등을 확인하기 위하여 재판종결시까지 위 전자정보가 대검찰청 디지털 서버에 보관되어 있다는 사실을 알지 못하였다.'고 진술하였다.

④ 휴대전화 전자정보의 경우 하나의 파일에서 피의사실과 직접 관련이 있는 전자정보만을 분리하는 것이 기술적으로 어렵고, 휴대전화 대신 이미 보관 중인 전자정보를 압수하는 것이 압수당사자의 사생활 보장 측면에서 유리할 수 있다는 사정을 들어 위와 같은 절차로 취득한 증거 및 2차적 증거의 증거능력을 인정한다면, 이는 범죄혐의와 관련 있는 압수 정보에 대한 상세목록 작성·교부의무와 범죄혐의와 관련 없는 정보에 대한 삭제·폐기·반환의무를 사실상 형해화하는 결과가 되어 헌법과 형사소송법이 절차 조항을 마련한 취지에도 반한다.

9) 압수·수색영장 집행이 종료된 휴대전화를 이용하여 메신저 대화를 하는 방법으로 위장수사한 경우 압수·수색영장의 위법한 재집행으로 본 사례[35]

가) 사실관계

경찰은 2019. 3. 5. 아래와 같은 내용으로 압수·수색영장(이하 '이 사건 영장'이라 한다)을 발부받고, 2019. 3. 7. 그 영장에 기하여 공소외인으로부터 휴대전화 3대 등을 압수하였다.

- 피의자: 공소외인
- 혐의사실: 대마 광고 및 대마 매매
- 압수할 물건: 피의자가 소지, 소유, 보관하고 있는 휴대전화에 저장된 마약류 취급 관련자료(출력, 복사, 복제 이미징이 불가능 시 저장매체 압수) 등
- 유효기간: 2019. 3. 31.

공소외인은 2019. 3. 21. 대마 '광고'에 의한 마약류관리법위반(대마) 등 혐의로, 2019. 4. 26. 대마 '매매'에 의한 마약류관리법위반(대마) 등 혐의로

35) 대법원 2023. 3. 16. 선고 2020도5336 판결

각각 공소제기되었다.

2019. 4. 8. 대마 구입 희망의사를 밝히는 피고인의 메시지가 공소외인의 휴대전화 메신저에 수신된 것을 확인한 경찰은 공소외인 행세를 하면서 해당 메신저를 통해 메시지를 주고받는 방법으로 위장수사를 진행하였다. 경찰은 2019. 4. 10. 피고인을 현행범으로 체포하고 피고인의 휴대전화를 비롯한 피고인의 소지품 등을 영장 없이 압수한 다음, 2019. 4. 12. 법원으로부터 사후 압수·수색영장을 발부받았다.

나) 법원의 판단

법원은 경찰의 메시지 정보 취득이 영장 집행 종료 후의 위법한 재집행이고 경찰이 공소외인의 휴대전화 메신저 계정을 이용할 정당한 접근권한도 없으므로 피고인과의 메시지 대화 정보와 이를 바탕으로 수집한 후속 증거들은 모두 위법수집증거에 해당하여 증거능력이 없다고 판단했다. 구체적인 이유는 아래와 같다.

- 피고인이 공소외인에게 메시지를 보낸 2019. 4. 8.경까지 경찰이 이 사건 영장의 집행을 계속하고 있었다고 볼 만한 아무런 자료가 없다. 오히려 공소외인이 대마 '광고'에 의한 마약류관리법위반(대마) 등으로 2019. 3. 21. 공소제기된 점에 비추어 보면, 경찰은 늦어도 2019. 3. 21. 무렵에는 이 사건 영장의 집행을 종료한 것으로 보인다. 따라서 경찰은 2019. 4. 8. 이후 피고인과의 메시지 대화 정보를 취득하기 위하여 이 사건 영장을 다시 집행할 수 없다.
- 공소외인이 자신의 휴대전화 메신저 계정까지 별건 수사에 사용하여도 좋다고 동의한 사정은 보이지 않으므로 경찰은 공소외인의 휴대전화 메신저에 접속하여 피고인과 메시지 대화를 송·수신할 수 없다.
- 경찰이 위법하게 취득한 피고인과의 메시지 대화 내용을 기초로 피고인을 현행범으로 체포한 이상, 피고인에 대한 현행범 체포와 그에 따른 피고인 소지품 등의 압수는 위법하므로, 법원으로부터 사후 압수·수색영장을 발부받았더라도 피고인을 현행범으로 체포하면서 수집한 증거는 위법하게 수집한 증거로서 증거능력이 없다.

10) 유관정보 선별압수를 완료한 경우 수사기관은 무관정보를 삭제·폐기할 의무가 있고 새로운 범죄혐의 수사를 위해 무관정보가 남아 있는 복제본을 탐색·복제·출력할 수 없다고 판단한 사례[36)]

가) 사실관계

수사기관은 공소외 1의 군사기밀 탐지·수집·누설 혐의를 수사하는 과정에서 압수·수색영장(제1영장)을 발부받아 공소외 1이 주거지에 보관하던 정보저장매체 전부를 이미징하는 방법으로 집행하였다(이미징 사본). 제1영장에는 압수 대상 및 방법에 관하여 현장 선별 원칙과 압수 완료 후 혐의사실과 관련 없는 전자정보를 지체 없이 삭제·폐기하도록 하는 제한사항이 기재되어 있었다.

공소외 1은 군사기밀보호법위반 등 혐의로 기소되어 여러 군사 사업과 관련한 군사기밀을 탐지·수집·누설하였다는 공소사실에 대하여 유죄판결을 받았고, 그 판결이 확정되었다(선행사건).

수사기관은 공소외 1에게 군사기밀을 누설한 군 내부자가 있을 가능성을 확인하고 선행사건의 기록과 압수물을 대출받았다. 수사기관은 위 이미징 사본을 탐색하고 이를 기초로 피고인이 공소외 1에게 군사기밀을 누설하였다는 혐의로 피고인에 대한 내사를 개시하였다. 수사기관은 선행사건 압수물에 대하여 압수·수색영장(제2영장)을 발부받고 이를 집행함으로써 위 이미징 사본에서 공소외 1의 이메일 기록을 추출하여 압수하였다. 제2영장의 집행은 선행사건의 압수물이 보관되어 있던 검찰청에서 해당 검찰청 형사증거과 직원의 참여하에 이루어졌다.

나) 법원의 판단

법원은 수사기관이 공소외 1에게 군사기밀을 누설한 군 내부자를 수사하는 과정에서 선행사건의 압수물을 탐색할 당시 제1영장 기재 혐의사실과 무관한 정보가 뒤섞여 있는 이미징 사본을 탐색 대상으로 삼았으므로 참여권 보장 여부와 관계없이 이미징 사본의 내용을 탐색하거나 출력한 행위는

---

36) 대법원 2023. 6. 1. 선고 2018도19782 판결

위법하다고 보았다.

나아가 선행사건의 압수물인 이미징 사본에서 출력한 내용을 바탕으로 수집한 전자정보 등 2차적 증거도 위법수집증거여서 증거능력이 없고, 공소외 1이 선행사건 수사 당시 이미징 사본에 관한 소유권을 포기하였다거나 제2영장을 발부받았다는 등 사유만으로는 위법수집증거라도 유죄의 증거로 사용할 수 있는 예외적인 경우에 해당하지 않는다고 보았다.

11) 불법촬영을 포함하는 성범죄 사건에서 선행 압수 절차가 종료된 이후 별건 압수라는 이유로 증거능력을 부인한 사례[37)]

가) 사실관계

일시	내용
2022-06-02	• 경찰은 피고인을 아동·청소년인 피해자 E에 대한 위력 유사성행위, 성매매 권유 등 혐의로 긴급체포
2022-06-04	• 경찰은 피고인에 대한 구속영장 및 피고인의 휴대전화와 전자정보에 대한 압수·수색영장(제1영장)을 발부받음
2022-06-06	• 피고인은 '전자정보 확인서(모바일기기 반출용)'를 작성하면서 휴대전화 또는 그 복제본에 대한 탐색·복제·출력 과정에 참여하지 않겠다는 의사를 표시
2022-06-24	• 경찰은 제1영장을 집행하여 피고인과 피해자 E 사이에 주고받은 문자메시지 등 전자정보를 압수하고 피고인에게 압수목록을 교부(1차 압수·수색) • 이 과정에서 경찰은 피고인이 아동·청소년인 피해자 C를 간음하는 영상과 성명불상 피해자들의 신체를 촬영한 영상 등 별도 성범죄 혐의 자료를 발견
2022-06-27	• 검사는 피고인을 피해자 E에 대한 공소사실로 기소
2022-07-18	• 경찰이 피해자 C 조사
2022-07-26	• 경찰이 피해자 C에 대한 성범죄 혐의로 피고인을 조사
2022-07-27	• 경찰은 1차 압수·수색 당시 피고인의 휴대전화에서 추출한 전자정보가 저장되어 있던 담당 경찰관의 컴퓨터에서 피해자 C가 촬영된 영

37) 대법원 2023. 10. 18. 선고 2023도8752 판결

	상물 등 전자정보를 압수하고 피고인에게 압수목록을 교부(2차 압수·수색)
2022-08-23	• 검사는 경찰에게 2차 압수·수색 자료에 대하여 별도 영장을 발부받아 압수하라는 취지로 보완수사요구
2022-09-08	• 경찰은 피고인의 휴대전화에서 추출한 전자정보가 저장되어 있는 담당 경찰관의 컴퓨터 내 전자정보 중 피해자 C 및 다른 성명불상 피해자들에 대한 부분을 대상으로 하는 압수·수색영장(제2영장)을 발부받음
2022-09-10	• 경찰은 제2영장을 집행하여 2차 압수·수색 당시 압수하였던 피해자 C 관련 전자정보 외 성명불상 피해자들이 촬영된 영상물도 추가로 압수함(3차 압수·수색) • 작성일이 2022. 9. 10.로 되어 있는 압수목록·압수조서의 참여인 란에 피고인의 서명·무인이 있음 • 경찰의 2022. 9. 10. 자 수사보고서에는 '2022. 9. 10. 담당 경찰관의 컴퓨터에서 전자정보를 압수하였고, 2022. 9. 15. 피고인을 교도소에서 접견하여 전자정보확인서·압수목록을 피고인에게 제공할 예정'이라는 취지가 기재되어 있음
2022-09-14	• 경찰의 2022. 9. 14. 자 수사보고서에는 '2022. 9. 14. 교도소를 방문하여 피고인에게 수사접견으로 압수영장 사본을 교부하였으며, 전자정보 확인서 등 관련 서류에 날인을 받았다'는 취지가 기재되어 있음 • '전자정보 확인서' 역시 2022. 9. 14. 자로 작성되어 있음

나) 법원의 판단

법원은 다음과 같은 이유로 2·3차 압수·수색 모두 영장주의 및 적법절차 원칙을 위반하여 위법하다고 보았다.

- 경찰은 2022. 6. 24. 제1영장을 집행하여 피해자 E에 관한 전자정보를 압수하고 같은 날 피고인에게 압수목록까지 교부하였으므로 이때 제1영장에 기한 압수·수색은 종료되었고, 이로써 제1영장은 그 목적을 달성하여 효력이 상실되었다. 경찰의 2차 압수·수색은 제1영장의 압수·수색 절차 종료와 함께 삭제·폐기되었어야 할 복제본을 별건 혐의의 수사를 위하여 압수·수색한 것이므로 그 자체로 위법하고, 이후 제2영장을 발부받아 3차 압수·수색을 하였다는 사정만으로는 그 하자가 치유된다고 보기 어렵다.

- 3차 압수·수색도 피고인의 휴대전화가 아니라 제1영장에 기하여 실시한 1차 압수·수색에 따른 복제본이 저장된 담당 경찰관 컴퓨터의 전자정보를 대상으로 제2영장을 집행한 것인바, 이는 제1영장의 집행이 종료됨에 따라 당연히 삭제·폐기되었어야 할 전자정보를 대상으로 한 것이어서 위법하다.
- 2022. 9. 10. 자 압수목록·압수조서의 참여인 란에 기재된 피고인의 서명·무인 역시 2022. 9. 14. 수사접견 과정에서 소급하여 작성된 것이라고 볼 여지가 많다. 이는 경찰이 3차 압수·수색을 할 때 피고인에게 제2영장을 사전에 제시하지 않았음은 물론 피고인에 대한 영장 사본의 교부 의무와 3차 압수·수색의 집행 일시·장소의 통지 의무까지 모두 해태하는 위법이 있었음을 의미한다.
- 피고인이 제2영장의 집행에 참여하지 않겠다는 의사를 표시한 자료를 찾을 수 없고, 피고인이 제1영장의 집행에 참여하지 않겠다는 의사를 표시하였다고 하여 제2영장에 대하여도 같은 의사를 표시한 것으로 볼 수는 없으므로, 3차 압수·수색 과정에서 피고인의 참여권을 보장한 취지는 실질적으로 침해되었다.

12) 압수·수색영장의 '압수할 물건' 부분에 압수 대상의 품명, 규격, 수량을 사후에 확정할 수 있도록 하는 문구가 기재되어 있었더라도 필요 최소한의 기간 내에 신속히 이를 확정한 상세 압수목록을 교부하여야 한다고 본 사례[38)]

가) 사실관계

서울본부세관 소속 특별사법경찰관이 2020. 6. 26.경부터 2020. 7. 8.경까지 화장품 쇼핑몰 사업을 영위하는 재항고인 회사에 대하여 임의제출물 압수와 2차에 걸친 압수·수색영장 집행을 통해 품명, 규격, 수량을 확정하지 않은 상태로 화장품 등을 대량 압수한 사안이다.

제2차 압수·수색영장의 '압수할 물건' 부분에는 '압수대상이 되는 화장품

38) 대법원 2024. 1. 5. 자 2021모385 결정

의 수량이 과다하여 압수·수색 현장에서 범칙물품의 품명, 규격, 수량의 파악이 어려운 경우 압수물의 포장 단위로 일단 압수하고 해당 품명, 규격, 수량을 사후에 확정'이라는 문구가 기재되어 있었다. 서울본부세관은 2020. 7. 4. 및 같은 달 8. 제1, 2차 압수·수색영장의 집행에 따른 압수목록을 각각 작성·교부하였는데, 거기에는 압수된 화장품 박스의 수량과 그것이 적치된 파렛트의 숫자만 기재되어 있었고, 달리 압수물을 구체적으로 특정할 수 있는 기재가 없었다. 또한 각 압수목록에는 '압수목록상 물품의 상세 품명, 규격, 수량은 사후 확정함'이라는 문구와 함께 신청외인의 서명·무인이 있었다.

서울본부세관은 2020. 7. 9.부터 같은 달 17.까지 80여 명의 인력을 투입하여 압수물의 품명·수량·Lot번호·제조번호 등을 모두 확인한 후 그 목록을 한글·엑셀 등 파일로 작성하였음에도 피압수자 회사에 상세 압수목록을 교부하지 않았고 이를 이유로 한 피압수자 회사의 압수물 환부 요구도 거부하였다.

서울본부세관은 피압수자 회사가 2020. 9. 2. 상세 압수목록 미교부 등을 이유로 환부 청구를 하자 비로소 2020. 9. 7. 피압수자 회사에 상세 압수목록을 교부한 후 2020. 9. 11. 압수된 화장품 239,249개 중 154,800개를 환부하였다. 교부된 상세 압수목록에도 물건명·수량·Lot번호 및 세트명(비고란)만 기재되어 있을 뿐 제조사, 면세품 여부 등은 기재되어 있지 않았다.

나) 법원의 판단

법원은 우선 서울본부세관이 압수 직후 압수물의 포장 단위만 특정한 압수목록을 작성·교부한 것은 제2차 압수·수색영장에 기재된 압수물 사후 확정에 대한 문구와 압수물의 과다한 수량이라는 특수한 사정을 고려할 때 위법하지 않다고 판단했다.

그러나 서울본부세관이 2020. 7. 17.경 압수물의 상세 내역을 모두 확인하였음에도, 추가 조사가 필요하다는 이유로 약 2개월이 경과한 2020. 9. 7.에야 상세 압수목록을 교부한 것은 위법하다고 보았다. 즉, 법원은 제2차 압수·수색영장의 '압수물 사후 확정'에 관한 문구는 필요 최소한의 기간 내에 신속히 품명, 규격, 수량을 확정하고 즉시 상세 압수목록을 교부해야 한다는 의미일 뿐, 추가 조사에 필요한 기간까지 상세 압수목록 교부를 미룰 수 있다는 뜻은 아니라고 해석했다. 또한 교부된 상세 압수목록에는 압수 방법과 시기별 구분조차 되어 있지 않아, 재항고인 회사가 약 24만 개의 압수물에 대한 권리구제절차나 불복절차를 진행하는 데 상당한 지장이 초래되었다고 보았다. 결국 법원은 제1·2차 압수처분을 모두 취소했다.

13) 별건에서 압수되어 대검찰청 통합디지털증거관리시스템(D-NET)에 저장되어 있던 전자정보를 탐색하여 찾아낸 자료를 본건 증거로 사용한 사안에서 증거능력을 부정한 사례[39)]

가) 사실관계

일시	내용
2018-12-12	• 공소외 7 등의 쪼개기 인허가로 인한 국토계획법위반 등 혐의 수사로 시청 공무원인 공소외 2의 휴대전화 등에 대한 압수·수색영장(제1영장)을 발부받아 공소외 2의 휴대전화 압수(제1차 압수).
2018-12-20	• 공소외 2의 휴대전화에 저장된 전자정보를 디지털 증거분석한 파일을 대검찰청 통합디지털증거관리시스템(D-NET)에 저장
2018-12-21	• 제1영장 혐의사실 관련 자료 탐색 중 우연히 피고인과 공소외 2 사이의 통화를 녹음한 파일(이 사건 녹음파일) 등 피고인의 청탁금지법위반 및 공무상비밀누설 혐의에 관한 자료 발견하고 피고인의 혐의 관련 부분을 CD에 복제하여 수사기록에 편철(제1처분) • 이후로도 D-NET에 이 사건 녹음파일 등을 그대로 저장한 채로 피고인의 혐의에 대한 수사를 진행
2019-01-22	• 이 사건 녹음파일에 대한 녹취록을 작성하고 해당 부분을 CD에 저장하여 수사기록에 첨부, 공소외 2의 휴대전화에 저장된 문자메시지 내역을 조사하여 피고인의 혐의에 관한 증거를 수집(제2처분)
2019-01-23	• 피고인의 청탁금지법위반 및 공무상비밀누설 혐의사실로 D-NET에 저장된 이 사건 녹음파일 등을 대상으로 압수·수색영장(제2영장)을 발부받음 - 유효기간: 2019. 2. 23.까지

39) 대법원 2024. 4. 16. 선고 2020도3050 판결

	- 압수할 물건: 공소외 2 소유 휴대전화에 대하여 2018. 12. 20. 디지털 증거분석을 완료하여 대검찰청 서버에 올린 결과물 중 영장 기재 범죄사실과 관련된 디지털 자료 - 수색·검증할 장소: ○○지검 △△지청 내 디지털포렌식팀 또는 대검찰청 서버에 접속이 가능한 PC 설치 장소 • 제2영장을 집행하지 않고 피고인의 혐의에 대한 수사를 계속 진행
2019-02-22	• 피고인의 청탁금지법위반 및 공무상비밀누설 혐의사실로 D-NET에 저장된 이 사건 녹음파일 등을 대상으로 압수·수색영장(제3영장)을 발부받음 - '압수할 물건'과 '수색·검증할 장소'는 제2영장과 동일 • 제3영장을 집행하지 않고 피고인의 혐의에 대한 수사를 계속 진행
2019-03-22	• 제3영장을 집행하여 이 사건 녹음파일 등 D-NET에 저장된 전자정보 중 피고인의 혐의와 관련된 자료 압수(제2차 압수) - 공소외 2로부터 참여 포기 의사 확인 • 이후로 관련자 소환 조사 등 추가 수사 진행
2019-04-12	• 피고인을 청탁금지법위반 및 공무상비밀누설 공소사실로 기소

피고인은 제1심 법정에서 '사실관계는 인정하나 법리적인 부분에 다툼이 있다'는 취지로 진술하면서 검사가 제출한 모든 서류에 대하여 증거로 함에 동의하였다. 피고인의 변호인은 제1심 제3회 공판기일에 이르러 최종의견을 진술하면서 비로소 이 사건 녹음파일 등이 위법수집증거에 해당한다고 주장하였고, 이에 변론이 재개되어 검사는 제4회 공판기일에 제2, 3영장 사본 등을 증거로 제출하였다.

나) 법원의 판단

법원은 제1영장의 대상자 및 혐의사실과 피고인의 혐의사실 사이에 인적·객관적 관련성이 인정되지 않고, 수사기관이 무관정보를 우연히 발견하였을 때의 조치로서 추가 탐색을 중단하고 법원으로부터 압수·수색영장을 발부받았다고 평가할 수 없으므로 수사기관이 공소외 2의 휴대전화에서 확보한 피고인의 청탁금지법위반 및 공무상비밀누설 혐의에 관한 자료들은 영장주의와 적법절차 원칙을 위반하여 위법하게 수집된 증거에 해당한다고 판단했다. 그 근거로는 아래의 사정들을 들었다.

- 수사기관은 공소외 2의 휴대전화에 저장된 전자정보의 복제본에서 무관정보인 이 사건 녹음파일 등을 발견한 2018. 12. 21. 무렵부터 제2영장의 발부를 청구한 날인 2019. 1. 23.까지 약 1개월에 걸쳐 영장을 발부받지 않은 채 이 사건 녹음파일 등에 대한 탐색을 계속하면서 제1, 2처분으로 이 사건 녹음파일을 취득하고 그에 기초하여 다른 증거를 수집하는 등 영장 없이 수사를 계속하였다.
- 이후에도 수사기관은 제2영장은 집행하지 않은 채 제3영장을 집행한 날인 2019. 3. 22.까지 약 2개월에 걸쳐 무관정보인 이 사건 녹음파일 등을 탐색, 복제, 출력하면서 수사를 계속 진행하였다.
- 제1영장 혐의사실인 국토계획법위반 등 사건과 이 사건은 피의자, 범행의 내용, 사건의 발생 시기, 관련자 등이 서로 전혀 달라 유관정보와 무관정보를 구별하기 어려웠다고 볼 수 없다.
- 무관정보를 발견하고 제2영장을 발부받기까지 약 한 달이라는 상당한 시간이 소요된 것은, 제1영장 혐의사실에 대한 무관정보를 구별하기 위한 것이 아니라 오로지 무관정보를 기초로 한 이 사건 수사를 위한 것이었다고 보인다.
- 기록상 이 사건 녹음파일 등을 발견하고 제2, 3영장을 발부받을 무렵까지 제1영장에 의한 집행이 종료되지 않고 계속되는 상태에 있었다고 볼 만한 아무런 자료가 없다. 따라서 제1영장 집행 종료 후 무관정보를 삭제·폐기·반환하지 않고 계속 보관하면서 이를 탐색·복제·출력하는 제1, 2처분을 비롯한 일련의 수사상 조치는 모두 위법함이 명백하다.
- 제2차 압수 또한 제1영장의 집행이 종료됨에 따라 당연히 삭제·폐기되었어야 할 전자정보를 대상으로 한 것이어서 그 자체로 위법하고, 제3영장을 발부받아 제2차 압수를 하였다는 사정만으로는 그 하자가 치유된다고 보기 어렵다.

7

임의제출물과 유류물의 압수

7 임의제출물과 유류물의 압수

가 관련 규정

법원은 소유자, 소지자 또는 보관자가 임의로 제출한 물건 또는 유류한 물건은 영장 없이 압수할 수 있다(형사소송법 제108조). 검사, 사법경찰관은 피의자, 기타인의 유류한 물건이나 소유자, 소지자 또는 보관자가 임의로 제출한 물건을 영장 없이 압수할 수 있다(형사소송법 제218조).

경찰은 범죄수사규칙[1]에서 임의제출물로 압수할 경우 임의제출의 취지 및 이유를 적은 임의제출서를 받아야 하고, 압수조서를 작성하여야 하며, 압수목록교부서를 작성하여 제출자에게 이를 교부하여야 한다고 정했다(범죄수사규칙 제142조 제2항). 또한 유류물 압수의 경우 원칙적으로 거주자, 관리자 또는 이에 준하는 사람이 참여하도록 하였고, 압수조서 등에 그 물건이 발견된 상황 등을 명확히 기록하고 압수목록을 작성하도록 하였다(범죄수사규칙 제143조).

전자정보가 저장된 정보저장매체 등을 임의제출받는 경우 수사기관으로서는 임의제출의 취지와 범위를 확인하여야 한다(대검 디지털 증거 예규 제25조). 경찰청 디지털 증거 훈령은 임의제출의 경우 2단의 예외 사유가 없더라도 임의제출자의 동의가 있으면 정보저장매체 원본 또는 그 복제본의 현장 반출이 가능하도록 하였다(경찰청 디지털 증거 훈령 제22조 제2항). 또한 피압수자의 자필서명으로 그 임의제출 의사를 확인하도록 하고, 제출된 전자정보가 증거로 사용될 수 있음을 설명하고 제출받도록 정하였다(경찰청 디지털 증거 훈령 제22조 제3항).

1) 경찰청훈령 제1103호, 2023. 11. 1. 일부개정된 것

나 임의제출물 압수에 있어 임의성 판단

임의제출물을 압수한 경우 압수물이 형사소송법 제218조에 따라 실제로 임의제출된 것인지에 관하여 다툼이 있을 때에는 제출의 임의성을 의심할 만한 합리적이고 구체적인 사실을 피고인이 증명할 것이 아니라 검사가 그 임의성의 의문점을 없애는 증명을 해야 한다.[2] 즉, 법원은 임의제출에 의한 압수의 경우 임의제출의 방식을 취함으로써 영장주의와 적법절차의 원칙이 잠탈되는 결과가 발생하지 아니하도록 제출자가 자유로운 의사에 따라 임의로 제출하였는지 여부를 엄격하게 심사할 필요성이 있고,[3] 수사기관의 우월적 지위 때문에 임의제출 명목으로 실질적으로 강제적인 압수가 행해질 수 있으므로 제출의 임의성은 검사가 합리적 의심을 배제할 수 있을 정도로 증명해야 한다고 본 것이다.[4] 다만 임의제출물의 압수에 있어 임의성은 소송법적 사실이므로 자유로운 증명으로 충분하다.[5]

임의제출자의 임의제출 의사는 제출 당시, 즉 압수가 이루어지는 과정에서 나타난 의사표시를 기준으로 임의제출 당시의 제반 상황을 종합적으로 검토하여 해석한다.[6] 구체적으로는 ① 수사기관이 임의제출자에게 임의제출의 의미·절차와 임의제출할 경우 피압수물을 임의로 돌려받지 못한다는 사정 등을 고지하였는지 여부, ② 임의제출자가 그러한 임의제출의 의미 등에 관하여 인식하고 있었는지 여부(범죄전력 등 고려), ③ 제출자의 혐의사실 인부에 관한 입장 등 임의제출 당시의 제반 상황을 종합적으로 고려하여 임의성의 의문점을 없애는 증명이 되었는지를 판단하는 것으로 보인

2) 대법원 2022. 8. 31. 선고 2019도15178 판결(이 판결에서는 진술의 임의성 판단에 관한 대법원 2006. 11. 23. 선고 2004도7900 판결의 법리를 원용했다), 대법원 2023. 6. 1. 선고 2020도2550 판결, 대법원 2024. 3. 12. 선고 2020도9431 판결

3) 서울고등법원 2020. 7. 10. 선고 2020노708 판결(대법원 2020. 10. 15. 선고 2020도10064 판결로 확정), 서울고등법원 2021. 4. 29. 선고 2019노2422 판결(대법원 2021. 7. 8. 선고 2021도5589 판결로 확정)

4) 대법원 2016. 3. 10. 선고 2013도11233 판결

5) 대법원 2016. 12. 15. 선고 2016도11306 판결

6) 서울고등법원 2020. 7. 10. 선고 2020노708 판결(대법원 2020. 10. 15. 선고 2020도10064 판결로 확정), 서울고등법원 2021. 4. 29. 선고 2019노2422 판결(대법원 2021. 7. 8. 선고 2021도5589 판결로 확정), 광주고등법원(전주) 2024. 9. 4. 선고 2024노32 판결(대법원 2024. 12. 24. 선고 2024도14695 판결로 확정)

다.[7] 예컨대, 대법원 2024. 3. 12. 선고 2020도9431 판결의 경우 다음과 같은 이유로 피고인의 휴대전화 제출에 관하여 검사가 임의성의 의문점을 없애는 증명을 다하지 못하였다고 보아 피고인의 휴대전화 및 그에 저장된 전자정보의 증거능력을 부정하였다.

대법원 2024. 3. 12. 선고 2020도9431 판결

1) 피고인은 현행범 체포 당시 목격자로부터 이 사건 휴대전화를 빼앗겨 위축된 심리 상태였고, 목격자 및 경찰관으로부터 이 사건 휴대전화를 되찾기 위해 달려들기도 하였으며, 경찰서로 연행되어 변호인의 조력을 받지 못한 상태에서 피의자로 조사받으면서 일부 범행에 대하여 부인하고 있는 상황이었으므로, 피고인이 자발적으로 이 사건 휴대전화를 수사기관에 제출하였는지 여부를 엄격히 심사해야 한다.

2) 수사기관이 임의제출자인 피고인에게 임의제출의 의미, 절차와 임의제출할 경우 피압수물을 임의로 돌려받지는 못한다는 사정 등을 고지하였음을 인정할 자료가 없다.

3) 피고인은 이 사건 당시 도로교통법 위반(음주운전)죄로 1회 처벌받은 이외에 아무런 범죄전력이 없는 사람으로서 임의제출 당시 "경찰관으로부터 '이 사건 휴대전화를 반환할 수 있다.'는 말을 들었다."라고 진술하는 등 이 사건 휴대전화를 임의제출할 경우 나중에 번의하더라도 되돌려받지 못한다는 사정을 인식하고 있었다고 단정하기 어렵다.

피고인이 제출의 임의성을 다투지 않더라도 법원이 이를 직권으로 판단할 수 있으나, 피고인과 변호인이 공소사실을 모두 인정하면서 제출의 임의성을 다툰 바 없다면, 법원으로서는 제출자의 심리적 위축, 임의제출의 절차 및

7) 대법원 2022. 8. 31. 선고 2019도15178 판결, 대전지방법원 2021. 3. 10. 선고 2020노543 판결(대법원 2021. 9. 9. 선고 2021도3856 판결로 확정), 수원고등법원 2021. 4. 28. 선고 2020노887 판결(대법원 2021. 12. 30. 선고 2021도6086 판결로 확정), 부산지방법원 2021. 8. 12. 선고 2020노2763, 2021노1476 판결(대법원 2021. 10. 28. 선고 2021도11269 판결로 확정), 부산고등법원 2021. 11. 25. 선고 2020노668 판결(대법원 2022. 7. 28. 선고 2021도17027 판결로 확정), 서울중앙지방법원 2022. 7. 7. 선고 2021노2758 판결(대법원 2022. 10. 14. 선고 2022도9196 판결로 확정), 대구지방법원 2023. 10. 27. 선고 2023노2915 판결(대법원 2024. 4. 16. 선고 2023도16480 판결로 확정), 서울중앙지방법원 2023. 12. 21. 선고 2023노1950 판결(대법원 2024. 4. 4. 선고 2024도261 판결로 확정)

효과에 대한 제출자의 인식, 수사기관의 고지 누락 등 사정을 들어 직권으로 제출의 임의성을 부정하는 판단을 하기 전에 추가 증거조사나 검사에게 증명을 촉구하는 등의 방법으로 심리할 필요가 있다는 것이 판례다.[8)]

다 체포 현장이나 범죄 현장에서의 임의제출

검사 또는 사법경찰관은 피의자를 체포(영장에 의한 체포, 긴급체포, 현행범 체포를 모두 포함한다) 또는 구속하는 경우 필요한 때에는 그 현장에서 영장 없이 압수·수색을 할 수 있고(형사소송법 제216조 제1항), 긴급체포된 자가 소유·소지 또는 보관하는 물건에 대하여 긴급히 압수할 필요가 있는 경우에는 체포한 때로부터 24시간 이내에 한하여 영장 없이 압수·수색할 수 있으나(형사소송법 제217조 제1항), 이에 따라 압수한 물건을 계속 압수할 필요가 있는 경우 지체 없이 압수·수색영장을 청구하여야 하고, 압수·수색영장의 청구는 체포한 때부터 48시간 이내에 하여야 한다. 범행 중 또는 범행직후의 범죄 장소에서 긴급을 요하여 법원판사의 영장을 받을 수 없는 때에도 영장 없이 압수·수색할 수 있으나, 이 경우 사후에 지체 없이 영장을 받아야 한다(형사소송법 제216조 제3항).

체포 현장 또는 범죄 현장에서도 긴급압수·수색에 의하지 않고 임의제출을 받아 압수할 수 있는가? 법원은 대체로 '체포 현장이나 범죄 현장에서도 소지자 등이 임의로 제출하는 물건을 형사소송법 제218조에 따라 영장 없이 압수하는 것이 허용되고, 이 경우 검사나 사법경찰관은 별도로 사후에 영장을 받을 필요가 없다'고 본다.[9)] 즉, 법원은 체포 현장 또는 범죄 현장에서의 임의제출을 일률적으로 부정하기보다는 사안마다 제출의 임의성이 인정되는지를 개별적으로 판단하고 있는 것으로 보인다.[10)] 이러한 판

---

8) 대법원 2020. 4. 9. 선고 2019도17142 판결, 대법원 2020. 10. 15. 선고 2019도16255 판결
9) 대법원 2016. 2. 18. 선고 2015도13726 판결, 대법원 2019. 11. 14. 선고 2019도13290 판결, 대법원 2020. 4. 9. 선고 2019도17142 판결, 대법원 2020. 10. 15. 선고 2019도16255 판결, 대전고등법원 2021. 9. 14. 선고 2021노114 판결(대법원 2022. 2. 10. 선고 2021도13276 판결로 확정), 대법원 2022. 1. 27. 선고 2020도1716 판결, 대법원 2022. 8. 31. 선고 2019도15178 판결
10) 예컨대, 서울고등법원 2021. 4. 29. 선고 2019노2422 판결(대법원 2021. 7. 8. 선고 2021

례의 법리에 대해서는 ① 체포 현장이나 범죄 현장에서의 임의제출을 허용할 경우 그 상황상 제출자의 의사에 임의성이 인정되는 경우는 거의 없다는 우려와, ② 체포 현장 또는 범죄 현장에서 영장 없이 할 수 있는 긴급압수·수색의 경우 사후 압수·수색영장의 발부가 압수 계속의 적법 요건이나 임의제출물의 압수는 사후 압수·수색영장의 발부를 요하지 않는다는 측면에서 영장 없는 강제처분의 요건을 엄격히 정해둔 취지가 몰각된다는 우려 등이 제기된다.[11]

라 임의제출물의 압수와 '관련성' 법리

1) 기본 법리

기존 판결 중에는 임의제출물의 압수에 혐의사실과의 관련성 제한이 적용되지 않는다는 법리를 명시적으로 선언한 사례들이 적지 않다.[12] 그러나

도5589 판결로 확정)의 경우 긴급체포 현장에서 피의자로부터 휴대전화를 임의제출받아 압수한 사안에서 제출의 임의성이 합리적 의심을 배제할 정도로 증명되지 않았다고 보아 그 증거능력을 부정하였고, 대법원 2022. 8. 31. 선고 2019도15178 판결의 경우 수사기관이 임의제출자인 피고인에게 임의제출의 의미 등에 관하여 고지하였음을 인정할 자료가 없고 피고인이 일부 범행을 부인하고 있는 상황이었던 점에 비추어 임의성에 의문을 없애는 증명을 다하지 못하였다고 보았으며, 대법원 2024. 3. 12. 선고 2020도9431 판결의 경우 수사기관이 피고인을 현행범으로 체포할 당시 임의제출 형식으로 압수한 휴대전화와 그에 저장된 전자정보의 증거능력이 문제된 사안에서 검사가 임의성의 의문점을 없애는 증명을 다하지 못하였다는 이유로 그 증거능력을 부정하였다.

11) 예컨대, 대법원 2019. 11. 14. 선고 2019도13290 판결에 의해 파기된 의정부지방법원 2019. 8. 22. 선고 2018노2757 판결 이유에서는 "대법원이 체포현장에서 임의제출 형식에 의한 압수·수색을 위와 같이 허용함으로써, 일선 실무에서는 피의자 임의제출에 의한 압수가 광범위하게 이루어지는 반면에, 긴급압수·수색 절차 및 압수물에 대한 사후영장 절차는 거의 없는 것이 통례이다[제5판 주석 형사소송법(II) 제309쪽]. 수사기관은 현행범 체포된 피의자에게 절대적으로 우월한 지위를 갖기 때문에 임의제출을 거절하는 피의자를 예상하기 어려워, 체포된 피의자가 소지하던 긴급압수물에 대한 사후영장제도는 앞으로도 형해화될 가능성이 크다."고 판시하였다. (마찬가지로 비록 상급심에 의해 파기되기는 하였으나) 일반 피의자 조사 중의 임의제출과 관련하여서도 비슷한 취지로 설시한 사례가 있다(대법원 2023. 6. 1. 선고 2020도2550 판결에 의해 파기된 의정부지방법원 2020. 2. 6. 선고 2019노2215 판결).

12) 서울중앙지방법원 2016. 12. 23. 선고 2016고합675 판결(대법원 2017. 10. 31. 선고 2017도12643 판결로 확정), 서울서부지방법원 2018. 5. 10. 선고 2017노1029 판결(대법

전자정보의 임의제출에 관한 대법원 2021. 11. 18. 선고 2016도348 전원합의체 판결에서는 "정보저장매체를 임의제출하는 사람이 거기에 담긴 전자정보를 지정하거나 제출 범위를 한정하는 취지로 한 의사표시는 엄격하게 해석"하여야 한다고 보고 "임의제출자의 의사에 따른 전자정보 압수의 대상과 범위가 명확하지 않거나 이를 알 수 없는 경우에는 임의제출에 따른 압수의 동기가 된 범죄혐의사실과 관련되고 이를 증명할 수 있는 최소한의 가치가 있는 전자정보에 한하여 압수의 대상이 된다"고 판시하여 임의제출물의 압수에도 관련성 제한이 적용됨을 분명히 하였다.

대법원 2021. 11. 18. 선고 2016도348 전원합의체 판결

1) 임의제출에 따른 전자정보 압수의 방법

오늘날 개인 또는 기업의 업무는 컴퓨터나 서버, 저장매체가 탑재된 정보처리장치 없이 유지되기 어려운데, 전자정보가 저장된 각종 저장매체(이하 '정보저장매체'라 한다)는 대부분 대용량이어서 수사의 대상이 된 범죄혐의와 관련이 없는 개인의 일상생활이나 기업경영에 관한 정보가 광범위하게 포함되어 있다. 이러한 전자정보에 대한 수사기관의 압수·수색은 사생활의 비밀과 자유, 정보에 대한 자기결정권, 재산권 등을 침해할 우려가 크므로 포괄적으로 이루어져서는 안 되고, 비례의 원칙에 따라 수사의 목적상 필요한 최소한의 범위 내에서 이루어져야 한다. 수사기관의 전자정보에 대한 압수·수색은 원칙적으로 영장 발부의 사유로 된 범죄혐의사실과 관련된 부분만을 문서 출력물로 수집하거나 수사기관이 휴대한 정보저장매체에 해당 파일을 복제하는 방식으로 이루어져야 하고, 정보저장매체 자체를 직접 반출하거나 저장매체에 들어 있는 전자파일 전부를 하드카피나 이미징 등 형태(이하 '복제본'이라 한다)로 수사기관 사무실 등 외부로 반출하는 방식으로 압수·수색하는 것은 현장의 사정이나 전자정보의 대량성으로 인하여 관련 정보 획득에 긴 시간이 소요되거나 전문 인력에 의한 기술적 조치가 필요한 경우 등 범위를 정하여 출력 또는 복제하는 방법이 불가능하거나 압수의 목적을 달성하기에 현저히 곤란하다고 인정되는 때에 한하여 예외적으로 허용될 수 있을 뿐이다(대법원 2015. 7. 16. 자 2011모1839 전원합의체 결정 등 참조).

위와 같은 법리는 정보저장매체에 해당하는 임의제출물의 압수(형사소송법 제218조)에도 마찬가지로 적용된다. 임의제출물의 압수는 압수물에 대한 수사기관

원 2019. 7. 10. 선고 2018도8371 판결로 확정), 광주고등법원 2021. 11. 4. 선고 2021노18 판결(대법원 2022. 1. 27. 선고 2021도15502 판결로 확정)

의 점유 취득이 제출자의 의사에 따라 이루어진다는 점에서 차이가 있을 뿐 범죄혐의를 전제로 한 수사 목적이나 압수의 효력은 영장에 의한 경우와 동일하기 때문이다. 따라서 수사기관은 특정 범죄혐의와 관련하여 전자정보가 수록된 정보저장매체를 임의제출받아 그 안에 저장된 전자정보를 압수하는 경우 그 동기가 된 범죄혐의사실과 관련된 전자정보의 출력물 등을 임의제출받아 압수하는 것이 원칙이다. 다만 현장의 사정이나 전자정보의 대량성과 탐색의 어려움 등의 이유로 범위를 정하여 출력 또는 복제하는 방법이 불가능하거나 압수의 목적을 달성하기에 현저히 곤란하다고 인정되는 때에 한하여 예외적으로 정보저장매체 자체나 복제본을 임의제출받아 압수할 수 있다.

2) 임의제출에 따른 전자정보 압수의 대상과 범위

가) 임의제출자의 의사

정보저장매체와 그 안에 저장된 전자정보는 개념적으로나 기능적으로나 별도의 독자적 가치와 효용을 지닌 것으로 상호 구별될 뿐만 아니라 임의제출된 전자정보의 압수가 적법한 것은 어디까지나 제출자의 자유로운 제출 의사에 근거한 것인 이상, 범죄혐의사실과 관련된 전자정보와 그렇지 않은 전자정보가 혼재되어 있는 정보저장매체나 복제본을 수사기관에 임의제출하는 경우 제출자는 제출 및 압수의 대상이 되는 전자정보를 개별적으로 지정하거나 그 범위를 한정할 수 있다. 이처럼 정보저장매체 내 전자정보의 임의제출 범위는 제출자의 의사에 따라 달라질 수 있는 만큼 이러한 정보저장매체를 임의제출받는 수사기관은 제출자로부터 임의제출의 대상이 되는 전자정보의 범위를 확인함으로써 압수의 범위를 명확히 특정하여야 한다. 나아가 헌법과 형사소송법이 구현하고자 하는 적법절차, 영장주의, 비례의 원칙은 물론, 사생활의 비밀과 자유, 정보에 대한 자기결정권 및 재산권의 보호라는 관점에서 정보저장매체 내 전자정보가 가지는 중요성에 비추어 볼 때, 정보저장매체를 임의제출하는 사람이 거기에 담긴 전자정보를 지정하거나 제출 범위를 한정하는 취지로 한 의사표시는 엄격하게 해석하여야 하고, 확인되지 않은 제출자의 의사를 수사기관이 함부로 추단하는 것은 허용될 수 없다.

따라서 수사기관이 제출자의 의사를 쉽게 확인할 수 있음에도 이를 확인하지 않은 채 특정 범죄혐의사실과 관련된 전자정보와 그렇지 않은 전자정보가 혼재된 정보저장매체를 임의제출받은 경우, 그 정보저장매체에 저장된 전자정보 전부가 임의제출되어 압수된 것으로 취급할 수는 없다. 이 경우 제출자의 임의제출 의사에 따라 압수의 대상이 되는 전자정보의 범위를 어떻게 특정할 것인지가 문제 된다.

나) 임의제출에 따른 압수의 동기가 된 범죄혐의사실과 관련된 전자정보

수사기관은 피의사실과 관계가 있다고 인정할 수 있는 것에 한정하여 증거물 또

는 몰수할 것으로 사료하는 물건을 압수할 수 있다(형사소송법 제219조, 제106조).

따라서 전자정보를 압수하고자 하는 수사기관이 정보저장매체와 거기에 저장된 전자정보를 임의제출의 방식으로 압수할 때, 제출자의 구체적인 제출 범위에 관한 의사를 제대로 확인하지 않는 등의 사유로 인해 임의제출자의 의사에 따른 전자정보 압수의 대상과 범위가 명확하지 않거나 이를 알 수 없는 경우에는 임의제출에 따른 압수의 동기가 된 범죄혐의사실과 관련되고 이를 증명할 수 있는 최소한의 가치가 있는 전자정보에 한하여 압수의 대상이 된다. 이때 범죄혐의사실과 관련된 전자정보에는 범죄혐의사실 그 자체 또는 그와 기본적 사실관계가 동일한 범행과 직접 관련되어 있는 것은 물론 범행 동기와 경위, 범행수단과 방법, 범행 시간과 장소 등을 증명하기 위한 간접증거나 정황증거 등으로 사용될 수 있는 것도 포함될 수 있다. 다만 그 관련성은 임의제출에 따른 압수의 동기가 된 범죄혐의사실의 내용과 수사의 대상, 수사의 경위, 임의제출의 과정 등을 종합하여 구체적·개별적 연관관계가 있는 경우에만 인정되고, 범죄혐의사실과 단순히 동종 또는 유사 범행이라는 사유만으로 관련성이 있다고 할 것은 아니다(대법원 2021. 8. 26. 선고 2021도2205 판결 등 참조).

2) 불법촬영 성범죄의 경우 '관련성' 판단

대법원 2021. 11. 18. 선고 2016도348 전원합의체 판결은 불법촬영 성범죄의 경우 관련성 판단 기준을 완화하는 법리를 설시하였는바, 그 구체적인 내용은 아래와 같다.

대법원 2021. 11. 18. 선고 2016도348 전원합의체 판결

다) 불법촬영 범죄 등의 경우 임의제출된 전자정보 압수의 범위

범죄혐의사실과 관련된 전자정보인지를 판단할 때는 범죄혐의사실의 내용과 성격, 임의제출의 과정 등을 토대로 구체적·개별적 연관관계를 살펴볼 필요가 있다. 특히 카메라의 기능과 정보저장매체의 기능을 함께 갖춘 휴대전화인 스마트폰을 이용한 불법촬영 범죄와 같이 범죄의 속성상 해당 범행의 상습성이 의심되거나 성적 기호 내지 경향성의 발현에 따른 일련의 범행의 일환으로 이루어진 것으로 의심되고, 범행의 직접증거가 스마트폰 안에 이미지 파일이나 동영상 파일의 형태로 남아 있을 개연성이 있는 경우에는 그 안에 저장되어 있는 같은 유형의 전자정보에서 그와 관련한 유력한 간접증거나 정황증거가 발견될 가능성이 높다는 점에서 이러한 간접증거나 정황증거는 범죄혐의사실과 구체적·

개별적 연관관계를 인정할 수 있다. 이처럼 범죄의 대상이 된 피해자의 인격권을 현저히 침해하는 성격의 전자정보를 담고 있는 불법촬영물은 범죄행위로 인해 생성된 것으로서 몰수의 대상이기도 하므로 임의제출된 휴대전화에서 해당 전자정보를 신속히 압수·수색하여 불법촬영물의 유통 가능성을 적시에 차단함으로써 피해자를 보호할 필요성이 크다. 나아가 이와 같은 경우에는 간접증거나 정황증거이면서 몰수의 대상이자 압수·수색의 대상인 전자정보의 유형이 이미지 파일 내지 동영상 파일 등으로 비교적 명확하게 특정되어 그와 무관한 사적 전자정보 전반의 압수·수색으로 이어질 가능성이 적어 상대적으로 폭넓게 관련성을 인정할 여지가 많다는 점에서도 그러하다.

법원은 임의제출물 압수뿐 아니라 영장에 의한 압수[13]와 긴급체포에 수반한 압수[14]에도 위와 동일하게 불법촬영 성범죄에 완화된 관련성 판단 기준을 적용한 바 있다. 불법촬영 성범죄에 완화된 관련성 판단 기준을 적용하여 관련성을 인정한 사례가 많지만,[15] 완화된 관련성 판단 기준을 적용하였음에도 불구하고 관련성을 부정한 사례도 여럿 있다.[16]

3) 피의자가 소유·관리하는 정보저장매체를 제3자가 임의제출한 경우 '관련성' 판단

대법원 2021. 11. 18. 선고 2016도348 전원합의체 판결은 피의자 아닌 사람이 피의자가 소유·관리하는 정보저장매체를 임의제출한 경우 제출자가 관련성 범위를 넘는 전자정보까지 일괄하여 임의제출한다는 의사를 밝혔더라도 제출의 동기가 된 혐의사실과 관련성이 인정되는 범위 내에서만 적법하게 압수할 수 있다고 판시하였다.

---

13) 대법원 2021. 11. 25. 선고 2021도10034 판결

14) 대법원 2024. 6. 27. 선고 2024도1881 판결

15) 대법원 2021. 11. 25. 선고 2019도6730 판결, 대법원 2021. 11. 25. 선고 2019도7342 판결, 대법원 2021. 11. 25. 선고 2019도9100 판결, 대법원 2021. 11. 25. 선고 2021도10034 판결, 대법원 2021. 12. 30. 선고 2018도7994 판결, 대법원 2023. 6. 1. 선고 2020도2550 판결, 대법원 2024. 6. 27. 선고 2024도1881 판결

16) 대법원 2021. 11. 18. 선고 2016도348 전원합의체 판결, 대법원 2021. 11. 25. 선고 2016도82 판결, 대법원 2021. 11. 25. 선고 2020도3796 판결

대법원 2021. 11. 18. 선고 2016도348 전원합의체 판결

라) 피의자 아닌 사람이 피의자가 소유·관리하는 정보저장매체를 임의제출한 경우 전자정보 압수의 범위

피의자가 소유·관리하는 정보저장매체를 피의자 아닌 피해자 등 제3자가 임의제출하는 경우에는, 그 임의제출 및 그에 따른 수사기관의 압수가 적법하더라도 임의제출의 동기가 된 범죄혐의사실과 구체적·개별적 연관관계가 있는 전자정보에 한하여 압수의 대상이 되는 것으로 더욱 제한적으로 해석하여야 한다. 임의제출의 주체가 소유자 아닌 소지자·보관자이고 그 제출행위로 소유자의 사생활의 비밀 기타 인격적 법익이 현저히 침해될 우려가 있는 경우에는 임의제출에 따른 압수·수색의 필요성과 함께 임의제출에 동의하지 않은 소유자의 법익에 대한 특별한 배려도 필요한바(대법원 1999. 9. 3. 선고 98도968 판결, 대법원 2008. 5. 15. 선고 2008도1097 판결, 대법원 2013. 9. 26. 선고 2013도7718 판결 등 참조), 피의자 개인이 소유·관리하는 정보저장매체에는 그의 사생활의 비밀과 자유, 정보에 대한 자기결정권 등 인격적 법익에 관한 모든 것이 저장되어 있어 제한 없이 압수·수색이 허용될 경우 피의자의 인격적 법익이 현저히 침해될 우려가 있기 때문이다. 그러므로 임의제출자인 제3자가 제출의 동기가 된 범죄혐의사실과 구체적·개별적 연관관계가 인정되는 범위를 넘는 전자정보까지 일괄하여 임의제출한다는 의사를 밝혔더라도, 그 정보저장매체 내 전자정보 전반에 관한 처분권이 그 제3자에게 있거나 그에 관한 피의자의 동의 의사를 추단할 수 있는 등의 특별한 사정이 없는 한, 그 임의제출을 통해 수사기관이 영장 없이 적법하게 압수할 수 있는 전자정보의 범위는 범죄혐의사실과 관련된 전자정보에 한정된다고 보아야 한다.

4) 무관정보 발견 시 필요한 조치·절차

대법원 2021. 11. 18. 선고 2016도348 전원합의체 판결은 임의제출된 정보저장매체에서 별도의 범죄혐의와 관련된 전자정보를 우연히 발견한 경우 영장에 의한 압수·수색의 경우와 마찬가지로 수사기관은 추가 탐색을 중단하고 법원으로부터 별도의 범죄혐의에 대한 압수·수색영장을 발부받아야 별건 전자정보에 대하여도 적법하게 압수·수색을 할 수 있다고 판시하였다.[17]

17) 이로써 서울서부지방법원 2018. 5. 10. 선고 2017노1029 판결(대법원 2019. 7. 10. 선고 2018도8371 판결로 확정)에서 '휴대전화기의 임의제출 자체가 적법한 이상 그 제출로써 압수절차는 종료되고, 압수·수색영장 집행 시 별도의 범죄혐의와 관련된 정보를 우연히 발견한 경우 별도로 압수·수색영장을 발부받아야 하고 피압수자의 참여권도 보장하여야 한다는

대법원 2021. 11. 18. 선고 2016도348 전원합의체 판결

4) 임의제출된 정보저장매체 탐색 과정에서 무관정보 발견 시 필요한 조치·절차

앞서 본 바와 같이 임의제출된 정보저장매체에서 압수의 대상이 되는 전자정보의 범위를 초과하여 수사기관이 임의로 전자정보를 탐색·복제·출력하는 것은 원칙적으로 위법한 압수·수색에 해당하므로 허용될 수 없다. 만약 전자정보에 대한 압수·수색이 종료되기 전에 범죄혐의사실과 관련된 전자정보를 적법하게 탐색하는 과정에서 별도의 범죄혐의와 관련된 전자정보를 우연히 발견한 경우라면, 수사기관은 더 이상의 추가 탐색을 중단하고 법원으로부터 별도의 범죄혐의에 대한 압수·수색영장을 발부받은 경우에 한하여 그러한 정보에 대하여도 적법하게 압수·수색을 할 수 있다. 따라서 임의제출된 정보저장매체에서 압수의 대상이 되는 전자정보의 범위를 넘어서는 전자정보에 대해 수사기관이 영장 없이 압수·수색하여 취득한 증거는 위법수집증거에 해당하고, 사후에 법원으로부터 영장이 발부되었다거나 피고인이나 변호인이 이를 증거로 함에 동의하였다고 하여 그 위법성이 치유되는 것도 아니다.

수사기관이 피의자로부터 임의제출받아 보관하고 있던 전자정보 복제본에서 별건 혐의를 포착하여 새로이 압수·수색영장을 발부받아 집행하는 경우 그 집행과 관련하여 절차적 권리를 보장받아야 할 피압수자는 (복제본을 보관하고 있는 수사기관이 아니라) 최초의 압수 이전부터 해당 전자정보를 관리하고 있던 피의자이므로, 피의자에게 영장을 제시하고 참여의 기회를 보장하며 압수목록을 교부하여야 하고, 그렇게 하지 않으면 압수처분이 위법하다.[18]

법리가 임의제출 시에도 그대로 적용된다고 볼 근거를 발견하기 어렵다'라는 취지로 판시한 법리는 더 이상 유지되기 어려워 보인다.

18) 대법원 2020. 11. 17. 자 2019모291 결정

마 임의제출물의 압수와 절차적 권리 보장

1) 기본 법리

대법원 2021. 11. 18. 선고 2016도348 전원합의체 판결은 유관정보와 무관정보가 혼재된 정보저장매체나 그 복제본을 임의제출받은 수사기관이 그 정보저장매체 등을 수사기관 사무실 등으로 옮겨 이를 탐색·복제·출력하는 경우 영장에 의한 압수·수색과 마찬가지로 피압수자나 그 변호인에게 참여권 보장, 전자정보 상세목록 교부 등 절차적 권리의 보장이 이루어져야 한다고 보았다.[19]

대법원 2021. 11. 18. 선고 2016도348 전원합의체 판결

3) 전자정보 탐색·복제·출력 시 피의자의 참여권 보장 및 전자정보 압수목록 교부

압수의 대상이 되는 전자정보와 그렇지 않은 전자정보가 혼재된 정보저장매체나 그 복제본을 임의제출받은 수사기관이 그 정보저장매체 등을 수사기관 사무실 등으로 옮겨 이를 탐색·복제·출력하는 경우, 그와 같은 일련의 과정에서 형사소송법 제219조, 제121조에서 규정하는 피압수·수색 당사자(이하 '피압수자'라 한다)나 그 변호인에게 참여의 기회를 보장하고 압수된 전자정보의 파일 명세가 특정된 압수목록을 작성·교부하여야 하며 범죄혐의사실과 무관한 전자정보의 임의적인 복제 등을 막기 위한 적절한 조치를 취하는 등 영장주의 원칙과 적법절차를 준수하여야 한다. 만약 그러한 조치가 취해지지 않았다면 피압수자 측이 참여하지 아니한다는 의사를 명시적으로 표시하였거나 임의제출의 취지와 경과 또는 그 절차 위반행위가 이루어진 과정의 성질과 내용 등에 비추어 피압수자 측에 절차 참여를 보장한 취지가 실질적으로 침해되었다고 볼 수 없을 정도에 해당한다는 등의 특별한 사정이 없는 이상 압수·수색이 적법하다고 평가할 수 없고, 비록 수사기관이 정보저장매체 또는 복제본에서 범죄혐의사실과 관련된 전자정보만을 복제·출력하였다 하더라도 달리 볼 것은 아니다(위 대법원 2011모1839 전원합의체 결정, 대법원 2020. 11. 17. 자 2019모291 결정 등 참조).

---

19) 이로써 서울서부지방법원 2018. 5. 10. 선고 2017노1029 판결(대법원 2019. 7. 10. 선고 2018도8371 판결로 확정)에서 '참여권은 압수과정이 진행됨을 전제로 하는 것인데 임의제출의 경우 제출로써 압수절차는 종료되므로 더 이상 피고인에게 어떠한 참여권을 부여할 여지를 찾기 어렵다'라는 취지로 판시한 법리는 더 이상 유지되기 어려워 보인다.

즉, 임의제출물 압수의 경우에도 압수물에 대한 수사기관의 점유 취득이 제출자의 의사에 따라 이루어진다는 점에서만 차이가 있을 뿐 범죄혐의를 전제로 한 수사 목적이나 압수의 효력은 영장에 의한 압수의 경우와 동일하므로, 헌법상 기본권에 관한 수사기관의 부당한 침해로부터 신속하게 권리를 구제받을 수 있도록 수사기관은 영장에 의한 압수와 마찬가지로 객관적·구체적인 압수목록을 신속하게 작성·교부할 의무를 부담한다.[20]

2) 불법촬영 성범죄의 경우 절차적 권리 보장 여부 판단

가) 위장형 카메라에 의한 불법촬영 성범죄

성적 욕망 또는 수치심을 유발할 수 있는 사람의 신체를 촬영하기 위해 숙박업소나 화장실 등에 위장형 카메라를 설치하는 유형의 범죄에서, 범인이 설치한 위장형 카메라를 해당 장소의 이용자 또는 관리자인 제3자가 발견하여 수사기관에 신고하면서 이를 임의제출하는 경우가 있다.[21] 이 경우 통상 피의자나 변호인의 참여 없이 전자정보 탐색·복제·출력이 이루어지거나 피의자 측에 전자정보 상세목록의 교부가 누락되는 경우가 종종 발생하여 그 증거능력이 다투어진다.

법원은 위와 같이 불법촬영 성범죄에 활용된 위장형 카메라 등 특수한 정보저장매체는 그 기능과 속성상 임의제출에 따른 적법한 압수의 대상이 되는 전자정보와 그렇지 않은 전자정보가 혼재될 여지가 거의 없어 사실상 대부분 압수의 대상이 되는 전자정보만이 저장되어 있으므로 소지·보관자의 임의제출에 따른 통상의 압수절차 외에 피압수자에게 참여의 기회를 보장하지 않고 전자정보 압수목록을 작성·교부하지 않았다는 점만으로 곧바로 증거능력을 부정할 것은 아니라고 보았다.[22]

---

20) 대법원 2024. 1. 5. 자 2021모385 결정

21) 대법원 2020. 11. 26. 선고 2020도10729 판결(다만 이 판결은 제3자가 임의제출한 위장형 카메라에 담긴 전자정보의 증거능력이 직접적으로 문제된 사안이 아니라 이를 토대로 피의자에 대해 따로 압수·수색영장을 발부받아 피의자 소유 컴퓨터 등을 압수한 사안으로 위장형 카메라라는 정보저장매체의 특성에 따른 절차적 권리 보장 여부 판단 기준 완화의 법리가 직접적으로 다루어진 사례는 아니다), 대법원 2021. 11. 25. 선고 2019도7342 판결

22) 대법원 2021. 11. 25. 선고 2019도7342 판결

나) 임의제출된 휴대전화를 수사기관과 피의자가 함께 탐색한 경우

불법촬영 성범죄로 적발된 피고인이 범행에 사용한 자신의 휴대전화를 임의제출하고, 수사기관과 피고인이 이를 함께 탐색하여 동종의 별건 불법촬영 성범죄에 관한 영상을 발견·특정하면서 범행을 자백한 경우, 수사기관이 피고인에게 전자정보 상세목록을 교부하지 않았더라도 실질적으로 피고인에게 전자정보 상세목록이 교부된 것과 다름이 없다고 본 사례가 다수 있다.[23] 피고인이 휴대전화 자체의 임의제출은 거부하였으나 휴대전화의 사진첩을 열어서 경찰관에게 보여주고 발견된 별건 영상을 블루투스 방식으로 경찰관 업무용 휴대전화에 전송하여 임의제출하면서 범행 일체를 자백한 경우도 동일하게 전자정보 상세목록이 교부된 것과 다름이 없다고 보았다.[24]

다) 임의제출된 휴대전화를 수사기관이 단독으로 탐색한 후 그 결과물만 피의자에게 제시한 경우

불법촬영 성범죄로 적발된 피고인이 휴대전화를 임의제출 하였더라도 그 탐색 과정에 피고인이 함께하지 않았던 경우 법원은 피고인에 대하여 참여의 기회 보장이나 전자정보 목록교부 등 절차적 권리가 보장되지 않았다고 보아 발견된 자료의 증거능력을 부정한다. 이는 설령 임의제출의 동기가 된 혐의사실과 발견된 별건 불법촬영 성범죄 영상 사이에 관련성이 인정된다고 볼 수 있거나 피고인이 범행 일체를 자백하였더라도 마찬가지다.[25]

---

23) 대법원 2021. 11. 25. 선고 2019도6730 판결, 대법원 2021. 11. 25. 선고 2019도9100 판결, 대법원 2022. 1. 13. 선고 2016도9596 판결, 대법원 2022. 2. 17. 선고 2019도4938 판결

24) 대법원 2023. 6. 1. 선고 2020도2550 판결

25) 대법원 2021. 11. 25. 선고 2016도82 판결, 대법원 2021. 12. 30. 선고 2019도14055 판결, 대법원 2021. 12. 30. 선고 2019도18010 판결, 대법원 2021. 12. 30. 선고 2019도18013 판결, 대법원 2021. 12. 30. 선고 2020도2478 판결, 대법원 2022. 11. 17. 선고 2019도11967 판결

바 제3자의 임의제출과 절차적 권리 보장

1) 임의제출의 주체

가) 소유·소지·보관자

임의제출의 주체는 "소유자, 소지자 또는 보관자"이므로(형사소송법 제108조, 제218조) 반드시 임의제출물의 소유자에 한정되지 않는다. 따라서 제3자도 피의자의 소유·관리에 속하는 물건을 적법하게 임의제출할 수 있다.

예컨대, 교도관이 그 직무상 위탁을 받아 소지·보관하는 물건으로서 재소자가 작성한 비망록을 수사기관에 임의제출한 사안에서 해당 비망록에 재소자의 사생활 비밀, 기타 인격적 법익이 침해되는 등의 특별한 사정이 없는 한 그 재소자의 동의가 없었더라도 임의제출이 적법하다고 본 사례가 있다.[26] 익명의 공익신고자가 의료인에 대한 리베이트 제공 관련 공익신고를 하면서 국민권익위원회에 관련 자료를 제출하고, 그 공익신고사항이 국민권익위원회의 의결에 따라 대검찰청과 식품의약품안전처로 이첩되어 수사가 개시되었던 사건에서, 국민권익위원회를 임의제출자이자 피압수자로 보아 임의제출이 적법하다고 판단한 사례도 있다.[27]

그러나 임의제출물의 압수가 적법하게 성립하려면 어디까지나 제출자가 소유자, 소지자 또는 보관자일 것을 요하므로 소유자, 소지자 또는 보관자 중 어디에도 해당하지 않는 자가 한 임의제출은 그 요건을 갖추지 못하여 위법하다.[28]

나) 제3자가 소유·소지·보관자의 의사에 반하여 임의제출한 경우

법원은 피의자가 소유·관리하는 물건을 제3자가 임의로 가지고 나와 수사기관에 제출한 경우는 물론,[29] 피의자가 소유·소지한 물건을 사인(私人)인 제3자가 강제로 빼앗아 수사기관에 임의제출한 경우도 적법한 임의제출로

---

26) 대법원 2008. 5. 15. 선고 2008도1097 판결
27) 서울고등법원 2023. 7. 14. 선고 2022노568 판결(상고 부제기로 확정)
28) 대법원 2010. 1. 28. 선고 2009도10092 판결
29) 대법원 2021. 11. 18. 선고 2016도348 전원합의체 판결

본 사례들이 있다.[30] 다만, 피해자의 딸의 친구가 피고인을 현행범으로 체포하면서 피고인으로부터 빼앗은 휴대전화를 수사기관에 임의제출한 사안에서 제출자를 평온·공연한 소지자 또는 보관자로 보기 어렵다는 이유로 형사소송법 제218조 소정의 제출자로 인정할 수 없다고 보았는바, 소유·소지·보관자의 의사에 반하여 강제로 빼앗은 물건의 임의제출을 부정한 사례도 있다.[31]

다) 수사기관의 지시·요청에 따라 사인(私人)이 제3자가 지배 관리하는 물건을 취거하여 수사기관에 전달한 경우

사인이 해당 물건의 소유·소지·보관자의 의사와 무관하게 또는 그 의사에 반하여 임의제출한 경우와 수사기관이 압수·수색영장을 집행함에 있어 특정 사인에게 제3자가 지배·관리하는 물건을 취거하여 수사기관에 전달하도록 지시·요청한 경우는 서로 다른 법리가 적용된다. 사인이 수사기관의 지시·요청에 따라 제3자의 물건을 취거하여 전달한 경우 법원은 수사기관이 사인을 이용하여 강제처분을 한 것으로 보아 해당 강제처분의 대상자에게 직접 형사소송법에서 규정하는 영장의 제시, 참여권 보장 등 절차를 준수하여야 한다고 판단했다.[32] 이 사건에서 '처분을 받는 자'는 미성년자였고, 취거 요청을 받은 사인은 그 미성년자의 친권자였음에도, 법원은 해당 미성년자에게 의사능력이 있는 한 그 미성년자에게 따로 영장 제시나 참여권 보장 등 절차를 준수해야 한다고 보았고, 친권자에 대한 것으로 이를 갈음할 수 없다고 보았다.

---

30) 서울서부지방법원 2020. 8. 24. 선고 2019노537 판결(대법원 2024. 3. 12. 선고 2020도12139 판결로 확정), 서울중앙지방법원 2022. 7. 7. 선고 2021노2758 판결(대법원 2022. 10. 14. 선고 2022도9196 판결로 확정)

31) 의정부지방법원 2020. 2. 6. 선고 2019노306 판결(대법원 2021. 12. 30. 선고 2020도2478 판결로 확정). 다만, 상고심 판결에서는 압수의 적법성 등에 관한 원심의 판단에 적절하지 않은 부분이 있다고 하였다(어느 부분이 어떻게 적절하지 않은지에 대하여 구체적으로 설시하지는 않았다).

32) 대법원 2024. 12. 24. 선고 2022도2071 판결

2) 제3자 임의제출의 경우 '실질적 피압수자' 여부 판단 기준

가) 대법원 2021. 11. 18. 선고 2016도348 전원합의체 판결

대법원 2021. 11. 18. 선고 2016도348 전원합의체 판결에서는 피해자 등 제3자가 '피의자의 소유·관리에 속하는 정보저장매체'를 임의제출한 경우 '실질적 피압수자'인 피의자에게 참여권 보장 및 전자정보 상세목록 교부 등 절차적 권리를 보장해야 한다고 보았다.

대법원 2021. 11. 18. 선고 2016도348 전원합의체 판결

피해자 등 제3자가 피의자의 소유·관리에 속하는 정보저장매체를 영장에 의하지 않고 임의제출한 경우에는 실질적 피압수자인 피의자가 수사기관으로 하여금 그 전자정보 전부를 무제한 탐색하는 데 동의한 것으로 보기 어려울 뿐만 아니라 피의자 스스로 임의제출한 경우 피의자의 참여권 등이 보장되어야 하는 것과 견주어 보더라도 특별한 사정이 없는 한 형사소송법 제219조, 제121조, 제129조에 따라 피의자에게 참여권을 보장하고 압수한 전자정보 목록을 교부하는 등 피의자의 절차적 권리를 보장하기 위한 적절한 조치가 이루어져야 한다.

나) 대법원 2022. 1. 27. 선고 2021도11170 판결

나아가 대법원 2022. 1. 27. 선고 2021도11170 판결에서는 임의제출자 아닌 피의자에게도 참여권이 보장되어야 하는 '피의자의 소유·관리에 속하는 정보저장매체'의 의미를 아래와 같이 상세하게 설시하였다.

대법원 2022. 1. 27. 선고 2021도11170 판결

이와 같이 정보저장매체를 임의제출한 피압수자에 더하여 임의제출자 아닌 피의자에게도 참여권이 보장되어야 하는 '피의자의 소유·관리에 속하는 정보저장매체'라 함은, 피의자가 압수·수색 당시 또는 이와 시간적으로 근접한 시기까지 해당 정보저장매체를 현실적으로 지배·관리하면서 그 정보저장매체 내 전자정보 전반에 관한 전속적인 관리처분권을 보유·행사하고, 달리 이를 자신의 의사에 따라 제3자에게 양도하거나 포기하지 아니한 경우로써, 피의자를 그 정보저장매체에 저장된 전자정보에 대하여 실질적인 피압수자로 평가할 수 있는 경우를 말하는 것이다. 이에 해당하는지 여부는 민사법상 권리의 귀속에 따른 법률적·사후적 판단이 아니라 압수·수색 당시 외형적·객관적으로 인식 가능한 사실상의 상태를 기준으로 판단하여야 한다. 이러한 정보저장매체의 외형적·객관적 지배·관리 등 상태와 별도로 단지 피의자나 그 밖의 제3자가 과거 그 정보저장매체의 이용 내지 개별 전자정보의 생성·이용 등에 관여한 사실이 있다거나 그 과정에서 생성된 전자정보에 의해 식별되는 정보주체에 해당한다는 사정만으로 그들을 실질적으로 압수·수색을 받는 당사자로 취급하여야 하는 것은 아니다.

이 사건은 피고인이 ○○대학교에 공용으로 제공된 PC를 일정 기간 피고인의 주거지 등으로 가져가 사용한 후 다시 ○○대학교 공용으로 사용할 수 있도록 반환하여 ○○대학교 강사휴게실에 별도 표식 없이 보관되고 있던 것을 수사기관이 학교 측으로부터 임의제출받은 사안이다. 피고인이 해당 PC를 ○○대학교로 다시 가져다 놓은 것은 2016. 12.경이고, 압수·수색영장 집행 중 해당 PC 원본을 임의제출물로 압수하여 반출한 것은 2019. 9.경이었다. 수사기관이 임의제출받을 당시 학교 측 담당자에게는 '임의제출 동의서'와 '참관여부 확인서'를 제출받는 등 절차적 권리를 보장하였으나, 피고인에게는 절차적 권리를 보장하지 않았다.

임의제출 당시 해당 PC는 특정인이 전속적으로 사용하고 있던 것이 아니라, ○○대학교 관계자가 ○○대학교에서 공용PC로 사용하거나 기타 방법으로 임의처리할 것을 전제로 3년 가까이 강사휴게실 내에 보관하면서 ○○대학교 ☆☆학부 조교가 그에 대한 보관·관리 업무를 수행하고 있던 것이었다.

법원은 당시 위 보관·관리 업무의 담당자인 조교 공소외 2와 ○○대학교 물품 관리를 총괄하는 행정지원처장 공소외 4가 ○○대학교 측의 입장을 반영한 임의적인 의사에 따라 검찰에 제출한 것이라고 인정하였다.

나아가 수사기관이 해당 PC를 임의제출물로 압수하고 그 안에 있는 전자정보를 탐색·복제·출력하는 일련의 과정에서 학교 측인 공소외 2, 4에게는 참여의 기회를 부여하였으나 피고인 측에는 참여의 기회를 부여하지 않은 점에 관하여 법원은 해당 PC가 피고인의 소유·관리에 속한 경우가 아니라 오히려 ○○대학교 측이 현실적으로 지배·관리하면서 포괄적인 관리처분권을 사실상 보유·행사하고 있는 상태였다고 보아, 피고인 측의 참여권까지 보장되어야 하는 경우에는 해당하지 않는다고 판단했다.

특히, 해당 PC에 저장된 전자정보의 생성·이용 등에 관여한 사람이나 그 과정에서 생성된 전자정보에 의해 식별되는 사람, 즉 '정보주체'라는 이유만으로 모두 참여권이 인정되는 것은 아니라고 지적했다.

다) 대법원 2023. 9. 18. 선고 2022도7453 전원합의체 판결

피고인이 허위의 인턴십 확인서를 작성한 후 공소외 1의 자녀 대학원 입시에 활용하도록 하는 방법으로 공소외 1 등과 공모하여 대학원 입학담당자들의 입학사정업무를 방해하였다는 공소사실과 관련하여, 공소외 1 등이 주거지에서 사용하던 컴퓨터 하드디스크에 인턴십 확인서 등 증거들이 저장되어 있었다. 공소외 1은 수사가 본격화되자 공소외 3에게 지시하여 위 하드디스크를 은닉하였는데, 이후 수사기관이 공소외 3을 증거은닉 혐의로 입건하자 공소외 3이 이를 임의제출한 사안이다. 수사기관은 하드디스크 임의제출 및 그에 저장된 전자정보에 관한 탐색·복제·출력 과정에서 공소외 3 측에 참여권을 보장한 반면 공소외 1 등에게는 참여 기회를 부여하지 않아 그 증거능력이 문제 되었다.

법원은 앞선 대법원 2021. 11. 18. 선고 2016도348 전원합의체 판결과 대법원 2022. 1. 27. 선고 2021도11170 판결의 법리를 원용하면서 증거능력을 인정하였으나, 아래와 같이 다수의견과 반대의견이 나뉘었다.

주목할 부분은 참여권의 보장 범위에 관한 다수의견과 반대의견의 논쟁인데, 여기에는 그동안 법원이 압수·수색 절차에서 참여권을 보장하는 법리를 선언하고 발전시켜온 역사와 각 판결의 의미가 정리·설명되어 있다.[33]

(1) 다수의견

다수의견은 다음과 같은 사정들을 근거로 증거은닉범행의 피의자로서 하드디스크를 임의제출한 공소외 3에게 참여권을 보장한 것으로 충분하고, 이에 더하여 임의제출자가 아닌 공소외 1 등에게까지 참여권이 보장되어야 하는 것은 아니라고 판단했다.

---

33) 다수의견은 압수·수색에서 혐의사실과의 관련성이라는 실체적 범위 제한을 실제 집행 과정에서 구현하는 절차적 권리로서의 참여권, 즉 참여권의 별건 방어권적 성격에 주안점을 두는 입장인 반면, 반대의견은 투망식 압수·수색으로 인한 사생활 비밀 등 인격적 법익의 침해 방지 측면을 강조하는 입장으로 이해된다.

- 공소외 3은 임의제출의 원인된 범죄혐의사실인 증거은닉 범행의 피의자로서 자신에 대한 수사 과정에서 하드디스크를 임의제출하였는데, 하드디스크 및 그에 저장된 전자정보는 본범인 공소외 1 등의 혐의사실에 관한 증거이기도 하지만 동시에 은닉행위의 직접적인 목적물에 해당하여 공소외 3의 증거은닉 혐의사실에 관한 증거이기도 하므로, 공소외 3은 하드디스크와 그에 저장된 전자정보에 관하여 실질적 이해관계가 있는 자에 해당하고, 하드디스크 자체의 임의제출을 비롯하여 증거은닉 혐의사실 관련 전자정보의 탐색·복제·출력 과정 전체에 걸쳐 공소외 3은 참여의 이익이 있다.
- 하드디스크의 은닉과 임의제출 경위, 그 과정에서 공소외 3과 공소외 1 등의 개입 정도 등에 비추어 압수·수색 당시 또는 이에 근접한 시기에 하드디스크를 현실적으로 점유한 사람은 공소외 3이므로 그에 저장된 전자정보에 대하여 관리처분권을 사실상 보유·행사할 수 있는 지위에 있는 사람도 공소외 3이라고 볼 수 있다.
- 공소외 1은 임의제출의 원인된 범죄혐의사실인 증거은닉범행의 피의자가 아닐 뿐만 아니라 하드디스크의 존재 자체를 은폐할 목적으로 막연히 '자신에 대한 수사가 끝날 때까지' 은닉할 것을 부탁하며 하드디스크를 공소외 3에게 교부하였는데, 이는 자신과 하드디스크 및 그에 저장된 전자정보 사이의 외형적 연관성을 은폐·단절하겠다는 목적하에 그 목적 달성에 필요하다면 '수사 종료'라는 불확정 기한까지 하드디스크에 관한 전속적인 지배·관리권을 포기하거나 공소외 3에게 전적으로 양도한다는 의사를 표명한 것으로 볼 수 있다.

(2) 반대의견

이상과 같은 다수의견에 대하여, 증거은닉범이 본범으로부터 증거은닉을 교사받아 소지·보관하고 있던 본범 소유·관리의 정보저장매체를 임의제출함에 있어 본범이 그에 저장된 전자정보의 탐색·복제·출력 시 사생활의 비밀과 자유 등을 침해받지 않을 실질적인 이익을 갖는다고 평가될 수 있는 경우 임의제출자이자 증거은닉의 피의자인 공소외 3과 함께 그러한 실질적 이익을 갖는 본범 공소외 1에게도 참여권이 보장되어야 한다고 본 반대의견이 있었다. 반대의견은 강제처분의 직접 당사자이자 형식적 피압수자인 정보저장매체의 현실적 소지·보관자 외에 소유·관리자가 별도로 존재하고, 강제처분에 의하여 그의 전자정보에 대한 사생활의 비밀과 자유, 정보에 대한 자기결정권, 재산권 등을 침해받을 우려가 있는 경우, 그 소유·관리자는 참여권의 보장 대상인 실질적 피압수자라고 보아야 하고, 이때 실질적 피압수자가 압수·수색의 원인이 된 범죄혐의사실의 피의자일 것을 요하는 것은 아니라고 보았다.

반대의견은 다수의견이 참여권을 보장받는 주체인 '실질적 피압수자'를 압수·수색의 원인이 된 범죄혐의사실의 피의자를 중심으로 협소하게 파악하여 대법원 2021. 11. 18. 선고 2016도348 전원합의체 판결 및 대법원 2022. 1. 27. 선고 2021도11170 판결 등 선례의 취지와 방향에 부합하지 않는다고 보았다. 또한 다수의견에 의하면 현대사회의 개인과 기업에 갈수록 중요한 의미를 갖는 전자정보에 관한 수사기관의 강제처분에서 적법절차와 영장주의를 구현해야 하는 헌법적 요청을 외면함으로써 실질적 피압수자인 전자정보 관리처분권자의 사생활의 비밀과 자유 등에 관한 기본권이 침해되는 반헌법적 결과를 용인하게 된다고 지적했다.

라) 대법원 2023. 12. 14. 선고 2020도1669 판결

(1) 사실관계

피고인은 2017. 12. 21. 23:30경 저녁 모임 도중 자신의 휴대전화를 분실하였다. 성명불상자는 피고인의 휴대전화를 습득하고 주인을 찾기 위해 그 안의 메시지 등을 확인하던 중 나체사진에 피해자들의 얼굴이 합성된 음란합성사진을 확인하고는 2017. 12. 22. 17:00경 피해자 D에게 피고인의 휴대전화를 건네주었다. 피해자 D 등은 2017. 12. 23. 피고인을 경찰에 고소하면서 위 휴대전화를 증거물로 임의제출하였고, 경찰관은 같은 날 14:00경 위 휴대전화를 피해자 D로부터 영장 없이 압수하였다.

경찰관은 피해자 D로부터 참여권 포기 서류를 제출받은 후 2018. 1. 19. 디지털 포렌식 과정을 거쳐 위 휴대전화에서 삭제된 전자정보 일체를 복원하고 이를 탐색·출력하였는데, 그 과정에서 피고인에게 참여의 기회를 보장하거나 압수한 전자정보 상세목록을 교부한 사실이 없었고, 피고인이 그 과정에 참여하지 아니할 의사인지를 확인한 바도 없었다.

(2) 법원의 판단

피해자 D가 피고인의 휴대전화를 임의제출한 시점과 시간적으로 근접한 시기까지 피고인이 위 휴대전화를 현실적으로 지배·관리하면서 휴대전화 내 전자정보 전반에 관한 전속적인 관리처분권을 보유·행사하였고, 달리 이를 자신의 의사에 따라 제3자에게 양도하거나 포기하지 않았으므로 피고인의 휴대전화에 저장된 전자정보 전반에 관하여 피고인을 실질적인 피압수자로 판단했다. 결국 임의제출자가 아닌 피고인에 대하여도 참여권 등 절차적인 권리가 보장되어야 함에도 경찰관은 피고인에게 이를 보호하기 위한 적절한 조치를 취하지 않은 채 관련 전자정보를 탐색하는 등 압수·수색 절차를 진행한 것이므로 경찰관의 이러한 조치는 위법하다고 보았다.

마) 대법원 2024. 12. 24. 선고 2023도3626 판결

관리처분권자가 따로 있는 정보저장매체 내 원본 전자정보를 제3자가 자신이 소유·관리하는 정보저장매체로 복사하여 이를 수사기관에 임의제출한 사안에서 법원은 원칙적으로 제출자에게만 참여의 기회를 부여하면 충분하고, 원본 전자정보 관리처분권자를 실질적 피압수자로 평가하여 그에게 참여권을 인정해야 하는 것은 아니라고 판단했다. 또한, 복제 전자정보가 사인(私人)이 임의로 수집, 제출한 증거로서 위법한지[34]는 전자정보 및 저장매체 임의제출(압수) 과정에서의 절차적 권리인 참여권 보장 문제와는 다른 측면에서 판단되어야 한다고 보았다.

34) 이른바 '사인(私人)의 위법수집증거'의 증거능력은 "효과적인 형사소추 및 형사소송에서의 진실발견이라는 공익과 개인의 인격적 이익 등의 보호이익을 비교형량"하여 결정하는 것이 판례의 법리다(대법원 2010. 9. 9. 선고 2008도3990 판결, 대법원 2013. 11. 28. 선고 2010도12244 판결, 대법원 2017. 3. 15. 선고 2016도19843 판결, 대법원 2020. 10. 29. 선고 2020도3972 판결, 대법원 2023. 12. 14. 선고 2021도2299 판결 등 참조).

대법원 2024. 12. 24. 선고 2023도3626 판결

1) 관련 법리

전자정보가 제3자 소유·관리의 정보저장매체에 복제되어 임의제출되는 경우에 복제 전자정보와 원본 전자정보의 내용이 완전히 동일하다고 하더라도, 복제 전자정보 생성 경위와 지배관리 상태, 복제 전자정보를 임의제출하게 된 경위, 원본 전자정보 임의제출이나 압수·수색 가능성 등 제반 사정과 전자정보 압수·수색에서 혐의사실과 무관한 전자정보의 무분별한 탐색·복제·출력 등을 방지하려는 참여권의 의의 및 기능을 종합적으로 살펴, 원본 전자정보 임의제출이 충분히 가능함에도 오직 원본 전자정보 관리처분권자의 참여를 배제할 목적으로 원본 전자정보 대신 복제 전자정보를 임의제출하는 경우 등과 같이 복제 전자정보를 임의제출하는 사람에게만 참여의 기회를 부여하는 것이 현저히 부당하다는 등의 특별한 사정이 없는 한 그 정보의 동일성을 들어 복제 전자정보 임의제출자 외에 원본 전자정보 관리처분권자를 실질적 피압수자로 평가하고 그에게 참여권을 인정해야 하는 것은 아니라고 보아야 한다.

가) 전자정보는 그 자체로는 무정형의 관념에 불과할 뿐 물리적 존재가 아니다. 전자정보는 복제가 용이하고 다수에게 손쉽게 전파·유통될 수 있으며 그 보유·사용·처분·변경 등이 다수에 의하여 동시다발적으로 이루어질 수 있는 비경합적·비배타적 성질을 가진다. 전자정보가 복제되어 유통·처분·변경되거나 여러 번 재복제되더라도 원본 전자정보나 복제되기 전 단계의 정보들은 마모되거나 훼손되지 않은 채 복제된 정보와 독립하여 존재할 수 있다. 이와 같은 전자정보의 특성을 고려하면, '제3자가 피의자 소유·관리의 정보저장매체 자체를 수사기관에 제출하는 방법으로 그 정보저장매체 내에 저장된 전자정보를 임의제출하는 것'과 '그 전자정보를 제3자 소유·관리의 정보저장매체에 복제한 후 복제 전자정보가 저장된 정보저장매체를 그 제3자가 수사기관에 제출하는 방법으로 복제 전자정보를 임의제출하는 것'은 적어도 그 임의제출 과정에서 보장되어야 하는 참여권의 관점에서는 동일하다고 평가할 수 없다.

나) 참여권자로서의 실질적 피압수자에 해당하는지 여부는, 임의제출(압수)되는 전자정보나 정보저장매체의 관리처분권에 관하여 민사법상 권리의 귀속에 따른 사후적 판단이 아니라 압수·수색 당시의 외형적·객관적인 기준에 의하여, 즉 임의제출(압수)의 직접적 대상인 당해 정보저장매체의 현실적 지배관리 상태와 그로부터 외형적·객관적으로 추단되는 저장 전자정보에 대한 관리처분권 유무를 통하여 판단하여야 한다(대법원 2022. 1. 27. 선고 2021도11170 판결 등 참조).

다) 원본 전자정보에 대한 관리처분권을 복제 전자정보 임의제출 시 참여권 인정의 근거로 새기게 되면 무한한 복제·유통·변형·합성 등이 가능한 전자정

보의 압수절차에서 일일이 원본 전자정보나 그 관리처분권자를 특정해야 할 것이다. 이는 현실적으로 불가능할 뿐만 아니라 수사의 현장성·적시성·밀행성에도 어긋난다.
라) 복제 전자정보가 사인(私人)이 임의로 수집, 제출한 증거로서 위법한지 여부는 전자정보 및 저장매체 임의제출(압수) 과정에서의 절차적 권리인 참여권 보장 문제와는 다른 측면에서 판단되어야 한다.

이 판결에서 직접적으로 다루어진 쟁점은 아니나, 사안의 경우 피의자가 소유·관리하는 정보저장매체 내 전자정보를 사인인 제3자가 임의로 자신이 소유·관리하는 정보저장매체로 복제하는 과정에서 동일성·무결성이 담보되었는지도 문제가 될 수 있다. 실제로도 사인인 제3자가 원본 전자정보를 임의로 복제하여 임의제출한 사안에서 동일성·무결성이 증명되지 않아 증거능력을 부정한 사례가 있다.[35]

3) 제3자의 CCTV 영상 임의제출과 개인정보

법원은 국가정보원 수사관이 국가보안법위반 혐의 수사 과정에서 피시방과 △△대학교 측으로부터 CCTV 영상녹화물 등을 임의제출받은 사안에서, CCTV 영상녹화물은 개인정보 보호법상 개인정보에 해당함을 인정하면서도 그 임의제출로 인한 피고인의 사생활이나 개인의 권익에 대한 침해 정도와 피고인이 행한 범죄의 중대성 등을 비롯한 공익을 비교형량하여 임의제출로 취득한 CCTV 영상녹화물 등의 증거능력을 인정한 바 있다.[36]

4) 국가기관·공공기관·금융기관 등의 임의제출과 개별 법령 위반 여부

국가기관, 공공기관, 금융기관 등이 수사기관의 요청에 따라 임의제출의 형식으로 자료를 협조하는 경우 개인정보 보호법, 국세기본법, 금융실명법 등 관련 법령 준수 여부를 확인할 필요가 있다.[37]

35) 서울서부지방법원 2019. 5. 9. 선고 2018노1056 판결(대법원 2019. 8. 14. 선고 2019도7204 판결로 확정)
36) 대법원 2017. 11. 29. 선고 2017도9747 판결

법원은 경찰이 '수사업무협조의뢰'라는 제목으로 F시장(AG담당관)을 수신자로 하여 AG담당관 미디어홍보팀에서 촬영한 일정한 영상자료 등을 요청하는 취지의 공문을 기안하고 시청을 방문하여 해당 자료를 받은 사안에서 해당 자료의 제출은 형사소송법 제199조 제2항, 경찰관 직무집행법 제8조 제1항, 개인정보 보호법 제18조 제2항 제7호에 근거하여 이루어진 것으로 법령상 근거를 갖추었고, 제출의 임의성도 인정된다고 보아 제출된 자료의 증거능력을 인정했다.[38] 이 사건에서는 수사기관이 제출자들을 참고인으로 조사하면서 임의제출 동의서와 소유권 포기서 등 임의제출 관련 서류를 징구하고 압수목록 및 전자정보 상세목록을 교부하는 등 앞선 자료제출 요구에 대하여 제기될지도 모를 위법 시비를 해소·보완하기 위해 노력한 점도 고려되었다.

같은 사건에서 시청 공무원으로부터 시청 CCTV 자료를 제출받으면서 압수조서·압수목록을 작성하지 않거나 전자정보 상세목록의 교부 절차를 이행하지 않은 점도 문제가 되었는데, 법원은 CCTV의 설치·운영 및 범죄수사 목적의 제3자 제공에 관한 개인정보 보호법 규정 등을 근거로 시청 CCTV 영상자료가 법령에 근거하여 적법하게 압수되었다고 판단했고, 목록 미교부 등 절차 위반으로 인한 법익 침해 정도가 중하지 않다고 보아 증거능력을 인정하였다.

사 사인(私人)이 수집한 증거의 증거능력에 관한 법리

1) 국민의 사생활 영역에 관계된 증거의 제출이 허용되는지 판단하는 기준 - 비교형량의 법리

법원은 피고인과 간통한 상간자가 공갈 목적을 숨기고 피고인의 동의를 받아 찍은 피고인의 나체사진이 피고인의 간통 공소사실에 대한 증거로 제

37) 서울고등법원 2018. 1. 26. 선고 2016노333 판결(대법원 2019. 3. 14. 선고 2018도2841 판결로 확정) 참조

38) 수원지방법원 평택지원 2023. 7. 21. 선고 2022고합264 판결(대법원 2024. 4. 25. 선고 2024도2064 판결로 확정, 다만 제1심에서 전부 무죄가 선고되어 상고심까지 그대로 확정된 사례여서 임의제출된 자료의 증거능력을 인정한 취지의 위 제1심 판단 부분은 상급심에서는 판단의 대상이 된 바가 없음)

출된 사안에서 "효과적인 형사소추 및 형사소송에서의 진실발견이라는 공익"과 "개인의 사생활의 보호이익"을 비교형량하여 그 증거능력을 판단하는 법리를 설시하였다.[39] 제3자가 절취한 업무일지를 소송사기의 피해자가 대가를 지급하고 취득하여 사기죄에 대한 증거로 제출한 사안,[40] 간통 범행을 고소한 남편이 피고인의 주거에 침입하여 혈흔이 묻은 휴지들과 침대시트를 제출한 사안,[41] 피고인의 식품위생법위반 공소사실에 대한 증거로 피고인이 운영하는 유흥주점 내 음란행위 장면을 피고인의 동의 없이 녹화한 비디오테이프가 제출된 사안[42] 등에서도 법원은 비교형량의 법리에 따라 증거능력을 인정하였다.

공무원의 지위를 이용한 선거운동 혐의와 관련하여 시청 공무원인 제3자가 권한 없이 비밀 보호조치를 해제하는 방법으로 수집한 전자우편이 증거로 제출된 사안에서 법원은 그 시청 공무원의 전자우편 수집 행위가 정보통신망법에 위반되어 형사처벌되는 범죄행위에 해당할 수 있을 뿐만 아니라 피고인의 사생활의 비밀 또는 통신의 자유 등의 기본권을 침해하는 행위에 해당하는 점을 인정하면서도 결국 증거능력을 인정하였다.[43] 또한 공소외인들이 회사로부터 폐기 지시를 받아 보관 중이던 자료를 수사기관에 임의제출한 사안에서도 법원은 비교형량의 법리에 따라 증거능력을 인정하였다.[44]

2) 비밀녹음의 증거능력

법원은 일찍이 대화자 중 일방이 상대방 몰래 녹음한 비밀녹음의 증거능력을 인정한 바 있다.[45] 다만, 전문법칙과 동일성·무결성은 별도로 갖추어야 할 증거능력 요건이다.[46] 대화자 일방의 비밀녹음과 달리 제3자가 공개

39) 대법원 1997. 9. 30. 선고 97도1230 판결
40) 대법원 2008. 6. 26. 선고 2008도1584 판결
41) 대법원 2010. 9. 9. 선고 2008도3990 판결
42) 대법원 2010. 10. 28. 선고 2009도5569 판결
43) 대법원 2013. 11. 28. 선고 2010도12244 판결
44) 대법원 2020. 10. 29. 선고 2020도3972 판결
45) 대법원 1997. 3. 28. 선고 97도240 판결
46) 대법원 1999. 3. 9. 선고 98도3169 판결

되지 아니한 타인 간의 대화를 녹음한 경우 그 주체가 사인이라 할지라도 통신비밀보호법에 위반되어 증거능력이 없다.[47] 이는 그 제3자가 대화자 일방의 동의를 얻었다고 하더라도 마찬가지다.[48] 그러나 사람의 목소리가 아닌 사물에서 발생하는 음향, 사람의 목소리라도 상대방에게 의사를 전달하는 말이 아닌 단순한 비명소리, 탄식 등은 타인과 의사소통을 하기 위한 것이 아니라면 통신비밀보호법에서 말하는 타인 간의 '대화'에 해당하지 않으므로 비교형량의 법리에 따라 증거능력을 판단한다.[49]

공소외인(피고인의 배우자)이 피고인 몰래 피고인의 휴대전화에 자동녹음 애플리케이션을 실행해 두어 피고인과 공소외인의 통화내용이 피고인의 휴대전화에 자동으로 녹음되도록 한 사안에서 법원은 비교형량의 법리에 따라 그 녹음파일의 증거능력을 인정하였다.[50]

대법원 2023. 12. 14. 선고 2021도2299 판결

국민의 인간으로서의 존엄과 가치를 보장하는 것은 국가기관의 기본적인 의무이고 이는 형사절차에서도 당연히 구현되어야 하지만, 국민의 사생활 영역에 관계된 모든 증거의 제출이 곧바로 금지되는 것으로 볼 수는 없다. 형사절차에서 증거로 사용할 수 있는지는 개별적인 사안에서 효과적인 형사소추와 형사절차상 진실발견이라는 공익과 개인의 인격적 이익 등의 보호이익을 비교형량하여 허용 여부를 결정하여야 한다.

이때 법원이 비교형량을 할 때에는 사생활 내지 인격적 이익을 보호하여야 할 필요성 여부 및 정도, 증거수집 과정에서 사생활 내지 인격적 이익을 침해하게 된 경위와 침해의 내용 및 정도, 형사소추의 대상이 되는 범죄의 경중 및 성격, 피고인의 증거동의 여부 등을 전체적·종합적으로 고려하여야 한다. 증거수집 절차가 개인의 사생활 내지 인격적 이익을 중대하게 침해하여 사회통념상 허용되는 한도를 벗어난 것이라면, 단지 형사소추에 필요한 증거라는 사정만을 들어 곧바로 형사소송에서 진실발견이라는 공익이 개인의 인격적 이익 등 보호이익보다 우월한 것으로 섣불리 단정해서는 아니 된다. 그러나 그러한 한도를 벗어난 것이 아니라면 형사절차에서 증거로 사용할 수 있다(대법원 2013. 11. 28. 선고 2010도12244 판결, 대법원 2017. 3. 15. 선고 2016도19843 판결 등 참조).

47) 대법원 2001. 10. 9. 선고 2001도3106 판결
48) 대법원 2002. 10. 8. 선고 2002도123 판결
49) 대법원 2017. 3. 15. 선고 2016도19843 판결
50) 대법원 2023. 12. 14. 선고 2021도2299 판결

아 유류물의 압수

1) 기본 법리

유류물의 압수에 있어 유류물이란 소유권이나 관리처분권이 처음부터 존재하지 않거나, 존재하였지만 적법하게 포기된 물건, 또는 그와 같은 외관을 가진 물건을 말한다.

법원은 유류물 압수의 경우 영장에 의한 압수나 임의제출물 압수에 적용되는 관련성의 제한이나 참여권 보장 등이 적용되지 않는다고 보았다. 피고인이 자신의 거주지에 대한 압수·수색영장 집행 사실을 알게 된 직후 불법촬영물이 저장된 SSD 카드를 신발주머니에 담아 그 거주지인 고층 아파트 바깥으로 투척하였고 경찰관으로부터 위 SSD 카드의 소유자가 맞는지 질문을 받았으나 소유권을 부인한 사안에서 법원은 수사기관이 위 SSD 카드를 유류물로서 영장 없이 압수한 것이므로 거기에 저장된 전자정보는 그 탐색·복제·출력 과정에 피고인의 참여권을 보장하지 않았다거나, 피고인에게 집행하였던 압수·수색영장에 기재된 혐의사실과 관련성이 인정되지 않더라도, 증거능력이 인정된다고 판단했다.[51)]

대법원 2024. 7. 25. 선고 2021도1181 판결

1) 형사소송법 제215조 제1항은 '범죄수사에 필요한 때에는 피의자가 죄를 범하였다고 의심할 만한 정황이 있고 해당 사건과 관계가 있다고 인정할 수 있는 것에 한정하여 지방법원판사에게 청구하여 발부받은 영장에 의하여 압수, 수색 또는 검증을 할 수 있다'고 규정하고 있다. 그러나 유류물 압수의 근거인 형사소송법 제218조는 유류물을 압수하는 경우에 사전, 사후에 영장을 받을 것을 요구하지 않는다. 유류물 압수와 같은 조문에 규정된 임의제출물 압수의 경우, 제출자가 제출·압수의 대상을 개별적으로 지정하거나 그 범위를 한정할 수 있으나, 유류물 압수는 그와 같은 제출자의 존재를 생각하기도 어렵다. 따라서 유류물 압수·수색에 대해서는 원칙적으로 영장에 의한 압수·수색·검증에 관하여 적용되는 형사소송법 제215조 제1항이나 임의제출물 압수에 관하여 적용되는 형사소송법 제219조에 의하여 준용되는 제106조 제1항, 제3항, 제4항에 따른 관련성의 제한이 적용된다고 보기 어렵다.

2) 정보저장매체에 대한 압수·수색에 있어, 압수·수색 당시 또는 이와 시간적으로 근접한 시기까지 정보저장매체를 현실적으로 지배·관리하면서 그 정보저장매체 내 전자정보 전반에 관한 전속적인 관리처분권을 보유·행사하고, 달리 이를 자신의 의사에 따라 제3자에게 양도하거나 포기하지 아니한 경우에는, 그 지배·관리자인 피의자를 정보저장매체에 저장된 전자정보 전반에 대한 실질적인 압수·수색 당사자로 평가할 수 있다(대법원 2022. 1. 27. 선고 2021도11170 판결 등 참조). 그러나 유류물 압수는 수사기관이 소유권이나 관리처분권이 처음부터 존재하지 않거나, 존재하였지만 적법하게 포기된 물건, 또는 그와 같은 외관을 가진 물건 등의 점유를 수사상 필요에 따라 취득하는 수사방법을 말한다. 따라서 유류물 압수에 있어서는 정보저장매체의 현실적 지배·관리 혹은 이에 담겨있는 전자정보 전반에 관한 전속적인 관리처분권을 인정하기 어렵다. 정보저장매체를 소지하고 있던 사람이 이를 분실한 경우와 같이 그 권리를 포기하였다고 단정하기 어려운 경우에도, 수사기관이 그러한 사정을 알거나 충분히 알 수 있었음에도 이를 유류물로서 영장 없이 압수하였다는 등의 특별한 사정이 없는 한, 영장에 의한 압수나 임의제출물 압수와 같이 수사기관의 압수 당시 참여권 행사의 주체가 되는 피압수자가 존재한다고 평가할 수는 없다.

3) 따라서 범죄수사를 위해 정보저장매체의 압수가 필요하고, 정보저장매체를 소지하던 사람이 그에 관한 권리를 포기하였거나 포기한 것으로 인식할 수 있는 경우에는, 수사기관이 형사소송법 제218조에 따라 피의자 기타 사람이 유류한 정보저장매체를 영장 없이 압수할 때 해당 사건과 관계가 있다고 인정할 수 있는 것에 압수의 대상이나 범위가 한정된다거나, 참여권자의 참여가 필수적이라고 볼 수는 없다.

2) 분실물과 유류물의 구별

분실물은 외관상 소유권 또는 관리처분권이 존재하지 않는다거나 그것이 적법하게 포기된 물건으로 보기 어려운 경우 유류물이 아니다.

법원도 ① 피고인이 노래연습장에 두고 귀가한 지갑과 휴대전화를 노래연습장 직원이 습득하여 고양경찰서 Q지구대에 제출하였고, 고양경찰서 Q지구대는 V계 유실물 담당자 경장 R에게 이를 인계하였는데, 경장 R이 피고인의 휴대전화 갤러리(사진첩)에서 불법촬영물을 발견하자 고양경찰서 여

51) 대법원 2024. 7. 25. 선고 2021도1181 판결

성청소년계에 수사를 의뢰하면서 이를 사법경찰관에게 임의제출한 사안,[52] ② 피고인이 저녁 모임 도중 휴대전화를 분실하였는데, 성명불상자가 이를 습득하여 주인을 찾기 위해 휴대전화 안의 메시지 등을 확인하던 중 음란합성사진 일부를 확인하고, 그 휴대전화를 그 음란합성사진의 피해자에게 건네주어 그 피해자가 경찰에 이를 임의제출한 사안,[53] ③ 공범이 택시에서 휴대전화를 분실하였고, 택시 기사가 이를 경찰에 습득물로 제출하였는데, 경찰이 휴대전화 소유자의 인적사항을 파악하기 위해 휴대전화에 저장된 정보를 확인하던 중 마약 구매 정황으로 의심되는 피의자와 공범 사이의 메신저 대화 내용이 발견된 사안[54] 모두 유류물 압수의 법리를 적용하지 않고 관련성 제한과 참여권 보장 여부 등에 관하여 심리·판단하였다.[55]

다만, 대법원 2024. 7. 25. 선고 2021도1181 판결은 외관상 유류물과 같이 보인다면 실제로는 소유권이나 관리처분권이 존재하는 분실물이라도 수사기관이 그러한 사정을 알거나 충분히 알 수 있었다는 등의 특별한 사정이 없는 한 유류물 압수의 법리를 적용한다는 취지로 보인다.

---

52) 서울서부지방법원 2023. 10. 12. 선고 2023고합12, 76, 175 판결(이 사건은 서울고등법원 2024. 2. 23. 선고 2023노3398 판결로 항소 기각 후 쌍방 상고 부제기로 확정되었는데, 휴대전화 압수가 위법하다고 보아 거기서 나온 불법촬영물의 증거능력을 부정한 판단에 대해서는 검사가 이를 항소이유로 삼지 않아 항소심의 판단 대상이 되지 않았다.)

53) 대법원 2023. 12. 14. 선고 2020도1669 판결

54) 대법원 2025. 1. 9. 선고 2024도12689 판결, 대법원 2025. 1. 9. 선고 2024도12820 판결

55) 대법원 2023. 9. 18. 선고 2022도7453 전원합의체 판결 중 반대의견에 대한 대법관 오경미의 보충의견에서도 "당신이 얼마 전 택시에 두고 내리면서 잃어버린 스마트폰이 불법 유통되어 보이스피싱 범죄에 이용되다가 수사기관에 압수되는 상황은 언제든 일어날 수 있다. …(중략)… 수사기관이 그 스마트폰의 소유·관리자가 당신이고 그 안에 당신의 개인정보가 저장되어 있음을 알게 된 경우, 그 탐색·추출 과정에서 범죄혐의사실을 기준으로 '직접적·실질적·법률상 이해관계'를 갖는 피압수자이자 피의자인 보이스피싱범 또는 당신의 자녀에게만 참여권을 인정하는 것으로 참여권에 관한 절차적 적법성은 충족·완결된 것일까?"라고 하여 분실물의 경우 그 주인에게 참여의 이익이 있음을 전제하고 있는 것으로 보인다.

자 불법촬영 성범죄에서 임의제출의 법리

(대법원 2021. 11. 18. 선고 2016도348 전원합의체 판결과 그 후속 판결)

대법원은 불법촬영 성범죄 사안에서 2021. 11. 18. 전원합의체 판결로 임의제출 관련 법리를 정리한 이후 단기간 내에 유사 사안들에 대하여 다수의 판결을 선고하였다. 이 사건들에 같은 법리가 적용되었으나 그 결론은 각기 달랐는바, 이들을 비교함으로써 결론에 영향을 미치는 중요한 사실관계 요소가 무엇인지 추론해 볼 수 있겠다.

주로 문제가 되는 상황은 임의제출된 기기에서 그 임의제출의 동기가 된 혐의사실과 다른 별건 자료가 발견되어 이를 압수하고 별건을 기소하였을 때 그 별건 압수물의 증거능력을 판단하는 국면이다. 법원은 '관련성'이 인정되는지와 '절차적 권리(참여권, 목록교부)'가 보장되었는지를 살피는데, 원칙적으로 둘 중 어느 하나만 인정되지 않아도 증거능력을 부정한다. 불법촬영 성범죄의 경우 '관련성' 제한은 다소 완화하여 해석하기도 하나, '참여권' 보장 여부는 엄격하게 판단하는 것으로 보인다. 즉, 위장형 카메라와 같이 특수한 정보저장매체를 이용한 예외적인 경우가 아닌 한 피의자 본인이 탐색 과정에 참여하지 않았다면 대부분 증거능력을 부정한다. 반대로 피의자 본인이 탐색 과정에 참여하였고 선별 결과에 이의를 제기하지 않은 경우 전자정보 상세목록 교부의무 위반 등 일부 위법이 있더라도 대부분 증거능력을 인정한다. 휴대전화를 이용한 불법촬영 성범죄에 있어 별건 혐의사실에 관한 자료가 발견된 경우 위와 같은 참여권 보장 여부 판단 기준에 관한 법리는 임의제출뿐 아니라 현행범 체포 등에 이은 영장 없는 긴급압수의 경우에도 마찬가지로 적용되는 것으로 보인다.[56)]

---

56) 피고인에 대한 현행범 체포에 이어 피고인의 휴대전화에 대한 긴급압수와 사후영장 발부가 있었던 사안인 서울중앙지방법원 2019. 7. 26. 선고 2018노2879 판결(대법원 2019. 10. 31. 선고 2019도11966 판결로 확정)은 "피고인은 수사기관이 이미 탐색 및 수색을 다한 이후에 열람하게 하는 것을 참여권 보장이라고 볼 수 없다는 취지로 주장하나, 경찰은 2017. 9. 8. 19:46부터 같은 날 20:53까지 사이에 피고인과 함께 동영상을 보면서 피의자신문을 하였고, 피의자신문을 마친 후에 원심 판시 범죄사실 제1항 내지 제3항과 관련된 영상을 출력하여 기록에 첨부한 것으로 보이는바, 피의자신문 시 피고인과 함께 동영상을 보는 것으로써 피압수자인 피고인에게 참여권을 보장하였다고 볼 수 있는 점을 보태어 보면, 원심의 위와 같은 판단은 정당하고, 거기에 피고인이 주장하는 바와 같은 법리오해의 위법이 없다."고 판시하였다.

1) 대법원 2021. 11. 18. 선고 2016도348 전원합의체 판결

관련 법리	[1] 임의제출 전자정보 압수의 방법: 현장 선별 원칙과 2단의 예외 [2-1] 임의제출 전자정보 압수의 대상과 범위: 임의제출자의 의사를 확인할 의무 및 엄격해석(유추해석금지) 원칙 [2-2] 임의제출 전자정보 압수의 대상과 범위: 임의제출에 따른 압수의 동기가 된 혐의사실과 관련된 전자정보 [2-3] 임의제출 전자정보 압수의 대상과 범위: 불법촬영 성범죄의 경우 관련성을 상대적으로 폭넓게 인정 [2-4] 임의제출 전자정보 압수의 대상과 범위: 제3자 임의제출의 경우 관련성을 더욱 제한적으로 해석 [3] 전자정보 탐색·복제·출력 시 피의자의 참여권 보장 및 전자정보 상세목록 교부 [4] 임의제출된 정보저장매체 탐색 과정에서 무관정보 발견 시 필요한 조치·절차: 추가 탐색 중단 및 별도 압수·수색영장 발부
제출 동기 혐의사실	2014. 12. 11. 피고인의 집에서 만취한 피해자 공소외 1의 성기를 불법촬영
제출자	제3자(피해자 공소외 1)
제출물	피고인 소유의 휴대전화 2대(아이폰 1대, 삼성휴대폰 1대)
발견된 자료	- 아이폰: 제출의 동기가 된 혐의사실 관련 동영상 - 삼성휴대폰: 2013. 12.경 피고인의 집에서 만취한 피해자 공소외 2, 3의 성기를 만지고 불법촬영한 동영상
절차	- 아이폰: 참여함 - 삼성휴대폰: 수사기관이 참여의 기회를 주었으나 피고인이 참여 거부 - 발견된 별건 자료에 대하여 관련자를 추가로 조사한 후 별도 압수·수색영장을 발부받음
판단	**발견된 자료의 증거능력이 없음** - 제출의 동기가 된 혐의사실과 관련성이 없음 - 사후에 압수·수색영장을 발부받아 집행하였더라도 마찬가지

가) 사실관계

피고인은 2014. 12. 11. 자기 집에서 피해자 공소외 1(남, 24세)과 함께 술을 마시다가 만취하여 누워 있던 피해자의 성기를 불법촬영하였다(2014년 범행). 피해자 공소외 1은 즉시 피해 사실을 경찰에 신고하면서, 피고인의 집에서 가지고 나온 피고인 소유의 휴대전화 2대(아이폰 및 삼성휴대폰)를 그 증거물로 임의제출하였다. 경찰관들은 위 휴대전화 2대를 영장 없이 압수하면서, 공소외 1에게 임의제출 범위에 관한 의사를 따로 확인하지는 않았다.

피고인은 아이폰에 대해서는 경찰에 비밀번호를 제공하고 그 이미징 과정에 참여하였으나, 삼성휴대폰에 대해서는 사실상 비밀번호 제공을 거부하고, 저장된 동영상 파일의 복원·추출 과정에 참여하지 않았다.[57] 경찰은 아이폰에 저장된 동영상 파일을 통해 공소외 1에 대한 2014년 범행을 확인한 다음, 삼성휴대폰에서 2014년 범행의 증거 영상을 추가로 찾던 중, 공소외 1이 아닌 다른 남성 2인이 침대 위에서 잠든 모습, 누군가가 손으로 그들의 성기를 잡고 있는 모습 등이 촬영된 동영상 30개와 사진 등을 발견하고, 그 내용을 확인한 후 이를 CD에 복제하였다.

경찰은 피해자 공소외 1을 소환하여 위 동영상에 등장하는 남성 2인의 인적 사항 등에 대해 조사하여 그들이 피해자 공소외 2, 3이라는 사실을 알게 되고, 추가 수사를 통해 피고인이 2013. 12.경 피해자 공소외 2, 3이 술에 취해 잠든 사이 성기를 만지고 위 동영상을 촬영한 범행(2013년 범행)을 저지른 사실을 인지하였다. 그 후 경찰은 압수·수색영장을 발부받아 2013년 범행 영상의 전자정보를 복제한 CD를 증거물로 압수하였다.[58]

검사는 피고인을 ① 공소외 2, 3에 대한 준강제추행 및 성폭력처벌법위반(카메라등이용촬영)(2013년 범행)과 ② 공소외 1에 대한 성폭력처벌법위반(카메라등이용촬영)(2014년 범행)으로 기소하였다.

---

57) 원심인 청주지방법원 2015. 12. 11. 선고 2015노462 판결에 의하면, 삼성휴대폰 관련하여 수사기관은 피고인에게 참여의 기회를 부여했으나 피고인 스스로 참여할 의사가 없음을 밝힌 것으로 보인다.

58) 원심인 청주지방법원 2015. 12. 11. 선고 2015노462 판결에 의하면, 수사기관은 2014. 12. 23. 피고인의 휴대전화에 대한 증거분석을 완료하여 2013년 범행 관련 영상물을 CD에 복제하여 확보하였고, 그것이 2014년 범행과 다른 별건 관련임을 알았다. 2014. 12. 24. 공소외 1을 통해 2013년 범행의 피해자가 공소외 2, 3임을 확인하였고, 2014. 12. 29. 공소외 2에 대한 조사로 2013년 범행 관련 영상물 속 인물들이 공소외 2, 3임을 재차 확인하였다. 2013년 범행에 관한 압수·수색영장은 2014. 12. 26. 발부되어 2014. 12. 30. 피고인의 참여하에 위 CD를 압수하는 방법으로 집행되었다.

나) 법원의 판단

법원은 삼성휴대폰에서 발견된 2013년 범행 동영상은 위법수집증거로서 설령 사후에 압수·수색영장을 발부받아 이를 압수하였더라도 2013년 범행의 증거로서는 증거능력이 없고 이를 기초로 한 2차 증거 역시 증거능력이 없다고 보았다. 그 근거는 다음과 같다.

- 피해자 공소외 1이 경찰에 피고인의 휴대전화 2대를 증거물로 제출할 당시 그 안에 수록된 전자정보의 제출 범위를 명확히 밝히지 않았고, 담당 경찰관들도 제출자로부터 그에 관한 확인절차를 거치지 않았으므로 위 각 휴대전화에 담긴 전자정보 중 임의제출을 통해 적법하게 압수된 범위는 임의제출의 동기가 된 2014년 범행 자체에 관한 전자정보 및 2014년 범행과 구체적·개별적 연관관계가 있는 전자정보로 제한된다.
- 2013년 범행 동영상은 그 촬영 시점이 2014년 범행과 상당한 시간적 간격이 있고 그 피해자 및 범행에 이용한 휴대전화도 다르므로 앞에서 본 간접증거와 정황증거를 포함하는 구체적·개별적 연관관계 있는 관련 증거의 법리(불법촬영 성범죄에서 관련성 판단 기준을 완화하는 법리)에 의하더라도 임의제출에 따른 압수의 동기가 된 혐의사실(2014년 범행)과 구체적·개별적 연관관계 있는 전자정보로 보기 어렵다.
- 수사기관이 사전영장 없이 이를 취득한 이상 위법수집증거로서 증거능력이 없고, 사후에 압수·수색영장을 받아 압수절차가 진행되었더라도 달리 볼 수 없다.

즉, 임의제출자가 참여권을 포기하였더라도 수사기관이 탐색 과정에서 무관정보를 우연히 발견하여 이를 적법하게 압수하고자 하는 경우 추가 탐색을 중단하고 별도의 범죄혐의에 대한 압수·수색영장을 발부받아 집행하여야 하고, 무관정보를 발견하였음에도 해당 절차를 중단하지 않고 무관정보에 기초하여 수사를 계속 진행하였다면 사후에 압수·수색영장을 발부받아 집행하였거나 피고인 측의 증거동의가 있더라도 위법이 치유되지 않는다는 취지이다.

2) 대법원 2021. 11. 25. 선고 2016도82 판결

관련 법리	[2-2] 임의제출에 따른 압수의 동기가 된 혐의사실과 관련된 전자정보 [2-3] 불법촬영 성범죄의 경우 관련성을 상대적으로 폭넓게 인정 [3] 피의자의 참여권 보장 및 전자정보 상세목록 교부 [4] 임의제출된 정보저장매체 탐색 과정에서 무관정보 발견 시 조치·절차
제출 동기 혐의사실	2014. 7. 28. 지하철 내에서 앞에 서 있던 여성의 다리 등을 불법촬영
제출자	피고인(현행범으로 체포됨)
제출물	피고인 소유의 휴대전화
발견된 자료	- 제출의 동기가 된 혐의사실 관련 자료는 발견되지 않음 - 2014년 초 거주지에서 사귀던 여성의 나체 등을 불법촬영한 사진
절차	- 피고인에게 참여의 기회를 보장하지 않음 - 피고인에게 전자정보 상세목록을 교부하지 않음 - 별도 압수·수색영장 발부받지 않음
판단	**발견된 자료의 증거능력이 없음** - 제출의 동기가 된 혐의사실과 관련성이 없음 - 피고인에게 참여권을 보장하지 않았음 - 피고인에게 전자정보 상세목록을 교부하지 않았음

가) 사실관계

피고인은 2014. 7. 28. 지하철 내에서 불법촬영한 혐의로 현행범 체포되면서, 피고인 소유의 휴대전화를 사법경찰관에게 임의로 제출하였고, 사법경찰관은 즉시 이를 영장 없이 압수하였다. 당시 압수조서(임의제출)의 압수경위란에는 '피고인이 2014. 7. 28. 08:54경 지하철 2호선 강남역에서 선릉역으로 이동하던 전동차 안에서 자신 앞에 서있던 여성의 다리 등을 휴대전화로 촬영하였다'라고 기재되어 있었다.

경찰이 압수된 이 사건 휴대전화에서 삭제된 전자정보 일체를 복원하고, 복원된 전자정보를 복제한 CD를 2014. 11. 17. 이 사건 수사기록에 편철하였는데, 피고인이 지하철에서 촬영한 피해자의 영상은 발견하지 못하였으나, 복원된 전자정보 중 여성의 나체와 음부가 촬영된 사진 파일을 출력하여 그 출력물을 수사기록에 추가로 편철하였다. 그 과정에서 수사기관은 피고인에 대하여 참여의 기회를 보장하거나 전자정보 목록을 교부한 바 없었다.

검사는 2014. 11. 27. 피고인에 대한 피의자신문 과정에서 사진 파일에 관하여 신문하였고, 이에 피고인은 '2014년 초경 안양시 ○○구 ○○○동 ○○○에 있는 다세대 주택에서 당시 교제 중이던 여성이 성관계 후 잠들어 있는 것을 보고서 몰래 가지고 있던 휴대폰 카메라를 이용하여 그녀의 나체와 음부를 촬영한 사실이 있다'라고 진술하였다.

검사는 2014. 12. 26. 성폭력처벌법위반(카메라등이용촬영)죄로 공소를 제기하였고, 사진 파일과 그 출력물을 법원에 증거로 제출하였다. 그때까지 수사기관은 별도의 압수·수색영장을 발부받은 바 없었다.

나) 법원의 판단

법원은 피고인이 임의제출한 휴대전화에서 발견된 사진은 위법수집증거에 해당하여 증거능력이 없다고 보았다. 그 근거는 다음과 같다.

- 피고인이 2014. 7. 28. 공중밀집장소인 지하철 내에서 여성을 추행한 행위와 2014년 초경 다세대 주택에서 몰래 당시 교제 중이던 여성의 나체와 음부를 촬영한 행위는 범행 시간과 장소뿐만 아니라 범행 동기와 경위, 범행 수단과 방법 등을 달리한다. 따라서 간접증거와 정황증거를 포함하는 구체적·개별적 연관관계 있는 관련 증거의 법리에 의하더라도, 여성의 나체와 음부가 촬영된 사진은 임의제출에 따른 압수의 동기가 된 범죄혐의사실과 구체적·개별적 연관관계 있는 전자정보로 보기 어렵다.
- 휴대전화에서 나온 전자정보는 경찰이 피압수자인 피고인에게 참여의 기회를 부여하지 않은 상태에서 임의로 탐색·복제·출력한 것으로서, 피고인에게 압수한 전자정보 목록을 교부하거나 피고인의 참여 의사를 확인한 바 없으므로, 수사기관이 영장 없이 이를 취득한 이상 증거능력이 없다.

3) 대법원 2021. 11. 25. 선고 2019도6730 판결

관련 법리	[2-2] 임의제출에 따른 압수의 동기가 된 혐의사실과 관련된 전자정보 [2-3] 불법촬영 성범죄의 경우 관련성을 상대적으로 폭넓게 인정 [3] 피의자의 참여권 보장 및 전자정보 상세목록 교부
제출 동기 혐의사실	2018. 4. 25. 지하철역 출구 에스컬레이터를 타고 올라가는 피해자의 치마 속을 불법촬영
제출자	피고인(현장에서 지하철경찰대 사무실로 임의동행)
제출물	피고인이 소지하고 있던 휴대전화
발견된 자료	- 제출의 동기가 된 혐의사실 관련 자료는 발견되지 않음 - 2018. 2. 15.부터 2018. 4. 25.까지 버스정류장, 지하철역사, 횡단보도 등에서 촬영된 불법촬영 동영상
절차	- 피고인이 함께 탐색하고 피고인의 참여 아래 추출·복사 - 피고인이 직접 범죄일람표 목록을 작성·제출하였으나 전자정보 상세목록은 교부되지 않음
판단	**발견된 자료의 증거능력이 인정됨** - 제출의 동기가 된 혐의사실과 관련성이 인정됨 - 피고인이 휴대전화 탐색과정에 참여하였음 - 실질적으로 피고인에게 전자정보 상세목록이 교부된 것과 다름이 없음

가) 사실관계

경기북부지방경찰청 소속 경찰관은 의정부 지하철 역사 주변에서 카메라 등을 이용한 불법 촬영자를 검거하기 위하여 근무하던 중, 2018. 4. 25. 16:00경 범죄일람표 순번 48번 범행 사실을 적발하여 피고인이 소지하고 있던 휴대전화를 임의제출받아 영장 없이 압수하고, 위 지하철 역사 내에 위치한 지하철경찰대 사무실로 피고인과 임의동행하였다.

순번 48번 범행 당시 작성된 압수조서 상에는 "본 압수처분은, 피고인이 에스컬레이터를 올라가는 불상의 피해자의 특정부위를 촬영하는 것을 검문한바, 오른손에 들고 있던 휴대전화를 임의로 제출하여 본건의 증거물로 확보코져 별지 압수목록과 같이 임의로 압수하다."라고 기재되어 있었다.

경찰은 같은 날 16:37~21:35경 같은 역 지하철경찰대 사무실에서 피고인에 대한 신문을 진행하면서 피고인의 면전에서 휴대전화를 탐색하여 그 안에 저장되어 있는 불법촬영물 의심 동영상 321건을 발견하였다. 피고인은 불법촬영 사실을 인정하면서 2018. 2. 15.부터 2018. 4. 25.까지 버스 정류장, 지하철역사, 횡단보도 등에서 촬영된 범죄일람표 순번 1~47번 범행의 각 일시·장소를 특정하고 범죄일람표를 직접 수기로 작성하여 경찰관에게 교부하였다.

이에 경찰은 위 범죄일람표, 위 각 범행에 관한 동영상을 복사한 CD 및 이를 캡쳐한 사진을 기록에 첨부하였고, 검사는 위 범죄일람표를 공소장에 별지로 첨부하는 한편, 위 CD 및 사진과 함께 증거로 제출하였다.

나) 법원의 판단

법원은 다음과 같은 이유로 관련성과 참여권 보장을 모두 인정하여 피고인의 휴대전화에서 발견된 별건 자료(순번 1~47번 범행 관련 동영상)의 증거능력을 인정했다.

- 순번 1~47번 범행에 관한 동영상(발견된 별건 자료)과 순번 48번 범행(임의제출의 동기가 된 혐의사실)은 시간적으로 근접하고, 범죄의 속성상 해당 범행의 상습성이 의심되거나 피고인의 성적 기호 내지 경향성의 발현에 따른 일련의 범행의 일환으로 이루어진 것으로 의심되어, 순번 48번 범행의 동기와 경위, 범행 수단과 방법 등을 증명하기 위한 간접증거나 정황증거 등으로 사용될 수 있으므로 순번 48번 범죄혐의사실과 구체적·개별적 연관관계를 인정할 수 있다.
- 경찰관은 피의자신문 당시 임의제출받은 이 사건 휴대전화를 피고인과 함께 탐색하는 과정에서 발견된 순번 1~47번 범행에 관한 동영상을 피고인의 참여 아래 추출·복사하였고, 피고인은 직접 위 순번 1~47 범행에 관한 동영상을 토대로 '범죄일람표' 목록을 작성하였다. 따라서 피고인이 이 사건 휴대전화의 탐색과정에 참여하였다고 보아야 하고, 순번 1~47번 범행에 관한 동영상을 특정하여 범죄일람표 목록을 작성·제출함으로써 실질적으로 피고인에게 전자정보 상세목록이 교부된 것과 다름이 없다고 볼 수 있다.

4) 대법원 2021. 11. 25. 선고 2019도7342 판결

관련 법리	[2-2] 임의제출에 따른 압수의 동기가 된 혐의사실과 관련된 전자정보 [2-3] 불법촬영 성범죄의 경우 관련성을 상대적으로 폭넓게 인정 [2-4] 제3자 임의제출의 경우 관련성을 더욱 제한적으로 해석 [3] 피의자의 참여권 보장 및 전자정보 상세목록 교부 [5] 위장형 카메라 등 특수한 정보저장매체의 경우 절차권 보장 완화
제출 동기 혐의사실	2018. 9. 22. 모텔 E호에 설치된 위장형 카메라로 투숙객 F, G의 나체 등을 불법촬영
제출자	제3자(위장형 카메라 설치 장소 관리자: 모텔 업주)
제출물	모텔 객실에 설치된 위장형 카메라
발견된 자료	- 제출의 동기가 된 혐의사실 관련 동영상(E호에서 F, G 촬영) - 같은 날 같은 모텔 D, H, I호에 설치된 위장형 카메라로 투숙객을 불법촬영한 동영상
절차	- 모텔 업주로부터 8개 위장형 카메라를 임의제출받아 압수 - 수사기관 단독으로 전자정보를 탐색·출력 - 피고인에게 전자정보 상세목록을 교부하지 않음
판단	**발견된 자료의 증거능력이 인정됨** - 제출의 동기가 된 혐의사실과 관련성이 인정됨 - 이 사건 위장형 카메라의 경우 매체 특성상 무관정보 혼재나 소유자의 인격적 법익 침해 가능성을 상정하기 어려우므로 피고인 내지 변호인에게 참여의 기회를 보장하지 않고 전자정보 상세목록을 작성·교부하지 않았다는 점만으로 곧바로 증거능력을 부정할 것은 아님

가) 사실관계

이 사건 모텔 E호에 투숙한 F, G는 2018. 9. 22. 13:28경 경찰에 위장형 카메라로 추정되는 물체를 발견했다는 신고를 하였다. 경찰은 이 사건 모텔을 수색하여, 2018. 9. 22. 18:35경 이 사건 모텔의 8개 호실에서 각 1개씩, 총 8개의 위장형 카메라(메모리카드 포함)를 발견하여 모텔 업주인 B로부터 임의제출받아 영장 없이 압수하고, 압수조서(임의제출) 및 압수목록을 작성하였다. 압수조서(임의제출)에 첨부된 압수목록에는 이 사건 각 위장형 카메라를 포함한 총 8개의 위장형 카메라(메모리카드 포함)에 관한 압수목록 외에 전자정보 상세목록(총 232개의 파일, 파일이름 해시 포함)이 포함되어 있다.

임의제출된 이 사건 각 위장형 카메라는 벽 등에 완전 밀폐형으로 설치가 가능한 기기로서 촬영대상 목표물의 동작이 감지되면 영상을 촬영하는 기능을 가지고 있었다. 경찰은 이 사건 각 위장형 카메라에 삽입된 메모리카드에 저장된 전자정보를 탐색하여 2018. 9. 22. 이 사건 모텔 D, H, I호에서 불상 남녀의 성관계 모습과 나체가 촬영된 동영상을 발견하고 이를 캡처한 사진을 출력하여 기록에 편철하였다.

나) 법원의 판단

법원은 임의제출의 동기가 된 혐의사실 관련 자료인 E호 영상뿐 아니라 다른 객실인 D, H, I호에서 촬영된 영상도 증거능력이 인정된다고 판단했다. 원칙적으로는 관련성과 절차권 보장을 엄격하게 새겨야 하는 제3자 임의제출 사안이지만, '위장형 카메라'라는 매체의 특수성을 고려하여 피압수자 측에 대한 참여권 보장 없이도 예외적으로 증거능력을 인정된다고 본 것이다. 그 근거는 다음과 같다.

대법원 2021. 11. 25. 선고 2019도7342 판결

반면, 임의제출된 이 사건 각 위장형 카메라 및 그 메모리카드에 저장된 전자정보처럼 오직 불법촬영을 목적으로 방실 내 나체나 성행위 모습을 촬영할 수 있는 벽 등에 은밀히 설치되고, 촬영대상 목표물의 동작이 감지될 때에만 카메라가 작동하여 촬영이 이루어지는 등, 그 설치 목적과 장소, 방법, 기능, 작동원리상 소유자의 사생활의 비밀 기타 인격적 법익의 관점에서 그 소지·보관자의 임의제출에 따른 적법한 압수의 대상이 되는 전자정보와 구별되는 별도의 보호가치 있는 전자정보의 혼재 가능성을 상정하기 어려운 경우에는 위 소지·보관자의 임의제출에 따른 통상의 압수절차 외에 별도의 조치가 따로 요구된다고 보기는 어렵다. 따라서 피고인 내지 변호인에게 참여의 기회를 보장하지 않고 전자정보 압수목록을 작성·교부하지 않았다는 점만으로 곧바로 증거능력을 부정할 것은 아니다.

5) 대법원 2021. 11. 25. 선고 2019도9100 판결

관련 법리	[2-2] 임의제출에 따른 압수의 동기가 된 혐의사실과 관련된 전자정보 [2-3] 불법촬영 성범죄의 경우 관련성을 상대적으로 폭넓게 인정 [3] 피의자의 참여권 보장 및 전자정보 상세목록 교부 [4] 임의제출된 정보저장매체 탐색 과정에서 무관정보 발견 시 조치·절차
제출 동기 혐의사실	2018. 10. 27. 피해자가 거주하는 건조물에 침입하여 창문 너머로 피해자가 화장실에서 씻는 모습을 불법촬영
제출자	피고인(현행범으로 체포됨)
제출물	피고인이 소유·관리하는 휴대전화
발견된 자료	- 제출의 동기가 된 혐의사실 관련 자료는 발견되지 않음 - 2018. 10. 12.경부터 같은 달 21.경까지 사이에 불상의 주택 화장실에서 샤워하는 성명불상 피해자들의 나체를 창문 너머로 불법촬영한 동영상
절차	- 피고인과 함께 휴대전화를 탐색 - 피고인은 발견된 동영상의 촬영 사실 및 구체적 일시·장소 등 자백 - 휴대전화 탐색 과정에서 발견된 동영상을 특정하여 임의제출
판단	**발견된 자료의 증거능력이 인정됨** - 제출의 동기가 된 혐의사실과 관련성이 인정됨 - 피고인이 휴대전화 탐색과정에 참여하였음 - 실질적으로 피고인에게 전자정보 상세목록이 교부된 것과 다름이 없음

6) 대법원 2021. 11. 25. 선고 2020도3796 판결

관련 법리	[2-2] 임의제출에 따른 압수의 동기가 된 혐의사실과 관련된 전자정보 [2-3] 불법촬영 성범죄의 경우 관련성을 상대적으로 폭넓게 인정 [3] 피의자의 참여권 보장 및 전자정보 상세목록 교부 [4] 임의제출된 정보저장매체 탐색 과정에서 무관정보 발견 시 조치·절차
제출 동기 혐의사실	2018. 6. 15. 휴대전화 대리점을 방문한 손님의 다리 부위를 불법촬영
제출자	피고인(현장에서 지구대로 임의동행)
제출물	피고인 소유의 휴대전화

발견된 자료	- 제출의 동기가 된 혐의사실 관련 자료는 발견되지 않음 - 여고 기숙사에서 성명불상의 여고생들이 환복하는 모습과 샤워하기 위해 옷을 모두 벗은 나체 등을 불법촬영한 동영상
절차	- 2018. 6. 15. 휴대전화 대리점에서 손님을 불법촬영한 범행은 자백 - 발견된 여고 기숙사 동영상은 본인이 촬영한 것이 아니라 인터넷 사이트에서 내려받은 것이라고 진술 - 검사는 발견된 여고 기숙사 동영상 부분을 불법촬영이 아닌 음란물 소지로 공소제기
판단	**발견된 자료의 증거능력이 없음** - 제출의 동기가 된 혐의사실과 관련성이 없음

7) 대법원 2021. 12. 16. 선고 2017도2592 판결

관련 법리	[2-1] 임의제출자의 의사를 확인할 의무 및 엄격해석(유추해석금지) 원칙 [2-2] 임의제출에 따른 압수의 동기가 된 혐의사실과 관련된 전자정보 [2-3] 불법촬영 성범죄의 경우 관련성을 상대적으로 폭넓게 인정
제출 동기 혐의사실	2015. 8. 4. 22:30경 건물 1층 여자화장실에서 휴대전화로 여성들이 용변을 보는 모습을 불법촬영
제출자	피고인(현행범으로 체포)
제출물	피고인 소유의 휴대전화
발견된 자료	- 제출의 동기가 된 혐의사실 관련 자료는 발견되지 않음 - 2015. 8. 4. 20:00경 호프집에서 만난 피해자의 하체 부위를 테이블 밑으로 촬영한 사진
절차	- 피고인이 임의제출서 및 소유권포기서 작성(제출 범위에 대한 기재 없음) - 탐색 과정에 참여의 기회를 보장하였는지나 전자정보 상세목록을 작성·교부하였는지는 판결에 드러나지 않음
판단	**발견된 자료의 증거능력이 인정됨** - 제출의 동기가 된 혐의사실과 관련성이 인정됨

가) 사실관계

피고인은 2015. 7. 중순경 호프집에서 술을 마시던 중 피해자에게 접근하여 일명 헌팅으로 연락처를 달라고 한 이후로 사귈 것인지를 탐색하는

(“썸 타는”) 정도의 관계였는데, 2015. 8. 4. 20:00경 호프집에서 다시 피해자를 만나 맥주를 마실 당시 휴대전화 사진촬영 소리가 나지 않도록 하는 앱(무음어플)을 이용하여 테이블 아래로 휴대전화를 든 손을 내려 긴 청바지를 입은 피해자의 하체 부위를 수십 장 촬영하였다. 피고인은 당일 피해자와 약 2시간 30분 정도 만난 후 헤어졌다.

피고인은 피해자와 헤어진 직후인 같은 날 22:30경 건물 1층 여자화장실에서 휴대전화로 여성들이 용변을 보는 모습을 불법촬영하려다가 목격자에게 발각되어 같은 날 22:40경 경찰에 현행범으로 체포되었고, 경찰 조사를 받는 과정에서 2015. 8. 5. 03:30경 휴대전화를 임의제출하였다. 당시 피고인이 작성한 임의제출서 중 ‘제출자의 처분의견(반환의사 유무)’ 란에는 ‘반환’이라고만 기재되어 있고, 달리 임의제출하는 대상을 위 여자화장실에서 촬영한 사진으로 국한한다는 의사가 표시되어 있지는 않았다. 한편, 피고인은 같은 날 이 사건 휴대전화에 대한 소유권포기서도 작성하여 제출하였다.

피고인은 수사단계부터 제1심까지는 임의제출의 범위에 관하여 주장하지 않다가 항소심에 이르러 ‘경찰에 휴대전화를 제출한 것은 여자화장실에서 여성들의 사진을 찍었다는 혐의를 받는 상황에서 그런 사진을 찍지 않았다는 것을 확인해 주기 위함이었으므로 휴대전화에 저장되어 있던 피해자 관련 사진은 임의제출의 범위를 초과하여 압수된 것’이라고 주장했다.

나) 법원의 판단

법원은 피고인이 수사과정에서 특별히 임의제출하는 대상을 이 사건 여자화장실에서 촬영한 사진으로 국한한다는 의사를 표시하지는 않았다고 보아 임의제출의 동기가 된 불법촬영 혐의사실과 발견된 자료 사이의 관련성 유무에 따라 증거능력을 판단했다. 피고인에 대한 최초의 혐의사실은 성적 목적으로 여자화장실에 침입하여 여성들의 용변을 보는 모습 등을 촬영하였다는 것이고, 이 사건 휴대전화에 있던 피해자의 사진은 피해자의 하체 부분을 촬영한 것으로서, 모두 성폭력처벌법위반(카메라등이용촬영)죄에 해당하거나 그와 관련된 것이므로 관련성이 인정되어 증거능력이 인정된다고 판단했다.

8) 대법원 2021. 12. 30. 선고 2018도7994 판결

관련 법리	[2-2] 임의제출에 따른 압수의 동기가 된 혐의사실과 관련된 전자정보 [2-3] 불법촬영 성범죄의 경우 관련성을 상대적으로 폭넓게 인정 [3] 피의자의 참여권 보장 및 전자정보 상세목록 교부
제출 동기 혐의사실	2017. 2. 4. 18:30경 지하철 안에서 건너편에 앉아있던 피해자의 치마속을 불법촬영
제출자	피고인(현장에서 경찰서로 임의동행)
제출물	피고인 소유의 휴대전화
발견된 자료	- 제출의 동기가 된 혐의사실 관련 사진(순번 21번 범행) - 2016. 10. 10.경부터 2017. 2. 4. 13:21경까지 전철, 버스, 기차 등에서 불법촬영한 사진 20장(순번 1~20번 범행)
절차	- 피고인은 피의자신문 당시 모든 범행(순번 1~21번)을 자백 - 피고인이 있는 상태에서 휴대전화에 저장된 사진을 선별 출력한 후 약 5분간 피고인에게 열람하게 함 - 피고인은 불법촬영 사실을 인정하면서 순번 1~20번 범행의 각 일시·장소를 스스로 특정함
판단	**발견된 자료의 증거능력이 인정됨** - 제출의 동기가 된 혐의사실과 관련성이 인정됨 - 피고인이 휴대전화 탐색과정에 참여하였음 - 실질적으로 피고인에게 전자정보 상세목록이 교부된 것과 같음

9) 대법원 2021. 12. 30. 선고 2019도14055 판결

관련 법리	[3] 피의자의 참여권 보장 및 전자정보 상세목록 교부 [4] 임의제출된 정보저장매체 탐색 과정에서 무관정보 발견 시 조치·절차
제출 동기 혐의사실	2018. 3. 14. 00:18 고양시 일산동구 B건물의 3층 공용 여자화장실에 침입하고, 화장실 칸막이 위로 피해자를 불법촬영
제출자	피고인(현장에서 지구대로 임의동행)
제출물	피고인 소유의 휴대전화
발견된 자료	- 제출의 동기가 된 혐의사실 관련 자료는 발견되지 않음 - 2018. 2. 8. 00:38경부터 2018. 3. 8. 23:41경까지 위 B 건물의 층수불상 공용 여자화장실에 침입하고, 화장실 칸막이 위 또는 아래로 피해자들을 불법촬영한 7건의 사진[59]

절차	- 피고인은 제출의 동기가 된 혐의사실을 자백하면서 촬영한 영상들을 모두 삭제하였다고 진술 - 경찰은 디지털 증거분석을 의뢰하여 피고인의 참여 없이 삭제된 파일을 복원하였으나, 제출의 동기가 된 혐의사실 관련 자료는 발견되지 않았고, 위 별건 7건의 범행에 관한 사진파일을 확인·출력 후 수사기록에 편철 - 피고인은 위 7건 사진을 제시받고 모든 범행을 자백
판단	**발견된 자료의 증거능력이 없음** - 피고인에게 참여의 기회를 보장하지 않았음 - 피고인에게 전자정보 상세목록을 교부하지 않았음

이 판결을 비롯하여 같은 날 선고된 일련의 대법원 판결의 원심인 의정부지방법원 판결들은 경찰청 훈령인 '범죄수사규칙'과 '경찰청 디지털 증거 훈령' 위반을 압수·수색의 위법사유로 명시하였다.[60)]

또한 법원은 형사소송법과 형사소송규칙 등에서 사법경찰관이 임의제출된 증거물을 압수한 경우 압수경위 등을 구체적으로 기재한 압수조서를 작성하도록 정하고 있더라도, '범죄수사규칙'에서 정한 바에 따라 피의자신문조서에 증거를 압수한 취지를 기재하고 압수조서 작성을 생략하였다면, 압수절차가 위법하지 않다고 보았다.[61)]

대법원 2023. 6. 1. 선고 2020도2550 판결

가. 사법경찰관이 피의자신문조서에 압수의 취지를 기재하여 압수조서를 갈음한 조치가 위법한지 여부

형사소송법 제106조, 제218조, 제219조, 형사소송규칙 제62조, 제109조, 구 범죄수사규칙 제119조 등 관련규정들에 의하면, 사법경찰관이 임의제출된 증거물을 압수한 경우 압수경위 등을 구체적으로 기재한 압수조서를 작성하도록 하고

59) 피고인의 휴대전화 증거분석 결과 총 9장의 사진이 복원되었으나 공소사실 불특정으로 공소기각 판결이 선고된 2장 부분은 여기서는 논외로 한다.

60) 대법원 2021. 12. 30. 선고 2019도14055 판결의 원심인 의정부지방법원 2019. 9. 5. 선고 2018노2814 판결, 대법원 2021. 12. 30. 선고 2019도18010 판결의 원심인 의정부지방법원 2019. 11. 14. 선고 2018노3633 판결, 대법원 2021. 12. 30. 선고 2019도18013 판결의 원심인 의정부지방법원 2019. 11. 14. 선고 2019노903 판결, 대법원 2021. 12. 30. 선고 2020도2478 판결의 원심인 의정부지방법원 2020. 2. 6. 선고 2019노306 판결

61) 대법원 2023. 6. 1. 선고 2020도2550 판결

있다. 이는 사법경찰관으로 하여금 압수절차의 경위를 기록하도록 함으로써 사후적으로 압수절차의 적법성을 심사·통제하기 위한 것이다. 구 범죄수사규칙 제119조 제3항에 따라 피의자신문조서 등에 압수의 취지를 기재하여 압수조서를 갈음할 수 있도록 하더라도, 압수절차의 적법성 심사·통제 기능에 차이가 없으므로, 위와 같은 사정만으로 이 사건 동영상에 관한 압수가 형사소송법이 정한 압수절차를 지키지 않은 것이어서 위법하다는 취지의 원심 판단에는 압수절차의 적법성에 관한 법리를 오해하여 판결에 영향을 미친 잘못이 있다.

수사기관 내부의 업무처리지침으로 형사소송법이나 형사소송규칙의 적용을 배제할 수는 없겠으나,[62] 그 법규적 효력의 범위를 벗어나지 않는 한도 내에서는 압수·수색의 절차를 정한 수사기관의 내부규정들도 실무상 중요한 의미가 있다.

10) 대법원 2021. 12. 30. 선고 2019도18010 판결

관련 법리	[3] 피의자의 참여권 보장 및 전자정보 상세목록 교부 [4] 임의제출된 정보저장매체 탐색 과정에서 무관정보 발견 시 조치·절차
제출 동기 혐의사실	2018. 8. 4. 12:10경 피고인이 1호선 지하철 내에서 휴대전화로 피해자를 불법촬영
제출자	피고인
제출물	피고인 소유의 휴대전화
발견된 자료	- 제출의 동기가 된 혐의사실 관련 자료는 발견되지 않음 - 2018. 8. 4. 08:06경부터 같은 날 11:45경까지 버스정류장 또는 지하철 내에서 휴대전화로 성명불상 피해자의 다리 등을 불법촬영한 영상 4건
절차	- 피고인은 제출의 동기가 된 혐의사실을 자백하고 귀가하였으나, 경찰은 휴대전화에서 해당 영상을 발견하지 못함 - 경찰은 디지털 증거분석을 의뢰하여 피고인의 참여 없이 위 별건 4건의 범행에 관한 사진파일을 확인·출력 후 수사기록에 편철 - 피고인은 위 4건 사진을 제시받고 모든 범행을 자백

62) 대법원 2007. 10. 25. 선고 2007도4961 판결

판단	**발견된 자료의 증거능력이 없음**[63] - 피고인에게 참여의 기회를 보장하지 않았음 - 피고인에게 전자정보 상세목록을 교부하지 않았음

11) 대법원 2021. 12. 30. 선고 2019도18013 판결

관련 법리	[3] 피의자의 참여권 보장 및 전자정보 상세목록 교부 [4] 임의제출된 정보저장매체 탐색 과정에서 무관정보 발견 시 조치·절차
제출 동기 혐의사실	2018. 8. 10. 피해자의 집 창문 사이로 피해자가 팬티만 입고 있는 모습을 보고 휴대전화로 3회 불법촬영
제출자	피고인(별건 혐의로 조사받던 중 불법촬영 사실 자백)[64]
제출물	피고인 소유의 휴대전화
발견된 자료	제출의 동기가 된 혐의사실 관련 썸네일 사진파일 2장
절차	- 2018. 9. 7. 별건 정통망법위반 피의자신문 당시 피고인은 피해자가 팬티만 입고 있는 사진 3장을 불법촬영하였으나 이를 모두 삭제하였다고 진술 - 2018. 10. 1. 피고인은 자기 소유 휴대전화를 경찰에 임의제출 - 경찰은 디지털 증거분석으로 휴대전화에서 삭제된 전자정보를 복원하여 2018. 8. 10. 여성의 나체가 촬영된 썸네일 사진파일 2장을 확인·출력 후 수사기록에 편철 - 경찰은 휴대전화를 압수한 후 디지털 증거분석을 통해 삭제된 전자정보를 복원하고 그 정보를 탐색·복제·출력하는 과정에서 피고인에게 참여의 기회를 보장하거나 압수한 전자정보의 상세목록을 교부한 바 없음
판단	**발견된 자료의 증거능력이 없음** - 피고인에게 참여의 기회를 보장하지 않았음 - 피고인에게 전자정보 상세목록을 교부하지 않았음

63) 법원은 4건의 범행 영상 모두 증거능력이 없다고 보았으나, 앞의 2건(08:06경 범행과 10:24경 범행)에 대해서만 무죄 판결이 선고되었고, 뒤의 2건(11:43경 범행과 11:45경 범행)의 경우 유죄판결이 선고되었는데, 목격자의 진술이 피고인의 자백에 대한 보강증거가 된 것으로 보인다.

64) 피고인은 피해자와 일면식도 없는 사이로, 2018. 8. 10. 21:20경 피해자의 집 주변에서 술을 마시고 소변을 보던 중 우연히 피해자의 집 창문 사이로 피해자가 팬티만 입은 채 빨래를 널고 있는 것을 보게 되자 그 모습을 여러 번 촬영하고, 며칠 후인 2018. 8. 14. 11:48경 피해자의 집 앞에 주차되어 있던 피해자의 차량에서 피해자의 휴대전화 번호를 알아낸 후,

다른 사례들의 경우 대부분 피고인이 불법촬영 범행 현장에서 적발되어 임의제출한 휴대전화에서 별건 불법촬영물이 발견된 사안들이나, 이 사건의 경우 피고인이 피해자에게 반복적으로 불안감을 유발하는 문자를 보낸 별건 정보통신망법위반 혐의로 수사받던 중 불법촬영 사실을 진술하여 휴대전화를 임의제출하기에 이른 사안이다. 임의제출의 동기가 된 불법촬영 혐의사실과 동종 범죄지만 별건인 불법촬영물이 발견되어 관련성과 절차권 보장 등 관점에서 그 증거능력을 다툰 다른 사례들과 달리, 이 사건은 임의제출의 동기가 된 혐의사실 그 자체에 대한 증거에 해당하는 불법촬영물이 발견된 사안임에도 참여권 미보장과 전자정보 상세목록 미교부를 이유로 증거능력을 부정하였다.

12) 대법원 2021. 12. 30. 선고 2020도2478 판결

관련 법리	[3] 피의자의 참여권 보장 및 전자정보 상세목록 교부 [4] 임의제출된 정보저장매체 탐색 과정에서 무관정보 발견 시 조치·절차
제출 동기 혐의사실	2018. 7. 24. 00:00경 피해자 C의 거주지에 침입한 다음 01:08경 베란다 창문 앞에 서서 휴대전화로 집 안 화장실에 속옷 차림으로 있던 피해자를 불법촬영
제출자	제3자(피해자 C의 딸의 친구로 피고인을 현행범으로 체포한 사람)
제출물	피고인 소유의 휴대전화
발견된 자료	- 제출의 동기가 된 혐의사실 동영상(순번 1번) - 2016. 9. 11. 21:22경부터 2018. 7. 23. 23:34경까지 총 91회에 걸쳐 불법촬영한 동영상(순번 2~92번)
절차	- 피해자 C의 딸의 친구인 D, E, F가 피고인을 현행범 체포하고 피고인으로부터 휴대전화를 빼앗아 해당 동영상(순번 1번)을 현장에서 확인 - 신고를 받고 출동한 경찰은 2018. 7. 24. 01:41경 D로부터 피고인을 현행범으로 인수하고 피고인의 휴대전화를 임의제출물로 영장 없이 압수 - 피고인은 2018. 7. 24. 경찰 제1회 피의자신문에서 피해자 C의 주

그때부터 2018. 8. 19. 21:25경까지 피해자에게 성관계를 권유하거나 피해자의 사진을 유포할 수 있음을 암시하는 내용의 문자메시지를 반복적으로 전송하여 피해자에게 불안감을 유발한 사안이다.

	거에 침입하여 불법촬영한 당일의 범행(순번 1번)을 자백하고 귀가 - 경찰은 2018. 9. 10. 단독으로 휴대전화를 탐색하여 위 추가 91건 동영상을 발견하고, 2018. 9. 13. 이를 캡쳐·출력 후 수사기록에 편철 - 피고인은 경찰 제2회 피의자신문에서 위 91건의 동영상을 제시받고 모든 범행을 자백
판단	**발견된 자료의 증거능력이 없음** - 피고인에게 참여의 기회를 보장하지 않았음 - 피고인에게 전자정보 상세목록을 교부하지 않았음

13) 대법원 2022. 1. 13. 선고 2016도9596 판결

관련 법리	[2-2] 임의제출에 따른 압수의 동기가 된 혐의사실과 관련된 전자정보 [2-3] 불법촬영 성범죄의 경우 관련성을 상대적으로 폭넓게 인정 [3] 피의자의 참여권 보장 및 전자정보 상세목록 교부
제출 동기 혐의사실	2015. 6. 7. 09:40경 고속도로 휴게소에서 휴대전화로 피해자 C의 다리 등을 불법촬영
제출자	피고인
제출물	피고인 소유의 휴대전화
발견된 자료	아래 사진들이 포함된 불법촬영 의심 사진 2,091장 - 제출의 동기가 된 혐의사실 사진 2장(2015년 범행) - 2014. 8. 22. 안마시술소에서 휴대전화로 성명불상 피해자의 음부 등을 불법촬영한 사진 5장(2014년 범행)
절차	- 경찰은 2015. 6. 7. 13:15 피고인에 대한 제1회 피의자신문 당시 피고인의 면전에서 휴대전화를 탐색하여 피해자 C의 영상 및 불특정 다수 여성의 영상을 제시하였고, 피고인은 불법촬영 사실을 자백 - 경찰은 같은 날 피의자의 휴대전화에서 2013. 9.경부터 2015. 6. 7.까지 촬영된 여성 사진 2,091장을 출력·분석하여 수사기록에 편철 - 경찰은 같은 날 16:45 피고인에 대한 제2회 피의자신문에서 위 2,000여 장의 사진을 제시하였고, 피고인은 위 2014년 범행을 자백 - 위 2014년 범행(5장) 및 2015년 범행(2장)을 공소사실로 하여 기소
판단	**발견된 자료의 증거능력이 인정됨** - 제출의 동기가 된 혐의사실과 관련성이 인정됨 - 피고인이 휴대전화 탐색과정에 참여하였음 - 피고인에게 전자정보 상세목록이 작성·교부되지 않았더라도 피고인의 절차상 권리가 실질적으로 침해되었다고 보기 어려움

14) 서울중앙지방법원 2022. 7. 7. 선고 2021노2758 판결 (대법원 2022. 10. 14. 선고 2022도9196 판결로 확정)

관련 법리	[2-2] 임의제출에 따른 압수의 동기가 된 혐의사실과 관련된 전자정보 [2-3] 불법촬영 성범죄의 경우 관련성을 상대적으로 폭넓게 인정
제출 동기 혐의사실	2020. 8. 2. 13:33경 지하철 전동차 내에서 피해자(여, 19세)의 가슴 부위를 불법촬영
제출자	1차: 제3자(역무원 C)가 2020. 8. 2. 14:07경 현장에서 2차: 피고인이 2020. 8. 26. 경찰서에서
제출물	피고인 소유의 휴대전화
발견된 자료	다음의 자료를 포함한 다수의 동영상 자료 - 제출의 동기가 된 혐의사실 동영상 1개 - 2020. 7. 5. 08:03경, 2020. 7. 10. 09:43경, 2020. 7. 28. 08:30경 각각 지하철 전동차 내에서 성명불상 피해자의 가슴 부위를 촬영한 동영상 3개
절차	- 피해자와 승객 2명이 2020. 8. 2. 13:40경 불법촬영하는 피고인을 붙잡고 역무원 C를 부름 - 피고인이 동영상을 지우려 하자 역무원 C가 휴대전화를 빼앗고 같은 날 13:45경 경찰에 신고하여 피고인을 경찰에 인계 - 역무원 C가 같은 날 14:07경 피고인의 휴대전화를 임의제출하였고 피고인은 휴대전화에 대한 소유권 포기서 및 원본 반출 확인서를 작성 - 피고인은 (같은 날로 추정) 경찰에서 본건 이외에 2019. 5.경부터 지하철이나 버스에서 여성의 신체를 휴대전화로 50번 정도 찍었다는 취지로 진술 - 피고인은 2020. 8. 26. 경찰에서 휴대전화 압수 경위를 진술하면서 본인도 임의제출 의사가 있음을 진술 - 수사기관은 2020. 9. 4. 디지털 증거분석을 통해 다수의 동영상을 복구하고, 그중 특정 부위를 부각하지 않은 영상 등을 제외한 나머지 4개의 동영상 부분만 기소
판단	**선별된 4개 동영상의 증거능력이 인정됨** - 역무원 C의 2020. 8. 2. 자 임의제출은 휴대전화의 소지자 또는 보관자로서 제출한 것이어서 소유자인 피고인의 의사와는 무관하게 적법 - 피고인의 2020. 8. 26. 자 임의제출은 제출 당시 경과를 종합적으로 볼 때 그 제출의 임의성이 인정됨 - 추가로 발견된 3건의 동영상은 제출의 동기가 된 혐의사실과 관련성이 인정됨

위 사건은 제3자와 피고인 둘 모두로부터 임의제출을 받은 사안이라는 점에서 다른 사례들과 구별된다. 또한 법원은 이 사건에서 사인(私人)인 제3자가 피고인 소유 물건을 피고인으로부터 빼앗아 수사기관에 임의제출하더라도 적법한 임의제출이라고 보았다.

15) 대법원 2022. 11. 17. 선고 2019도11967 판결

관련 법리	[3] 피의자의 참여권 보장 및 전자정보 상세목록 교부
제출 동기 혐의사실	2018. 5. 25. 18:53경 성명불상 피해자의 치마 속을 불법촬영
제출자	피고인(현장에서 임의제출 후 철도경찰 사무실까지 임의동행)
제출물	피고인 소유의 휴대전화
발견된 자료	아래의 26개 동영상 - 제출의 동기가 된 혐의사실 동영상(순번 26번) - 2017. 9. 1. 20:30경부터 2018. 5. 25. 18:49경까지 총 25회에 걸쳐 성명불상 피해자들의 치마 속 등을 불법촬영한 동영상(순번 1~25번)
절차	- 경찰은 2018. 5. 25. 19:00경 범행 현장에서 피고인으로부터 휴대전화를 임의제출받아 압수 - 경찰은 같은 날 용산역에 있는 철도경찰 사무실까지 피고인을 임의동행하였으나 피고인은 별다른 조사를 받지 아니하고 귀가 - 경찰은 2018. 5. 29.경 피고인의 참여 없이 단독으로 피고인의 휴대전화를 탐색하던 중 26개 동영상 전부를 발견하고 이를 별도의 CD에 복제하여 사진으로 출력한 후 위 CD와 출력한 사진을 수사기록에 편철 - 피고인은 2018. 5. 29. 15:00경 서울지방철도 특별사법경찰대 광영철도수사과 사무실에 출석하여 경찰조사를 받으면서 위 동영상 파일을 제시받고 공소사실을 모두 자백 - 휴대전화 내 전자정보 탐색·복제·출력과 관련하여 경찰이 사전에 그 일시·장소를 통지하거나 피고인에게 참여의 기회를 보장하였는지, 압수한 전자정보 목록을 교부하거나 또는 피고인이 그 과정에 참여하지 않을 의사였는지 등을 확인할 수 있는 자료가 존재하지 않음 - 피고인은 법정에서 공소사실을 모두 자백하고 검사가 제출한 모든 서류에 대하여 증거로 함에 동의
판단	**발견된 동영상 26개 모두 증거능력이 없음** - 피고인에게 참여의 기회를 보장하지 않았음 - 피고인에게 전자정보 상세목록을 교부하지 않았음

이 사건 역시 임의제출에 있어 피압수자의 절차적 권리 보장을 중요하게 본 사례이다. 제출의 임의성 및 제출의 동기가 된 혐의사실과의 관련성이 모두 인정되고, 피고인이 공소사실을 모두 자백하였으며, 모든 증거에 대하여 증거로 함에 동의하였음에도 법원은 임의제출된 휴대전화 내 전자정보를 탐색·복제·출력하는 과정에 피압수자의 참여 의사를 확인하거나 참여의 기회를 부여하지 않았다는 점과 전자정보 상세목록을 교부하지 않았다는 점을 들어 발견된 전자정보의 증거능력을 전부 부정하였다.

다만, 법원은 피고인으로부터 임의제출받은 휴대전화에 대하여 작성된 임의제출서, 압수조서, 압수목록, 압수품 사진, 압수물 소유권 포기여부 확인서 등은 휴대전화에 저장된 전자정보의 증거능력 여부에 영향을 받지 않는 별개의 독립적인 증거에 해당한다고 보아 피고인의 자백을 보강하는 증거가 된다고 볼 여지가 많다고 판단했다. 이에 현장에서 적발된 순번 26번 범행 부분에 한하여 원심판결을 파기·환송하였고 환송심에서 유죄판결이 선고되었다.65)

16) 대법원 2023. 6. 1. 선고 2020도2550 판결

관련 법리	[2-2] 임의제출에 따른 압수의 동기가 된 범죄혐의사실과 관련된 전자정보 [2-3] 불법촬영 성범죄의 경우 관련성을 상대적으로 폭넓게 인정
제출 동기 혐의사실	2018. 12. 26. 05:29경 서울에 있는 △△호텔에서, 함께 투숙한 피해자 공소외 2(여, 20세)가 옷을 벗고 잠자는 사이에 피고인의 휴대전화를 이용하여 피해자의 다리 등 사진을 불법촬영
제출자	피고인
제출물	피고인 소유의 휴대전화 내 사진과 동영상(휴대전화 자체는 제출 거부)
발견된 자료	- 제출의 동기가 된 혐의사실 관련 사진(순번 7번 범행) - 2018. 9. 21. 02:53경부터 2019. 1. 13.경까지 모텔 등지에서 여러 피해자들의 음부 등을 불법촬영한 동영상 7건(순번 1~6, 8번 범행)

65) 서울중앙지방법원 2023. 4. 20. 선고 2022노3004 판결(이 환송심 판결에서는 "피고인이 본건 외에도 이와 같은 촬영을 짧지 않은 기간 반복하여 온 점 등은 피고인에게 불리한 정상이다."라고 하여 증거능력이 없어 무죄 판결이 확정된 나머지 범행에 관한 동영상들도 양형자료로 사용하였다.)

절차	- 피해자 공소외 2가 2018. 12. 29. 순번 7번 혐의사실로 피고인을 고소 - 피고인은 피의자신문 당시 휴대전화 제출을 거부하였으나, 그 안에 있는 위 사진과 동영상을 블루투스 방식으로 경찰 업무용 휴대전화에 전송 - 경찰은 피의자신문시 피고인에게 동영상을 재생하여 보여주면서 각 피해자와 촬영 경위 등을 질문하였고, 피고인은 동영상 7건 촬영을 자백 - 이후 검찰 조사와 제1심에서도 범행 일체를 자백
판단	**발견된 자료의 증거능력이 인정됨** - 실질적으로 피고인에게 전자정보 상세목록이 교부된 것과 다름이 없음 - 비록 피고인에게 압수된 전자정보가 특정된 목록이 교부되지 않았더라도, 절차 위반행위가 이루어진 과정의 성질과 내용 등에 비추어 피고인의 절차상 권리가 실질적으로 침해되었다고 보기 어려움 - 제출의 임의성, 제출의 동기가 된 혐의사실과 관련성 모두 인정됨

17) 대법원 2023. 12. 14. 선고 2020도1669 판결

관련 법리	[3] 피의자의 참여권 보장 및 전자정보 상세목록 교부(제3자 임의제출) [3-1] '피의자의 소유·관리에 속하는 정보저장매체'의 의미 [4] 임의제출된 정보저장매체 탐색 과정에서 무관정보 발견 시 조치·절차
제출 동기 혐의사실	피고인이 지인들의 얼굴과 나체사진이 합성된 음란한 사진을 제조
제출자	제3자(음란합성사진의 피해자 D)
제출물	피고인 소유의 휴대전화
발견된 자료	- 제출의 동기가 된 혐의사실 사진(음란합성사진) - 피고인이 2016. 7. 14.경부터 지하철, 학원 강의실 등에서 여고생들의 다리 등 신체를 불법촬영한 사진(불법촬영사진)
절차	- 피해자 D는 피고인이 분실한 휴대전화를 습득자로부터 건네받아 2017. 12. 23. 경찰에 임의제출 - 경찰관은 피해자 D로부터 참여권 포기 서류를 제출받은 후 2018. 1. 19. 삭제된 전자정보 일체를 복원 - 경찰은 2018. 2. 23. 위 복원된 전자정보를 탐색하여 그중 음란합성사진 부분을 탐색·출력하여 증거기록에 편철하였는데, 그 과정에서 피고인에게는 절차적 권리를 보장하거나 참여 포기 의사를 확인하지 않았음

	- 경찰은 음란합성사진뿐 아니라 불법촬영사진도 탐색하였음에도 후자에 관하여 별도 압수·수색영장을 발부받지 않고 피의자신문 등 수사를 진행 - 이후 피고인의 군입대로 사건을 군검찰로 송치 - 군검사는 2018. 11. 2. 불법촬영 혐의로 피고인의 휴대전화에 대한 압수·수색영장을 발부받고 2018. 11. 12. 휴대전화를 제출자인 피해자 D에게 환부 - 피해자 D의 모친은 환부받은 휴대전화를 피고인이 소속된 군부대로 발송 - 군검사는 미리 발부받아 놓은 압수·수색영장을 2018. 11. 15. 집행하여 피고인의 휴대전화를 압수하고 재차 불법촬영사진을 탐색·복원·출력하였는데, 피고인과 변호인은 위 절차에 대한 참여권을 포기
판단	**발견된 자료의 증거능력이 없음** - 경찰이 압수한 음란합성사진: 피고인이 실질적 피압수자이므로 피고인에 대하여 참여권 등 절차적인 권리가 보장되어야 하는데 이를 보장하지 않음 - 군검사가 압수한 불법촬영사진: 임의제출의 동기가 된 음화제조 혐의사실과 관련성이 없고, 경찰의 선행위법(절차적 권리 미보장 상태에서 전자정보를 탐색·복원하고 별도 영장 없이 피의자신문을 실시하는 등 수사 진행)이 있음(약 9개월이 지난 후의 압수·수색영장 발부나 피해자 환부 후 재송부받은 것만으로는 선행 위법과의 인과관계가 희석·단절되지 않음)

18) 대법원 2024. 3. 12. 선고 2020도12139 판결

관련 법리	[2-2] 임의제출에 따른 압수의 동기가 된 혐의사실과 관련된 전자정보 [2-3] 불법촬영 성범죄의 경우 관련성을 상대적으로 폭넓게 인정
제출 동기 혐의사실	2018. 8. 29. 07:46경 서울 서대문구 모처 횡단보도 부근에서 휴대전화로 피해자 E를 불법촬영
제출자	제3자(피해자 E의 아버지 F)
제출물	피고인 소유의 휴대전화
발견된 자료	- 제출의 동기가 된 혐의사실 사진은 발견되지 않음 - 피고인이 2016. 10. 8. 11:02경부터 2016. 10. 19. 07:42경까지 버스정류장 등에서 성명불상 여성 피해자들의 허벅지 등을 불법촬영한 사진 6장(불법촬영사진)

	- 피고인이 2018. 8. 27.경 서울 서대문구 C빌딩 3층 복도에서 바지를 내려 성기를 꺼내고, 지나가는 여성과 자신의 성기를 함께 촬영한 사진(공연음란사진)
절차	- 피해자 E가 피고인의 불법촬영을 의심하여 아버지인 F에게 연락 - F가 피고인으로부터 휴대전화를 빼앗아 경찰에 임의제출 - 피고인은 참여 포기 의사를 밝히면서 암호·패턴 제공에 동의 - E를 촬영한 사진은 나오지 않았으나 다른 성명불상 피해자들에 대한 불법촬영사진 6장과 공연음란사진 1장이 발견됨 - 피고인은 위 불법촬영사진과 공연음란사진을 제시받고 촬영 사실 자백
판단	**불법촬영사진의 증거능력은 인정되나 공연음란사진의 증거능력은 없음** - F는 휴대전화 소지자 또는 보관자로서 적법하게 임의제출하였으므로 경찰은 소유자인 피고인의 의사와 무관하게 이를 압수할 수 있음 - 발견된 불법촬영사진 6장은 임의제출의 동기가 된 E에 대한 불법촬영 혐의사실을 증명하기 위한 간접증거나 정황증거 등으로 사용될 수 있는 경우에 해당하므로 관련성이 인정됨(사후적으로 E에 대한 불법촬영 혐의사실에 대하여는 무혐의 처분이 이루어졌다고 하더라도 마찬가지) - 공연음란은 불법촬영과 구성요건 및 보호법익이 다르고 발견된 공연음란사진은 임의제출의 동기가 된 E에 대한 불법촬영 혐의사실과 촬영일시, 장소, 대상도 모두 달라 관련성이 없음

법원은 이 사건에서 피고인이 손에 쥐고 있던 피고인 소유의 휴대전화를 피해자 측이 강제로 빼앗아 경찰에 임의제출하여도 그 임의제출이 적법하다고 보았다. 불법촬영사진의 증거능력을 인정한 원심[66] 판단 부분에 대하여 피고인만 상고한 사안으로 공연음란사진의 증거능력을 부정한 원심 판단 부분에 대해서는 상고심에서 따로 판단하지 않았다.

19) 서울남부지방법원 2024. 7. 2. 선고 2024노447 판결 (대법원 2024. 10. 8. 선고 2024도11599 판결로 확정)

관련 법리	[2-2] 임의제출에 따른 압수의 동기가 된 혐의사실과 관련된 전자정보 [2-3] 불법촬영 성범죄의 경우 관련성을 상대적으로 폭넓게 인정 [3] 피의자의 참여권 보장 및 전자정보 상세목록 교부

66) 서울서부지방법원 2020. 8. 24. 선고 2019노537 판결

제출 동기 혐의사실	2023. 7. 18. 22:56경 서울 금천구 B빌딩 옥상에 침입하여 디지털 카메라로 맞은편 빌라 창문을 통해 불상의 피해자를 불법촬영하려다 미수에 그침
제출자	피고인(2023. 7. 18. 23:10경 현장에서 현행범인으로 체포됨)
제출물	- 피고인 소유의 디지털 카메라 2대와 SD카드(64GB, 95MB/S) 1개 - 니콘 A900(35배 광학 줌) 및 그 안에 들어있던 SD카드(64GB, 95MB/S) - 니콘 P1000(125배 광학 줌, SD카드가 비어있는 상태로 임의제출) ※ 휴대전화(아이폰)와 니콘 P1000용 SD카드(64GB, 170MB/S, 분리되어 해당 빌딩 1층 입구에 떨어짐)에 대해서는 임의제출을 거부함
발견된 자료	- 타인의 주거지 창문을 통해 주거지 내에서 나체 또는 속옷을 입은 불상의 여성 피해자의 신체를 불법촬영한 동영상 - 니콘 A900 카메라의 SD카드(64GB, 95MB/S)에서는 2017. 3. 19. 경부터 2022. 7. 13.경까지 불법촬영한 동영상 파일 286개 - 니콘 P1000 카메라의 SD카드(64GB, 170MB/S)에서는 동영상 파일 156개
절차	- 피고인은 2023. 7. 18. 23:10경 서울 금천구 B빌딩 옥상에서 불법촬영 중 신고를 받고 출동한 경찰에게 현행범 체포됨 - 피고인은 현장에서 니콘 A900 + SD카드, 니콘 P1000을 임의제출 - 피고인은 2023. 7. 19. 10:02경 카메라 2대와 SD카드 2개에 대한 참여권 포기 의사를 밝히면서 '정보저장매체 원본 반출 확인서'에 서명·날인 - 경찰관은 2023. 7. 19. 15:28경 피고인으로부터 '전자정보(디지털카메라 니콘 a900).zip' 및 '전자정보(디지털카메라 니콘 p1000).zip'을 임의제출받아 압수 - 총 442개 동영상(A900의 SD카드 내 동영상 286개, P1000의 SD카드 내 동영상 156개)의 해시값을 생성하였고, 전자정보 확인서를 제출받았으며, 전자정보 상세목록을 교부하였음
판단	- A900 카메라, SD카드(64GB, 95MB/S) 및 그 안의 전자정보에 대한 압수는 적법함 - 피고인이 니콘 A900 카메라의 SD카드에 저장된 불법촬영한 영상들을 임의제출한다는 의사가 표시되었으므로 피고인의 임의제출 의사에 따른 압수의 대상과 범위가 명확하지 않거나 이를 알 수 없는 경우에 해당하지 않음 - 설령 피고인의 의사에 따른 압수의 대상과 범위가 명확하지 않거나 이를 알 수 없는 경우에 해당한다고 하더라도 니콘 A900 카메라와 그 SD카드는 핵심 범행도구로서 이 사건 각 촬영미수 범행과 직접 관련되어 있고, SD카드에서 발견된 총 286건의 동영상 파일은 이 사건 각 촬영미수 범행과 관련성이 인정됨

피고인은 자신이 현행범인으로 체포될 당시 사용하던 카메라는 P1000이었고, P1000 카메라의 SD카드 내 전자정보만으로 범행의 상습성, 성적 기호 또는 경향성의 발현 등이 의심되는 사정을 충분히 확인할 수 있었으므로 A900 카메라의 SD카드를 확인하여야 할 필요성이 있었다고 보기 어렵고, 수사기관으로서는 A900 카메라의 SD카드에 저장된 전자정보에 관하여 별도의 압수·수색영장을 발부받아 이를 압수할 수 있는 충분한 시간과 기회가 있어 이러한 절차를 거치지 못할 정도의 긴급한 상황이 아니었다는 취지로 주장하였다.

그러나 법원은 ㉠ 피고인이 현행범인으로 체포되기 전 P1000 카메라에 들어있던 SD카드를 1층 바닥으로 던졌고, 수사기관에서 그 소유를 부정한 점,[67] ㉡ 따라서 당시 수사기관으로서는 범행의 동기, 수단과 방법, 장소 등을 증명하기 위해 A900 카메라와 그 SD카드를 확보할 필요성이 있었던 점, ㉢ A900 카메라의 SD카드에 저장된 불법촬영 영상들은 이 사건 촬영미수 범행과 구체적·개별적 연관관계가 인정되므로 별도의 범죄혐의에 대한 압수·수색영장을 발부받아야 하는 경우라고 보기 어려운 점 등을 종합하여 피고인의 이 부분 주장을 배척하였다.

차 개별 판결례

1) 수사기관이 압수한 별건 증거를 피압수자 등에게 환부하고 후에 이를 임의제출받아 다시 압수한 사안에서 제출의 임의성이 증명되지 않았다고 본 사례[68]

가) 관련 법리

압수·수색은 영장 발부의 사유로 된 혐의사실과 관련된 증거에 한하여

67) 유류물의 압수에 관한 대법원 2024. 7. 25. 선고 2021도1181 판결의 법리에 따르면 이 사안의 경우 P1000에 들어있던 SD카드(64GB, 170MB/S)는 유류물에 해당하여 그 안의 전자정보는 관련성의 제한 없이 압수할 수 있고, 피압수자의 존재를 상정할 수 없어 참여권을 보장할 필요도 없다.

68) 대법원 2016. 3. 10. 선고 2013도11233 판결

할 수 있는 것이므로, 영장 발부의 사유로 된 혐의사실과 무관한 별개의 증거를 압수하였을 경우 이는 원칙적으로 유죄 인정의 증거로 사용할 수 없다. 다만 수사기관이 그 별개의 증거를 피압수자 등에게 환부하고 후에 이를 임의제출받아 다시 압수하였다면 그 증거를 압수한 최초의 절차 위반 행위와 최종적인 증거수집 사이의 인과관계가 단절되었다고 평가할 수 있는 사정이 될 수 있으나, 환부 후 다시 제출하는 과정에서 수사기관의 우월적 지위에 의하여 임의제출의 명목으로 실질적으로 강제적인 압수가 행하여질 수 있으므로, 그 제출에 임의성이 있다는 점에 관하여는 검사가 합리적 의심을 배제할 수 있을 정도로 증명하여야 하고, 임의로 제출된 것이라고 볼 수 없는 경우에는 그 증거능력을 인정할 수 없다.[69]

나) 사실관계

서울남부지방검찰청 수사관은 피고인들의 축산물가공처리법위반, 사기, 배임수재, 공갈 죄명으로 2009. 2. 6. 발부된 압수·수색영장을 2009. 2. 10. 집행하여 공소외 4로부터 ◇◇축협 유통사업단의 영업실적표 등이 저장된 USB를 압수하였는데, 이는 피고인 1의 조세포탈 혐의에 관한 자료로서 위 압수·수색영장 기재 혐의사실과는 무관한 자료였다.

검사는 위 무관자료를 피압수자에게 반환하지 않고 계속 보유하고 있다가, 2009. 5. 1.에 이르러 피고인 1의 동생인 공소외 5를 검사실로 불러 '일시 보관 서류 등의 목록', 압수물건 수령서 및 승낙서를 작성하게 한 다음, 당시 검사실로 오게 한 세무공무원 공소외 6에게 이를 제출하도록 하

69) 임의제출물 압수에 있어 관련성 제한은 적용되지 않는다는 법리를 명시적으로 설시한 광주고등법원 2021. 11. 4. 선고 2021노18 판결(대법원 2022. 1. 27. 선고 2021도15502 판결로 확정)에서는 위 대법원 2016. 3. 10. 선고 2013도11233 판결의 "판시 내용 중 '무관한 별개의 증거', '별개의 증거'는 압수·수색영장 발부의 사유로 된 혐의사실과 관련성이 없는 증거를 의미하고, 결국 이러한 판시는 위와 같이 환부하고 임의제출받은 증거는 압수·수색영장 발부의 사유로 된 범죄혐의사실과 관련된 증거임을 요하지 않는다는 취지라고 해석할 수 있다."고 보았다. 그러나 압수·수색영장에 기재된 혐의사실과 무관한 자료여서 그 집행으로는 적법하게 압수할 수 없어 이를 환부한 후 다시 임의제출받아 압수하는 경우 (압수·수색영장에 따른 관련성 제한을 환부 직후 임의제출이라는 형식으로 우회하는 수사방식의 적법성·적절성이나 제출의 임의성은 별론으로 하더라도) 그 임의제출은 결국 해당 무관자료로 입증하고자 하는 별건 혐의사실의 수사를 위한 것이므로 '임의제출의 동기가 된 혐의사실'이 이미 최초 압수·수색영장 기재 혐의사실이라고 볼 수 없다.

였는데, 당시 공소외 5가 작성한 압수물건 수령서 및 승낙서에 첨부된 '일시 보관 서류 등의 목록'에 위 USB는 기재되어 있지 않았다. 공소외 5가 위와 같이 압수물건 수령서 및 승낙서를 작성할 당시 피고인 1은 구속상태에서 배임수재 등 혐의로 재판을 받고 있었고, 공소외 5는 제1심에서부터 '당시 검사가 자료 인계를 요청하면서 이에 응하지 않을 경우 형인 피고인 1 및 자신의 사업에 대하여도 불이익이 있을 것이라고 위협하였다'는 취지로 진술하였다.

다) 법원의 판단

법원은 위 USB의 압수 경위, 수사기관이 위 USB를 보유하고 있던 기간, 공소외 5가 압수물건 수령서 및 승낙서를 제출할 당시의 객관적 상황과 그 경위, 공소외 5가 작성한 '일시 보관 서류 등의 목록'의 내용 등을 위 법리에 비추어 보면, 과연 공소외 5가 수사기관으로부터 위 USB를 돌려받았다가 다시 세무공무원에게 제출한 것인지 의심스러울 뿐만 아니라, 설령 공소외 5가 위 USB를 세무공무원에게 제출하였다고 하더라도 그 제출에 임의성이 있는지가 합리적인 의심을 배제할 정도로 증명되었다고 할 수 없다고 판단했다.

결국 공소외 5가 위와 같이 압수물건 수령서 및 승낙서를 제출하였다는 사정만으로 압수·수색영장에 기재된 범죄 혐의사실과 무관한 증거인 위 USB가 압수되었다는 절차 위반행위와 최종적인 증거수집 사이의 인과관계가 단절되었다고 보기 어려워 위 USB 및 그에 저장되어 있던 영업실적표는 증거능력이 없다고 판단했다.[70]

---

70) 다만 이 사건의 경우 증거능력이 인정되는 나머지 증거들만으로도 공소사실을 인정할 수 있다고 보았다.

2) 수사기관이 우연히 무관정보를 발견하자 이를 출력한 후 피고인으로 하여금 임의제출하게 한 사안에서 제출의 임의성을 부정한 사례[71)]

수사기관이 압수·수색영장에 의해 압수한 피고인의 휴대전화에서 영장 기재 혐의사실과 무관한 정보가 발견되자 이를 출력해두었다가 피고인을 장시간 조사한 후 임의제출 관련 서류에 서명하게 한 사안이다. 법원은 다음과 같은 이유로 증거능력을 부정하였다.

대구지방법원 서부지원 2021. 4. 15. 선고 2020고합271 판결

아래와 같은 사정을 종합하면, 이 사건 임의제출은 부적법하다고 판단되므로, 이 사건 문자메시지가 임의제출로 인해 증거능력을 가진다고 볼 수 없다.

㉠ 무관정보를 우연히 발견하여 이를 임의제출받기 위해서는 시기상으로 압수행위로 평가할 수 있는 해당 무관정보에 대한 복제·출력 전에 임의제출 절차를 취하여야 한다. 이 사건에서 경찰은 시적 제한을 일탈하였다.

㉡ 경찰이 임의제출의 대상으로 삼은 물건은 영장 없이 취득한 위법한 압수물 자체이다.

㉢ 경찰은 위법하게 수집한 무관증거를 피고인에게 환부하는 절차를 거치지 아니한 채 임의제출동의서 등 관련 서류를 징구하였으므로 피고인의 임의'제출' 행위가 있었다고 보기 어렵다.

㉣ 제출 행위를 넓게 해석하여 이 사건에서도 피고인의 임의'제출' 행위가 있었다 보더라도, (i) 출력물을 피고인에게 환부하지 아니한 채 경찰이 사실상 압수한 상태에서 임의제출을 받음으로써 수사기관의 우월적 지위가 그대로 유지되고 임의제출을 할지 말지에 관한 피고인의 의사결정권이 방해되었다고 볼 여지가 큰 점, (ii) 피고인은 당일 피의자의 지위에서 10:00~21:57까지 장시간 조사를 받았는데 20:13경 임의제출 관련 서류에 자필서명을 한 점, (iii) 당시 경찰은 피고인에게 "임의제출을 하지 않으면 영장을 받아 압수한다."는 취지로 말하였는바, 이는 피고인 의사와 상관없이 이 사건 문자메시지 출력물이 압수될 수 밖에 없다는 내용을 고지한 것인데, 경찰이 의도하지는 않았다 하더라도 사실과 다른 내용이 고지된 것으로 보아야 하는 점[앞서 살핀 대법원 2011모1839 전원합의체 결정은 위법한 압수물을 압수할 물건으로 삼은 제2영장이 발부되었다

71) 대구지방법원 서부지원 2021. 4. 15. 선고 2020고합271 판결(항소심인 대구고등법원 2022. 1. 19. 선고 2021노186 판결에서 일부 파기 주문이 있으나 증거능력을 부정한 판단은 그대로 유지되었고, 상고심인 대법원 2022. 8. 19. 선고 2022도1839 판결에서 상고가 기각되어 확정됨)

하더라도 그 압수·수색은 영장주의 원칙에 반하여 위법하다고 하였다. 이 결정 취지에 따르면 위법한 압수물인 이 사건 문자메시지 출력물을 영장으로 다시 압수하는 것 역시 위법하여 허용되지 아니한다], (iv) 경찰은 피고인에게 임의제출을 거부할 권리가 있다는 점을 따로 고지한 것으로 보이지 아니한 점[수사기관에게 임의제출 거부권을 고지할 의무까지 있다고 볼 수는 없으나, 고지 여부는 임의성 판단의 사정으로 참작할 수 있다], (v) 수사기관은 애초에 피고인이 휴대전화의 임의제출을 거부하는 의사를 명시하고 있어 이 사건 압수·수색영장의 발부를 청구하였던 점 등을 감안하면, 검사가 제출한 증거만으로 제출에 임의성이 있다는 점이 합리적 의심을 배제할 정도로 증명되었다고 보기 어렵다.

㉤ 나아가 대법원은, 사법경찰관이 형사소송법 제215조 제2항을 위반하여 영장 없이 물건을 압수한 경우 그 압수물은 물론 이를 기초로 하여 획득한 2차적 증거 역시 유죄 인정의 증거로 사용할 수 없는 것이고, 이와 같은 법리는 헌법과 형사소송법이 선언한 영장주의의 중요성에 비추어 볼 때 위법한 압수가 있은 직후에 피고인으로부터 작성받은 그 압수물에 대한 임의제출동의서도 특별한 사정이 없는 한 마찬가지라고 하면서, 2차적 증거인 임의제출동의서, 압수조서 및 목록, 압수품 사진의 증거능력을 부정한 바 있다(대법원 2010. 7. 22. 선고 2009도14376 판결 참조). 위법한 압수가 있은 직후 이 사건 문자메시지 출력물에 대해 임의제출동의서 등을 징구한 이 사건 역시 마찬가지라 할 것이다.

3) 긴급체포 현장에서 피고인으로부터 휴대전화를 임의제출받은 사안에서 제출의 임의성이 증명되지 않았다고 본 사례[72)]

가) 사실관계[73)]

(1) 긴급체포

피고인은 1주일 전쯤 자신으로부터 필로폰을 제공받은 G의 연락을 받고, 이번에는 그에게 대마 소량을 건네주고자 약속장소인 카페로 왔다가 2019. 5. 1. 22:10경 경찰관 6명에 의해 예상치 못하게 긴급체포 되었다.

72) 서울고등법원 2021. 4. 29. 선고 2019노2422 판결(대법원 2021. 7. 8. 선고 2021도5589 판결로 확정)

73) 이 사건의 경우 긴급체포, 임의제출, 피고인 주거지 등에 대한 긴급압수·수색, 경찰과 검찰에서의 조사 등 일련의 수사 과정에 대한 관련자들의 진술 등 세부 내용이 판결 이유에 비교적 상세히 기재되어 있다.

경찰은 피고인의 양 손목에 수갑을 채운 직후 피고인에게 휴대전화가 어디 있는지 물어 피고인으로부터 왼쪽 주머니 안에 있다는 대답을 듣고, 피고인의 옷 왼쪽 주머니 안에 있던 피고인 소유의 휴대전화 2대(갤럭시 1대, 아이폰 1대)를 확보하였다.

같은 날 22:25경 경찰은 피고인의 거주지로 가 그곳을 긴급압수·수색하는 과정에서 특별한 사유 없이 피고인에게 갤럭시 휴대전화의 잠금 해제를 요구하였다. 피고인이 잠금을 일시적으로 풀어주자 경찰은 피고인의 의사를 묻지 않고 곧바로 잠금을 위한 비밀패턴을 없애고 피고인의 휴대전화를 탐색하여 피고인이 J 등과 주고받은 텔레그램 메시지와 메모장 애플리케이션에 작성한 메모(이하 통틀어 '이 사건 영상물'이라 한다)를 발견하고 이를 경찰관 자신의 휴대전화로 사진 촬영하였다.

수사기관이 피고인의 휴대전화를 열람하고 이 사건 영상물을 사진 촬영하는 과정에서 압수·수색영장의 집행 절차에 준하는 참여권 보장이나 사진 촬영 대상인 전자정보의 목록이 작성·교부되는 등 조치는 이루어지지 않았다. 피고인이 그러한 절차를 안내받은 후 참여하지 않겠다는 의사를 표시한 바도 없고, 위와 같은 상황에 대해 이의를 제기한 바도 없다.

(2) 경찰의 후속 수사

경찰은 2019. 5. 1. 피고인을 긴급체포한 후 피고인의 차량, 주거지 및 대마 재배 장소에서 긴급압수한 물건들에 대해서는 2019. 5. 2. 압수조서와 압수목록을 작성하고 그 무렵 사후 압수·수색영장을 청구하여 2019. 5. 3. 이를 발부받았다.

그러나 경찰은 2019. 5. 2. 이 사건 영상물을 사진 촬영하여 출력한 출력물(이하 '이 사건 출력물'이라 한다)을 기록에 첨부하면서 수사보고를 작성하였을 뿐, 피고인의 휴대전화, 이 사건 영상물 및 출력물에 대하여는 압수조서, 압수목록, 임의제출서 등을 작성하지 않았다.[74] 한편, 피고인에 대하여

74) 2019. 5. 1.경 시행되던 「검사의 사법경찰관리에 대한 수사지휘 및 사법경찰관리의 수사준칙에 관한 규정(대통령령 제28211호, 2017. 7. 26. 개정된 것)」 제44조에 의하면 사법경찰관은 증거물 또는 몰수한 물건을 압수하였을 때에는 압수조서와 압수목록을 작성하여야 하고(제1항), 이때 압수조서에는 압수경위를 구체적으로 적어야 한다(제2항). 또한 범죄수사규칙(경찰청훈령 제903호, 2018. 11. 27. 개정된 것) 제123조 제3항은 소유자, 소지자 또는 보관자가 임의제출한 물건을 압수할 때에는 되도록 제출자에게 임의제출서를 제출하게 하여

2019. 5. 3. 구속영장이 발부되었다.

경찰은 2019. 5. 7. 피고인에 대한 제2회 피의자신문 시 피고인에게 이 사건 출력물 중 일부를 제시하면서 피고인으로부터 'J와 공모하여 필로폰 및 대마를 공동판매한 혐의' 중 일부에 대하여 자백을 받았고, 이때 제시하였던 출력물을 피의자신문조서 뒤에 첨부하였다. 피고인은 이때의 조사 무렵부터 변호인의 조력을 받아 조사를 받았으나, 휴대전화 및 영상물의 임의제출 여부에 대하여 특별히 이의를 제기하지는 않았다.

경찰은 사건을 검찰에 송치하면서 이 사건 출력물을 참고자료로 함께 송부하였다.

(3) 검찰의 수사

검사는 2019. 5. 14. 제1회 피의자신문을 하면서 이 사건 출력물을 피고인에게 보여주었고, 피고인은 경찰에서 자백한 일부 범행을 포함하여 'J와 공모하여 6회에 걸쳐 필로폰 및 대마를 공동판매한 혐의' 전부를 자백하였다. 검사는 2019. 5. 22. 제2회 피의자신문을 하기에 앞서, 같은 날 14:10경 피고인으로부터 '피고인의 휴대전화에 저장된 전자정보 출력물(별책 1권)'에 대한 임의제출 동의 및 확인서를 작성받고, 이에 대한 압수조서를 작성하였으며, 이어진 피의자신문 과정에서 피고인에게 이 사건 출력물을 보여주면서 'J와 공모하여 6회에 걸쳐 필로폰 및 대마를 공동판매한 혐의'와 관련 대화 및 메모 내용이 어디인지 구체적으로 특정하도록 하여 그에 관한 진술을 받았다.

검사는 피고인을 ① 대마 재배, ② G에 대한 필로폰 제공, ③ 주거지에서 필로폰 및 대마 소지, ④ J와 공모하여 필로폰 및 대마를 공동판매한 혐의로 기소하고, 위 ④ 혐의에 대한 증거로 이 사건 출력물을 증거로 제출하였다. 그러나 피고인에 대한 수사 개시의 단서가 된 G의 진술에는 ④ J와의 필로폰 및 대마 공동판매에 관한 내용은 없었다.

야 한다. 나아가 현행 범죄수사규칙(경찰청훈령 제1103호, 2023. 11. 1. 일부개정된 것)은 이를 의무사항으로 정했다. 즉 현행 범죄수사규칙 제142조 제2항에 의하면 임의제출물을 압수할 때 제출자에게 임의제출의 취지와 이유를 적은 임의제출서를 받아야 하고, 압수조서와 압수목록교부서를 작성하여야 하며, 제출자에게 압수목록교부서를 교부하여야 한다.

나) 법원의 판단

(1) 수사기관이 긴급체포 현장에서 휴대전화를 피의자로부터 임의제출받는 방법으로 압수할 수 있는지 여부

법원은 아래의 법리를 기초로 '휴대전화가 범죄혐의와 무관한 개인의 삶 전반에 걸친 다양한 정보가 담긴 대량의 전자정보 저장매체로서의 특성을 갖고 있다는 점을 고려하더라도, 긴급체포 현장에서 피의자로부터 임의제출받을 수 있는 대상 중 휴대전화는 원칙적으로 제외된다고 해석할 수는 없다'고 판단했다.

서울고등법원 2021. 4. 29. 선고 2019노2422 판결
(대법원 2021. 7. 8. 선고 2021도5589 판결로 확정)

검사 또는 사법경찰관은 피의자가 사형·무기 또는 장기 3년 이상의 징역이나 금고에 해당하는 죄를 범하였다고 의심할 만한 상당한 이유가 있고, 피의자가 증거를 인멸할 염려가 있는 경우, 피의자가 도망하거나 도망할 우려가 있는 경우에 피의자를 우연히 발견하는 등 긴급을 요하여 지방법원판사의 체포영장을 받을 수 없는 때에는 그 사유를 알리고 영장 없이 피의자를 체포할 수 있고(형사소송법 제200조의3 제1항), 피의자 등이 유류한 물건이나 소유자·소지자 또는 보관자가 임의로 제출한 물건은 영장 없이 압수할 수 있으며(제218조), 현행범 체포 현장이나 범죄 현장에서도 소지자 등이 임의로 제출하는 물건은 형사소송법 제218조에 의하여 영장 없이 압수하는 것이 허용되고, 이 경우 검사나 사법경찰관은 별도로 사후에 영장을 받을 필요가 없는바(대법원 2016. 2. 18. 선고 2015도13726 판결, 대법원 2019. 11. 14. 선고 2019도13290 판결 등 참조), 이와 같은 논리는 현행범 체포 현장의 경우뿐 아니라 긴급체포 현장의 경우에도 마찬가지로 적용할 수 있을 것이다.

(2) 휴대전화 및 이 사건 영상물 제출의 임의성

그러나 법원은 검사가 제출한 증거들만으로는 피고인의 휴대전화 제출에 임의성이 있었다는 점이 합리적 의심을 배제할 정도로 증명되지 않았다고 보았다. 즉, 경찰이 피고인을 긴급체포하는 과정에서 압수한 피고인의 휴대전화와 거기에 저장된 전자정보인 이 사건 영상물을 경찰관의 휴대전화로 사진 촬영한 것은 영장주의와 적법절차의 원칙에 위배되는 절차와 방법으로 수집한 위법수집증거라고 판단했다. 그 이유로 아래의 사정을 들었다.

- 긴급체포 현장에 있던 경찰관과 피고인의 진술을 종합하면, 긴급체포 당시 피고인이 수갑을 차고 있어 거동이 자유롭지 못하였음은 분명하고, 피고인의 진술처럼 당시 경찰관이 피고인의 주머니에서 직접 휴대전화를 꺼내 갔을 가능성도 배제할 수 없다.
- 긴급체포 당시 피고인은 G의 연락을 받고 약속장소인 카페로 왔다가 경찰관 6명에 의해 예상치 못하게 긴급체포되었는바, 심리적으로 극히 위축되었을 것으로 보인다. 또한 뒤이어 피고인의 주거지에서도 긴급 압수·수색이 이루어졌는바, 수사기관이 피고인의 휴대전화 내 전자정보를 열람하고 사진 촬영을 할 때도 피고인은 위축된 심리 상태가 지속된 채 수사기관의 일방적인 요구에 수동적으로 응하였다고 보인다.
- 긴급체포 당시 경찰은 피고인에게 '임의제출을 해도 되고 하지 않아도 된다. 자유로운 의사에 따라 하면 된다.'라고 설명한 것이 아니라 '임의제출을 하지 않더라도 긴급압수할 수 있다.'고 하여, 피고인으로서는 사실상 선택의 여지가 없는 듯한 내용으로 들렸을 것이고, 경찰은 휴대전화를 통한 증거수집이 어떠한 절차와 방법으로 무슨 범죄사실과 관련하여 어느 범위에서 이루어지는지를 설명하거나 피고인에게 탐색 및 수집할 수 있는 전자정보의 범위를 제한하여 일부만 제출할 수 있다는 등의 내용도 전혀 고지하지 않았다.
- 피고인은 이전에 도로교통법위반(무면허운전)죄로 벌금 20만 원에 처해진 전력 외에는 수사 또는 재판을 받은 전력이 없어, 위와 같은 경찰의 설명만으로는 임의제출이나 압수의 의미, 효력 등을 알 수 있었다고 보기 어려우므로 피고인이 당시 경찰의 설명을 제대로 이해하고 자유로운 의사결정 하에 휴대전화를 제출한 것인지 의문이 든다.
- 피고인의 휴대전화 및 이 사건 영상물에 대하여 압수조서 및 압수목록, 임의제출서 등이 작성되거나 제출되지 않았기 때문에 그 구체적인 압수 경위를 알 수 없을 뿐 아니라 피고인의 임의제출 의사를 확인할 수도 없다.
- 피고인은 변호인의 조력을 받아 조사를 받은 이후로도 이 사건 휴대전화 및 영상물의 임의제출 여부에 대하여 특별히 이의제기를 하지는 않

았으나, 제1심 제1회 공판기일부터 이 사건 휴대전화 압수의 적법성과 이 사건 출력물의 증거능력을 분명히 다투고 있으므로, 수사기관에서 이의제기를 하지 않았다는 사정만으로 임의성이 곧바로 추정된다고 하기는 어렵다.

나아가 법원은 2차 증거들의 증거능력도 부정하였다. 즉, 피고인에 대한 수사 개시의 단서가 된 G의 진술에는 'J와의 필로폰 및 대마 공동판매' 공소사실에 대한 내용이 없으므로, 이 사건 출력물을 비롯하여 피고인에 대한 제2회 경찰 피의자신문조서와 각 검찰 피의자신문조서 중 위 공소사실과 관련된 부분과 이 사건 출력물에 대한 임의제출 동의 및 확인서, 압수조서는 이 사건 영상물이 먼저 확보되지 않았다면 수집될 수 없었을 증거들인바, 위법수집증거인 이 사건 영상물을 기초로 하여 획득한 2차적 증거로서 원칙적으로 유죄 인정의 증거로 삼을 수 없다고 보았다.

4) 클라우드 서비스 접속을 위한 아이디와 비밀번호 임의 제공을 클라우드 내 전자정보 임의제출로 본 사례[75]

법원은 피의자가 휴대전화를 임의제출하면서 클라우드에 저장된 전자정보를 수사기관에 제출한다는 의사로 클라우드 접속을 위한 아이디와 비밀번호를 임의로 제공하였다면 그 클라우드 서버에 저장된 전자정보의 임의제출로 볼 수 있다고 판단하였다.

대법원 2021. 7. 29. 선고 2020도14654 판결

수사기관이 인터넷서비스이용자인 피의자를 상대로 피의자의 컴퓨터 등 정보처리장치 내에 저장되어 있는 이메일 등 전자정보를 압수·수색하는 것은 전자정보의 소유자 내지 소지자를 상대로 해당 전자정보를 압수·수색하는 대물적 강제처분으로 형사소송법의 해석상 허용된다. 압수·수색할 전자정보가 압수·수색영장에 기재된 수색장소에 있는 컴퓨터 등 정보처리장치 내에 있지 아니하고 그 정보처리장치와 정보통신망으로 연결되어 제3자가 관리하는 원격지의 서버 등 저장매체에 저장되어 있는 경우에도, 수사기관이 피의자의 이메일 계정에 대

75) 대법원 2021. 7. 29. 선고 2020도14654 판결

한 접근권한에 갈음하여 발부받은 영장에 따라 영장 기재 수색장소에 있는 컴퓨터 등 정보처리장치를 이용하여 적법하게 취득한 피의자의 이메일 계정 아이디와 비밀번호를 입력하는 등 피의자가 접근하는 통상적인 방법에 따라 그 원격지의 저장매체에 접속하고 그곳에 저장되어 있는 피의자의 이메일 관련 전자정보를 수색장소의 정보처리장치로 내려 받거나 그 화면에 현출시키는 것 역시 피의자의 소유에 속하거나 소지하는 전자정보를 대상으로 이루어지는 것이므로 그 전자정보에 대한 압수·수색을 위와 달리 볼 필요가 없다(대법원 2017. 11. 29. 선고 2017도9747 판결 참조). 피의자가 휴대전화를 임의제출하면서 휴대전화에 저장된 전자정보가 아닌 클라우드 등 제3자가 관리하는 원격지에 저장되어 있는 전자정보를 수사기관에 제출한다는 의사로 수사기관에게 클라우드 등에 접속하기 위한 아이디와 비밀번호를 임의로 제공하였다면 위 클라우드 등에 저장된 전자정보를 임의제출하는 것으로 볼 수 있다.

5) 경찰이 피고인을 긴급체포하면서 여죄를 추궁하여 제출받은 지갑을 임의제출물로 압수한 사안에서 제출의 임의성이 증명되지 않았다고 보아 증거능력을 부정한 사례[76]

가) 사실관계

경찰은 2020. 4. 18. 피고인을 2020. 4. 10. 자 건조물침입 및 절도 혐의로 긴급체포하여 차량으로 이동하던 중 피고인이 소지하고 있던 지갑의 출처를 물었는데 진술이 일관되지 않았다. 이에 경찰이 사무실에 도착하여 피고인에게 '지갑에 대해 사실대로 말하라'고 추궁하니 그제야 피고인이 주운 것이라고 답하면서 지갑을 제출하였다. 수사기관은 위 지갑에 대한 점유이탈물횡령을 기존 혐의에 추가하여 기소하였다.

법정에서 경찰관은 '당시 피고인에게 지갑을 제출하지 않아도 된다고 고지하지는 않았다'라는 취지로 진술하였고, 피고인도 '당시 경찰이 제출하라고 하여 제출한 것이지 스스로 제출한 것은 아니다'라는 취지로 진술하였다.

76) 부산지방법원 2021. 8. 12. 선고 2020노2763, 2021노1476 판결(대법원 2021. 10. 28. 선고 2021도11269 판결로 확정)

나) 법원의 판단

법원은 피고인이 자발적인 의사가 아닌 경찰의 여죄 추궁에 의하여 지갑을 제출한 것으로 그 임의성이 증명되었다고 보기 어렵고, 지갑에 대하여 별도의 압수·수색영장이 발부되지도 아니하였으므로, 이는 위법수집증거에 해당하여 증거능력이 없다고 판단했다. 그 근거는 다음과 같다.

- 피고인이 건조물침입 및 절도 범행으로 긴급체포될 당시 지갑에 대한 점유이탈물횡령 혐의는 입건조차 되지 않은 상태였다.
- 당시 경찰관은 피고인을 체포하면서 피고인을 추궁하여 주운 지갑이라는 진술을 받아낸 것이고, 이후 피고인이 지갑을 경찰관에게 제출하기는 하였으나 경찰관으로부터 임의제출의 의미 및 효력에 대해 별다른 설명을 듣지 않았다.
- 점유이탈물횡령의 점에 관하여 자백하고 있는 피고인이 지갑 제출 경위에 관하여 거짓으로 진술할 이유가 없다.

6) 피고인이 교통사고를 내고 음주운전 혐의를 받던 중 혈액을 임의제출하였는지가 문제 된 사안에서 제반 사정상 피고인이 채혈을 동의하였다고 단정하기 어렵다고 보아 증거능력을 부정한 사례[77]

가) 사실관계

피고인은 2022. 7. 22. 23:45경 피고인의 승용차를 운전하다가 신호대기를 위해 정차 중이던 차량을 후방에서 충격하는 교통사고를 일으켰다. 피해차량(포르쉐)에 타고 있던 사람들은 약 2주간의 치료가 필요한 경추의 염좌 및 긴장의 상해를 입은 정도에 그쳤으나, 피고인의 차량(쏘나타)은 앞범퍼 부위가 형태를 알아보기 힘들 정도로 파손되었고, 피고인은 갈비뼈가 다수 골절될 정도로 상해 정도가 심해 구급차를 통해 병원 응급실로 호송되었다. 당시 현장에 출동한 경찰관은 순찰차를 타고 위 응급실로 이동한 뒤 법원으로부터 압수·수색·검증영장이나 감정처분허가장을 발부받음이 없이

77) 대구지방법원 2023. 10. 27. 선고 2023노2915 판결(대법원 2024. 4. 16. 선고 2023도16480 판결로 확정)

간호사로 하여금 피고인으로부터 채혈하도록 하였고, 채혈 후 사후영장을 발부받지도 않았다.

피고인은 자신이 채혈에 동의한 적이 없고 자신의 혈액을 임의제출한 사실이 없다고 주장하였다. 경찰관은 피고인에게 동의 여부를 물었을 때 피고인이 '네'라고 답하여 동의하였다는 취지로 진술하였으나, 수사기관에서 작성한 임의제출(채혈동의) 및 확인서, 음주운전 단속결과 통보, 음주운전 단속사실 결과조회의 서명란에 피고인의 서명이 없었고, 당시 피고인으로부터 채혈한 간호사 L은 법정에서 피고인이 채혈에 동의하였는지 기억이 나지 않는다고 진술하였다.

나) 법원의 판단

법원은 검사가 제출한 증거들만으로는 피고인이 이 사건 당시 채혈을 동의하였다고 단정하기 어렵다고 판단했다. 피고인의 상해 정도와 당시 상황을 기록한 내용에 의하면 설령 피고인이 당시 '네'라고 대답하였다고 하더라도 피고인이 채혈의 의미나 채혈이 필요한 이유에 대해 제대로 이해하고 인지한 상태에서 자발적으로 응한 것인지 의문이고, 피고인이 혈액 채취 당시 의식소실 상태에 있었을 가능성도 배제하기 어렵다고 보았다.

7) 타인의 범죄혐의와 관련하여 참고인 신분으로 임의제출한 휴대전화에서 제출자 본인의 혐의사실 관련 자료가 발견된 경우 '관련성' 법리에 따라 증거능력을 인정한 사례[78)]

가) 사실관계

피고인 D는 해군 중령 F의 직권남용권리행사방해 혐의에 대한 내사사건의 참고인으로 조사를 받는 과정에서 자신의 휴대전화를 임의제출하였는데, 그 휴대전화에서 압수한 전자정보가 피고인 B, C, D의 뇌물공여 공소사실에 대한 증거로 제출됨에 따라 그 증거능력이 다투어진 사안이다.

---

78) 수원고등법원 2024. 6. 5. 선고 2023노1400 판결(대법원 2024. 10. 8. 선고 2024도9764 판결로 확정)

피고인 B, C, D의 뇌물공여 공소사실은 'G 군용기 공장에 근무하는 피고인 B, C, D가 해군의 항공기 기체 창정비 사업과 관련하여 해군 중령 F와 연인관계에 있던 피고인 A가 설립한 회사 E를 협력업체로 신규 등록해주고 그 업체로부터 약 66억 원 상당의 헬기 재생부품을 구매하여 주었다'는 것이었고, F의 직권남용권리행사방해죄 혐의사실은 'F가 G로 하여금 E를 협력업체로 신규 등록하고 E로부터 헬기 부품을 구매하게 하는 등 직권을 남용하여 G 임직원 등으로 하여금 의무 없는 일을 하게 하였다'는 것이었다.

피고인 D는 2019. 5. 1. 휴대전화를 임의제출하였는데, 이미 휴대전화에 대하여 압수·수색영장이 발부된 상태였고, 그 영장에 임의제출의 선행이 집행조건으로 기재되어 있었다. 피고인 D는 참여권 포기의사를 서면으로 제출하였는데, 당시 피고인 D는 신혼여행을 앞두고 있었다. 피고인 D의 휴대전화는 임의제출 직후 이미징을 마치자마자 피고인 D에게 바로 환부되었다. 이후 국방부검찰단 고등검찰부 과학수사과는 피고인 D의 휴대전화를 포렌식 분석하여 2019. 5. 하순경 방위사업수사부 국방부수사팀에 그 분석 결과를 통보하였음에도 군검찰은 그로부터 약 2년이 지난 2021. 5. 7.에 이르러서야 피고인 D에게 전자정보 상세목록을 교부하였다. 피고인들에 대한 공소제기는 2021. 6. 4. 이루어졌다.

피고인 B, C, D는 아래와 같이 주장하였다.

- 피고인 D의 휴대전화 제출행위에 임의성이 인정될 수 없다.
- 임의제출 과정에서 군검사는 단지 F의 직권남용권리행사방해죄에 대한 수사의 일환으로 휴대전화 임의제출을 요구하였을 뿐이므로 피고인 D의 휴대전화에서 압수한 전자정보를 피고인 B, C, D에 대한 뇌물공여죄의 증거로 사용하는 것은 그 제출의 취지에 반한다.
- 압수된 휴대전화의 전자정보 상세목록 교부 절차가 현저히 지연되어 피고인 D의 방어권이 중대하게 침해되었다.

나) 법원의 판단

법원은 아래 이유를 들어 피고인 D의 휴대전화에서 압수된 전자정보를 피고인 B, C, D의 뇌물공여 공소사실에 대한 증거로 사용할 수 있다고 보았다.

- 피고인 D가 당시 휴대전화 임의제출 과정에 대해서 이의를 제기한 정황이 보이지 않는다.
- 공무원이 직무관련자에게 제3자와 계약을 체결하도록 요구하여 그 계약을 체결하게 한 행위는 사회 관념상 하나의 행위가 뇌물수수죄와 직권남용권리행사방해죄의 각 구성요건에 모두 해당하는 상상적 경합 관계에 있을 수 있고, 피고인 B, C, D가 E와 계약을 체결하는 행위에 관련된 전자정보는 F의 직권남용권리행사방해죄와 뇌물수수죄의 각 혐의사실과 동시에 관련된 것이 될 수 있으며, 그에 따라 뇌물수수죄의 필요적 공범인 뇌물공여죄의 혐의사실에 관련된 것이 될 수 있다. 따라서 F의 직권남용권리행사방해 혐의 관련으로 임의제출한 휴대전화에서 피고인 B, C, D의 뇌물공여 혐의와 관련된 전자정보를 압수하였더라도 압수의 범위를 초과한 것으로 볼 수 없다.
- 압수목록은 피압수자 등이 압수물에 대한 환부·가환부신청을 하거나 압수처분에 대한 준항고를 하는 등 권리행사절차를 밟는 가장 기초적인 자료가 되므로, 이러한 권리행사에 지장이 없도록 압수 직후 현장에서 바로 작성하여 교부해야 하는 것이 원칙이다. 그러나 국방부수사팀이 방대한 양의 디지털 증거분석 결과를 회신받아 이를 탐색하는 데에는 상당한 시간이 소요되었을 것으로 보이고, 국방부수사팀이 고의로 피고인 D에게 전자정보 상세목록을 교부하지 않았다거나 교부를 지체하였다고 볼 자료가 없다.
- 임의제출받은 휴대전화는 임의제출 직후 이미징을 마치자마자 바로 환부된 점, 휴대전화에서 압수된 전자정보는 압수·수색영장 및 임의제출의 전제가 된 유관정보로서 그 정보가 이 사건에서 증거로 사용된다고 하더라도 별도로 침해된 법익이 없거나 미미한 점, 피고인 D 등은 참여권 포기의사를 서면으로 밝히기도 한 점[79] 등을 종합하면, 비록 국방부수사팀이 2019. 5.경 디지털 증거분석 결과를 회신받고 2021. 5.경에야 전자정보 상세목록을 교부하였다고 하더라도 그러한 사정이

79) 이 사건 제1심인 수원지방법원 2023. 11. 22. 선고 2021고합319, 327 판결 이유에서는 "피고인 D가 당시 신혼여행을 앞두고 있어 신혼여행 이후 참여권 행사 등에 관하여 수사기관과 상의했을 여지는 있으나, 포기의 위법성이 문제될 사안은 아니다."라고 판시하였다.

압수절차가 부적법하여 그 증거능력을 부정하여야 할 정도에 이른다고 볼 수 없다.

- 교부된 전자정보 상세목록에 일부 통화녹음파일이 누락되어 있었으나, 방대한 양의 디지털 증거분석 과정에서 단순 실수로 누락된 것으로 보이고, 해당 통화녹음파일의 상당수는 임의제출자인 피고인 D에 대한 소환조사 과정에서 재생을 통해 제시된 것으로 보이므로 해당 통화녹음파일이 위법하게 수집된 증거라고 보기도 어려우며, 누락된 통화녹음파일을 모두 증거에서 제외하더라도 나머지 증거에 의하여 이 사건 공소사실을 충분히 유죄로 인정할 수 있다.

8

동일성과 무결성

8 동일성과 무결성

가 동일성·무결성의 의의

동일성이란 압수의 대상이 된 전자정보의 원본과 증거로 제출된 복제본 또는 출력물이 서로 같음을 의미하고, 무결성이란 전자정보를 압수한 이후 증거로 제출할 때까지 인위적인 개입에 의한 변경 가능성이 없었음을 의미한다. 동일성이 원본과 복제본 혹은 출력물 간, 또는 같은 저장매체의 압수·수색 당시와 증거로 제출될 때의 형상 비교에 주목하는 개념이라면, 무결성은 압수부터 증거 제출까지 일련의 절차에 주목하는 개념이다.[1)]

전자정보 증거는 생성·변경·삭제가 쉽고 특히 저장된 전자정보를 단순히 열어보는 것만으로도 파일속성 등 원본 자체가 쉽게 변경될 수 있어 전자정보를 압수하는 경우 그 동일성·무결성을 담보하기 위한 조치가 필요하다. 이에 원칙적으로 압수·수색 현장에서 디지털 포렌식 분석도구를 이용하여 저장매체에 전자정보의 훼손방지 조치를 한 다음 복제본을 생성하는 방식으로 압수하고, 압수한 복제본이 원본과 동일함을 증명하기 위해 전자정보 압수 시 피압수자 또는 참여인의 참여하에 그 해시값(hash value)을 생성한 다음, 피압수자 등에게 위 해시값이 원본 파일의 그것과 일치한다는 확인 및 서명·날인을 받는다. 따라서 예컨대, 수사기관이 압수한 정보저장매체 원본에 대하여 동일성·무결성 확보 조치가 되기 전에 임의로 탐색하면 무결성이 훼손된 것으로 볼 수 있으나,[2)] 압수 현장에서 선별 압수를 시도하기 위해 포렌식 도구가 담긴 저장장치를 압수물에 연결한 것만으로는 동일성·무결성이 훼손되었다고 보기 어렵다.[3)]

---

1) 서울고등법원 2013. 2. 8. 선고 2012노805 판결(대법원 2013. 7. 26. 선고 2013도2511 판결로 확정)

2) 춘천지방법원 2021. 4. 2. 선고 2020노856 판결(대법원 2021. 7. 8. 선고 2021도4850 판결로 확정)

3) 서울고등법원 2021. 8. 11. 선고 2021노14 판결(대법원 2022. 1. 27. 선고 2021도11170 판결로 확정)

동일성·무결성은 다른 압수·수색 절차의 적법 요건과는 별개의 독립된 증거능력 요건이다. 따라서 압수·수색영장 원본을 충분히 제시하고 혐의사실과 관련성이 인정되는 범위 내에서 참여권을 보장하여 압수물을 선별한 후 전자정보 상세목록 및 압수목록을 지체 없이 작성·교부하는 등 다른 압수·수색 절차가 적법하였더라도 검사가 동일성·무결성을 증명하지 못하면 증거능력이 없다.[4]

수사기관이 관여하기 이전 사인(私人)의 영역에서 있었던 일이라도 증거의 원본 동일성을 의심하게 하는 사정은 증거능력의 문제로 보는 것이 일반적이다.[5] 다만, 동일성·무결성을 압수되는 시점부터 법정에 증거로 제출되기까지의 문제로 보아 정보저장매체 원본이 수사기관에 압수되기 전에 제3자가 사설 업체에 증거분석을 의뢰하여 추출한 자료와 그 후 그 제3자가 그 정보저장매체 원본을 수사기관에 임의제출함으로써 수사기관이 해당 정보저장매체 원본을 증거분석하여 추출한 자료 사이의 동일성·무결성은 증거의 신빙성에 관한 문제이고, 증거능력 문제는 아니라고 본 사례도 있다.[6]

나 전자정보의 동일성·무결성과 해시값(hash value)

전자정보의 동일성·무결성을 증명하는 방법으로서 실무상 널리 사용되는 객관적이고 과학적인 방법은 해시함수를 활용하는 방법이다. 해시함수란 임의의 길이를 가진 데이터를 고정된 길이의 값으로 출력하는 함수로 아무리 길거나 짧은 데이터를 입력해도 일정한 길이의 출력값(hash value, 해시값)을 생성한다.[7]

4) 서울남부지방법원 2019. 7. 4. 선고 2017노447 판결(대법원 2021. 12. 16. 선고 2019도10788 판결로 확정) 이유 중 '2. 나. 3) 나) 압수물 순번 3 관련 부분' 참조

5) 서울서부지방법원 2017. 7. 13. 선고 2016노1241 판결(상고 부제기로 확정), 서울서부지방법원 2019. 5. 9. 선고 2018노1056 판결(대법원 2019. 8. 14. 선고 2019도7204 판결로 확정), 전주지방법원 2023. 4. 19. 선고 2022고단589, 2022고정179 판결(대법원 2024. 1. 5. 자 2023도16571 결정으로 확정), 서울중앙지방법원 2024. 8. 21. 선고 2023노2475 판결(상고 부제기로 확정) 등

6) 서울중앙지방법원 2020. 1. 30. 선고 2018고합721 판결(대법원 2022. 3. 17. 선고 2021도2228 판결로 확정)

7) 실무상 수사기관에서 전자정보의 동일성과 무결성 확인을 위해 해시값 도출에 사용하는 함

해시함수는 ① 동일한 입력값에 대해서는 언제나 동일한 해시값을 출력하고(결정성), ② 같은 해시값을 갖는 임의의 서로 다른 두 입력값을 찾기 어려워 특정한 입력값(원본)과 같은 해시값을 갖는 다른 입력값(위·변조본)을 만드는 것이 사실상 불가능하며(충돌 저항성, 제2역상 저항성), ③ 입력값이 단 1비트[8]만 바뀌어도 출력되는 해시값이 완전히 달라지는 특성(눈사태 효과)이 있어 전자정보의 동일성·무결성 검증에 효과적이다.

입력값	해시함수	출력값(해시값)
Hello	MD5	8b1a9953c4611296a827abf8c47804d7
	SHA1	f7ff9e8b7bb2e09b70935a5d785e0cc5d9d0abf0
hello	MD5	5d41402abc4b2a76b9719d911017c592
	SHA1	aaf4c61ddcc5e8a2dabede0f3b482cd9aea9434d

* 입력값 첫 글자의 대소문자만 바뀌어도 해시값이 완전히 달라진다.

다 관련 규정

디지털 증거는 원본성·무결성·신뢰성·연속성이 유지되도록 수집·분석·관리되어야 한다(대검 디지털 증거 예규 제5조, 제6조, 제7조, 제8조, 경찰청 디지털 증거 훈령 제5조).

현장에서 관련 전자정보의 선별 압수를 마쳤거나 전부 복제본을 반출하는 경우 그 해시값을 생성하여 기록하는 등 동일성·무결성 확보 조치를

수는 MD5(Message-Digest algorithm 5)와 SHA1(Secure Hash Algorithm 1)인데, MD5는 128비트(16진수 32자리)의 해시값을, SHA1은 160비트(16진수 40자리)의 해시값을 각각 출력한다. 두 함수 모두 암호화 알고리즘으로서는 보안에 다소 결함이 있다고 알려져 있으나, 전자정보의 위·변조 여부를 판별하는 목적으로 사용하기에는 충분하다고 한다. 상대적으로 보안성이 낮다고 평가되는 MD5 함수도 그 해시 공간의 크기(해시값의 경우의 수)는 2^{128}개에 달하는데, 해시값을 1초에 1조 개씩 계산하더라도 이를 완전히 탐색(brute force)하는 데 우주의 나이(약 138억 년)의 약 7억 8,000만 배에 달하는 시간이 필요하다. 이는 2025. 3. 기준 전 세계 비트코인 네트워크의 총 컴퓨팅 파워 사상최고치[≒ 1,000엑사해시초(1.0×10^{21}H/s)]를 동원하더라도 약 108억 년이 걸리는 수준이다.

8) (양자 컴퓨팅을 논외로 할 때) 전자정보의 최소 단위로 0 또는 1의 값을 가진다.

해야 한다(대검 디지털 증거 예규 제27조, 제28조, 경찰청 디지털 증거 훈령 제14조, 제15조). 현장에서 정보저장매체 원본을 반출하는 경우 봉인으로 동일성·무결성을 확보한다(대검 디지털 증거 예규 제29조, 경찰청 디지털 증거 훈령 제16조).

현장 외에서 압수·수색 절차를 속행할 때도 피압수자 측에 대한 사전 통지 등으로 참여권을 보장하고, 참여 없이 진행하는 경우 해시값 동일성 확인이나 절차 촬영 등 신뢰성과 전문성을 담보할 수 있는 상당한 방법으로 압수하여야 하며, 봉인 해제 시 참여권자의 서명을 받는 등으로 봉인의 연속성을 확보한다(대검 디지털 증거 예규 제32조, 제33조, 경찰청 디지털 증거 훈령 제17조).

동일성·무결성 관련해서는 형사소송법이나 형사소송규칙에 구체적인 규정이 없어 판례의 법리나 위와 같은 행정규칙에 근거하여 절차의 적법성을 판단한다.[9]

춘천지방법원 2021. 4. 2. 선고 2020노856 판결
(대법원 2021. 7. 8. 선고 2021도4850 판결로 확정)

형사소송법이나 형사소송규칙은 이러한 전자정보의 무결성 확보절차에 관하여 구체적으로 정하고 있지 아니하나, 압수수색 당시 시행 중이던 디지털 증거의 수집분석 및 관리규정(대검찰청 예규 제991호) 제6조는 "디지털 증거는 최초 수집된 상태 그대로 어떠한 변경도 없이 보관되어야 하고, 이를 위해 보관한 주체들 간의 연속적인 승계 절차를 관리하는 등의 조치를 취해야 한다"라는 점을 명백히 하였고, 같은 예규 제11조, 제18조, 제20조, 제23조 등은 이러한 전자정보 저장매체 자체를 압수하는 경우 엄격한 봉인, 손상 방지를 위한 조치, 복제본 및 해시값의 생성, 그 이후 복제본을 이용한 관련정보 탐색 절차 등 무결성 확보를 위한 구체적 절차에 관하여 상세하게 정하고 있었다. 경찰청 훈령[2] 역시 같은 취지이며(제11, 12조), 이러한 무결성 확보 절차를 거치지 않은 압수물의 경우 적법절차에 위반한 위법수집증거로서 증거능력이 없다고 보아야 한다.

2) 디지털 증거의 처리 등에 관한 규칙(경찰청 훈령 제845호)

9) 춘천지방법원 2021. 4. 2. 선고 2020노856 판결(대법원 2021. 7. 8. 선고 2021도4850 판결로 확정). 참고로 이 판결에 인용된 대검 디지털 증거 예규와 경찰청 디지털 증거 훈령은 이후 개정되어 현행의 것과 조문 위치나 내용이 다르다.

라 기본 법리

1) 녹음의 증거능력 요건으로서 동일성·무결성

최근 전자정보의 증거능력과 관련하여 자주 문제 되는 동일성·무결성의 법리는 사인이 비밀 녹음한 녹음테이프의 증거능력 판단 법리에서 기원한다. 법원은 일찍이 녹음테이프에 담긴 대화 내용도 진술을 기재한 서류와 다를 바 없다고 보아 전문법칙에 따라 그 증거능력을 판단하면서 추가로 "녹음테이프가 원본이거나 원본으로부터 복사한 사본일 경우(녹음디스크에 복사할 경우에도 동일하다)에는 복사과정에서 편집되는 등의 인위적 개작 없이 원본의 내용 그대로 복사된 사본일 것"이 요구된다고 보았다.[10] 대화 내용을 녹음한 파일도 마찬가지로 전문법칙의 예외 인정 요건과 동일성·무결성을 모두 갖추어야 유죄의 증거로 사용할 수 있다.[11]

대법원 2025. 2. 27. 선고 2022도1864 판결

대화 내용을 녹음한 파일은 그 성질상 작성자나 진술자의 서명 또는 날인이 없을 뿐만 아니라 녹음자의 의도나 특정한 기술에 의하여 내용이 편집·조작될 위험성이 있음을 고려하여, 대화 내용을 직접 녹음한 원본이거나 혹은 원본으로부터 복사한 사본일 경우에는 복사 과정에서 편집되는 등 인위적 개작 없이 원본 내용 그대로 복사된 사본임이 증명되어야 하고, 그러한 증명이 없는 경우에는 쉽게 증거능력을 인정할 수 없다. 사인(私人)이 복사한 녹음파일 사본을 증거로 제출한 경우 그 복사 과정에서 편집되는 등 인위적 개작 없이 원본 내용을 그대로 복사한 사본이라는 점은 해쉬(Hash)값 비교 등 원본과 사본의 직접 비교를 통해 증명하는 것이 원칙이다. 다만, 원본 제출이 불가능하거나 곤란하여 원본과 사본을 직접 비교할 수 없는 때에는 법원이 녹음파일 생성과 전달 및 보관 등의 절차에 관여한 사람의 증언이나 진술, 녹음파일에 대한 검증·감정 결과, 수사 및 공판 심리의 경과 등 제반 사정을 종합하여 사본의 원본 동일성

10) 대법원 1999. 3. 9. 선고 98도3169 판결, 대법원 2002. 6. 28. 선고 2001도6355 판결, 대법원 2005. 2. 18. 선고 2004도6323 판결, 대법원 2005. 12. 23. 선고 2005도2945 판결

11) 대법원 2007. 3. 15. 선고 2006도8869 판결, 대법원 2012. 9. 13. 선고 2012도7461 판결, 대법원 2015. 1. 22. 선고 2014도10978 전원합의체 판결, 대법원 2025. 2. 27. 선고 2022도1864 판결

증명 여부를 판단할 수 있다(대법원 2012. 9. 13. 선고 2012도7461 판결, 대법원 2015. 1. 22. 선고 2014도10978 전원합의체 판결 등 참조).

2) 전자문서 파일의 증거능력 요건으로서 동일성·무결성

법원은 위 녹음테이프의 증거능력에 관한 법리를 전자문서 파일에도 그대로 적용하였다.[12] 아울러 동일성·무결성은 증거능력 요건에 해당하므로 검사가 그 존재를 구체적으로 주장·증명할 책임을 부담한다고 보았다.

대법원 2018. 2. 8. 선고 2017도13263 판결

전자문서를 수록한 파일 등의 경우에는, 그 성질상 작성자의 서명 혹은 날인이 없을 뿐만 아니라 작성자·관리자의 의도나 특정한 기술에 의하여 그 내용이 편집·조작될 위험성이 있음을 고려하여, 원본임이 증명되거나 혹은 원본으로부터 복사한 사본일 경우에는 복사 과정에서 편집되는 등 인위적 개작 없이 원본의 내용 그대로 복사된 사본임이 증명되어야만 하고, 그러한 증명이 없는 경우에는 쉽게 그 증거능력을 인정할 수 없다. 그리고 증거로 제출된 전자문서 파일의 사본이나 출력물이 복사·출력 과정에서 편집되는 등 인위적 개작 없이 원본 내용을 그대로 복사·출력한 것이라는 사실은 전자문서 파일의 사본이나 출력물의 생성과 전달 및 보관 등의 절차에 관여한 사람의 증언이나 진술, 원본이나 사본 파일 생성 직후의 해시값의 비교, 전자문서 파일에 대한 검증·감정 결과 등 제반 사정을 종합하여 판단할 수 있다(대법원 2013. 7. 26. 선고 2013도2511 판결, 대법원 2016. 9. 28. 선고 2014도9903 판결 등 참조). 이러한 원본 동일성은 증거능력의 요건에 해당하므로 검사가 그 존재에 대하여 구체적으로 주장·증명해야 한다(대법원 2001. 9. 4. 선고 2000도1743 판결 등 참조).

3) 압수물인 전자정보 저장매체로부터 출력된 문건의 증거능력

법원은 압수물인 전자정보 저장매체로부터 출력된 문건의 증거능력도 녹음테이프와 마찬가지로 전문법칙에 따른 증거능력 요건과는 별개로 전자정보 원본과 출력된 문건이 같을 것(동일성)과 그 전자정보 원본이 문건 출력시까지 변경되지 않았을 것(무결성)이 요구된다고 보았다. 또한 그러한 동일

12) 대법원 2018. 2. 8. 선고 2017도13263 판결, 대법원 2020. 7. 23. 선고 2020도2466 판결

성·무결성을 확보하는 과정에서 '도구와 방법의 신뢰성'과 '조작자의 전문성' 등이 필요하다고 보았다.13)

대법원 2007. 12. 13. 선고 2007도7257 판결

(1) 압수물인 디지털 저장매체로부터 출력된 문건이 증거로 사용되기 위해서는 디지털 저장매체 원본에 저장된 내용과 출력된 문건의 동일성이 인정되어야 할 것인데, 그 동일성을 인정하기 위해서는 디지털 저장매체 원본이 압수된 이후 문건 출력에 이르기까지 변경되지 않았음이 담보되어야 하고 특히 디지털 저장매체 원본에 변화가 일어나는 것을 방지하기 위해 디지털 저장매체 원본을 대신하여 디지털 저장매체에 저장된 자료를 '하드카피'·'이미징'한 매체로부터 문건이 출력된 경우에는 디지털 저장매체 원본과 '하드카피'·'이미징'한 매체 사이에 자료의 동일성도 인정되어야 한다. 나아가 법원 감정을 통해 디지털 저장매체 원본 혹은 '하드카피'·'이미징'한 매체에 저장된 내용과 출력된 문건의 동일성을 확인하는 과정에서 이용된 컴퓨터의 기계적 정확성, 프로그램의 신뢰성, 입력·처리·출력의 각 단계에서 조작자의 전문적인 기술능력과 정확성이 담보되어야 한다.

4) 영상 파일의 증거능력 요건으로서 동일성·무결성

사진이나 동영상 촬영은 실체진실을 비교적 객관적으로 남기는 손쉬운 방법이어서 각종 증거로 널리 사용된다. 특히 최근에는 고성능 카메라가 탑재된 스마트폰의 사용이 일반화되었고, 우리나라 주요 도시에는 CCTV가 촘촘하게 설치되어 있으며,14) CCTV 설치가 의무인 경우도 있다.15) 이러한 이유로 형사사건에서도 사진이나 동영상 파일이 증거로 제출되는 경우가 흔한데, 이 역시 전자정보이기 때문에 동일성·무결성이 증명되어야 증거능력이 있다.

---

13) 대법원 2007. 12. 13. 선고 2007도7257 판결, 대법원 2013. 6. 13. 선고 2012도16001 판결, 광주고등법원(제주) 2021. 3. 31. 선고 2020노88 판결(대법원 2021. 6. 30. 선고 2021도4745 판결로 확정)

14) 서울시 자치구 CCTV 설치현황에 의하면 2024. 12. 31. 기준 서울에 설치된 CCTV는 총 113,273대로, 밀도로는 1㎢ 당 약 187대가 설치된 셈이다(서울 면적 605.2㎢).
[자료 출처] http://data.seoul.go.kr/dataList/OA-2722/F/1/datasetView.do (2025. 3. 3. 방문)

15) 의료법 제38조의2(수술실 내 폐쇄회로 텔레비전의 설치·운영), 영유아보육법 제15조의4(폐쇄회로 텔레비전의 설치 등) 참조

영상 파일의 동일성·무결성 판단에는 문서 파일과 다른 방법이나 기준을 적용할 수 있는가? 이에 대해서는 아래에서 보는 것과 같이 판례의 법리가 일치되어 있지 않다.[16] 다만, 영상의 경우 문서보다 완화된 동일성·무결성 기준을 적용할 수 있다고 본 사례에서 드는 주된 근거는 영상이 문서보다 편집이 어렵고 조작 여부를 판단하기 쉽다는 것인데, 인공지능과 결합된 동영상 편집·생성 프로그램의 발전 양상에 비추어 볼 때 앞으로도 그와 같은 논거가 계속 유지될 수 있을지는 지켜볼 필요가 있다.

촬영 주체와 상황에 따른 사진 및 동영상 파일의 동일성·무결성에 대해서는 별도로 상술한다.

5) 동일성·무결성 증명 방법과 입증책임

동일성·무결성은 해시값으로 증명함이 원칙이나, 봉인의 연속성이나 원본과의 대조를 통해서도 가능하고, 반드시 압수·수색 과정을 촬영한 영상녹화물 재생 등의 방법에 한정되지는 않는다.[17] 따라서 해시값이 일치하면 대체로 동일성을 인정하나,[18] 드물게 해시값이 일치하지 않더라도 다른 사정들에 의해 내용의 동일성이 인정되면 증거능력을 인정하기도 한다.[19]

---

16) 예컨대, 서울고등법원 2014. 8. 21. 선고 2014노1268 판결(대법원 2018. 3. 15. 선고 2014도11449 판결로 확정), 제주지방법원 2014. 11. 21. 선고 2013고단858 판결(대법원 2019. 2. 28. 선고 2018도12828 판결로 확정) 등은 영상 파일에 완화된 기준을 적용해야 한다는 검사의 주장을 명시적으로 배척하였고, 제주 해군기지 공사 관련 업무방해 등 사건에서는 CCTV 영상이 편집·조작되었다고 볼 만한 특이점이 발견되지는 않는다는 국립과학수사연구원의 감정결과에도 불구하고 그것만으로는 동일성·무결성이 증명되었다고 보기 어렵다는 취지의 판결이 여러 건 선고·확정된 바 있다. 반면, 춘천지방법원 2023. 6. 2. 선고 2022노1275 판결(대법원 2024. 5. 17. 선고 2023도8426 판결로 확정), 수원지방법원 평택지원 2023. 7. 21. 선고 2022고합264 판결(대법원 2024. 4. 25. 선고 2024도2064 판결로 확정)의 경우 "영상 파일은 문서 파일보다 개작이나 조작이 어렵고, 영상 파일 자체의 재생을 통해 개작이 이루어졌는지를 여부를 어느 정도 파악할 수 있다는 점에서 무결성 및 동일성의 증명 정도가 문서 파일의 경우보다 완화될 수밖에 없다"고 판시하였다.

17) 대법원 2013. 7. 26. 선고 2013도2511 판결

18) 대법원 2007. 12. 13. 선고 2007도7257 판결, 대법원 2013. 7. 26. 선고 2013도2511 판결, 대법원 2015. 1. 22. 선고 2014도10978 전원합의체 판결, 서울고등법원 2016. 10. 21. 선고 2016노1610 판결(대법원 2020. 6. 25. 선고 2016도17639 판결로 확정), 서울중앙지방법원 2016. 12. 23. 선고 2016고합675 판결(대법원 2017. 10. 31. 선고 2017도12643 판결로 확정) 서울고등법원 2018. 1. 26. 선고 2016노333 판결(대법원 2019. 3. 14. 선고 2018도2841 판결로 확정) 등

대법원 2013. 7. 26. 선고 2013도2511 판결

(1) 압수물인 컴퓨터용 디스크 그 밖에 이와 비슷한 정보저장매체(이하 '정보저장매체'라고만 한다)에 입력하여 기억된 문자정보 또는 그 출력물(이하 '출력 문건'이라 한다)을 증거로 사용하기 위해서는 정보저장매체 원본에 저장된 내용과 출력 문건의 동일성이 인정되어야 하고, 이를 위해서는 정보저장매체 원본이 압수 시부터 문건 출력 시까지 변경되지 않았다는 사정, 즉 무결성이 담보되어야 한다. 특히 정보저장매체 원본을 대신하여 저장매체에 저장된 자료를 '하드카피' 또는 '이미징'한 매체로부터 출력한 문건의 경우에는 정보저장매체 원본과 '하드카피' 또는 '이미징'한 매체 사이에 자료의 동일성도 인정되어야 할 뿐만 아니라, 이를 확인하는 과정에서 이용한 컴퓨터의 기계적 정확성, 프로그램의 신뢰성, 입력·처리·출력의 각 단계에서 조작자의 전문적인 기술능력과 정확성이 담보되어야 한다(대법원 2007. 12. 13. 선고 2007도7257 판결 등 참조). 이 경우 출력 문건과 정보저장매체에 저장된 자료가 동일하고 정보저장매체 원본이 문건 출력 시까지 변경되지 않았다는 점은, 피압수·수색 당사자가 정보저장매체 원본과 '하드카피' 또는 '이미징'한 매체의 해쉬(Hash) 값이 동일하다는 취지로 서명한 확인서면을 교부받아 법원에 제출하는 방법에 의하여 증명하는 것이 원칙이나, 그와 같은 방법에 의한 증명이 불가능하거나 현저히 곤란한 경우에는, 정보저장매체 원본에 대한 압수, 봉인, 봉인해제, '하드카피' 또는 '이미징' 등 일련의 절차에 참여한 수사관이나 전문가 등의 증언에 의해 정보저장매체 원본과 '하드카피' 또는 '이미징'한 매체 사이의 해쉬 값이 동일하다거나 정보저장매체 원본이 최초 압수 시부터 밀봉되어 증거 제출 시까지 전혀 변경되지 않았다는 등의 사정을 증명하는 방법 또는 법원이 그 원본에 저장된 자료와 증거로 제출된 출력 문건을 대조하는 방법 등으로도 그와 같은 무결성·동일성을 인정할 수 있다고 할 것이며, 반드시 압수·수색 과정을 촬영한 영상녹화물 재생 등의 방법으로만 증명하여야 한다고 볼 것은 아니다.

이러한 동일성·무결성은 앞에서 본 것과 같이 전자정보의 증거능력 요건에 해당하므로 검사가 그 존재에 대하여 구체적으로 주장·입증하여야 하지만,[20] 이는 소송상의 사실에 관한 것이므로 엄격한 증명을 요하지 아니하고 자유로운 증명으로 충분하다.[21]

19) 대법원 2016. 9. 28. 선고 2014도9903 판결
20) 대법원 2018. 2. 8. 선고 2017도13263 판결
21) 서울중앙지방법원 2014. 4. 25. 선고 2013고합805 판결(대법원 2018. 3. 15. 선고 2014도11449 판결로 확정), 부산고등법원 2014. 8. 21. 선고 2014노332 판결(대법원 2014.

이상과 같은 동일성·무결성의 법리는 임의제출된 전자정보의 증거능력을 판단할 때도 마찬가지로 적용된다.22) 임의제출물 압수의 경우 영장 집행에 있어서와 같이 엄격한 절차가 요구되는 것은 아니나, 제출자로부터 원본이 조작되지 않았다는 취지의 확인을 받는 등 법원으로 하여금 그 무결성에 대한 합리적인 의심이 들지 않을 정도의 최소한의 조치를 취하여야 한다.23)

원본이 소멸하였더라도 미리 추출하여 놓은 원본의 해시값이 있고 이를 신뢰할 수 있는 경우 원본과 사본의 해시값을 비교하는 방법으로 동일성을 확인할 수 있으나, 원본이 소멸하였고 미리 추출하여 놓은 원본의 해시값도 없는 경우 사본 파일에 대한 감정 등을 통하여 인위적 개작의 흔적이 없다는 점이 밝혀지지 않은 이상 파일 복사에 관여한 수사관의 진술과 사본에 대한 검증 결과만으로 동일성을 인정할 수는 없다.24)

서울중앙지방법원 2014. 4. 25. 선고 2013고합805 판결(각주 생략)
(대법원 2018. 3. 15. 선고 2014도11449 판결로 확정)

(2) 무결성 및 동일성의 판단방법과 그 기준

㈎ 무결성에 관하여 압수·수색 영장의 집행이나 디지털 증거의 복사, 분석 절차 등에 참여한 수사관이나 디지털 포렌식 전문가 등 관련자 진술, 봉인 내지 재봉인 상태에 대한 검증결과 등 제반사정을 종합하여 객관적이고 합리적으로 판단하면 충분하고, 반드시 압수·수색 전 과정을 촬영한 영상녹화물의 재생 등 검증절차가 필요한 것은 아니다.

㈏ 한편, 디지털 증거를 압수·수색 영장의 집행에 의하여 압수한 것이 아니라

---

11. 13. 선고 2014도11295 판결로 확정), 광주고등법원(제주) 2021. 3. 31. 선고 2020노88 판결(대법원 2021. 6. 30. 선고 2021도4745 판결로 확정), 서울서부지방법원 2021. 4. 26. 선고 2020노1334 판결(대법원 2021. 7. 29. 선고 2021도5632 판결로 확정) 등이 대법원 2001. 9. 4. 선고 2000도1743 판결의 취지를 원용, 춘천지방법원 2023. 6. 2. 선고 2022노1275 판결(대법원 2024. 5. 17. 선고 2023도8426 판결로 확정)

22) 부산고등법원 2014. 8. 21. 선고 2014노332 판결(대법원 2014. 11. 13. 선고 2014도11295 판결로 확정)

23) 서울중앙지방법원 2014. 4. 25. 선고 2013고합805 판결(대법원 2018. 3. 15. 선고 2014도11449 판결로 확정), 전주지방법원 2023. 4. 19. 선고 2022고단589, 2022고정179 판결(대법원 2024. 1. 5. 자 2023도16571 결정으로 확정)

24) 서울중앙지방법원 2014. 4. 25. 선고 2013고합805 판결(대법원 2018. 3. 15. 선고 2014도11449 판결로 확정), 전주지방법원 2023. 4. 19. 선고 2022고단589, 2022고정179 판결(대법원 2024. 1. 5. 자 2023도16571 결정으로 확정)

소유자, 소지자 내지 보관자로부터 임의제출받아 압수한 경우는 영장 집행에 있어서와 같이 엄격한 절차를 요구하기는 어렵다. 하지만 임의제출받는 경우 영장 집행에 비하여 간략한 절차를 취한다고 하더라도 제출자로부터 원본이 조작되지 않았다는 취지의 확인을 받은 후 원본을 압수하여야 하고, 복사 등을 하는 경우 이로 인하여 작성된 사본을 봉인하여, 적어도 법원으로 하여금 그 무결성에 대한 합리적인 의심이 들지 않을 정도의 최소한의 조치를 취하여야 한다.

㈐ 동일성에 대한 입증은 기본적으로 원본과 사본의 해쉬값 비교를 통하여 원본과 사본의 동일성을 확인한 후 사본과 출력물 등의 동일성을 검증하는 방법 등으로 판단하면 될 것이나, 한편 위 동일성과 표리(表裏)의 관계에 있는 무결성(보관의 연속성)이 담보되는 한, 반드시 동일성 입증을 위하여 해쉬값을 비교 확인하는 절차가 요구된다고 할 수 없고, 법정에 제출된 원본과 사본의 출력·재생한 결과물 등을 직접 비교한 검증결과 등 제반사정을 종합하여 그 동일성 여부에 관하여 자유심증주의에 따라 객관적이고 합리적으로 판단하면 된다.

㈑ 원본이 소멸하였더라도 미리 추출하여 놓은 원본의 해쉬값이 있고 이를 신뢰할 수 있는 경우, 원본과 사본의 해쉬값과 비교하여 원본과 사본의 동일성을 확인할 수 있다. 그러나 원본이 소멸하였고 미리 추출하여 놓은 원본의 해쉬값도 없는 경우에는 원본과 사본의 동일성에 관한 증명이 전혀 불가능하지 않다고 할지라도, 사본 파일에 대한 감정 등을 통하여 인위적 개작의 흔적이 없다는 점이 밝혀지지 않은 이상 파일 복사에 관여한 수사관들의 진술과 사본에 대한 검증결과만으로는 동일성을 인정할 수 없다.

㈒ 이러한 무결성 및 동일성은 디지털 증거의 증거능력의 요건에 해당하므로 검사가 그 존재에 대하여 구체적으로 주장·입증하여야 하는 것이지만, 이는 소송상의 사실에 관한 것이므로 엄격한 증명을 요하지 아니하고 자유로운 증명으로 족하다(대법원 2001. 9. 4. 선고 2000도1743 판결 참조).

제1심에서 디지털 사진을 증거로 함에 동의하여 그에 대한 증거조사가 완료된 후 항소심에 이르러 그 원본과 출력물 사이의 동일성·무결성을 다툰 사안에서 "증거동의의 의사표시는 증거조사가 완료되기 전까지 취소 또는 철회할 수 있으나, 일단 증거조사가 완료된 뒤에는 취소 또는 철회가 인정되지 아니하므로 취소 또는 철회 전에 이미 취득한 증거능력은 상실되지 아니한다(대법원 2015. 8. 27. 선고 2015도3467 판결 참조)."는 법리에 기초하여 디지털 사진의 증거능력을 인정한 사례[25]가 있으므로 주의를 요한다.[26]

25) 서울중앙지방법원 2016. 12. 8. 선고 2016노3759 판결(대법원 2017. 3. 15. 선고 2016도

마 CCTV 영상 또는 이를 재촬영한 영상의 동일성·무결성

CCTV는 일반적으로 행위 당시 상황에 대해 높은 증명력을 갖는 객관적 증거로 인식되나, 이 역시 전자정보이기 때문에 편집이나 조작이 가능하다. 특히 최근에는 동영상 생성·편집에도 인공지능 기술이 상용화됨에 따라 전문적인 지식이나 기술이 없는 일반인도 손쉽게 동영상을 원하는 바대로 만들어내거나 변경할 수 있고, 그 결과물의 품질도 실제 촬영 여부나 편집·조작 여부를 식별하기 어려운 수준으로 급속히 향상되고 있다.

법원은 CCTV 영상도 다른 전자정보 증거들과 마찬가지로 증거능력 요건으로 동일성·무결성이 필요하다고 본다. CCTV의 경우 저장매체의 용량 한계나 시스템 설정 등 사유로 일정 기간이 지나면 원본 영상이 삭제되어 존재하지 않는 경우가 많고, 제품에 따라서는 USB나 외장하드 등 일반적으로 사용하는 저장매체를 연결하기 어렵거나 원본 영상 파일의 형식이 일반적으로 널리 사용되는 것과 달라 원본 영상이 그대로 확보되지 않는 경우가 많다. 이에 동일성·무결성이 문제 된다.

같은 이유로 우선 CCTV 영상을 재생하고 이를 휴대전화 등 다른 기기로 재촬영하는 방법으로 증거를 수집하는 사례도 많은데, 이 경우는 재촬영본 자체를 원본으로 본다. 따라서 '원 CCTV 영상과 재촬영본 사이의 동일성·무결성'이 아니라 '재촬영본과 이를 전자적 방법으로 복사하여 증거로 제출한 사본 사이의 동일성·무결성'이 증명되었는지를 기준으로 증거능력을 판단한다. 다만, 이 경우에도 원 CCTV 영상을 법정에 제출할 수 없음이 인정되고 촬영자·동석자의 진술, 재촬영 장비의 제출, 재촬영된 영상의 내용 및 상태 등에 의하여 재촬영된 영상에 인위적인 조작이 가해지지 않았다는 점이 합리적으로 증명될 필요는 있다.[27]

21526 판결로 확정)

26) 다만, 이 사건 판결 이유에서는 제1심에서의 증거동의 외에 피고인이 집회 현장에 있었던 사실을 인정한 점과 증거로 제출된 디지털 사진이 위·변조되었다고 의심할 만한 특별한 정황이 발견되지 않은 점 등을 추가로 고려하였다.

27) 서울중앙지방법원 2014. 4. 25. 선고 2013고합805 판결(대법원 2018. 3. 15. 선고 2014도11449 판결로 확정), 서울서부지방법원 2019. 4. 11. 선고 2018노1218 판결(대법원 2019. 6. 17. 자 2019도5684 결정으로 확정), 서울북부지방법원 2024. 1. 19. 선고 2023노1593 판결(상고 취하로 확정)

서울중앙지방법원 2014. 4. 25. 선고 2013고합805 판결
(대법원 2018. 3. 15. 선고 2014도11449 판결로 확정)

(3) 원본 영상 파일 재생화면을 재촬영한 파일의 문제

㈎ 재생되는 영상을 재촬영한 영상 파일의 경우, 그 자체로서 재촬영본의 원본이 되나, 본래 증거로 제출되었을 원 CCTV 영상의 대용물이라는 측면에서 원래 재생되던 영상의 사본으로서의 성질을 가진다.

㈏ 이 사건의 경우, 원 CCTV 장치에 기한 재생 영상을 재촬영한 원본 파일 자체는 원 CCTV 영상과의 관계에서 전자적 방법에 의하여 복사된 것이라고 볼 수 없어 디지털 증거에서 문제되는 원 CCTV 영상과의 동일성 및 무결성이 증거능력의 요건이 된다고 볼 수 없다. 따라서 위 재촬영된 원본 자체는 CCTV 영상의 재생 상태와 촬영상황이 그대로 녹화된 것으로서 테이프나 영상파일의 내용에 인위적인 조작이 가해지지 않은 것이 전제된다면 다른 위법 사유가 없는 한 그 증거능력을 인정할 수 있다. 따라서 원 CCTV 영상이 이미 소멸한 경우에도, 원 CCTV 영상을 법정에 제출할 수 없음이 인정되고 촬영자·동석자의 진술, 재촬영 장비의 제출, 재촬영된 영상의 내용 및 상태 등에 의하여 재촬영된 영상에 사건과의 관련성과 인위적인 조작이 가해지지 않았다는 점이 합리적으로 증명된다면 증거능력이 인정된다고 보아야 한다.

㈐ 그러나 이 사건 재촬영 파일은 원래 휴대폰 카메라로 촬영한 재촬영본 원본파일을 전자적 방법으로 복사한 것으로 원 CCTV 영상 원본과 재촬영본 원본 사이의 증거능력 인정여부와 별개로 재촬영본 원본과 재촬영본 사본 사이에 무결성 및 동일성이 인정되어야 한다. 이는 앞서 살펴본 것과 같은 디지털 증거의 무결성 및 동일성 요건 판단방법에 따라 입증하면 족하다.

1) 수사기관이 직접 관여하여 복사 또는 재촬영한 CCTV 영상의 증거능력

가) 서울중앙지방법원 2014. 4. 25. 선고 2013고합805 판결 (대법원 2018. 3. 15. 선고 2014도11449 판결로 확정)

(1) 사실관계

수사기관은 아래와 같이 확보한 영상들을 하나로 모아 CD를 제작하여 증거로 제출하였다.

- CCTV 영상 원본 중 필요한 부분을 편집하여 수사관의 USB에 복사 → 수사관의 컴퓨터에 복사(복사 파일)

- CCTV 관리자가 수사관에 의하여 지정된 부분을 추출한 후 그 영상 파일을 이메일로 수사관에게 전달 → 수사관의 컴퓨터에 내려받아 복사(복사 파일)
- CCTV 자체 화면에 재생되는 영상을 수사관의 휴대전화 카메라로 재촬영 → 휴대전화에 저장된 재촬영 파일을 수사관의 컴퓨터에 복사(재촬영 파일)

CCTV 영상 원본을 확인하고 이를 복사·재촬영할 당시 CCTV의 소유·관리자 중 일부는 동석하였으나 다른 일부는 동석하지 않았고, CCTV 저장장치 원본, 수사관의 USB(복사 파일 저장매체), 휴대전화(재촬영 파일 저장매체) 등을 봉인하지 않았으며, CCTV의 소유·관리자로부터 영상이 변경 없이 그대로 복사·재촬영되었다는 취지를 확인하는 확인서를 받지도 않았다. 수사기관은 CCTV 원본 영상의 해시값은 물론 이를 휴대전화로 재촬영한 영상의 해시값도 확보해두지 않았다.

각 CCTV에 저장된 각 원본 영상은 CCTV 저장장치의 용량 초과로 인하여 자동 삭제되어 모두 소멸하였고, 위와 같이 원본 파일을 복사·재촬영한 수사관의 USB·휴대전화도 법정에 증거로 제출되지 않았다. CD에 담긴 파일의 영상에 조작이 있는지에 대한 감정을 의뢰받은 국립과학수사연구원은 위 각 영상들의 편집·조작 여부를 판단할 수 없다고 회신하였다.

(2) 법원의 판단

(가) 복사 파일

법원은 복사 파일의 증거능력을 부정하였다. 원 CCTV의 저장장치에서 수사관의 USB나 컴퓨터를 거쳐 이 사건 CD로 최소 2~3회 이상 복사되는 과정에서 각 파일을 담은 저장장치를 전혀 봉인하지 아니하여, 수사관들이 아무런 제한 없이 위 각 파일에 접근할 수 있었으므로 수사관들이나 일부 복사에 동석한 CCTV 소유·관리자의 진술만으로는 복사 파일의 무결성을 인정할 수 없다고 본 것이다. 또한 이 사건 복사 파일의 원본 파일이 소멸하여 존재하지 아니하는데, 원본 파일로부터 추출한 해시값도 존재하지 아니하고, 이 사건 복사 파일만으로는 그 변개·변작 여부를 확인할 수 없다고 감정되었으므로, 실제 파일을 복사한 수사관이나 복사에 동석한 CCTV 소유·

관리자의 진술과 법원의 이 사건 복사 파일에 대한 검증만으로는 각 CCTV에 생성되었던 원본 파일과 이 사건 복사 파일의 동일성을 인정할 수 없다고 보았다.

(나) 재촬영 파일

법원은 재촬영 파일의 증거능력도 복사 파일의 경우와 비슷한 취지로 부정하였다. 즉, 이 사건 재촬영 파일은 수사관의 휴대전화에 저장되어 있는 원본 파일을 수사관의 컴퓨터로, 수사관의 컴퓨터에서 이 사건 CD로 2회 복사되었는데, 수사기관이 자신이 취득한 재촬영본 원본 파일에 대하여 어떠한 봉인 조치를 하지 않았을뿐더러, 복사되는 과정에서 각 저장장치를 봉인하지 아니하여 수사관들이 아무런 제한 없이 위 각 파일에 접근하는 게 가능하였으므로, 수사관이나 촬영에 동석한 CCTV 소유·관리자의 진술만으로 재촬영 파일의 무결성을 인정할 수는 없다고 보았다. 또한, 설령 수사관들 및 CCTV 소유·관리자의 각 진술, 이 사건 재촬영 파일에 대한 검증을 통하여 CCTV 영상에 특별한 조작이 가해지지 않은 상태에서 재촬영되었음이 인정되더라도, 재촬영본 원본 파일이 제출되지 않았고, 이에 대한 해시값이 추출된 적이 없으며, 사본 파일만으로는 변개·변작 여부를 감정할 수 없으므로 수사관들의 진술 및 법원의 재촬영 파일에 대한 검증만으로는 수사관의 휴대전화에 저장된 재촬영 원본 파일과 이 사건 CD에 복사된 재촬영 사본 파일의 동일성을 인정할 수 없다고 보았다.

(3) 증거로 제출된 CCTV 영상 중 편집된 부분을 피고인 측이 먼저 특정하면 그 부분이 편집되지 않았음을 증명하겠다는 취지의 검사 주장에 대한 법원의 판단

이 사건에서 피고인은 공소사실 전부에 대하여 무죄 판결을 선고받았고, 검사의 항소와 상고가 모두 기각되어 그 판결이 확정되었다. 특히 검사는 항소심[28]에서 영상의 경우 문서와 달리 수정이 어렵고 위조·조작 여부를 판단하기 쉬우므로 "피고인이 영상 중 편집되었다는 부분을 특정하면 검사는 그 부분이 편집되지 않았음을 입증하면 족하다"는 취지로 주장하였는데,

28) 서울고등법원 2014. 8. 21. 선고 2014노1268 판결(대법원 2018. 3. 15. 선고 2014도11449 판결로 확정)

이에 대하여 법원은 아래와 같이 판단하였다.

서울고등법원 2014. 8. 21. 선고 2014노1268 판결
(대법원 2018. 3. 15. 선고 2014도11449 판결로 확정)

동영상도 CG작업 등으로 수정이 가능한 점(형사소송법 제244조의2도 피의자진술의 영상녹화가 완료된 경우에는 원본을 봉인하도록 규정하고 있는바, 이는 동영상의 동일성 및 무결성에 대한 논란을 염두에 둔 것으로 보인다), 피고인으로서는 동영상의 임의제출 및 복사 시에 참여할 기회가 없어 동영상의 동일성 및 무결성에 관하여 이의를 제기할 기회가 없었던 점, 디지털 증거에 대한 동일성 및 무결성에 관한 논란을 불식시키기 위하여 대검찰청 예규에서도 관련 규정을 두고 있으나 이 사건에서는 수사기관이 동영상의 동일성 및 무결성의 유지에 필요한 조치를 전혀 하지 않았을 뿐만 아니라 그러한 조치의 필요성에 관한 인식도 전혀 없었던 것으로 보이는 점, 전체 영상에 관하여 편집 여부를 감정하는 것은 현실적으로 불가능하다는 점은 인정되나 이는 애초에 수사기관이 동영상 확보 및 복사 과정을 동영상으로 촬영하거나 봉인절차를 취하거나 해쉬값을 추출하는 등으로 동일성 및 무결성을 담보할 조치를 함으로써 간단히 피해나갈 수 있는 것이었던 점 등을 종합하여 보면, CCTV 영상 제출자 및 관련 경찰관의 진술만으로는 이 사건 CCTV 사본 영상이 복사과정에서 인위적 개작 없이 원본의 내용 그대로 복사된 사본이라는 점이 입증되었다고 보기 어렵다(녹음테이프에 관한 대법원 2005. 12. 23. 선고 2005도2945 판결 참조. 검사가 거시한 대법원 2011. 12. 8. 선고 2010도2080 판결은 이 사건과 사안을 달리한다).

나) 서울북부지방법원 2017. 9. 14. 선고 2017노1159 판결 (상고 부제기로 확정)

피고인은 지하철역 개찰구 앞 통로에서 피해자의 치마 속을 촬영하려다 미수에 그친 공소사실로 기소되었고, CCTV 영상 재촬영본이 증거로 제출되었다. 사건 당시 피고인의 모습이 촬영된 CCTV 영상을 경찰관이 휴대전화 카메라로 재촬영한 후 그 결과 생성된 파일을 컴퓨터에 복사하였다가 다시 CD에 복사하여 증거로 제출한 사안이다. 법원은 아래와 같은 이유로 그 사본 영상 파일의 증거능력이 없다고 보았다.

- 담당 경찰관이 처음 CCTV 장치에서 재생되는 영상을 휴대전화 카메라로 재촬영한 원본 파일은 이미 삭제되어 제출할 수 없고, 재촬영 원

본에 대하여 해시값도 추출된 적이 없어 보이며, 증거 파일과 재촬영 원본 파일이 동일함을 인정할 자료가 없다.

- 검사는 증거 파일에서 조작된 부분을 전혀 찾을 수가 없다고 하나, 일반적으로 동영상도 CG 작업 등으로 수정이 가능하다.
- 담당 경찰관은 자신의 휴대전화에 저장된 원본 파일을 봉인하지 않았고, 원본 파일을 컴퓨터에 복사한 후 이를 다시 CD에 옮기는 작업을 할 때도 저장장치들을 봉인하지 않았기 때문에 이 사건 파일이 법정에 제출되기 전까지 수정 가능성이 항상 열려 있었다.
- 동영상의 동일성·무결성의 유지에 필요한 조치를 전혀 취하지 않은 담당 경찰관의 진술로는 CD에 담아 제출한 증거 파일이 그 복사과정에서 인위적 개작 없이 원본의 내용 그대로 복사된 사본이라는 점이 입증되었다고 보기 어렵다.

다) 수원지방법원 2018. 11. 15. 선고 2018고단68, 761 판결

(대법원 2019. 7. 25. 선고 2019도5580 판결로 확정)

차량에서 일어난 절도 사건의 증거로 경찰이 CCTV 영상 및 차량에 설치된 블랙박스 영상을 각각 재생한 후 이를 재촬영한 영상을 전자적 방법으로 복사한 사본이 CD에 담겨 제출되었는데, 재촬영 영상의 원본 파일은 이미 삭제되어 존재하지 않았던 사안이다.

법원은 CD에 저장된 사본이 처음 촬영된 디지털 저장매체 원본에 저장된 내용과 똑같은 점(동일성)과 원본이 사본으로 저장될 때까지 변경되지 않았다는 점(무결성)이 인정되어야 형사재판의 증거로 사용할 수 있다고 하면서, 검사가 제출한 증거들만으로는 그 원본이 CD 사본으로 만들어지는 과정에서 편집되는 등의 인위적 개작 없이 원본의 내용 그대로 복사하여 사본으로 만든 것이라는 점을 인정하기에 부족하다고 보아 증거능력을 부정하였다.[29] 다만 법원은 나머지 증거들만으로 유죄가 인정된다고 보았다.

---

29) 이 사건에서는 경찰관이 차량 수색을 통해 피고인이 숨겨놓은 것으로 보이는 수표를 발견하고 이를 촬영한 현장사진의 증거능력도 문제가 되었는데, 이를 촬영한 경찰관들의 진술(해당 현장사진은 경찰 공용휴대전화로 촬영하였고, 촬영된 사진을 컴퓨터에 전송한 후 그대로 출력하여 기록에 첨부하였다는 취지)을 근거로 동일성·무결성을 인정하였다(항소심인 수원지방법원 2019. 4. 3. 선고 2018노7867 판결 참조).

라) 수원지방법원 평택지원 2023. 7. 21. 선고 2022고합264 판결 (대법원 2024. 4. 25. 선고 2024도2064 판결로 확정)

수사관이 시청에서 설치·관리하는 CCTV 영상을 시청 직원의 계속적 참여하에 내려받아 반출한 사안에서 아래와 같은 이유로 증거능력을 인정한 사례다. 이 사건의 경우 법원은 영상 파일이 문서 파일보다 개작이나 조작이 어렵고 영상 파일 자체의 재생을 통해 개작이 이루어졌는지를 어느 정도 파악할 수 있다는 점을 들어 동일성·무결성 증명 정도가 문서 파일의 경우보다 완화된다고 보았다.

- CCTV 영상자료는 F 시청에서 설치·관리하는 것으로, 임의적인 단절 없이 기계적으로 촬영되고 있던 영상물이다.
- 시청 직원과 수사기관의 법정 증언에 의하면, 담당 수사관이 CCTV 영상을 반출하는 전 과정에 시청 직원이 계속 참여하였고, 시청 직원이 직접 CCTV 암호를 해제하는 등 반출 과정에 관여하였던 것으로 보이며, 달리 담당 수사관이 CCTV 영상을 외장하드에 복사할 당시 이를 편집하는 등으로 개작하였음을 인정할 만한 정황이 확인되지 않는다.
- 담당 수사관은 CCTV에 촬영된 영상 중 임의로 필요한 시간대를 편집하여 외장하드에 저장하는 방식이 아닌, 각 시간대의 전체 파일을 그대로 저장하는 방식을 취한 것으로 보이고, 담당 수사관이 외장하드에 CCTV 영상을 저장하여 반출한 이후에 위 각 영상을 위조하거나 변조하였을 만한 사정도 확인되지 않는다(변호인이 CCTV 영상에서 특별히 위조되었거나 변조되었다고 지적하는 장면 또한 없다).
- 담당 수사관이 시청 직원으로부터 CCTV 영상을 제출받을 당시 외장하드에 저장된 영상 파일과 원본 영상 파일 사이의 해시값을 비교·확인하는 조치를 취하지는 않았다. 그러나 '원본이 그대로 복사된 사실'은 복사 절차에 관여한 시청 직원의 진술에 의하여도 증명할 수 있고, 영상 파일에 대한 동일성·무결성의 증명 정도는 문서 파일의 경우에 비하여 완화되므로, 담당 수사관이 CCTV 영상의 해시값을 확인하지 않은 사정은 동일성·무결성의 증명에 방해가 되지 않는다.

2) 사인(私人)이 수사기관에 제출한 CCTV 영상의 증거능력

가) 사인이 별다른 조치 없이 CCTV 영상을 여러 차례 사본하여 수사기관에 제출하였으나 보안업체로부터 전달받은 그대로 편집 없이 제출하였음이 인정되어 동일성·무결성을 인정한 사례[30]

피고인은 G대학교 의과대학 부교수로 재임용이 거부되자 학교 측과 법적 분쟁을 하던 중 성명불상자를 고용하여 G대학교 입시에 부정이 있다는 취지의 허위 유인물을 게시하여 G대학교 입시에 관여한 K의 명예를 훼손하였다는 공소사실로 기소되었다. G대학교 교직원 R은 보안업체 직원 U로부터 일정 기간의 전체 CCTV 영상을 전달받고 이것을 수사기관에 제출하였다. 구체적으로, 보안업체 직원 U가 전체 영상을 USB에 EXE 확장자로 내려받아 Y를 통해 R에게 전달하였고, R은 전달받은 USB의 영상을 자신의 사무실 외장하드에 복사하여 확인한 후 이 파일을 다른 USB에 저장하여 수사기관에 제출하였다.

법원은 위와 같이 CCTV 영상이 U, Y, R을 거치며 별다른 조치 없이 여러 차례 복사된 후 제출되었음에도 다음과 같은 사정들을 고려하여 제출된 증거 영상 파일의 증거능력을 인정하였다.

- R은 법정에서 U로부터 Y를 통해 전달받은 USB의 영상을 복사·확인·제출하는 과정에서 삭제나 편집 등 작업을 한 바 없고, 삭제나 편집을 할 줄도 모른다는 취지로 진술하였다.
- CCTV 제조사에 대한 사실조회결과에 의하면 CCTV 하드디스크에 저장된 파일을 백업하는 경우 확장자명은 AVI, EXE 두 종류가 있는데 AVI의 경우 편집이 가능하고 정상 구동도 가능하지만, EXE의 경우 일반인의 편집이 불가능하고, 정상 구동이 가능하더라도 편집되었는지를 확인할 수 있다는 것이어서 R의 위 진술에 부합한다.
- 국립과학수사원구원의 감정회보서와 증인 Z의 증언에 의하면, ① CCTV 카메라가 촬영한 여러장의 사진(프레임)이 저장되는 과정에서는 각 프레임의 압축률, 프레임 위치, 프레임 길이 등 프레임마다 고유한 값을

30) 서울서부지방법원 2017. 7. 13. 선고 2016노1241 판결(상고 부제기로 확정)

프레임 앞부분에 함께 기록, 저장하며, 이러한 프레임 고유의 값인 메타데이터의 저장 방식(규격)은 제조사마다 고유하고 공개되어 있지 아니하여 조작하기가 어려울 뿐만 아니라, 프레임 삭제 등 편집이 있는 경우 편집 후의 메타데이터가 일치하지 아니하여 정상적인 재생이 되지 아니하고, ② 이 사건 CCTV 제조사의 경우 메타데이터의 누적값인 해시값을 추출하여 저장하는 방식이기 때문에 제조사에서 이 프로그램을 만든 사람이 아니고서는 해당 제조사의 실행파일 규격이나 형태로 편집하는 것이 사실상 불가능하며, ③ 이 사건의 경우 원본동영상은 삭제되어 없지만, 위조나 변조의 의심이 없는 대조동영상 파일과 '증거 영상 파일'의 메타데이터 구조 분석을 하여 볼 때 동일한 코덱, 동일한 압축정보를 사용하고 있으며, 영상 프레임의 시작부분에 채널번호, 녹화시각, 프레임길이, 프레임위치, 채널이름 등의 정보가 동일한 방식으로 기록되어 있어 증거 영상 파일이 위·변조되었다고 판단할 만한 특이점이 발견되지 않는다는 것이다.

- 증거 영상의 13번 파일 영상에서 20초 남짓 영상의 단절이 있기는 하나, 이는 동작감지방식인 이 사건 CCTV의 자연스러운 특성으로 보이고, 성명불상자가 게시판에 유인물을 붙이는 듯한 행위를 하고 있고 이를 전후하여 게시판 벽면에 색깔 변동이 불분명하긴 하나 게시판이 CCTV와 먼 거리에 설치되어 있고 영상의 해상도가 높지도 않아 그와 같은 사정이 '증거 영상 파일'의 위·변조 근거라고 보기 어렵다.

나) 준강제추행 피해자가 피해 장소의 CCTV 관리자(와인바 업주)로부터 CCTV 영상을 전달받은 후 일부를 편집하여 만든 증거 영상을 수사기관에 제출한 사안에서 동일성·무결성이 증명되지 않았다고 본 사례[31)]

피고인은 피해자와 함께 술을 마시던 중 피해자가 만취하여 정신을 제대로 차리지 못하자 피해자를 끌어당겨 껴안아 추행하였다는 공소사실로 기소되었다. 사건은 2016. 8. 18. 서울 용산구에 있는 와인바에서 일어났는데, 피해자는 2016. 10.경 그 와인바에 찾아가서 CCTV 관리자로부터 사

31) 서울서부지방법원 2019. 5. 9. 선고 2018노1056 판결(대법원 2019. 8. 14. 선고 2019도7204 판결로 확정)

건 당시 피고인과 피해자 일행의 모습이 담긴 CCTV 영상을 USB에 복사하여 받아왔다.

피해자는 2017. 3.경 동영상 편집 프로그램을 이용하여 위와 같이 USB에 받아온 CCTV 영상 중 이 사건 공소사실과 직접 관련된 장면(약 30초 분량)만을 남기고 전·후 시간 부분을 잘라내고, 와인바 곳곳을 비추고 있는 CCTV 전체화면 중 피고인과 피해자가 있는 곳을 비추는 화면만을 남기고 그 외의 부분을 잘라내어 편집한 다음, 그 편집된 영상을 CD에 담아 고소장과 함께 수사기관에 제출하였다.

원 CCTV 영상과 피해자가 처음 USB에 받아왔던 영상 모두 삭제되어 수사기관에 제출된 증거 영상과 비교·대조하여 그 동일성 여부를 확인할 수 없었고, 원본 녹화(촬영)기기도 없어 파일정보 및 프레임정보, 파일구조 분석 등 비교 시험을 수행할 수 없었던 사안이다.

결국 법원은 '증거 영상에서 피사체의 움직임과 프레임 변화 등이 자연스러워 인위적인 조작에 대한 특이점을 찾기 어렵다'는 취지의 영상 감정 결과가 있었음에도 그것만으로는 증거 영상의 동일성·무결성을 인정하기에 부족하다고 보아 그 증거능력을 부정하였다.

다) 어린이집 담임교사인 피고인이 그 역할을 하지 않았다는 영유아보육법위반 혐의사실과 관련하여 시청 공무원이 행정조사 명목으로 피고인에게 요청하여 제출받은 CCTV 영상을 경찰서에 제출한 사안에서 동일성·무결성에 문제가 없다고 본 사례[32)]

2019. 11. 26. 원주시에 "피고인이 담임교사 겸직 원장으로 실질적인 담임교사의 역할을 하지 않는다."는 민원이 제기된 것과 관련하여, 원주시 공무원 M은 해당 어린이집을 방문하여 지도점검을 하면서 피고인이 담임교사로 근무하는 반에 관한 CCTV 영상을 일부 열람한 후 그 제출을 요청하였다. 피고인은 2019년 11월분 CCTV 영상을 본인 소유의 외장하드에 복사하여 2019. 12. 19. 원주시에 제출하였다. M은 제출받은 외장하드에 저장된 위 CCTV 영상을 원주시가 사용하는 노트북에 복사한 후 외장하드

32) 춘천지방법원 2023. 6. 2. 선고 2022노1275 판결(대법원 2024. 5. 17. 선고 2023도8426 판결로 확정)

는 피고인에게 돌려주었다.

원주시는 2020. 3. 3. 피고인을 영유아보육법위반 등 혐의로 원주경찰서에 수사의뢰하였고 원주시 공무원 L은 별도로 구매한 외장하드에 위 2019년 11월분 CCTV 영상을 복사한 후 2020. 3. 19. 그 외장하드를 원주경찰서에 제출하였다. 경찰은 제출받은 외장하드를 원주경찰서 개인 캐비닛에 보관하였을 뿐 이를 봉인하거나 해시값을 추출하지 않았고, 2020. 12. 29.에 이르러서야 비로소 원주시 공무원으로부터 임의제출물로 압수한다는 내용의 압수조서를 작성하였다. 검사는 위 외장하드에 저장된 CCTV 영상을 USB에 복사하여 법원에 증거로 제출하였다.

법원은 동일성·무결성의 기준이 되는 원본은 어린이집에 설치된 CCTV에 저장된 영상이라고 보면서도, 다음의 사유를 들어 증거로 제출된 외장하드(원주시 공무원 L이 별도로 구매한 것)와 USB에 저장된 CCTV 영상의 동일성·무결성을 인정하였다.

- 피고인이 원본 영상을 본인의 외장하드에 복사할 당시나 원주시 공무원 M이 피고인으로부터 외장하드를 제출받아 원주시가 사용하는 노트북에 복사할 당시 피고인이나 M이 이를 편집하는 등 개작하였음을 인정할 만한 정황이 없다.
- L이 원주경찰서 제출을 위하여 노트북에서 별도로 구매한 외장하드로 영상파일을 복사할 당시 이를 편집하는 등 개작하였음을 인정할 만한 정황이 보이지 않는다. 외장하드와 USB에 저장된 CCTV 영상이 동일한 것으로 보이고, 각 영상에 편집 등 개작이 이루어졌다고 볼 만한 요소도 확인되지 않는다.
- 경찰관이 원주시로부터 제출받은 외장하드를 봉인하지 않았고, 저장된 영상 파일의 해시값을 확인하지는 않았으나, '원본이 그대로 복사된 사실'은 복사에 관계된 사람의 진술에 의하여도 증명할 수 있다.
- 영상 파일에 대한 동일성·무결성의 증명 정도가 문서 파일의 경우에 비하여 완화되므로 경찰관이 제출받은 외장하드를 봉인하는 등의 조치를 취하지 않았더라도 동일성·무결성의 증명에 방해가 되지 않는다.

라) 피해자가 CCTV 재생 화면을 휴대전화로 재촬영하여 제출한 동영상 및 그 캡처사진의 동일성·무결성이 증명되었다고 본 사례[33)]

상가건물 내 점포 소유자인 피고인이 관리비 체납 등 문제로 관리소장인 피해자 B에게 욕설과 폭행을 하고 피해자 B로부터 폭행을 당하였다고 수사기관에 허위사실을 신고하였다는 업무방해, 폭행, 무고 공소사실에 대하여, 피해자 B가 관리실의 CCTV 재생 화면을 휴대전화로 재촬영하여 제출한 동영상 및 그 캡처사진의 증거능력이 문제 된 사안이다.

법원은 우선 피해자 B가 관리실의 CCTV 재생 화면을 휴대전화로 재촬영한 영상 파일은 원본 CCTV 영상 파일과의 관계에서 전자적 방법에 의하여 복사된 것이 아니고 그 자체로 재촬영본의 원본이 된다고 보았다. 따라서 원본 CCTV 영상과 재촬영 영상 사이의 동일성·무결성이 아니라 재촬영 원본 영상과 (증거로 제출된) 재촬영 사본 영상 사이의 동일성·무결성이 증거능력 인정의 요건이 된다고 보았다. 또한 재촬영본의 증거능력은 원본 CCTV 영상을 법정에 제출할 수 없거나 제출이 곤란한 사정이 있고, 촬영자 및 동석자 등의 진술, 재촬영된 영상의 내용 및 상태 등에 의하여 사건과의 관련성 및 인위적 조작이 가해지지 않았다는 점이 증명되면 인정된다고 보았다.

위와 같은 법리에 기초하여 법원은 이 사건에서 아래와 같은 이유로 피해자 B가 재촬영한 CCTV 영상 재촬영물의 증거능력이 인정된다고 보았다.

- 피해자 B는 전기장치를 다루는 전문가가 아니므로 휴대전화로 CCTV 영상을 재촬영한 경위를 납득할 수 있고 그 과정에서 편집하는 등으로 개작하였음을 인정할 만한 정황이 확인되지 않는다.
- CCTV 영상은 일반적으로 저장매체의 용량 한계로 보관기간이 설정되어 있고, 이 사건 원본 CCTV 영상도 현재 보관기간이 지나 법정에 제출하는 것이 불가능하다.
- 재촬영물의 촬영자인 피해자 B는 원본 CCTV 영상의 보관기간이 15일 내지 1달 반 정도로 길지 않아 원본을 백업하려고 하였으나 계속 오류가 나는 등 다른 방법이 없어 CCTV를 틀어 놓고 휴대전화로 촬

33) 서울북부지방법원 2024. 1. 19. 선고 2023노1593 판결(상고 취하로 확정)

영한 것을 증거자료로 제출하였다고 법정에서 증언하였다. 사건을 수사한 담당 경찰관도 피해자 B가 제출한 증거들에 위조된 흔적이 없었다고 진술하였다.

- 피고인과 변호인은 재촬영물이 조작되었다고만 주장할 뿐 구체적인 조작 내용, 조작이 가해진 시간 등에 대해서는 설명하지 못한다.
- 재촬영물의 내용상 앞뒤에 모순이 발생하거나 부자연스러운 부분은 찾을 수 없다.

마) 입주 산후도우미의 아동학대 의심 사건에서 제출된 가정 내 CCTV 영상 중 일부의 재생속도가 정상적인 시간의 흐름에 비해 빠르게 되어 있었던 사안에서 동일성·무결성이 증명되지 않았다고 본 사례[34)]

이 사건에서 증거로 제출된 CCTV 영상 증거는 ① 정상적인 시간의 흐름에 비해 그 재생속도가 1.5~2배 빠르게 되어 있는 CCTV 영상 사본 파일, ② SD카드에 저장된 원본 CCTV 영상의 데이터 파일, ③ 원본 CCTV 영상이 정상적인 속도로 재생되도록 대검찰청의 감정에 의해 복원한 영상 파일, ④ 모바일 기기에서 정상 속도로 재생되고 있는 CCTV 영상의 재촬영본을 사본한 CD 등이다.

법원은 위 ①은 동일성·무결성이 증명되지 않았다는 이유로, 위 ②는 재생·시청하는 방법으로 적법한 증거조사를 마치지 않았다는 이유로 각각 증거능력이 없다고 보았으나, 위 ③, ④는 모두 증거능력이 있다고 보았다. 알 수 없는 이유로 정상 속도보다 빠르게 재생되었던 영상 증거에 관해서 법원은 "비록 수사기관이 이를 인위적으로 개작할 아무런 이유가 없고, 증인들이 이를 복사하는 과정에서 인코딩 등 알 수 없는 문제로 재생속도가 빠르게 되었을 가능성이 높으며, 0.5배속으로 재생하는 방법으로 원본과 유사한 속도의 증거조사를 할 수 있다고 하여도, 피고인들이 이를 증거로 사용하는 데 동의하지 않은 이상 사본의 증거능력 여부에 관하여 달리 판단할 수 없다."고 판시하였다.

한편, 법원은 가사근로자의 근무태도를 감시하기 위해 가정 내 CCTV를

34) 서울중앙지방법원 2024. 8. 21. 선고 2023노2475 판결(상고 부제기로 확정)

설치한 경우 그 설치 주체는 개인정보 보호법에서 정한 개인정보처리자에 해당하므로 정보주체에게 개인정보 보호법에서 정한 사항들을 알리고 그 동의를 받아야 한다고 보았다. 이 사건의 경우 법원은 피고인들의 적법한 동의는 없었다고 보면서도, 이익형량에 의할 때 개인정보를 적법하게 수집·이용할 수 있는 경우(개인정보 보호법 제15조 제1항 제6호)에 해당하거나, 적어도 사인의 위법수집증거라는 이유로 증거능력을 부정할 사안은 아니라고 판단했다.

3) 수사기관의 재촬영본과 사인(私人)의 재촬영본이 모두 증거로 현출된 경우

가) 수사기관이 주변 업체의 CCTV 영상을 재촬영한 파일의 사본과 사인이 범행현장 건물의 CCTV 영상을 재촬영한 파일의 사본이 각각 증거로 제출된 사례[35]

피고인은 인터넷으로 주문한 노트북을 택배로 수령하였음에도 노트북을 배송받지 못하였다고 거짓말하여 택배기사인 피해자 E에게 금원을 편취하려고 하였으나 미수에 그친 사안이다. 이 사건에서 제출된 영상증거는 다음과 같다.

- 피해자 E가 CCTV가 설치된 고시텔 소유자의 승낙을 얻은 후 해당 고시텔에 거주하던 G가 사건 당시의 CCTV 영상을 재생하고, 피해자 E가 자신의 휴대전화로 해당 CCTV 영상을 재촬영한 영상을 복사한 사본
- 경찰관 F가 위 고시텔 주변의 업체들을 탐문하여 각 업체의 허락을 얻어 그 업체들이 관리하는 CCTV 영상을 자신의 휴대전화로 재촬영한 영상을 복사한 사본

E, F, G는 '위 각 영상증거가 제작되는 과정에서 인위적인 개작이나 변경은 없었고, 원래의 각 CCTV 영상과 동일하다'는 취지로 법정에서 증언

35) 서울서부지방법원 2019. 4. 11. 선고 2018노1218 판결(대법원 2019. 6. 17. 자 2019도5684 결정으로 확정)

하였으나 법원은 아래와 같은 사유를 들어 위 각 영상증거의 증거능력을 모두 부정하였다.

- 이 사건 영상증거는 E, F가 휴대전화로 촬영한 재촬영 영상파일 원본을 전자적 방법으로 복사하여 취득한 것이므로 휴대전화기에 저장된 재촬영 영상파일 원본의 증거능력과는 별개로 전자적 방법에 의하여 복사된 사본으로서 증거능력이 인정되기 위한 요건, 즉 재촬영 원본과의 동일성을 갖추어야 한다.
- E와 F의 각 휴대전화에 저장된 재촬영 영상파일 원본이 제출되지 아니하였고, 원래의 CCTV 영상은 모두 삭제되어 원래의 CCTV 영상이나 재촬영 영상파일 원본과 이 사건 영상증거를 비교·대조하여 그 동일성 여부를 확인할 수 없으며, 이 사건 영상증거가 개작되지 않았다는 점에 대한 감정 등 객관적인 자료도 없다.
- 피해자 E와 경찰관인 F는 각자 자신의 휴대전화로 각각의 CCTV 영상을 재촬영하였는데, 그 재촬영 장비인 각 휴대전화에 봉인조치가 이루어졌다고 볼 만한 사정이 없다.
- 이 사건 재촬영 영상파일 원본은 E, F의 각 휴대전화에 저장되었다가 CD에 복사되었는데, 그 과정에서 수사기관이 각 휴대전화에 저장된 재촬영 영상파일 원본의 해시값을 추출하여 기록해 놓는 등의 원본파일이 변경되지 않았음을 담보할 조치를 취하였는지 여부에 관하여 별다른 입증이 없다.
- 영상파일의 경우 일반인들도 손쉽게 수정이 가능하고, 피고인으로서는 원래의 CCTV 영상을 보지도 못한 상태에서 그 영상의 재촬영 과정이나 그 재촬영 영상파일의 복사 과정에 참여할 기회가 전혀 없었으며, 이의를 제기할 기회도 없었던 것으로 보인다.
- 단지 E, F, G의 법정진술만으로 이 사건 영상증거가 E와 F의 각 휴대전화기에 저장된 재촬영 영상파일 원본과 동일하고 인위적인 개작이 없었다고 인정하기에는 부족하다.

나) 같은 CCTV 영상을 경찰관과 피해자가 모두 재촬영하여 그 각 사본이 증거로 제출된 사례[36)]

술집 서빙 직원에 대한 강제추행 공소사실에 대하여 해당 술집 CCTV 영상의 재촬영본의 사본이 담긴 CD가 증거로 제출된 사안이다. 경찰관은 CCTV 영상 재촬영 원본을 봉인하거나 그 해시값을 확인하지 않았으나, 법원은 아래와 같은 사정들을 종합하여 CD에 담긴 사본 영상의 동일성·무결성을 인정하였다.[37)]

- 당시 CCTV가 연결된 컴퓨터가 고장이 나 CCTV 영상을 백업할 수 없었고, 술집 매니저가 자신의 휴대전화를 통하여 경찰관에게 CCTV 영상을 재생하여 주었으며, 위 CCTV 재생 화면을 경찰관이 자신의 휴대전화로 촬영하여 갔다.
- 술집 매니저는 법정에서 재생한 CD의 각 영상과 경찰관에게 재생해준 영상이 동일하다는 취지로 증언하였다.
- 피해자는 경찰관과 별도로 위 술집 매니저의 휴대전화를 통하여 재생된 CCTV 화면을 자신의 휴대전화로 촬영하였는데, 피해자가 촬영하여 제출한 CCTV 영상 재생화면과 경찰관이 촬영하여 제출한 CCTV 영상 재생화면의 내용이 동일하다.
- 경찰관이 자신의 휴대전화에 담긴 CCTV 재생화면 촬영 영상을 복사할 당시 이를 편집하였다고 볼 만한 정황이 없고, 피고인도 CD에 담긴 영상들이 조작된 것으로 보이지 않는다고 진술하였다.

4) 제주 해군기지 공사 관련 사건

가) 완공 이전 업무방해 등 사건

제주도 서귀포시에서 있었던 해군기지 공사 등을 방해하였다는 일련의 업무방해 등 사건에서 CCTV 영상 증거의 동일성·무결성 입증 부족으로

---

36) 수원지방법원 2023. 8. 9. 선고 2022고합614 판결(항소 부제기로 확정)

37) 통상 CCTV 재촬영본의 증거능력을 판단할 때, 재촬영본 자체를 원본으로 보고 증거로 제출된 사본과 재촬영 원본 사이의 동일성·무결성 증명 여부를 판단하나, 이 판결에서는 재촬영 원본뿐 아니라 CCTV 영상 원본 파일과의 동일성·무결성도 인정된다고 설시하였다.

무죄 판결이 다수 확정된 바 있다. 이들 사건의 경우 특정 공사에 반대하는 단체의 회원들이 반복적으로 해당 공사에 대한 방해행위를 하였다는 혐의 사실에 관한 것으로 피해자 측의 일반적인 피해사실 진술만으로는 공소사실의 행위자와 일시 등을 구체적으로 특정하여 증명하기에 부족하여 CCTV 영상이 사실상 유일한 증거가 되었던 사안이다. 법원은 전자정보의 동일성·무결성에 관한 대법원 2007. 12. 13. 선고 2007도7257 판결과 대법원 2013. 7. 26. 선고 2013도2511 판결의 법리를 원용하여 CCTV 영상의 증거능력을 부정하였는데, 그 구체적인 이유는 다음과 같다.

제주지방법원 2014. 11. 21. 선고 2013고단858 판결
(대법원 2019. 2. 28. 선고 2018도12828 판결로 확정)

(4) 앞서 본 증인들의 증언에 의해 인정되는 다음과 같은 사정들, 즉 ㉮ 이 사건 CCTV 관리업체인 'AK'의 직원인 AJ은 시공사 등의 요청이 있을 경우 CCTV 녹화 영상 원본을 USB 등에 복사하여 주었는데 그 복사과정에서 원본 훼손을 방지하기 위한 아무런 기술적인 조치를 취하지 않은 사실, ㉯ 채증담당 경찰관들이 촬영한 동영상 원본이 담긴 SD카드를 전달받은 경찰관 AE는 이를 모아서 외장하드디스크에 옮겼다가 다시 USB 등에 담아 수사과 소속 AI 등 다른 경찰관에게 넘겨주었는데 원본 파일은 외장하드로 옮기면서 SD카드를 재활용하기 위해 삭제되었으며, 그 과정에서도 파일 편집이나 훼손을 방지하기 위한 어떠한 조치도 취해지지 않은 사실, ㉰ 이와 같이 현재 원본 없이 사본만 존재하고 원본 파일의 해쉬(Hash)값이 확보되어 있지 않아 사본과의 해쉬값 대조에 의한 동일성 확인도 불가능한 사실을 종합하면, 이 사건 CD에 저장된 사본의 복사과정에서 인위적 개작 없이 원본내용 그대로 복사되었다는 점이 입증되었다고 볼 수 없으므로, CD에 저장된 영상은 증거능력이 없다고 할 것이다.

이들 사건에서 검사는 '영상이 전자문서보다 위조·조작이 어려워 그 위조 등 여부를 전자문서에 비해 쉽게 판단할 수 있다'고 하면서 '전자문서에 요구되는 엄격한 기준의 동일성·무결성을 영상에 그대로 적용할 수 없다'는 취지로 주장하였으나, 법원은 다음과 같이 그 주장을 배척하였다.[38]

38) 반대로 춘천지방법원 2023. 6. 2. 선고 2022노1275 판결(대법원 2024. 5. 17. 선고 2023도8426 판결로 확정), 수원지방법원 평택지원 2023. 7. 21. 선고 2022고합264 판결(대법원 2024. 4. 25. 선고 2024도2064 판결로 확정)의 경우 "영상 파일은 문서 파일보다 개작이나 조작이 어렵고, 영상 파일 자체의 재생을 통해 개작이 이루어졌는지를 여부를 어느 정

제주지방법원 2014. 11. 21. 선고 2013고단858 판결
(대법원 2019. 2. 28. 선고 2018도12828 판결로 확정)

이에 대해 검사는, 디지털 문서와 달리 영상은 위조·조작하는 것이 상당히 곤란하고 위조 등 여부를 문서에 비해 쉽게 판단할 수 있어 속성이 다르므로, 디지털 문서에 요구되는 엄격한 기준의 '무결성' 및 '동일성' 요건을 그대로 디지털 영상에 적용할 수 없다고 주장하나,[1)] 위와 같이 동일성을 요하는 취지가 디지털 증거가 가지는 편집·조작에 대한 취약성, 복사의 간이성 등을 감안한 것이라고 볼 때 원본과 사본의 동일성을 판단함에 있어 문서와 영상 사이에 근본적인 차이를 둘 필요성이 있다고 보기 어렵다.[2)]

1) 검사 제출 2014. 11. 19. 자 의견서
2) 오히려, 문서나 음성녹음과 달리 영상은 비진술증거에 해당하여 전문법칙에 의한 증거능력 제한을 받지 않으므로 그 사본의 증거능력을 인정함에 있어 동일성 요건을 갖출 필요가 더하다고 볼 여지도 있어 보인다(검사 제출 위 의견서에 인용된 대법원 2012. 9. 13. 선고 2012도7461 판결은, 피고인이 제1심 법정에서 디지털 음성녹음파일 사본이 자신이 말한 대로 녹음된 것임을 인정하였고 녹음에 사용한 디지털 녹음기를 확보하여 정밀감정을 거친 사안에 관한 것으로서, 이 사건과 동일하게 볼 수 없다고 판단된다).

마찬가지로 CCTV 영상의 동일성·무결성 요건이 충족되지 않았음을 이유로 증거능력을 부정한 사례는 다음과 같다.

- 제주지방법원 2018. 2. 8. 선고 2014노653 판결(상고 부제기로 확정)
- 제주지방법원 2018. 2. 8. 선고 2014노654 판결(상고 부제기로 확정)
- 제주지방법원 2019. 11. 7. 선고 2018노793 판결(상고 부제기로 확정)
- 제주지방법원 2019. 11. 21. 선고 2018노656 판결(상고 부제기로 확정)
- 제주지방법원 2019. 11. 21. 선고 2018노801 판결(상고 부제기로 확정)
- 제주지방법원 2019. 11. 21. 선고 2019노49 판결(상고 부제기로 확정)
- 제주지방법원 2019. 11. 21. 선고 2019노118 판결(상고 부제기로 확정)
- 제주지방법원 2019. 12. 12. 선고 2018노800 판결(상고 부제기로 확정)
- 제주지방법원 2019. 12. 19. 선고 2018노659 판결(상고 부제기로 확정)
- 제주지방법원 2019. 12. 19. 선고 2018노799 판결(상고 부제기로 확정)
- 제주지방법원 2020. 1. 16. 선고 2018노657 판결(상고 부제기로 확정)

도 파악할 수 있다는 점에서 무결성 및 동일성의 증명 정도가 문서 파일의 경우보다 완화될 수밖에 없다."고 판시하였다.

- 제주지방법원 2020. 1. 16. 선고 2018노660 판결(상고 부제기로 확정)
- 제주지방법원 2020. 1. 16. 선고 2018노663 판결(상고 부제기로 확정)[39]
- 제주지방법원 2020. 1. 16. 선고 2019노172 판결(상고 부제기로 확정)
- 제주지방법원 2020. 1. 30. 선고 2018노785 판결(상고 부제기로 확정)
- 제주지방법원 2020. 1. 30. 선고 2018노798 판결(상고 부제기로 확정)
- 제주지방법원 2020. 2. 13. 선고 2018노658 판결(상고 부제기로 확정)
- 제주지방법원 2020. 2. 13. 선고 2018노662 판결
  (대법원 2020. 6. 4. 선고 2020도3675 판결로 확정)
- 제주지방법원 2020. 2. 13. 선고 2019노50 판결
  (대법원 2020. 5. 28. 선고 2020도3676 판결로 확정)
- 제주지방법원 2020. 2. 13. 선고 2019노98 판결(상고 부제기로 확정)
- 제주지방법원 2020. 2. 13. 선고 2019노113 판결(상고 부제기로 확정)
- 제주지방법원 2020. 2. 13. 선고 2019노120 판결(상고 부제기로 확정)
- 제주지방법원 2020. 2. 13. 선고 2019노125 판결
  (대법원 2020. 5. 14. 선고 2020도3678 판결로 확정)
- 제주지방법원 2020. 2. 13. 선고 2019노132 판결(상고 부제기로 확정)
- 제주지방법원 2020. 2. 13. 선고 2019노133 판결(상고 부제기로 확정)
- 제주지방법원 2020. 2. 13. 선고 2019노156 판결(상고 부제기로 확정)
- 제주지방법원 2020. 2. 13. 선고 2019노157 판결(상고 부제기로 확정)
- 제주지방법원 2020. 2. 13. 선고 2019노158 판결(상고 부제기로 확정)
- 제주지방법원 2020. 2. 13. 선고 2019노159 판결(상고 부제기로 확정)
- 제주지방법원 2020. 2. 13. 선고 2019노160 판결(상고 부제기로 확정)
- 제주지방법원 2020. 7. 16. 선고 2019노101 판결
  (대법원 2021. 11. 11. 선고 2020도10785 판결로 확정)
- 제주지방법원 2022. 2. 17. 선고 2021노627 판결(상고 부제기로 확정)[40]

---

39) 이 판결에 대해서는 상고가 제기되어 대법원 2021. 10. 28. 선고 2020도2081 판결로 일부 업무방해 부분이 파기·환송되었으나, CCTV 영상의 동일성·무결성 결여로 증거능력을 부정하여 무죄로 판단된 부분은 상고가 제기되지 않아 분리·확정되었다.

40) 이 판결은 대법원 2021. 10. 28. 선고 2019도18970 판결이 제주지방법원 2019. 12. 5. 선고 2018노661 판결을 파기·환송한 데에 따른 환송심이다. 이 사건 역시 CCTV 영상의 증거능력을 부정하였으나, CCTV 영상 외에 피고인의 자백과 목격자의 진술 등 다른 증거로 유죄판결이 선고되었다.

위 판결들에서 설시한 대표적인 이유는 아래와 같다.

제주지방법원 2019. 11. 21. 선고 2018노656 판결(상고 부제기로 확정)

가. 원심은, 이 사건 공소사실에 관한 증거들 중 ① 채증자료(cd)의 경우, 피고인의 행위 당시 현장에서 촬영된 원본이 사본으로 만들어지는 과정에서 편집되는 등의 인위적 개작 없이 원본의 내용 그대로 복사하여 사본으로 만들어졌다는 점을 인정하기 부족하여 증거능력이 없고, 현장사진 등도 위 CD에 저장된 영상을 캡처한 파생증거로서 마찬가지로 증거능력이 없으며, ② M의 진술서, 피해사항의 각 기재는 유사 사건에 관하여 동일한 형식과 내용으로 일률적으로 작성된 것으로 피고인의 구체적인 행위를 입증하기 위한 증거로서 증명력이 매우 낮고, ③ 증인 N, O의 각 법정 진술 또한 영상을 촬영한 경찰관 내지 촬영된 원본 파일을 넘겨받아 CD로 사본을 만들거나 캡처사진을 출력한 경찰관의 진술이어서 이 사건 공소사실에 대한 직접적인 목격 진술로서의 독립적인 증거가치가 없다고 보아, 결국 검사가 제출한 증거들만으로는 이 사건 공소사실에 대한 입증이 부족하다고 판단하였다.

나. 원심의 위 판단 내용을 이 사건 기록에 의하여 알 수 있는 다음과 같은 사정들에 더하여 보면, 이 사건 영상은 당시의 현장 상황이 녹화된 원본으로부터 복사된 것으로서 복사 과정에서 편집되는 등 인위적 개작 없이 원본의 내용 그대로 복사된 사본임이 증명되었다고 볼 수 없다.

1) 이 사건 영상은 캠코더로 촬영하여 그 SD카드에 저장된 원본 영상파일을 복사하여 CD에 저장한 것으로서, 그 복사 과정에서 해쉬(Hash)값의 추출이 이루어지지 않은 상태로 원본 파일이 삭제되어, 이 사건 영상과 원본 파일의 해쉬값 비교를 통한 동일성 확인이 불가능하다.

2) 원본으로부터 이 사건 영상을 복사하는 과정에 관여한 경찰관들은 복사 과정에서의 편집 등을 방지하기 위한 별다른 기술적 조치를 취한 바 없다[당심 증인 S는 법정에서 '채증 동영상의 원본파일이 담긴 SD카드를 따로 봉인하여 보관하지는 않았다'는 취지로 진술하였고, 증인 T, U도 '영상 파일이 담긴 SD카드를 전달받은 뒤 다른 사람이 접근하지 못하도록 밀봉하거나 별도의 기술적인 조치를 취하지는 않았다.'라고 진술하였다].

3) 검사의 신청에 따라 이 사건 영상의 조작 여부에 관한 감정이 이루어졌는데, 국립과학수사연구원의 감정 결과에 의하면 영상의 시간적 연속성, 화질의 일관성 등 영상적인 측면에서 편집, 조작되었다고 볼 만한 특이점이 발견되지 않는다는 것이나, 이와 같은 사정만으로 해당 동영상이 원본의 내용 그대로 복사된 것이라고 단정하기 어렵다.

다. 이 사건 영상의 증거능력이 없다는 전제에서 이 부분 공소사실에 대해서 범죄의 증명이 이루어지지 않았다고 본 원심의 판단은 정당하다.

특히, 국립과학수사연구원의 감정 결과 영상의 시간적 연속성, 화질의 일관성 등 영상적인 측면에서 편집, 조작되었다고 볼 만한 특이점이 발견되지 않았더라도 그러한 사정만으로 동일성·무결성이 증명되는 것은 아니라고 보았다.

나) 완공 이후 군용시설손괴 등 사건[41)]

(1) 공소사실 요지

'피고인 A, B는 2020. 3. 7. 제주도 서귀포시에 있는 해군제주기지전대 위병소에 찾아가 해군기지 안에 있는 구럼비 해안의 용암 바위를 보겠다며 방문을 신청하였으나 불허되자 군용시설인 경계 울타리 등을 절단한 후 해군기지 안으로 들어가고, 피고인 C, D는 주위를 살피거나 절단기를 수거·보관하여 주는 등으로 이를 방조하였다'는 공소사실로 기소된 사안이다.

(2) 해군 제주기지전대 CCTV 영상 확보 과정

서귀포경찰서 경찰관은 2020. 3. 9. 해군 제주기지전대에 침입한 A 외 성명불상자 3명에 대한 고소장이 접수되자, 같은 날 해군 제주기지에서 O, T, Z이 참여한 상태에서 범행 관련 CCTV 영상을 열람한 후 관련 CCTV 영상 파일 8개를 해군 제주기지 내 컴퓨터에 다운로드받았다. O는 곧바로 위 컴퓨터에 직접 연결한 시디롬(CD-ROM)을 이용하여 위 파일을 CD 3장에 저장한 후 이를 경찰에 임의제출하였다.

경찰관은 위 CD를 임의제출물로 압수하는 한편 현장에 가지고 간 노트북에 저장된 프로그램을 이용하여 CD에 저장된 영상 파일 8개에 대한 해시값을 추출하고, 피압수자 겸 제출자 O, 참여자 T의 확인을 받은 전자정보 확인서 및 위 파일들에 대한 해시값이 기재된 전자정보 상세목록을 작성하

41) 광주고등법원(제주) 2021. 3. 31. 선고 2020노88 판결(대법원 2021. 6. 30. 선고 2021도4745 판결로 확정)

여 O에게 교부하였다. 위와 같은 절차는 사진 촬영한 후 수사보고서에 첨부하여 증거로 제출하였다.

(3) 강정천 재난안전 CCTV 영상 확보 과정

서귀포경찰서 소속 담당 경찰관은 이 사건 발생 이후 범인들의 행적을 확인하기 위해 해군 제주기지전대 주변에 설치된 CCTV를 확인하던 중 강정천 수위를 촬영하는 재난안전 CCTV가 설치되어 있는 것을 발견하였다. 이에 위 경찰관은 2020. 3. 12. 강정천 재난안전 CCTV를 관리하는 서귀포시청 AA과를 방문하여 관련 CCTV 영상 원본을 열람하고, 범행 당일 A 등 일행 4명이 강정천 다리 및 산책로를 따라 해군 제주기지전대 남측 방면으로 이동하는 모습이 담긴 CCTV 영상을 확인하고 그중 관련된 부분을 사진으로 캡처한 후 수사보고서를 작성하여 이에 첨부하였다.

담당 경찰관은 2020. 4. 1. 다시 서귀포시청 AA과를 방문하여 서귀포시청 담당 직원인 S의 협조를 받아 앞서 확인한 관련 CCTV 영상 파일을 USB에 복사한 후, 가지고 간 노트북에 USB를 연결하여 CCTV 영상 파일 1개에 대한 해시값을 추출하고 위 파일은 CD 1장에 복사하여 저장하였다. 위와 같은 과정에서 담당 경찰관은 전자정보 확인서 및 위 파일에 대한 해시값이 기재된 전자정보 상세목록을 작성하여 S에게 교부하였다. 당시 위 CD 생성 및 확보 과정이 압수·수색영장의 집행 혹은 임의제출의 방식으로 이루어지지 않았다는 이유로, 별도로 임의제출서나 압수조서가 작성되지는 않았다.

(4) 피고인의 주장

검사는 위 각 CCTV 영상이 담긴 CD와 그 캡처 사진을 증거로 제출하였는데, 피고인 C, D는 위 증거의 원본 동일성과 무결성을 인정할 수 없다고 다투었다.

(5) 법리

법원은 기존의 동일성·무결성 법리를 다음과 같이 종합 정리하여 원용하였다. 특히 '디지털 증거를 제3자로부터 임의제출받아 압수한 경우 영장 집행에 있어서와 같이 엄격한 절차를 요구하기는 어렵지만 피의자의 참여권이 보장되기 어려운 사정 등을 고려하여 보면 동일성·무결성에 대한 합리적인 의심이 들지 않을 정도의 최소한의 조치를 취하여야 한다'고 보고, '해시값을 확보함이 없이 원본이 소멸한 경우 신뢰성이 담보되는 높은 증명 방법에 의하지 않는 이상 파일 복사에 관여한 수사관들의 진술만으로 그 동일성을 쉽게 인정할 수는 없다'고 보았다.

광주고등법원(제주) 2021. 3. 31. 선고 2020노88 판결
(대법원 2021. 6. 30. 선고 2021도4745 판결로 확정)

(2) 증거능력 인정의 요건

(가) 압수물인 컴퓨터용 디스크 그 밖에 이와 비슷한 정보저장매체(이하 '정보저장매체'라고만 한다)에 입력하여 기억된 문자정보 또는 그 출력물(이하 '출력 문건'이라 한다)을 증거로 사용하기 위해서는 정보저장매체 원본에 저장된 내용과 출력 문건의 동일성이 인정되어야 하고, 이를 위해서는 정보저장매체 원본이 압수 시부터 문건 출력 시까지 변경되지 않았다는 사정, 즉 무결성이 담보되어야 한다. 특히 정보저장매체 원본을 대신하여 정보저장매체에 저장된 자료를 '하드카피' 또는 '이미징'한 매체로부터 출력한 문건의 경우에는 정보저장매체 원본과 '하드카피' 또는 '이미징'한 매체 사이에 자료의 동일성도 인정되어야 할 뿐만 아니라, 이를 확인하는 과정에서 이용한 컴퓨터의 기계적 정확성, 프로그램의 신뢰성, 입력·처리·출력의 각 단계에서 조작자의 전문적인 기술능력과 정확성이 담보되어야 한다(대법원 2007. 12. 13. 선고 2007도7257 판결 등 참조). 또한 대화 내용을 녹음한 파일 등의 전자매체는 그 성질상 작성자나 진술자의 서명 혹은 날인이 없을 뿐만 아니라, 녹음자의 의도나 특정한 기술에 의하여 그 내용이 편집·조작될 위험성이 있음을 고려하여 그 대화 내용을 녹음한 원본이거나 혹은 원본으로부터 복사한 사본일 경우에는 복사 과정에서 편집되는 등 인위적 개작 없이 원본의 내용 그대로 복사된 사본임이 증명되어야만 하고, 그러한 증명이 없는 경우에는 쉽게 그 증거능력을 인정할 수 없다(대법원 2007. 3. 15. 선고 2006도8869 판결, 대법원 2012. 9. 13. 선고 2012도7461 판결 등 참조).

(나) 위와 같은 법리에 비추어 보면, 디지털 저장매체에 저장된 CCTV 영상파일 및 이에 대한 캡처 사진의 증거능력을 인정하기 위해서는 마찬가지로 '원본 동일성'과 '무결성'이 인정되어야 하고, 이를 확보하기 위해 '도구와 방법의 신뢰성', '전문성' 등이 담보되어야 한다. 사본이라고 하여 그 자체로서 증거능력이 없다고 할 수는 없으나, 디지털 증거가 가지는 조작에 대한 취약성, 매체 독립성, 수집과 분석절차의 전문성 및 복사의 간이성 등으로 인하여 위와 같은 동일성 및 무결성 요건은 더욱 강하게 요구된다고 할 것이고, 이러한 요건을 충족

하지 못하는 경우에 그 증거는 증거능력을 인정받을 수 없다.

(다) 증거로 제출된 전자문서 파일의 사본이나 출력물이 복사·출력 과정에서 편집되는 등 인위적 개작 없이 원본 내용을 그대로 복사·출력한 것이라는 사실은 전자문서 파일의 사본이나 출력물의 생성과 전달 및 보관 등의 절차에 관여한 사람의 증언이나 진술, 원본이나 사본 파일 생성 직후의 해쉬(Hash)값의 비교, 전자문서 파일에 대한 검증·감정 결과 등 제반 사정을 종합하여 판단할 수 있고(대법원 2013. 7. 26. 선고 2013도2511 판결, 대법원 2016. 9. 28. 선고 2014도9903 판결 등 참조). 이러한 원본 동일성 및 무결성은 증거능력의 요건에 해당하므로 검사가 그 존재에 대하여 구체적으로 주장·증명해야 하는 것이지만(대법원 2018. 2. 8. 선고 2017도13263 판결 등 참조), 이는 소송상의 사실에 관한 것이므로 엄격한 증명을 요하지 않고 자유로운 증명으로 족하다(대법원 2001. 9. 4. 선고 2000도1743 판결 등 참조).

한편, 디지털 증거를 압수·수색 영장의 집행에 의해 압수한 것이 아니라 소유자, 소지자 내지 보관자로부터 임의제출받아 압수한 경우에는 영장 집행에 있어서와 같이 엄격한 절차를 요구하기는 어렵다. 그러나 제3자에게서 증거를 임의제출받는 경우 피의자의 참여권이 보장되기 어려운 사정 등을 고려하여 보면, 임의제출받는 경우 영장 집행에 비하여 간략한 절차를 취한다고 하더라도 제출자로부터 원본이 조작되지 않았다는 취지의 확인을 받은 후 원본을 압수하여야 하고, 복사 등을 하는 경우 이로 인하여 작성된 사본을 봉인하는 절차를 거치는 등 적어도 법원이 그 무결성에 대한 합리적인 의심이 들지 않을 정도의 최소한의 조치를 취하여야 한다.

또한 원본이 소멸하였더라도 미리 추출하여 놓은 원본의 해쉬값이 있고 이를 신뢰할 수 있는 경우, 원본과 사본의 해쉬값을 비교하여 그 동일성을 확인할 수 있다. 그러나 원본이 소멸하였고 미리 추출하여 놓은 원본의 해쉬값도 없는 경우에는 사본 파일에 대한 감정 등을 통하여 인위적 개작의 흔적이 없다는 점이 밝혀지는 등 신뢰성이 담보되는 높은 증명 방법에 의하지 않는 이상 파일 복사에 관여한 수사관들의 진술만으로 그 동일성을 쉽게 인정할 수는 없다.

(6) 법원의 판단

법원은 다음과 같은 이유로 해군 제주기지전대 CCTV 영상과 강정천 재난안전 CCTV 영상의 증거능력을 모두 부정하였다. 원본 자체 또는 원본의 해시값 미확보, 봉인이나 쓰기방지 등 위·변조 방지를 위한 기술적 조치 미비, 사본 과정을 촬영하는 등 무결성 확인을 위한 객관적인 자료 미비 등 사유가 있는 경우 관련 참여자의 진술만으로는 동일성·무결성 인정이 어렵다고 본 것이다.

(가) 해군 제주기지전대 CCTV 영상

- CCTV 영상 원본이 법정에 제출되지 않아 원본과의 비교를 통한 동일성 확인이 불가능하고, CCTV 영상 원본의 해시값 추출도 이루어지지 않아 해시값 비교를 통한 동일성 확인도 불가능하다.
- CCTV 영상 원본의 확인 및 원본 파일의 복사 당시 그 과정에 관여한 경찰관이나 해군 제주기지전대 소속 군인들이 사본 과정에서 영상이 편집·조작되지 않도록 이를 담보할 만한 객관적 조치를 한 사실을 확인할 수 있는 증거가 부족하다. CCTV 원본 파일이 변작·변개되지 않은 상태에서 CD로 복사·저장되었음을 담보할 수 있는 기술적 조치가 이루어진 바 없고, CCTV의 소유자·관리자로부터 CCTV 영상의 원본이 편집·조작되지 않고 복사되었다는 점에 관하여 확인을 받는 등으로 원본 동일성을 확보할 수 있는 조치도 이루어진 바 없다. 해군 제주기지전대 CCTV의 관리 권한이 있는 것으로 보이는 O는 이 법원에 증인으로 출석하지 않았고, 참여자 T는 이 사건 해군기지 CCTV 영상의 복사 행위에 관여하였을 뿐이어서 그 법정진술만으로는 원본 동일성을 증명하기에 부족하다.
- 담당 경찰관이 CCTV 영상 파일을 CD 3장에 복사·저장하고 그 과정에서 해시값을 추출하는 과정을 사진 촬영한 증거가 원심에서 제출되기는 하였으나, 위와 같은 과정에서 쓰기방지장치의 사용 등 복사에 편집·조작을 방지할 수 있는 기술적 조치가 이루어졌는지 확인이 어려울 뿐만 아니라, 특히 경찰관이 O으로부터 이 사건 해군기지 CCTV 영상이 저장된 CD 3장을 임의제출받아 압수하면서 무결성이 훼손되지 않도록 봉인조치가 이루어졌다고 볼 만한 증거도 부족하다. 담당 경찰관인 N 경사는 이 법원에 증인으로 출석하여 임의제출된 CD에 대한 봉인조치가 이루어졌다고 진술하였으나, 당시 참여자인 T는 이 법원에 증인으로 출석하여 봉인조치에 대해서는 기억하지 못한다고 진술하였고, 무엇보다 이 법원에 제출된 CD 3장에 대해서는 봉인이 이루어졌다고 볼 만한 조치사항을 전혀 찾아볼 수 없는데, 특히 경찰관을 비롯하여 임의제출자, 참여자 등의 서명·날인이 모두 누락되어 있다. 따라

서 당시 이 사건 해군기지 CCTV 영상 복사 및 해시값 추출 과정을 촬영한 사진으로 그 무결성과 동일성을 인정하기도 어렵다.

• 원본 영상을 그대로 사본하여 조작·편집 행위가 개입될 가능성이 없다는 취지의 N, T의 법정진술만으로는 CCTV 영상의 원본 동일성과 무결성을 증명하기에 부족하고, 달리 위 CCTV 영상의 동일성과 무결성을 증명할 만한 객관적 증거가 없다.

• 위 CCTV 영상이 담긴 CD가 임의제출된 것이기는 하나, 임의제출 절차에서는 피의자의 참여권 보장이 어려워 기소되어 재판을 받기 전까지는 무결성 및 동일성에 대해 이의를 제기할 수 있는 기회가 부여되기 어려운 점, 수사기관으로서는 관련 영상을 증거로서 확보할 필요가 있다면 CCTV 영상 확보 및 복사 과정을 동영상 촬영하거나, 봉인, 해시값 추출 등 여러 방법을 통해 동일성과 무결성을 담보할 수 있는 충분한 조치를 함으로써 간단히 그에 관한 논란을 차단할 수 있는 점 등을 고려하면, 사인이 평소 관리·보관하던 영상을 제출하는 경우와 달리 수사기관이 범행 관련 영상의 선별부터 복사 및 임의제출까지 실질적으로 관여한 이 사건에서 디지털 증거의 동일성과 무결성 확보를 위한 전제 요건은 보다 엄격히 판단할 필요가 있고, 그와 같이 해석하지 않을 경우 디지털 증거의 확보에 있어서 엄격한 요건이 요구되는 압수·수색영장의 방식이 아닌, 그보다 쉽게 증거능력을 인정받을 수 있는 임의제출의 형식이 남용될 가능성을 용인하는 결과가 될 우려가 있으므로 신중히 판단할 필요가 있다.

(나) 강정천 재난안전 CCTV 영상

• 강정천 CCTV 영상은 보존기간이 지나 자동으로 삭제되었으므로, 현재 CCTV 영상 원본을 제출하거나 원본과의 비교를 통해 그 동일성을 판별하는 것이 불가능하고, CCTV 영상 원본에 대해 해시값 추출이 이루어지지 않아 해시값 비교를 통한 동일성 확인도 불가능하다.

• 서귀포시청 AA와 직원 S는 법원에 증인으로 출석하여 강정천 CCTV 영상이 원본 파일 그대로 복사된 것이고, 조작·편집이 개입되지 않았다는 취지로 진술하였으나, 강정천 CCTV 영상 파일은 먼저 USB에 복사된 후 다시 CD에 복사·저장되는 절차를 거쳤는데, USB에 저장

된 파일에 대해 해시값 추출이 이루어지지 않았고, 위 USB에 대한 봉인 조치도 별도로 이루어진 바 없었으며, S는 강정천 재난안전 CCTV 서버에서 관련 영상을 USB에 저장하여 담당 경찰관에게 제공하는 데 관여하고 이후 CD에 저장된 강정천 CCTV 영상의 해시값을 확인하였을 뿐이어서, 단순히 S의 위 법정진술만으로는 강정천 CCTV 영상을 확보하는 전 과정에서 인위적인 개작이 개입되지 않았다는 사실을 증명하기에는 부족하다.

- 담당 경찰관이 강정천 CCTV 영상 파일의 복사 당시 영상이 편집·조작되지 않도록 이를 담보할 만한 충분한 객관적 조치를 하였다고 볼 만한 증거도 부족하다. 담당 경찰관은 최초 USB로 강정천 재난안전 CCTV 영상 파일을 복사·저장할 때부터 다시 CD에 복사·저장하여 해시값을 산출할 때까지의 과정을 영상녹화하거나, 그와 같은 과정에서 편집·조작을 방지할 수 있는 기술적 조치를 강구할 수 있었음에도 CCTV 영상 파일의 해시값을 추출하는 이외에는 별다른 조치를 취하지 않았고, CCTV 영상이 담긴 CD에 대해서도 경찰관이나 제출자 혹은 참여자의 서명·날인을 받아 봉인하는 조치를 취하지도 않았다. 따라서 강정천 CCTV 영상이 인위적 개작 없이 원본 영상을 그대로 복사한 것이라는 사실을 담보할 만한 절차적 조치가 부족한 상황에서 원본 영상을 그대로 복사하여 조작·편집의 가능성이 없다는 취지의 N, Q의 이 법원에서의 각 법정진술만으로 그 원본 동일성과 무결성이 증명된다고 보기도 어렵다.

바 채증사진·동영상의 동일성·무결성

범죄혐의사실에 관한 증거수집을 위해 촬영한 사진이나 동영상의 증거능력을 판단할 때도 앞에서 본 전자정보의 증거능력 판단에서와 같이 동일성·무결성이 요구된다.

1) 채증사진의 해상도를 낮추어 저장한 사안(증거능력 긍정례와 부정례)

서울중앙지방법원 2016. 7. 19. 선고 2016고합94, 578 판결[42]은 수사기관이 채증사진·동영상을 촬영한 후 이를 리사이징(resizing, 해상도를 낮추는 작업)하여 정보과 CD에 저장·보관하되 SD카드에 저장된 촬영 원본은 삭제하고 SD카드는 재사용을 위해 반환하는 방식으로 관리해온 사안이다. 법원은 동일성을 인정하는 취지의 촬영자 법정진술, (사진의 경우) 리사이징 과정에서 실질적인 내용에 변경을 가하는 등 인위적인 조작을 한 사실이 없다는 취지의 리사이징 작업자 법정진술,[43] (동영상의 경우) 메타데이터와 코덱 및 압축정보의 일치, 정보과 CD에 저장된 파일과 증거로 제출된 파일의 해시값 일치, 국립과학수사연구소 연구원의 감정 결과 등을 종합하여 증거능력을 인정하였다.

그러나 서울중앙지방법원 2017. 5. 19. 선고 2016노4394 판결(대법원 2017. 10. 12. 선고 2017도8836 판결로 확정)은 위와 유사한 사안에서 판단을 달리했다. 이 사건에서도 채증사진을 촬영한 경찰관 L, M은 사진을 촬영한 뒤 메모리카드에 있는 원본 사진 파일을 컴퓨터에 옮겨 해상도를 낮추어 다시 이를 CD에 복사하고, 원본은 모두 삭제하였는데, 법원은 다음의 이유를 들어 동일성 증명이 없다고 보아 증거능력을 부정했다.

- 경찰관 N은 원본 파일이 복사된 CD를 송부받아 저장된 사진 파일을 다시 컴퓨터로 복사한 후 변환 프로그램으로 사진 파일에 시간을 입력하고, 피고인으로 특정하고자 하는 부분에 빨간 동그라미를 표시하는 작업을 하여 사진을 출력하였다.
- 경찰관들이 사용하는 컴퓨터에 비밀번호가 설정된 것(이와 같은 조치만으

42) 이 판결은 항소심인 서울고등법원 2016. 12. 13. 선고 2016노2323 판결에 의해 파기되었으나, 피고인 측은 채증사진과 동영상의 증거능력을 인정한 제1심 판단에 대해서는 위 항소심에서 다투지 않았고, 검사의 공소장변경에 따른 직권 파기와 피고인 측의 양형부당 주장 인용에 따른 파기였다. 상고심인 대법원 2017. 5. 31. 선고 2016도21079 판결은 상고를 모두 기각하였다.

43) 이 사건의 경우 SD카드에서 정보과 CD로 복제되기까지의 무결성은 관련자의 진술만으로 인정한 셈인데, 이는 광주고등법원(제주) 2021. 3. 31. 선고 2020노88 판결(대법원 2021. 6. 30. 선고 2021도4745 판결로 확정)에서 관련자의 진술에도 불구하고 CCTV 원본 파일이 CD로 복제되기까지 위·변조 방지를 위한 객관적·기술적 조치가 없었다는 이유로 무결성을 부정한 것과 비교된다.

로는 '무결성'을 담보하기에 충분하다고 보이지 아니한다) 외에 원본 사진 파일을 컴퓨터에 옮겨 해상도를 낮추어 CD에 복사하는 과정, 사진 파일을 다시 CD에서 컴퓨터로 복사하는 과정에 파일의 편집이나 훼손을 방지하기 위한 아무런 조치도 취해지지 않은 것으로 보인다.[44]

- 원본 사진 파일은 모두 삭제되었고, 원본 사진 파일의 해시값이 확보되어 있지 않아 사본과의 해시값 대조에 의한 동일성 확인은 불가능하다.

2) 집회·시위 등 채증사진

가) 서울중앙지방법원 2017. 1. 19. 선고 2016노4093 판결(대법원 2017. 4. 13. 선고 2017도1691 판결로 확정)과 서울중앙지방법원 2017. 8. 31. 선고 2017노81 판결(대법원 2019. 7. 4. 선고 2017도14584 판결로 확정)

위 사건들에서 법원은 아래와 같은 이유로 일부 집회·시위 채증사진의 증거능력을 부정하였다.

- 경찰관은 채증사진의 '원본 파일'이 아닌 '원본 파일이 복사된 CD'를 송부받았고, 위 CD에 저장된 사진 파일을 다시 컴퓨터로 복사하여 일정한 작업을 한 후 사진을 출력하였다.
- 위와 같이 원본 파일을 CD로 복사하는 과정이나, 사진 파일을 CD에서 컴퓨터로 복사하는 과정에서 파일의 편집이나 훼손을 방지하기 위한 아무런 조치도 취해지지 않았다.
- 현재 이 사건 채증사진의 원본 파일은 모두 삭제되었고, 원본 파일의 해시값이 확보되어 있지 않아 사본과의 해시값 대조에 의한 동일성 확인이 불가능하다.
- 국립과학수사연구원은 이 사건 사진 파일에 관하여 '위·변조하였을 때 일반적으로 나타날 수 있는 특징이 관찰되지 않는다'고 하면서도 동시에 '모든 디지털 파일은 편집 프로그램 등에 의하여 흔적 없이 편집이

44) 위 서울중앙지방법원 2016. 7. 19. 선고 2016고합94, 578 판결의 경우 SD카드에 저장된 원본을 컴퓨터로 옮긴 후 리사이징하여 정보과 CD를 만드는 과정까지의 무결성을 관련자의 진술로 인정한 점과 비교된다.

가능하다'는 의견을 제시한 점 등을 종합하면, 검사가 제출한 각 증거만으로는 이 사건 채증사진 파일 및 이 사건 채증사진 파일을 출력한 사진이 원본 파일에 저장된 내용과 동일성을 유지하며 존재한다는 점이 증명되었다고 볼 수 없다.

나) 서울중앙지방법원 2018. 12. 13. 선고 2018노2197, 2198 판결 (상고 부제기로 확정)

이 사건도 위와 같이 원본 파일이 모두 삭제되고 그 해시값이 확보되어 있지 않아 원본과 사본 또는 출력물과의 대조가 불가능했던 사안이다. 법원은 사진과 동영상을 직접 촬영하였다는 경찰관, 파일 원본을 통해 사본을 만들었다는 경찰관, 파일 사본을 순차로 전달받았다는 경찰관 등이 법정에 증인으로 출석하여 '원본을 이용하여 사본을 만들었고, 그 과정에서 편집이나 조작을 하지 않았다'고 진술하였다고 하더라도, 원본과 사본의 동일성을 확보하는 조치나 파일의 편집 또는 훼손을 방지하기 위한 기술적 조치를 취하지 않은 점 등에 비추어 보면, 무결성과 동일성의 요건이 충분히 증명되었다고 볼 수 없다고 판단했다.

다) 인천지방법원 2021. 9. 10. 선고 2019고단8437 판결(항소 부제기로 확정)

피고인들은 노동조합의 간부와 조합원들로 공사현장에서 외국인 불법 고용 규탄 결의 대회 명목의 집회를 개최하여 위력으로 피해자 회사의 공사업무를 방해하였다는 공소사실로 기소되었다. 증거로 제출된 채증자료 CD에 수록된 동영상 파일은 경찰관이 현장에서 녹화한 영상파일을 전자적 방법으로 복사한 사본이고, 원본 영상파일은 이미 삭제되어 존재하지 않았다. 법원은 다음과 같은 이유로 이 사건 사본이 복사 과정에서 인위적 개작 없이 원본의 내용 그대로 복사되었음이 증명되었다고 보기 어렵다고 판단하였으나, 나머지 증거들로 유죄를 인정하였다.

- 이 사건 사본의 원본은 복사 과정에서 해시값의 추출이 이루어지지 않은 상태로 삭제되어, 이 사건 사본과의 해시값 비교를 통한 동일성 확인이 불가능하다.

• 원본으로부터 이 사건 사본을 복사하는 과정에 관여한 경찰관들이 복사 과정에서의 편집 등을 방지하기 위한 별다른 기술적 조치를 취한 바 없다.
• 원본 영상은 약 30분간 촬영이 된 것으로 보이는 반면, 이 사건 사본 영상의 총 분량은 약 14분 정도에 불과하다.
• 원본 동영상을 촬영한 경찰관과 이 사건 사본을 넘겨받아 캡처사진을 출력한 경찰관의 법정증언만으로 이 사건 사본이 편집·조작되지 않았으며 원본의 내용 그대로 복사된 것이라고 단정하기 어렵다.

라) 의정부지방법원 2021. 12. 17. 선고 2020노3042 판결 (상고 부제기로 확정)

이 사건에서 쟁점이 된 영상은 G시청 행정지원팀 소속 공무원 T가 자기 휴대전화로 골프장 증설 반대 시위 현장을 동영상 촬영한 것으로, USB를 이용해 자신의 업무 컴퓨터에 영상을 옮긴 후 같은 시청 소속 공무원에게 메신저로 전달하였다. 이후 T는 쟁점 영상 촬영에 사용한 휴대전화를 분실하였다. G시청 행정지원팀장 L은 쟁점 영상을 포함하여 소속 공무원들이 촬영한 현장 영상을 취합한 후 경찰공무원 S에게 제출하였다.

S는 'L이 휴대용 저장장치(휴대전화의 SD카드는 아니었음)에 가지고 온 파일을 업무 컴퓨터로 복사한 후 CD에 파일을 구웠고, L이 가져온 파일의 해시값과 자신이 복사한 사본 파일의 해시값을 추출하여 대조하였으나, 처음 촬영된 파일 원본의 해시값은 추출하지 않았다. CD에 대한 봉인은 따로 하지 않았다. 전자정보 상세목록에 기재된 해시값은 L이 가져온 파일의 것이고 내가 복사한 사본의 해시값은 기록에 첨부하지 않은 것 같다.'라는 취지로 증언하였다.

L은 '직원들 중에서 몇 명이 당시 상황을 촬영하였는데, 누가 촬영했는지는 모른다. 경찰에 제출한 증거는 내가 취합해서 제출한 것이다. 직원이 나한테 갖고 온 파일을 그대로 USB에 담아서 제출한 것이다. 복사해서 옮기는 과정에서 원본과 사본의 동일성에 대해 확인한 적은 없다.'는 취지로 증언하였다.

법원은 다음과 같은 이유로 쟁점 파일의 증거능력을 부정하였다.

- 쟁점 파일의 원본에 대해서 해시값 추출이 이루어지지 않았고, 원본 영상이 제출되지도 않았다.
- 전자정보 확인서에 "압수한 전자정보가 원본의 내용에서 수정·변경되지 않았음을 확인"이라고 기재되어 있고, 제출자 L이 서명·날인하였으나, L은 누가 위 파일을 촬영하였는지도 알지 못하고, 파일 원본을 복사하는 과정에 관여하지도 않았다. 따라서 L이 작성한 전자정보 확인서의 기재만으로 위 파일의 원본 동일성, 무결성을 증명하기 부족하다.
- CD에 봉인이 이루어지지 않았다.
- 수사기관으로서는 관련 영상을 증거로 확보할 필요가 있다면 영상 확보 및 복사 과정을 동영상 촬영하거나, 봉인, 해시값 추출 등 여러 방법을 통해 동일성과 무결성을 담보할 수 있는 충분한 조치를 함으로써 그에 관한 논란을 차단할 수 있다. 그러나 이 사건에서는 영상의 복사·제출 과정에서 이러한 조치가 취해지지 않았는바, 원본의 복사 과정에서 조작이나 편집이 개입될 가능성이 없었을 것이라는 T, L, S의 진술만으로는 위 파일의 원본과 증거로 제출된 파일 간의 동일성 및 무결성을 인정하기 부족하다.

3) 해외 회합 채증 영상

수사기관이 2011년경 중국, 베트남, 말레이시아 등지에서 캠코더로 피고인과 북한 공작원의 회합 장면 등을 촬영하였으나 원본 파일이 저장된 매체를 봉인하거나 원본 파일의 해시값을 산출하는 등 조치 없이 외장하드에 저장하여 보관한 사안에서, 법원은 원본 파일이 삭제되어 남아있지 않은 경우에도 동일성·무결성을 인정하여 그 증거능력을 인정한 바 있다.[45] 그 근거의 요지는 아래와 같다.[46]

- 촬영 당시에는 정보저장매체 원본을 보관하는 절차나 방법이 확립되어 있지 않아 봉인이나 해시값 산출 등 절차를 거치지 않았다.

---

45) 대법원 2017. 11. 29. 선고 2017도9747 판결

46) 하급심인 서울중앙지방법원 2016. 12. 15. 선고 2016고합538, 558 판결, 서울고등법원 2017. 6. 13. 선고 2017노23 판결에 상세한 이유가 기재되어 있다.

• 국립과학수사연구원의 영상 조작 여부 감정 결과는 '정교한 위·변조의 경우 그 흔적을 발견하지 못할 가능성을 완전히 배제할 수는 없으나, 감정 동영상 파일은 형식 및 데이터 구조에서 감정물 캠코더로 시험 촬영한 영상과 동일한 형식으로 구성되어 있으며, 위·변조되었다고 판단할 만한 특이점이 발견되지 않는다'는 취지다.
• 파일의 마지막 수정시간이 피고인이 촬영된 시간대와 일치한다.

이후로는 해외 채증 영상의 경우에도 봉인이나 해시값 산출 등 절차가 이루어지고 있는 것으로 보인다.47)

4) 사인(私人)의 채증 영상

가) 수원지방법원 2018. 11. 14. 선고 2017고단8247 판결(수원지방법원 2019. 6. 28. 선고 2018노7422 판결로 항소 기각 후 상고 부제기로 확정)

피고인과 사업적으로 경쟁 관계에 있는 업체를 운영하면서 서로 민·형사상 법적 분쟁이 잦았던 사람이 피고인의 사기 범행에 관한 동영상을 촬영하고 그로부터 4년 이상 지난 후 피고인의 범행을 고발하면서 USB에 담긴 영상 사본을 증거로 제출한 사안에서 법원이 해당 영상의 동일성·무결성이 증명되지 않았다고 보아 그 증거능력을 부정한 사례다. 공소사실은 피고인이 피해자들로부터 '달임 의뢰'를 받아 녹용달임액을 제조·판매하면서 피해자들이 구매하여 제공한 것보다 적은 양의 녹용을 사용하였다는 사기 혐의였다.

이 사건에서 법원은 "USB에 저장된 사본이 처음 촬영된 디지털 저장매체 원본에 저장된 내용과 똑같은 점(동일성)과 원본이 사본으로 저장될 때까지 변경되지 않았다는 점(무결성)이 인정되어야 형사재판의 증거로 사용할 수 있을 것"이라고 판시하여 증거능력 요건으로서 동일성·무결성의 판단 기준 시점을 최초 촬영 시로 보았다.

---

47) 청주지방법원 2024. 2. 16. 선고 2021고합198, 250 판결[항소심인 대전고등법원(청주) 2024. 10. 21. 선고 2024노55 판결에서 일부 파기 주문이 있었으나 증거능력 판단 부분은 그대로 유지되었고, 상고심인 대법원 2025. 3. 13. 선고 2024도17383 판결에서 상고 기각되어 확정]

나) 전주지방법원 2023. 4. 19. 선고 2022고단589, 2022고정179 판결 (대법원 2024. 1. 5. 자 2023도16571 결정으로 확정)

피고인은 2021. 8. 18. 04:00경 피해자 C가 운영하는 주점에서 피해자 C와 그 종업원인 피해자 E, 피해자 C의 연락을 받고 현장에 온 피해자 F를 폭행하고 재물을 손괴하였다는 공소사실로 기소되었다. 그 증거로 사건 당시 피고인이 피해자 F를 폭행하는 장면을 휴대전화로 촬영한 동영상의 사본이 CD에 담겨 제출되었는데, 피고인 측은 무결성이 담보되어 있지 않다는 이유로 그 증거능력을 다투었다.

법원은 다음과 같은 사정을 들어 해당 영상파일의 동일성·무결성이 증명되지 않았다고 보아 증거배재결정을 하였다.

- CD로 제출된 동영상은 피해자 C가 피고인의 주점 소란행위 시로부터 약 10일이 지난 2021. 8. 28.에 사건 담당 경찰관에게 이메일로 파일을 전송한 것이었는데, 피해자 C가 이메일에 파일로 올리는 과정이나 담당 경찰관이 그 파일을 CD에 저장하는 과정에서 조작 또는 변개를 방지하기 위한 조치가 취해졌다고 볼 자료는 없다.
- 이 사건 영상파일에는 음성 부분이 녹음되어 있지 않았는데, 촬영자인 피해자 C도 그 이유를 모른다고 진술하였는바, 원본 파일에도 위 음성 부분이 녹음되어 있는지 여부를 알 수 없다. 그러나 일반적으로 휴대전화로 동영상을 촬영할 경우 음성 부분만 녹음되지 않는 경우는 이례적인 것으로 보이는바, 이 사건 영상파일이 조작 또는 변개되었을 가능성을 배제할 수 없다.
- 피해자 E도 피고인과 피해자 F의 실랑이 과정을 자신의 휴대전화로 동영상 촬영하였고, 위 동영상 파일을 C에게 전송하여 C이 위 동영상을 수사기관에 제출한 것으로 알고 있다고 진술하였는바, 검사가 제출한 자료만으로는 이 사건 영상파일 원본의 촬영자가 C인지 E인지 알기 어렵다. 더욱이 C는 '보낸 사람: E'로 하여 E의 이메일 주소를 이용하여 수사기관에 동영상 파일을 전송하였다.
- 수사기관은 이 사건 영상파일을 제출받으면서 촬영자가 누구인지 확인하지 않았고, 원본이 조작되지 않았다는 취지의 확인도 받지 않았다. 결국 이 사건 영상파일이 최초 저장장치(휴대전화)에서부터 여러 차례

복사된 뒤 수사기관에 제출되는 과정에 관하여 확인할 수 있는 아무런 자료가 없다.

사 기타 개별 판결례

1) 강간치상 혐의사실 관련하여 피해자가 제출한 상처 사진의 동일성·무결성이 증명되지 않았다고 본 사례[48]

피고인의 전처 G가 피해자와 피고인의 부정행위로 혼인관계가 파탄에 이르렀다는 이유로 피해자를 상대로 손해배상청구 소송을 제기하여 2015. 8. 13. '피해자는 G에게 1,000만 원을 지급하라'는 내용의 판결이 선고되자, 피해자가 '2013. 4. 14. 23:30경 피고인에게 강간을 당하였다'는 취지로 2015. 10. 1. 피고인을 고소한 사안이다. 피해자가 제출한 증거 중에는 강간치상 상처 사진이 있었는데, 피해 당시 피해자와 사귀는 사이였다는 증인 F의 법정진술에 의하면, 해당 사진 파일이 저장된 CD는 F와 같은 동호회의 회원이 휴대전화로 피해자를 촬영한 것을 CD에 복사하여 F에게 교부한 것이었다.

법원은 다음과 같은 사정들을 근거로 F나 피해자의 진술만으로는 사진 파일의 동일성·무결성이 입증되었다고 보기 어려워 그 증거능력을 인정할 수 없다고 보았다.

- 사진 파일의 원본이 저장된 동호회 회원의 휴대전화가 법정에 현출되거나 제출되지 않았고, CD에 담긴 사진 파일 원본이 확보되지 않아 사본과의 해시값 대조에 의한 동일성 확인도 불가능하다.
- 전달에 관여한 위 동호회 회원이 수사기관이나 법정에 출석하여 복사 과정에서 사진 파일이 편집되는 등 인위적 개작 없이 원본 그대로 복사된 사본이라는 점에 관하여 진술하거나 증언한 바가 없음은 물론 F와 피해자 모두 위 동호회 회원이 누구인지조차 특정하지 못하고 있다.

---

48) 의정부지방법원 2016. 10. 5. 선고 2016고합126 판결(서울고등법원 2017. 3. 24. 선고 2016노3373 판결로 항소 기각 후 상고 부제기로 확정)

- 사진 파일 CD에는 편집이나 훼손 방지를 위한 조치가 취해지지 않았던 것으로 보인다.
- 변호인은 이 사건 사진 파일의 촬영 일자가 변경(편집) 가능하다고 주장하며 촬영 일자를 변경한 사진과 그 사진 파일 CD를 제출하였다.
- 사진 촬영 및 제출 경위에 관한 피해자의 진술이 일관되지 않고, 번복된 진술 내용에도 경험칙상 납득하기 어려운 부분이 존재한다.

2) 피고인의 이메일 원본과 수사기관이 인터넷서비스제공업체로부터 압수하여 출력한 이메일 증거 사이에 동일성이 인정된다고 본 사례[49)]

피고인이 아버지 명의로 가입한 AO 이메일과 피고인 자신 명의로 가입한 AQ 이메일 계정에서 압수하여 출력한 이메일 증거와 인터넷서비스제공업체(AO, AQ) 서버에 보관된 이메일 원본의 동일성이 문제 된 사안이다. 법원은 AO의 직원 W, AQ의 직원 U가 각각 수사기관의 이메일 압수·수색과 관련한 업무 절차에 관하여 증언한 내용과 CD의 봉인 상태에 이상이 없다는 점 등을 근거로 동일성을 인정하였다.

3) 경찰 증거분석에서 동일성·무결성 보장조치를 하였으나 참여권 미보장의 위법이 있었던 경우 검찰에서 참여권을 보장하고 동일성·무결성 보장조치를 하여 다시 증거분석한 파일의 증거능력을 인정한 사례[50)]

경찰은 피고인을 살인 혐의로 긴급체포하면서 피고인의 휴대전화를 긴급압수하였다. 경찰은 사후 압수·수색영장을 발부받고 쓰기방지나 해시값 확인 등 동일성·무결성 보장조치를 하여 피고인의 휴대전화를 증거분석하였으나, 당시 피고인이 자살을 시도하는 등으로 병원에 입원 치료를 받게 되어 피고인의 참여권을 보장하지는 못했다.

검찰은 피고인의 치료가 끝난 후 피고인을 영장에 의해 체포하고 참여권

---

49) 서울북부지방법원 2017. 1. 12. 선고 2012고단1421 판결(서울북부지방법원 2017. 8. 11. 선고 2017노135 판결로 항소 기각 후 상고 취하로 확정)

50) 서울고등법원 2017. 5. 24. 선고 2016노627 판결(대법원 2017. 10. 12. 선고 2017도8814 판결로 확정)

포기 취지의 확인서를 받은 후 마찬가지로 쓰기방지나 해시값 확인 등 동일성·무결성 보장조치를 하여 피고인의 휴대전화를 재차 증거분석하였다.

법원은 피고인의 휴대전화에 대한 경찰의 증거분석 파일은 참여권을 보장하지 않은 위법으로 인해 증거능력이 없다고 보았으나, 경찰 단계에서부터 검찰 단계까지 동일성·무결성 보장조치가 이어졌기 때문에 검찰이 같은 휴대전화에 대하여 피고인의 참여권을 보장하고 재차 증거분석한 파일은 동일성·무결성 요건을 충족하여 증거능력이 있다고 보았다.

4) 해시값 불일치 등으로 동일성·무결성이 증명되지 않아 상고심에서 파기·환송되었으나 환송심에서 동일성·무결성이 증명되어 증거능력을 인정받은 사례[51)]

가) 사실관계

공소외 N은 피고인의 지시를 받아 유흥주점 장부를 USB에 엑셀 파일로 작성·관리하였다. 수사기관은 2015. 10. 28. 조세포탈 혐의로 진행한 압수·수색 과정에서 N의 USB 내 전자정보에 대한 논리이미지 파일을 압수하였다.[52)] N은 압수 과정에 참여하여 원본 파일의 해시값과 USB 논리이미지 파일의 해시값이 같음을 확인한 후 사실확인서에 서명하였다. N은 위 압수·수색영장 집행 후 위 USB를 폐기하였다.

검사는 위와 같이 압수된 USB 논리이미지 파일로부터 개별 파일을 추출하고 개별 파일들과 그 목록 파일을 CD 2장에 담아 증거로 제출하였다. 검사가 CD에 담아 증거로 제출한 파일 중 '판매심사-14.xlsx', '판매심사-15.xlsx', '산결.xlsx'[53)]은 포탈세액 산정의 근거가 되는 증거였으나, 동일

---

51) 대법원 2020. 7. 23. 선고 2020도2466 판결

52) 압수 현장에서 총 3개의 USB가 발견되었는데 그 중 2개의 USB에 대해서만 논리이미징이 이루어졌고, 나머지 한 개의 USB는 저장매체 자체가 압수되었는데, 이하에서는 이 사건에서 동일성·무결성이 다투어진 파일이 저장되어 있던 'memorette' USB만을 지칭한다.

53) '판매심사-14.xlsx' 파일은 2012. 1.부터 2014. 12.까지, '판매심사-15.xlsx' 파일은 2015. 1.부터 2015. 10. 26.까지 기간 동안, 월별로 주류, 안주별 단가, 전체 판매수량(서비스 수량 포함), 서비스 수량 제외 실제 판매량, 판매금액 등과 일자별 판매량도 함께 기록되어 있고, 각 시트별(월별 작성)로 엑셀 함수를 이용해 판매량, 판매금액 각 합계액을 계산하는 형식이지만, 다른 엑셀 파일 내 수치와 연동되어 이 사건 각 파일의 수치가 변동하는 형식은

성·무결성 여부가 다투어졌다.

나) 대법원 2018. 2. 8. 선고 2017도13263 판결(상고심): 동일성·무결성이 입증되지 않았다는 이유로 파기·환송

상고심 법원은 다음과 같은 이유에서 검사가 제출한 2장의 CD에 담긴 전자정보의 동일성·무결성이 증명되지 않았다고 보아 유죄를 인정한 원심 판결을 파기·환송하였다.

- 증거로 제출된 CD 2장에는 4,458개의 개별 파일과 그 목록 파일이 저장되어 있었는데, 이는 USB 논리이미지 파일과 다른 일반 파일 형태로 어떤 변환 및 복제 과정을 거쳐 일반 파일 형태로 저장된 것인지를 확인할 수 있는 자료가 제출되지 않았다.
- 목록 파일에는 위 개별 파일 수보다 50개 더 많은 4,508개의 파일 관련 정보가 저장되어 있고, 개별 파일들의 해시값과 목록 파일에 기재된 해당 파일별 해시값이 서로 일치하지 않는 것이 20개가 발견되었다.
- 공소외 N이 작성한 사실확인서에는 USB 논리이미지 파일의 전체 해시값만 기재되어 있고 개별 파일에 대한 해시값이 기재되어 있지 않으므로 사실확인서로 해시값을 비교할 수도 없다.

다) 부산고등법원 2020. 2. 6. 선고 2018노121 판결(환송심): 동일성·무결성 인정

(1) 검사가 제출한 증거 CD 2장의 제작 경위

압수·수색영장을 집행했던 수사관 S는 2015. 10. 28. 13:00경 그 집행을 마친 직후 해당 USB 논리이미지 파일을 대검찰청 디지털수사통합업무관리시스템(DFIS II)에 등록하였다. 검사는 공소제기 후인 2016. 4. 6. DFIS II에 등록된 USB 논리이미지 파일의 증거 재분석을 요청하였고, 아래의 과정을 거쳐 만든 CD 2장을 법원에 증거로 제출하였다.

- 수사관 S가 DFIS II에 등록된 USB 논리이미지 파일을 내려받아 저장

아니었다. '산결.xlsx' 파일은 2010. 1. 1.부터 2015. 10. 26.까지의 매일의 매출액, 지출내역 등이 기재되어 있는 자료이다.

- 수사관 S가 USB 논리이미지 파일 내 존재하는 개별 파일을 일반 파일 형태로 추출하여 'export' 폴더에 저장
- 수사관 S가 위 개별 파일과 그 목록 파일인 'DirList[20160407-213826].html'이 저장된 'export' 폴더를 검찰 포렌식 서버(D-NET)에 업로드
- 검사는 검찰 포렌식 서버(D-NET)에서 목록 파일과 'export' 폴더를 내려받아 이를 CD 2개에 저장하여 2016. 4. 11. 법원에 그 출력물과 함께 증거로 제출(USB 논리이미지 파일 자체는 제출하지 않음)

(2) 파일 개수 차이 및 해시값 불일치가 생긴 이유

검사가 증거로 제출한 CD 2장 중 'CD1'에는 2,392개의 개별 파일, 'CD2'에는 2,066개의 개별 파일이 저장되어 합계 4,458개의 개별 파일이 들어있고, CD1에 저장되어 있는 '목록 파일'에는 4,508개 파일의 각 파일 이름과 수정·접근·생성 시각, 파일크기, MD5 해시값과 원본 파일의 경로가 기록되어 있었다.

개별 파일 4,508개가 위 CD 2개에 저장될 때 바이러스에 감염된 70개의 파일 중 50개는 저장 과정에서 누락되었고, 나머지 20개의 파일은 바이러스가 치료된 상태로 저장되면서 목록 파일에 저장된 각 파일의 해시값과 달라지게 되었다. 해시값이 달랐던 20개의 파일 중에 포탈세액 산정의 근거가 된 '판매심사-14.xlsx', '판매심사-15.xlsx', '산결.xlsx' 파일은 포함되어 있지 않았다.

(3) 해시값 재확인 결과

상고심에서 파기·환송 판결이 선고된 이후인 2018. 6. 20. 대검찰청 서버(DFIS II)에 계속 보관 중이던 USB 논리이미지 파일의 해시값을 확인한 결과, N에게 교부된 사실확인서에 기재된 해시값과 일치하였다.

2018. 6. 20. USB 논리이미지 파일에서 추출된 개별 파일 4,508개에 대한 목록 파일 'DirList[20180620-172545].html'에 기재된 개별 파일들의 해시값과 검사가 원심에서 증거로 제출한 목록 파일 'DirList[20160407-213826].html'에 기재된 개별 파일들의 해시값이 모두 일치하였다.

(4) 검사의 증거 추가 제출

검사는 2018. 6. 25. 환송심 법원에 USB 논리이미지 파일, 2018. 6. 20. 추출한 개별 파일(4,508개)과 그 해시값, 당초 목록 파일의 해시값과 불일치하였던 20개 파일에 대한 해시값 검증 자료 등을 제출하였다. 피고인들은 실기한 증거신청이라고 다투었으나, 법원은 검사가 고의로 뒤늦게 위 증거신청을 한 것으로 보이지는 않는다는 이유로 피고인들의 주장을 받아들이지 않았다.

(5) 환송심 법원의 판단

위 내용을 기초로 법원은 N이 가지고 있었던 USB 원본 파일이 압수된 USB 논리이미지 파일과 그로부터 개별 추출되어 증거로 제출된 '판매심사-14.xlsx', '판매심사-15.xlsx', '산결.xlsx' 파일에 이르기까지 동일성·무결성이 유지되었다고 판단했다.

라) 대법원 2020. 7. 23. 선고 2020도2466 판결(환송심의 상고심): 상고기각

피고인들은 환송심 판결에 대하여 다시 상고를 제기하였다. 그러나 법원은 증거로 제출된 '판매심사-14.xlsx', '판매심사-15.xlsx', '산결.xlsx' 파일과 그 출력물은 원본과의 동일성·무결성이 인정되므로 그 증거능력을 인정할 수 있다고 판단한 환송심의 판단에 논리와 경험의 법칙을 위반하여 자유심증주의의 한계를 벗어나거나 저장매체에 저장된 전자정보의 동일성·무결성 인정 및 심증의 정도, 전자정보의 증거능력, 환송판결의 기속력, 저장매체에 저장된 전자정보의 적법한 압수·수색 절차, 당사자의 증거신청에 관한 법리를 오해한 잘못이 없다고 보아 피고인들의 상고를 모두 기각하였다.

5) 현장에서 촬영된 동영상 원본을 전자적 방법으로 복사한 사본이 증거로 제출된 사안에서 원본 파일의 존재가 확인되지 않아 그 증거능력을 부정한 사례[54)]

피고인(아파트 입주민)이 아파트 노후배관 교체공사 관련 회의 도중 회의실 밖으로 나가려던 피해자(아파트 관리사무소 관리부장)의 가슴을 세게 밀쳐 폭행하였다는 공소사실로 기소된 사건에서 검사가 현장 동영상 사본을 CD에 담아 증거로 제출한 사안이다.

검사가 제출한 동영상 CD들은 현장에서 촬영된 동영상 원본을 전자적 방법으로 복사한 사본이었는데, 동영상 원본 파일의 존재는 확인되지 않았다. 법원은 현장에서 촬영된 원본이 사본으로 만들어지는 과정에서 편집되는 등 인위적 개작 없이 원본의 내용 그대로 복사하여 사본으로 만들어진 것이라는 점을 인정하기에 충분한 증거가 제시되지 않았다고 보아 위 CD에 담긴 동영상의 증거능력을 부정하였다. 다만 나머지 증거들만으로 공소사실이 인정된다고 보아 피고인의 죄책을 인정하였다.

강간 사건에서도 이와 비슷한 이유로 CCTV 영상 사본의 증거능력을 부정한 사례가 있다.[55)] 이 사건에서 증거능력이 부정된 CCTV 영상도 현장에서 촬영된 동영상 원본을 전자적 방법으로 복사한 사본이었고, 동영상 원본 파일의 존재는 확인되지 않았다. 검사가 제출한 증거들만으로는 현장에서 촬영된 동영상 원본이 사본으로 만들어지는 과정에서 편집되는 등의 인위적 개작 없이 원본의 내용 그대로 복사되어 사본으로 만들어진 것이라는 점을 인정하기에 부족하였고, 오히려 일부 영상이 CD로 복사되는 과정에서 누락되었음이 관련자의 진술에 의해 확인된 사안이었다. 다만, 나머지 증거들에 의해 유죄는 인정되었다.

---

54) 서울북부지방법원 2018. 11. 23. 선고 2018노943 판결(대법원 2019. 1. 31. 자 2018도19789 결정으로 확정)

55) 서울중앙지방법원 2019. 7. 12. 선고 2018고합1252 판결(항소심인 서울고등법원 2019. 9. 19. 선고 2019노1690 판결에서 양형부당만을 이유로 파기되었고 상고 부제기로 확정)

6) 원본의 존재 여부 및 내용을 확인하기 어려운 사본 문서의 동일성·무결성을 부정한 사례[56)]

국정원 직원이 청와대의 정보지원 요청을 받아 작성한 문서 원본을 출력할 때 국정원 출력기록 자동저장 시스템에 자동으로 저장되어 있던 텍스트 파일 내지 이미지 파일을 다운로드받아 한글문서로 재작성하여 검사에게 제출한 '청와대 요청사항 문건'의 증거능력이 문제가 되었던 사안이다. 법원의 사실조회에 대한 국정원의 회신은 '원본 파일을 확인할 수 없으며 원본의 초안, 수정안 파일들도 일체 확인할 수 없다'는 취지여서 문건 원본의 존재 여부 및 내용을 확인할 수 없었다. 국정원은 일부 문건에 대하여 자동저장 시스템에 남아있던 텍스트 파일 및 이미지 로그 자료를 각 첨부하여 법원의 사실조회에 회신하기도 하였으나, 증거로 제출된 문건의 내용과 다른 부분들이 있었다. 또한 국정원 출력기록 자동저장 시스템의 기계적 정확성이나 프로그램의 신뢰성을 담보할 만한 객관적 자료나 전문인력의 진술 등이 제출된 바 없었다.

법원은 위 '청와대 요청사항 문건'이 그 원본 출력 및 저장 과정에서 기계적 오류 없이 그대로 출력기록 자동저장 시스템에 저장되었다고 단정하기 어렵고 오히려 그 작성 과정에서 일부 개작된 것으로 보이므로 동일성·무결성을 인정할 수 없어 증거능력이 없다고 보았다. 검사는 해당 문건을 국정원으로부터 임의제출받아 그대로 제출한 것이므로 '정보저장매체에서 출력한 문건의 증거능력에 관한 법리'는 적용되지 않고 동일성·무결성 문제가 발생하지 않는다고 주장했으나, 법원은 동일성·무결성 법리가 사본으로 제출된 증거의 증거능력을 판단할 때 일반적으로 적용되는 법리라고 보아 위와 같은 검사의 주장을 받아들이지 않았다.

56) 대법원 2021. 9. 16. 선고 2021도2748 판결

7) 수사기관이 동일성·무결성 확보 조치 전에 임의로 압수물을 탐색한 사안에서 증거능력을 부정한 사례[57)]

가) 사실관계

경찰은 2020. 3. 25. 서울 강남구에 있는 피고인의 주거지에서 피고인을 체포하고 그 장소를 압수·수색하면서 현장에 있던 스마트폰, 아이맥컴퓨터, 맥북프로노트북 등 저장매체 원본을 압수하여 밀봉하지 않고 상자에 넣은 채 강원 평창결찰서 사무실로 반출하였다. 당시 압수된 스마트폰은 피고인의 얼굴에 의한 안면인식 잠금 및 비밀번호가 설정되어 있었는데, 피고인은 자신의 얼굴을 인식시켜 잠금을 해제해주거나 비밀번호를 임의로 알려주는 등 협조적인 태도를 취하였는바, 담당 경찰관이었던 AB는 서울 강남구에 있는 피고인의 주거지에서 강원 평창경찰서 사무실까지 이동하는 호송차량 내에서 피고인의 스마트폰에 저장된 전자정보를 계속 탐색하였고 그 비밀번호를 임의로 변경하거나 환경설정을 영어에서 한국어로 변경하기도 하였다. 당시 피고인은 담당 경찰관 AB의 옆좌석이 아닌 뒷좌석에 앉아있었다.

또한 경찰관들은 피고인에 대한 제1회 피의자신문 과정에서 동일성·무결성 담보를 위한 기술적 조치를 취하지 않은 채, 압수 당시에는 전원이 꺼져 있던 아이맥, 맥북프로노트북 저장매체의 전원을 임의로 켜 그 저장매체 원본에 저장된 정보들을 탐색하면서 피고인에게 제시하였고, 스마트폰 역시 임의로 탐색하면서 피고인에게 제시하였다.

나) 법원의 판단

법원은 각 압수물이 봉인 전 수사기관의 무단 탐색행위로 인해 훼손되어 무결성을 흠결하게 되었다고 보고 그 증거능력을 부정하였다. 그 구체적인 이유는 다음과 같다.

- 저장매체에 저장된 정보의 양이 방대하고 유관정보와 무관정보가 혼재되어 있어 면밀한 증거분석이 필요하였으므로 저장매체 원본을 반출한

57) 춘천지방법원 2021. 4. 2. 선고 2020노856 판결(대법원 2021. 7. 8. 선고 2021도4850 판결로 확정)

것 자체가 위법하다고 보기는 어려우나, 저장매체 원본을 압수하여 봉인한 후 피압수자 등의 서명날인을 받고 그 복제본을 생성할 수 있는 디지털포렌식센터 등으로 이동하여 피압수자의 참관하에 봉인을 해제하고 훼손방지조치(쓰기방지조치)를 한 다음 복제본을 생성하고 해시값 확인을 받아 대검찰청 예규 및 경찰청 훈령이 정하는 바에 따라 복제본을 이용하여 탐색을 하였어야 한다.

- 호송차량 안에서 피고인은 자신의 얼굴을 인식시켜 잠금을 해제해주거나, 비밀번호를 임의로 알려주는 등 협조적 태도를 취하였던 점을 고려할 때, 압수물 봉인 전 탐색행위가 반드시 필요하였는지도 의문이다.
- 담당 경찰관 AB는 법정에서 '제가 (탐색)하는 것을 봤는지 안 봤는지 모르겠지만 내가 보이는 가시거리 내에 있었다'라고 진술하였으나, 압수된 전자정보 저장매체에 대한 복제본을 추출하고 해시값을 생성하기 전 수사기관이 이를 임의로 탐색하여 위 저장매체에 기록된 전자정보 원본 자체를 이미 훼손한 이상 그와 같은 전자정보 탐색 장소가 피고인이 동승한 차량 내였다거나, 압수물 자체가 피고인의 근거리에 있었다고 하여 전자정보 증거의 무결성 요건 충족 여부에 관한 판단이 달라지지 않는다.
- 경찰관들이 피고인에 대한 제1회 피의자신문 과정에서 저장매체 원본에 저장된 정보들을 하나하나 탐색하면서 피고인에게 제시한 것은 압수·수색 과정에서 유관정보와 무관정보를 구분하기 위한 탐색과는 명백히 다르다. 담당 경찰관 AB는 '피고인이 신속히 조사를 마치고 필리핀에 가고 싶다는 취지로 말하면서 그와 같은 탐색에 동의하였다'는 취지로 진술하였으나, 설령 피고인이 그렇게 말한 사실이 있다고 하더라도 각 압수물의 무결성이 훼손된 하자가 치유된다고 보기 어렵다.

8) 텔레그램 대화방을 이용한 음란물 유포 등 사건에서 텔레그램 대화방별로 동일성·무결성을 달리 판단한 사례[58)]

가) 텔레그램 대화방 'D'

경찰관 F는 2019. 7. 24. 텔레그램 대화방 'D'에 접속한 후 그 대화 내용과 첨부파일들을 텔레그램의 '내보내기' 기능을 이용하여 내려받고 획득한 파일들을 하나의 파일로 압축한 후 그 압축파일에 관하여 2019. 7. 26. 해시값을 생성하고 전자정보 상세목록을 작성하였다. 경찰관 F는 이 부분 전자정보를 내려받는 데 걸리는 시간, 용량의 한계 등을 고려하여 내려받는 첨부파일의 최대용량을 제한하였고, 그 결과 용량이 큰 일부 파일은 내려받기가 되지 않았다.

법원은 다음의 사정들을 근거로 동일성·무결성이 증명되었다고 보았다.

- 텔레그램 대화방은 수시로 생성되고 폭파되기 때문에 수시로 채증이 필요했고, 내려받은 시점과 내사 착수 시점에 차이가 있지만 그 중간에 사진이나 동영상 파일을 편집하거나 가공한 사실이 없다는 경찰관 F의 법정증언이 있었다.
- 이후 'D'에서 명칭이 'Y'로 변경된 대화방에서 내려받은 내용이 경찰관 F가 당초 내려받은 'D' 대화방 내용과 같다.
- 경찰관 F가 내려받는 첨부파일의 최대용량을 제한한 결과 용량이 큰 일부 파일은 내려받기가 되지 않았으나 그로 인하여 내려받기를 완료한 다른 대화 내용이나 첨부파일의 내용이 훼손되는 것은 아니다.
- 경찰관 F는 전체 파일을 하나로 압축하여 그 압축파일에 대하여만 해시값을 생성하였는데 이러한 방식도 동일성·무결성을 증명하는 하나의 방법이 될 수 있다.
- 경찰관 F가 내려받기 전 'D' 대화방의 기본정보에 나타난 파일의 수, 내보내기를 완료할 당시 화면에 표시된 파일의 수와 이 부분 전자정보 파일의 수에 차이가 있기는 하나 내려받기 과정에서 상당한 시간이 걸리고 그 사이에도 대화방에 여러 게시물이 올라온 점, 그림이나

58) 춘천지방법원 2021. 8. 20. 선고 2021노192 판결(대법원 2021. 11. 25. 선고 2021도12215 판결로 확정)

동영상 파일을 내려받기하는 경우 이른바 '섬네일'(thumbnail), 즉 원본을 축소한 작은 그림파일이 생성되는 점, 앞서 본 것처럼 내려받기 대상 파일의 최대용량을 제한한 결과 일부 파일은 내려받기가 되지 않았던 점 등을 고려하면, 위와 같은 사정만으로는 원본 동일성과 무결성이 깨어졌다고 볼 수 없다.

나) 종전 사건의 저장매체에서 추출한 전자정보

수사기관은 피고인에 대한 종전 사건의 압수물인 저장매체를 다시 압수·수색하여 취득한 전자정보를 이 사건에서 증거로 제출하였다. 종전 사건 압수물에 대한 해시값과 이 사건 증거의 해시값이 서로 달랐음에도 법원은 다음과 같은 사정을 들어 동일성·무결성을 인정하였다.

- 경찰관들이 피고인의 참여권을 보장한 상태에서 종전 사건 범죄사실과 다른 이 사건 범죄사실과 관련한 전자정보만을 추출하려고 파일을 '검색'하는 과정에서 해시값이 달라질 수 있다.
- 종전 사건에서 적법한 압수·수색을 거쳐 수사기관이 압수한 후 공소제기되어 피고인이 소지하였다고 인정된 아동·청소년이용음란물 목록에도 피고인의 이 사건 범죄사실 파일이 포함되어 있었다.
- 각 성폭력처벌법위반(카메라등이용촬영)과 관련된 파일들은 피고인의 모습 및 목소리가 나타나 있고, 위·변작이 용이하지 않은 동영상이며, 촬영된 시기와 형태, 저장 방식 등을 고려할 때 사후에 저장된 것이라거나 조작이나 편집이 있었다고 판단되지 않는다.
- 경찰관 F는 법정에서 피고인의 저장매체에 파일을 삽입하거나 변조하는 등의 조치를 취하지 않았다고 진술하였고, 당시 피고인 스스로 수사기관의 추가 수사에 협조하고 있었음을 인정한 점 등을 감안하면 이러한 진술은 신빙할 만하다.

다) 텔레그램 대화방 'B'

텔래그램 대화방 'B' 역시 경찰관 F가 사용자로 접속하여 '내보내기' 기능을 이용하여 임의수사로 획득한 것이나, 해시값을 확보해둔 것이 없어 무결성을 입증할 자료가 없었다. 이에 해당 자료의 증거능력이 부정되었고, 이 부분 공소사실에 대해서는 무죄가 선고되었다.

9) 디지털 카메라로 손편지를 촬영한 사진 파일의 출력물이 증거로 제출된 사안에서 그 출력물의 증거능력을 부정한 사례[59)]

허위사실 적시에 의한 명예훼손 행위에 대한 증거로 고소인의 손편지를 디지털 카메라로 촬영한 사진 파일의 출력물이 제출되었다. 그러나 피해자가 수사기관에 그 원본이나 사본 파일을 제출하지 않아 증거로 제출된 출력물이 원본이나 사본 파일에서 출력된 사진과 동일한지 대조하여 확인할 수 없었다. 이에 법원은 증거로 제출된 출력물이 인위적 개작 없이 원본 내용을 그대로 복사·출력하였다는 점이 증명되었다고 볼 수 없어 이를 증거로 사용할 수 없다고 보았다.

10) 피고인의 주거지와 노상에서 각각 정보저장매체 원본을 압수하면서 무결성 확보 조치가 이루어졌다고 본 사례[60)]

압수·수색영장 집행 당시 집행 장소인 피고인의 주거지, AN학원 앞 노상에서 각 피고인의 모친 및 피고인의 참여하에 저장매체에 대한 탐색 및 원본 반출을 위한 저장매체들의 봉인이 이루어졌다. 피고인의 휴대전화에서 아동·청소년 이용 음란물로 추정되는 영상 파일 및 관련 전자정보를 별도 저장매체인 CD에 복제할 당시에도 수사기관은 피고인의 참여하에 해시값을 확인하는 절차를 거쳤고, 검사가 법원에 추가로 제출한 수사보고서(전자정보 해시값 일치 여부 확인)에 의하면 위와 같이 피고인이 확인한 해시값과 복제본인 CD에 저장된 파일의 해시값이 모두 동일한 것으로 확인된 사례였다.

---

59) 서울남부지방법원 2021. 12. 23. 선고 2021노814 판결(대법원 2022. 6. 30. 선고 2022도511 판결로 확정)

60) 울산지방법원 2022. 7. 8. 선고 2021고합70 판결[항소심인 부산고등법원(울산) 2023. 11. 16. 선고 2022노122 판결로 파기되었으나 고의 인정과 방조범의 법리 판단에 따른 것이었고, 동일성·무결성에 대한 부분은 상급심에서 판단되지 않았다. 항소심 판결은 대법원 2024. 2. 8. 선고 2023도17681 판결로 확정되었다.]

11) 국정원에 대한 압수·수색을 통해 증거로 제출된 문건들의 동일성·무결성을 인정한 사례[61)]

검사가 국정원에 대한 압수·수색을 통해 확보한 국정원 문건을 법원에 증거로 제출하면서 문건 작성자 이름 등을 비닉 처리하였는데, 압수·수색 당시 국정원 서버에서 추출한 파일 및 그에 대한 출력물과 국정원 서버 내 원본 파일과의 동일성 여부를 담보하기 위한 해시값 정보 저장 등 조치가 없었고, 그 문건들에 대한 '작성일시 정리표' 상의 '작성일시'와 법원 검증 당일 국정원 서버에서 추출한 파일의 최종 수정일시가 일부 달라 동일성·무결성이 다투어진 사안이다. 법원은 다음과 같은 사정을 들어 동일성·무결성을 인정하였다.

- 검사가 문건 작성자 이름 등을 비닉 처리한 것은 국정원이 국가정보원법 등 관계 법령에 따라 공개를 거부함에 따른 것으로 보인다.
- 국정원에서의 파일 추출은 담당 직원의 추출 프로그램 운용에 의하여 기계적이고 일률적으로 이루어지므로 특정한 의도나 목적에 따라 정보의 내용을 조작하거나 변조할 가능성은 거의 없다고 보이고, 법원 검증 당일 있었던 국정원 직원의 증언 취지도 그에 부합한다.
- 법원 검증에 의하면 압수·수색 당시 국정원 서버에서 추출한 파일을 출력하여 보관하고 있던 컬러 출력물, 검사가 법원에 증거로 제출한 종이 복사물, 이에 대응하여 검증 당일 국정원 서버에서 추출한 파일에 대한 출력물을 각각 육안으로 확인한 결과 서로 동일한 것으로 확인되었다.
- 국정원 직원이 압수·수색 당시 국정원 서버에서 추출하여 PC에 보관하고 있던 파일들의 해시값과 법원 검증 당일 이에 대응하는 파일들을 국정원 서버에서 추출한 파일들의 해시값 또한 모두 일치하는 것으로 확인되었다.
- 일부 문건의 '작성일시'와 '최종 수정일시'의 차이는 같은 제목의 중복 파일의 작성일시를 착오 기재함에 따른 것이고, 공소사실 입증을 위한 주요 문건들은 작성일시가 모두 일치한다.

---

61) 부산지방법원 2022. 8. 19. 선고 2021고합394 판결(대법원 2023. 5. 18. 선고 2023도3627 판결로 확정)

12) 해시값이 달랐지만 그 이유가 설명되고 실질적 내용에 변경이 없었던 사안에서 동일성·무결성을 인정한 사례62)

전자정보확인서에 기재된 전자정보의 해시값이 서울경찰청 사이버수사과 디지털포렌식계에서 작성된 디지털 증거분석 결과보고서에 기재된 해시값과 달랐으나, 법원은 경찰이 외장하드에서 압축파일을 해제한 뒤 추출한 전자정보를 업무용 컴퓨터 하드디스크에 저장하고 다시 해시값을 추출하는 과정을 거쳤기 때문에 압축파일을 해제한 후 다시 압축하는 과정에서 압축파일 자체가 변경되어 압축파일의 해시값이 변경되었을 가능성이 크다고 보았다. 또한 위 각 전자정보의 실질적 내용이 서로 다르지 않아 해시값이 다르더라도 전자정보의 무결성·동일성이 증명되었다고 판단하였다.

13) 인터넷 실시간 방송을 갈무리한 유저클립 영상의 동일성·무결성63)

가) 사실관계

피고인은 브라질 리우데자네이루에서 라이브 스트리밍 플랫폼(live streaming platform)을 통해 성적 욕망 또는 수치심을 유발할 수 있는 타인의 신체를 촬영한 영상을 실시간으로 송출하여 성폭력처벌법위반(카메라등이용촬영·반포등) 혐의로 기소되었다. 피고인이 촬영한 영상의 원본은 삭제되어 존재하지 않았고, 그 영상의 일부를 복제한 사본 CD가 증거로 제출되었는데, 이는 다음과 같이 제작된 것이었다.

- 피고인이 실시간으로 송출한 인터넷 방송의 시청자들은 그 방송 중 20초에서 1분 30초 길이의 짧은 영상을 생성(잘라내기)하여 유저클립(user clip) 영상을 제작하였다.
- ○○ 방송국 PD와 기자는 유저클립 영상파일을 내려받아 이를 저장한

---

62) 서울고등법원 2022. 9. 30. 선고 2022노766 판결(대법원 2022. 12. 15. 선고 2022도12589, 2022전도131 판결로 확정)

63) 서울고등법원 2023. 9. 7. 선고 2022노3118 판결(대법원 2024. 5. 30. 선고 2023도13407 판결에서 공소사실 6개 중 1개에 대해서 파기·환송하였으나, 실체 법리 판단에 의한 것이었고, 증거로 제출된 영상의 동일성·무결성을 인정한 항소심 판단 부분은 검사가 상고이유로 삼지 않았다.)

후, 그 파일을 경찰관에게 이메일로 송부하였다.

- 경찰관은 이메일로 받은 유저클립 영상파일을 컴퓨터에 내려받은 후 CD에 복제하였다.

나) 법원의 판단

제1심 법원은 "담당경찰관이 이 법정에 증인으로 출석하여 편집이나 조작한 사실은 없다고 진술하였지만, 제출자로부터 조작이나 편집이 없었다는 확인서를 발급받았거나 사본 CD뿐만 아니라 전송받은 영상이 원래 저장되어 있던 제출자의 컴퓨터를 모두 봉인하였거나 또는 해시값 추출 후의 비교를 통한 원본과 사본의 동일성 확인 조치 등을 취한 사실을 인정할 증거가 없으므로, 디지털 증거의 동일성·무결성에 대한 합리적 의심을 배제할 수 있을 만한 최소한의 조치를 취하였다고 볼 수 없다."는 이유로 해당 CD에 담긴 사본 영상 등의 증거능력을 부정하고 공소사실 전부에 대하여 무죄 판결을 선고하였다.

그러나 항소심 법원은 ① 영상 제출에 관여한 사람들 즉, ○○ 방송국 PD, 기자, 경찰관 모두 유저클립 영상을 편집하지 않았다고 진술한 점, ② 해당 라이브 스트리밍 플랫폼 회사 측에 대한 사실조회 결과 '유저클립 영상은 라이브 영상 중 일부를 짧게 잘라낸 영상으로 그 생성 과정에서 편집에 불가능하다'고 회신한 점, ③ 증거조사 결과에 의하더라도 피고인을 비롯한 주위 사람들의 움직임이 자연스럽고 달리 유저클립 영상 중 일부분이 조작된 것으로 보이지 않는 점 등을 근거로 증거로 제출된 사본 영상의 증거능력을 인정하였다. 다만 실체 법리 판단에 따라 검사의 항소를 전부 기각하였다.

비록 증거로 제출된 사본 영상의 동일성·무결성에 관한 판단은 달랐지만, 제1심에서 피고인에게 전부 무죄를 선고한 결론이 항소심에서도 그대로 유지되었기 때문에 검사만 상고를 제기할 수 있었다. 증거로 제출된 사본 영상의 동일성·무결성을 인정한 항소심의 판단은 검사의 주장을 받아들인 것이어서 검사는 이 부분 판단을 상고이유로 삼지 않은 것으로 보이고, 결과적으로 이에 대해서 대법원의 판단은 이루어지지 않았다.

14) 경찰 바디캠(body cam) 영상의 증거능력[64)]

경찰관 F는 바디캠으로 피고인에 대한 음주측정 과정을 촬영하였고, F가 아닌 다른 불상의 경찰관은 바디캠으로 음주측정 현장에서 다른 관련자들을 조사하는 과정을 촬영하였다. 전자의 음주측정 영상은 총 6개의 연속된 파일들(제1파일들)로 구성되어 있었고, 후자의 관련자 조사 영상은 총 8개의 연속된 파일들(제2파일들)로 구성되어 있었다.

법원은 다음과 같은 이유로 제1파일들의 증거능력을 인정하였다.

- 제1파일들을 촬영한 경찰관 F는 영상 제출 과정에서 영상 중 일부를 삭제하거나 편집하지 않았다는 취지로 법정에서 증언하였다.
- 그 후 영상은 파일의 변경이 불가능한 CD에 담겨 수사를 담당한 H 경찰관이 이를 간인하여 기록에 편철·보관하였다.
- 제1파일들은 음주측정을 하는 일련의 장면이 다수의 파일로 나뉘어 저장된 것으로, 그 영상의 재생이 자연스럽고 그 밖에 특별히 개작을 의심할 만한 모습도 확인되지 않는다.
- 경찰관 F가 바디캠으로 촬영한 영상 중 제1파일들에 포함된 영상 외에 그 전후 상황을 촬영한 다른 영상들이 증거로 제출되지 않았을 가능성도 있으나, 이는 증거로 제출된 제1파일들 자체의 동일성·무결성을 의심할 사정이 아니라 그 증명력 판단에 대한 고려요소에 불과하다.

그러나 제2파일들의 경우 검사가 촬영자의 진술이나 그 바디캠 영상의 추출 및 복사 과정 등을 알 수 있는 수사보고 등 위 파일들의 동일성·무결성을 인정할 만한 자료를 제출하지 않았고, 그에 대해 별다른 주장도 하지 않았다. 이에 법원은 동일성·무결성이 증명되지 않았다고 보아 그 증거능력을 부정하였다.

---

64) 수원지방법원 안산지원 2022. 12. 1. 선고 2022고정322 판결(수원지방법원 2023. 11. 15. 선고 2022노7232 판결로 항소 기각 후 상고 부제기로 확정)

15) 인터넷서비스제공자 회사에 대하여 피고인이 사용한 계정의 이메일을 압수·수색한 사안에서 동일성·무결성이 인정된다고 본 사례[65)]

수사기관이 인터넷서비스제공자 회사인 CA로부터 압수·수색 대상 기간 중 피고인의 계정으로 사용한 이메일 일체를 전달받은 후 혐의사실과의 관련성이 인정되는 이메일들을 선별하여 CA에 회신하고, CA는 최종 선별이 완료된 이메일을 CD에 담아 소유권포기서 등 서류와 함께 수사기관에 전달한 사안이다.

동일성·무결성 관련하여 피고인은 압수·수색영장의 집행으로 CA가 경찰에 보낸 이메일과 경찰이 CA로부터 압수한 CD에 저장된 이메일은 해시값이 확인되지 않아 동일성이 없다고 주장하였다.

그러나 법원은 ① CA가 선별이 완료된 CD를 수사기관에 제출할 때 봉인된 CD 외에 이와 동일한 사본을 함께 제출한 점, ② 소유권포기서에 CA 직원의 참여하에 봉인된 CD 1매를 압수하였다고 기재되어 있는 점, ③ 수사기관은 봉인된 CD는 관리 사물함에 넣어 압수물 대장을 통하여 관리하고 사본을 기초로 수사를 진행한 점, ④ 담당 경찰관은 같은 압수·수색영장으로 같은 기간 다른 인터넷서비스제공자 회사인 DA의 피고인 계정 이메일에 대해서도 집행하였는데, 각 압수조서 및 소유권포기서에는 DA가 경찰에게 보낸 이메일 압축파일의 해시값이 기재되어 있고 그 값이 수사기관이 전자정보 증거분석을 통하여 산출한 해시값과 동일한 점 등을 종합하면, CA로부터 받은 CD에 저장된 이메일과 CA에 존재하였던 이메일 원본 사이에는 동일성·무결성이 인정된다고 보았다.

16) 봉인 절차의 하자가 경미하여 증거능력을 인정한 사례[66)]

경찰이 압수·수색영장을 집행하여 피고인의 컴퓨터 본체를 반출할 당시 디지털 포렌식 스티커를 붙여 봉인절차를 거쳤으나 당일 사무실에서 피고인

65) 서울고등법원 2023. 3. 23. 선고 2022노266 판결(대법원 2024. 1. 25. 선고 2023도4155 판결로 확정)

66) 부산고등법원 2023. 7. 5. 선고 2023노184 판결(대법원 2023. 9. 14. 선고 2023도9501 판결로 확정)

의 지장이 찍혀 있지 않은 것을 확인하여 곧바로 피고인의 집으로 다시 가서 피고인의 지장을 받은 후 다음 날 포렌식을 맡긴 사안이었다. 법원은 동일성·무결성 관련하여 다음의 사정들을 종합하여 증거능력을 인정하였다.

- 경찰이 압수·수색영장에 기하여 컴퓨터 본체을 반출하는 과정에서 피고인이 원본 봉인절차에 참여하여 봉인에 이상이 없음을 확인하였다는 내용이 포함된 정보저장매체 반출확인서에 서명·무인하였다.
- 피고인이 당시 봉인 상태에 대하여 이의를 제기하였다는 사정은 확인되지 않고, 컴퓨터 본체가 반출되어 봉인이 해제된 후 하드디스크 원본이 변경되어 재봉인되었다고 보기도 어렵다.
- 컴퓨터 본체에 대한 봉인 절차가 이루어져 그 원본이 변경되지 않았음이 확인되는 이상 수사기관에서 압수 당시 봉인 스티커에 무인을 받지 않았다는 사정만으로는 압수 절차의 실질적 내용이 침해되었다고 보기 어렵다.
- 피고인의 무인을 다시 받은 것을 두고 영장을 재집행한 것이라고 보기도 어렵다.

17) 종이 출력물이 원본인 경우 증거로 제출된 사본의 동일성·무결성을 인정하기 위한 요건[67]

국민권익위원회를 통해 검찰에 전달된 리베이트 자료(CD에 저장된 PDF 파일)의 동일성·무결성이 문제 된 사안이다. 해당 리베이트 자료는 작성자가 엑셀 파일로 작성한 후 종이에 출력하여 영업지원팀에 전달한 것인데, 영업지원팀은 이 자료를 토대로 리베이트를 전달하였다. 최초 엑셀 파일 작성자는 그 종이 출력물을 영업지원팀에 전달한 후 엑셀 파일 원본을 바로 삭제하였고, 영업지원팀은 전달받은 종이 출력물을 영업지원팀 안에 있는 금고 또는 책꽂이에 보관하였다. 법원은 다음과 같은 이유로 동일성·무결성을 인정하였다.

- 법정에 증거로 제출된 리베이트 자료에는 수기로 가필된 부분이 있으므로 영업지원팀에 보관되어 있던 종이 출력물을 전자복사기로 복사하

67) 서울고등법원 2023. 7. 14. 선고 2022노568 판결(상고 부제기로 확정)

거나 카메라로 촬영하여 생성한 전자파일을 출력한 것으로 보인다. 즉, 원본은 저장매체에 저장되어 있던 엑셀 파일이 아니라 영업지원팀에 보관되어 있던 종이 문서로 봄이 타당하므로 이 사건 리베이트 자료는 해시값 등으로 동일성·무결성을 확인해야 할 증거는 아니다.

- 서류의 원본이 아니라 전자복사기를 사용하여 복사한 사본이 증거로 제출되었고 피고인이 이를 증거로 하는 데 부동의한 경우 위 서류 사본을 증거로 사용하기 위해서는 서류 원본을 법정에 제출할 수 없거나 제출이 곤란한 사정이 있고 그 원본이 존재하거나 존재하였으며 증거로 제출된 사본이 이를 정확하게 전사한 것이라는 사실이 증명되어야 한다(대법원 2015. 4. 23. 선고 2015도2275 판결 등 참조).
- 이 사건 리베이트 자료는 국민권익위원회에서 검찰청으로 보낸 CD에 PDF 형식의 파일들로 저장되어 전달되었으므로 수사기관이 원본인 종이 출력물을 법정에 제출할 수 없거나 그 제출이 곤란한 사정이 있음이 인정된다.
- 이 사건 리베이트 자료 작성자들의 진술과 증거로 제출된 사본의 기재 형상을 종합하면 그 원본이 존재하였고 증거로 제출된 사본이 이를 정확하게 전사한 것이라고 인정할 수 있다.

18) 휴대전화 증거분석 자료의 해시값이 일치한다면 사후적으로 환부받은 휴대전화에서 그와 일치하는 내용이 발견되지 않는다는 이유로 동일성·무결성을 부정할 수는 없다고 본 사례[68]

피고인이 자신의 휴대전화 내 전자정보를 추출한 파일(증거목록 34번 '피고인의 휴대전화 포렌식 자료 파일')에 대해서는 증거로 함에 동의하면서도, 그 출력물 중 일부(추가 증거목록 1~3번 '피고인과 성명불상자인 판매자의 페이스북 대화 내역')에 대해서는 환부받은 자신의 휴대전화에서 발견되지 않는다는 이유로 그 증거능력을 다툰 사안이다.

법원은 우선 ① 휴대전화 기기 원본 반출, 참여권 등 고지, 휴대전화에 저장된 전자정보 이미징 및 유관정보 분석, 피고인 환부 등 일련의 절차가

---

68) 서울고등법원 2023. 8. 31. 선고 2023노1131 판결(상고 부제기로 확정)

적법하게 이루어졌고, ② 해시값에 의해 증거목록 34번의 휴대전화 포렌식 자료 파일의 동일성·무결성이 담보되었으며, ③ 달리 그 전자정보가 조작되었을 가능성을 의심할 정황도 없으므로 증거능력이 인정된다고 보았다.

또한 법원은 피고인이 환부받은 휴대전화에서 추가 증거목록 1~3번 페이스북 대화 내역이 확인되지 않는다고 하더라도 ① 디지털 포렌식 과정에서 기술적 한계로 유실되거나 피고인이 휴대전화를 환부 받은 후 삭제하는 등 다양한 변경 가능성이 존재하고, ② 피고인 스스로도 페이스북으로 'Q'와 대화한 사실 자체는 다투지 않고 있으며, ③ 피고인의 휴대전화에서 추출한 자료의 해시값이 변경되었다는 등 특별한 사정이 없어 그것이 인위적으로 생성, 조작, 변경된 것으로 보기는 어렵다고 판단했다.

19) 강간 피해자가 제출한 증거 사진의 동일성·무결성을 부정한 사례[69)]

피해자가 공소사실 기재 강간 피해일과 그 다음 날 자신의 휴대전화로 상처 부위를 촬영한 사진이 증거로 제출된 사안에서 법원은 아래의 사정들을 이유로 동일성·무결성이 증명되지 않았다고 보아 증거능력을 부정하였다.

- 피해자의 법정 증언에 따르면 피해자가 수사기관에 제출한 사진파일은 휴대전화에 저장된 원본이 아니라 그와 연동되어 자동으로 백업된 다른 곳에서 내려받은 사본이다.
- 원본 사진파일이 저장된 피해자의 휴대전화는 법정에 현출되지 않았다.
- 사진파일이 생성·복사되었다가 수사기관에 전달·출력되는 과정에서 사진파일 또는 그 상세정보가 편집되는 등 인위적 개작 없이 원본 그대로 복사된 사본 및 출력물임을 인정할 만한 자료가 없다.
- 원본 사진파일 및 수사기관에 제출된 사본 사진파일이 확보되지 않아 해시값 대조에 의한 동일성 확인도 불가능하다.
- 통상 휴대전화 카메라로 사진이 촬영될 경우 촬영시각이 파일명으로 생성되는 것으로 알려져 있으나, 사진의 파일명이 상세정보의 촬영일시와 일치하지 않고, 피고인의 변호인은 휴대전화로 촬영한 사진파일

69) 대구지방법원 2024. 2. 27. 선고 2023고합485 판결(대구고등법원 2024. 7. 25. 선고 2024노156 판결로 검사의 항소가 기각된 후 상고 부제기로 확정)

상세정보의 촬영일자를 쉽게 변경할 수 있다고 주장하면서 이를 시연한 자료를 제출하였다.

20) 사기 피해자가 피고인들의 기망행위와 현금 수령 사실에 대한 증거로 제출한 녹음파일의 동일성·무결성을 인정한 사례[70]

가) 사실관계

피고인들은 피해자를 기망하여 주식대금 등 명목으로 현금을 받아 편취하였다는 등의 공소사실로 기소되었다. 피해자는 피고인들의 기망행위 및 현금 수령 사실에 대한 증거로 수사기관에 다수의 녹음파일을 제출하였는데, 피고인들은 공소사실을 부인하면서 제출된 녹음파일들의 증거능력을 다툰 사안이다.

피해자는 자신의 휴대전화로 피고인들과의 대화를 녹음하였는데, 그 녹음파일들(확장자는 '3gp' 또는 'm4a'이다)을 복사하여 컴퓨터나 외장형 하드디스크에 저장한 후 휴대전화에 저장되어 있던 녹음파일들은 대부분 삭제하였다. 피해자는 휴대전화에서 녹음한 녹음파일을 휴대전화 외의 다른 매체에서 재생할 수 있도록 'mp3' 파일로 변환하기도 하였다. 피해자는 컴퓨터나 외장형 하드디스크에 저장되어 있던 녹음파일들 중 일부를 CD에 복사하여 수사기관에 제출하였다.

검사의 감정위촉에 따라 대검찰청 과학수사부 법과학분석과는 ① 피해자가 제출한 '(증3)(파일명 2 생략).mp3', '(파일명 3 생략).mp3' 및 '(증4)(파일명 4 생략).mp3' 파일에 녹음된 음성과 피고인 2에 대한 검찰 피의자신문 당시 녹음된 음성이 동일인의 것일 가능성이 있고, ② '(파일명 5 생략).3gp'와 '(파일명 6 생략).3gp' 등 파일에서는 편집된 흔적이 관찰되지 않는다는 감정결과를 회신하였다. 위 감정을 수행한 음성분석관 공소외인은 제1심에서 '3gp, m4a 파일은 휴대전화 녹음기능을 이용하면 생성되는 압축파일이다. 이를 편집하기 위해서는 무압축파일로 변환해야 한다. 변환 후 조작을 가하고 다시 3gp나 m4a 파일로 압축하는 과정은 일반인이 하기에 쉽지 않은 부

70) 대법원 2025. 2. 27. 선고 2022도1864 판결

분이 있다'는 취지로 진술하였다.

원심법원의 감정촉탁에 따라 서울북부지방검찰청 디지털포렌식팀이 피해자가 녹음에 이용한 휴대전화 2대 등을 대상으로 포렌식 분석을 한 결과 위 휴대전화들에서 일부 삭제된 녹음파일들이 확인되었으나 그 내용은 복원되지 않았다. 한편, 피해자의 휴대전화에 저장된 녹음파일들 중 '(파일명 7 생략).3gp'의 해시값은 증거로 제출된 '(파일명 6 생략).3gp'의 해시값과 같았다.

나) 법원의 판단

법원은 원본과 해시값 일치가 확인되지 않은 '(증3)(파일명 2 생략).mp3', '(증4)(파일명 4 생략).mp3', '(파일명 3 생략).mp3', '(파일명 5 생략).3gp'도 적어도 일부는 원본 동일성이 증명되었다고 볼 여지가 많다고 판단했다. 구체적인 이유는 아래와 같다.

- 사인(私人)이 복사한 녹음파일 사본을 증거로 제출한 경우 그 복사 과정에서 편집되는 등 인위적 개작 없이 원본 내용을 그대로 복사한 사본이라는 점은 해시값 비교 등 원본과 사본의 직접 비교를 통해 증명하는 것이 원칙이다. 다만, 원본 제출이 불가능하거나 곤란하여 원본과 사본을 직접 비교할 수 없는 때에는 법원이 녹음파일 생성과 전달 및 보관 등의 절차에 관여한 사람의 증언이나 진술, 녹음파일에 대한 검증·감정 결과, 수사 및 공판 심리의 경과 등 제반 사정을 종합하여 사본의 원본 동일성 증명 여부를 판단할 수 있다.
- 피해자가 피고인 2와의 통화를 녹음한 원본 파일로 볼 수 있는 '(파일명 7 생략).3gp'와 증거로 제출된 녹음파일 중 '(파일명 6 생략).3gp'의 해시값이 일치하므로 원본 동일성이 인정된다.
- 증거로 제출된 녹음파일 중 '(증3)(파일명 2 생략).mp3', '(파일명 3 생략).mp3', '(증4)(파일명 4 생략).mp3', '(파일명 5 생략).3gp'를 비롯한 나머지 부분은 이에 대응하는 원본 파일이 삭제되어 그 제출이 불가능하거나 곤란한 경우에 해당한다.
- 녹음파일 생성에서부터 제출에 이르는 전 과정에 관여한 피해자는 거기에 녹음된 음성이 피고인들의 것으로서 복사 과정에서 인위적 개작을 가하지 않았다는 취지로 진술하고 있고, 일부 녹음파일에 관하여는

이러한 진술에 부합하는 감정결과와 감정인의 진술이 있다. 반면, 피고인들은 이 사건 녹음파일이 자신들의 음성이 맞는지와 인위적 개작이 있었는지에 관하여 막연히 동일성을 부인하였을 뿐 녹음파일의 내용 중 어떠한 부분이 원본과 달리 편집·조작되었는지를 구체적으로 특정하여 변소한 바 없다. 기록을 살펴보더라도 피해자의 의도나 특정한 기술에 따라 그 녹음이나 복사 과정에서 이 사건 녹음파일의 내용이 편집·조작되었다고 의심할 만한 흔적은 보이지 않는다.

9

긴급압수 · 수색

9 긴급압수·수색

가 관련 규정

검사 또는 사법경찰관은 피의자를 체포·구속하는 경우 필요한 때에는 영장 없이 체포현장에서 압수·수색·검증을 할 수 있다(형사소송법 제216조 제1항). 검사 또는 사법경찰관은 긴급체포된 자가 소유·소지·보관하는 물건에 대하여 긴급히 압수할 필요가 있는 경우에는 체포한 때부터 24시간 이내에 한하여 영장 없이 압수·수색·검증할 수 있다(형사소송법 제217조 제1항). 위와 같이 압수한 물건을 계속 압수할 필요가 있는 경우 지체 없이 압수·수색영장을 청구하여야 한다. 이 경우 압수·수색영장의 청구는 체포한 때로부터 48시간 이내에 하여야 한다(형사소송법 제217조 제2항).

범행 중 또는 범행 직후의 범죄 장소에서 긴급을 요하여 영장을 받을 수 없는 때에는 영장 없이 압수·수색·검증할 수 있으나, 이 경우 사후에 지체 없이 영장을 받아야 한다(형사소송법 제216조 제3항).

위와 같이 사후에 압수·수색영장을 받아야 하는 경우 영장의 제시에 관한 형사소송법 제118조는 적용되지 않는다는 것이 판례다.[1)]

형사소송법 제216조의 규정에 의한 처분을 하는 경우 급속을 요하는 때에는 타인의 주거 등에서 이루어지는 압수·수색이라도 주거주 등의 참여를 요하지 않고 야간집행의 제한도 받지 않는다(형사소송법 제220조, 제216조, 제123조 제2항, 제125조).

형사소송법 제217조에 의한 강제처분에 야간집행의 제한에 관한 형사소송법 제125조가 적용되는지에 관하여 견해의 대립이 있고 명시적인 법리가 확립되어 있지는 않으나, 긴급체포된 자가 주거지에 소지하는 물건에 대하여 야간에 이루어진 압수를 적법하다고 본 사례들이 있다.[2)]

1) 대법원 2014. 9. 4. 선고 2014도3263 판결, 서울고등법원 2024. 7. 12. 선고 2023노3991 판결(대법원 2024. 10. 31. 선고 2024도11971 판결로 확정), 서울고등법원 2024. 12. 12. 선고 2024노1950 판결(대법원 2025. 3. 13. 선고 2024도20714 판결로 확정)

2) 대법원 2017. 9. 12. 선고 2017도10309 판결, 서울고등법원 2024. 12. 12. 선고 2024노

나 기본 법리

1) 긴급체포된 자가 소유·소지·보관하는 물건에 대한 긴급압수(형사소송법 제217조 제1항) 관련

긴급체포가 그 요건을 갖추지 못하여 위법한 경우 그에 수반하여 이루어진 압수절차 또한 위법하다. 긴급체포가 적법하더라도 형사소송법 규정에 따라 사후영장을 발부받지 아니하였다면 역시 위법한 압수절차에 의하여 압수한 물건이 된다. 따라서 위와 같이 압수한 물건은 피고인이나 변호인의 증거동의가 있더라도 유죄 인정의 증거로 사용할 수 없다.3)

긴급체포된 자가 소유·소지·보관하는 물건에 대한 긴급압수(형사소송법 제217조 제1항)는 수사기관이 피의자를 긴급체포한 상황에서 피의자가 체포되었다는 사실이 공범이나 관련자들에게 알려짐으로써 관련자들이 증거를 파괴하거나 은닉하는 것을 방지하고, 범죄사실과 관련된 증거물을 신속히 확보할 수 있도록 하기 위한 것이다. 따라서 이 규정에 따른 압수·수색·검증은 체포현장에서의 압수·수색·검증(형사소송법 제216조 제1항 제2호)과 달리, 체포현장이 아닌 장소에서도 긴급체포된 자가 소유·소지·보관하는 물건을 대상으로 할 수 있다.4)

2) 범행 중 또는 범행 직후의 범죄 장소에서의 긴급압수·수색(형사소송법 제216조 제3항) 관련

범행 중 또는 범행 직후의 범죄 장소에서의 긴급압수·수색도 형사소송법 제216조 제3항의 요건 중 어느 하나라도 갖추지 못하면 압수·수색·검증이 위법하고, 이에 대하여 사후에 법원으로부터 영장을 발부받았다고 하더라도 그 위법성이 치유되지 않는다.

법원은 불법 게임장에 대하여 112 신고가 여러 차례 접수되었고 해당 장소에 환풍기가 작동되고 있음에도 문을 두드려도 열어주지 않는 등 해당

1950 판결(대법원 2025. 3. 13. 선고 2024도20714 판결로 확정)

3) 대법원 2009. 12. 24. 선고 2009도11401 판결

4) 대법원 2017. 9. 12. 선고 2017도10309 판결

게임장이 불법 게임장이라는 의심을 하게 되었음에도 사전 압수·수색영장을 신청하지 않고 있다가 해당 게임장에 사람들이 들어가는 것을 우연히 목격한 후 따라 들어가 그 내부를 압수·수색한 사안에서 '긴급성' 요건이 충족되지 않아 위법하다고 보았다.[5)]

3) 체포 현장이나 범죄 현장에서의 임의제출

법원은 대체로 체포 현장이나 범죄 현장에서도 임의제출물로서 압수하는 것이 허용된다고 보고, 이 경우 별도로 사후에 영장을 받을 필요가 없다고 본다.[6)] 다만 제출의 임의성에 관하여 다툼이 있다면 임의제출의 임의성을 의심할 만한 합리적이고 구체적인 사실을 피고인이 증명할 것이 아니라 검사가 그 임의성의 의문점을 없애는 증명을 해야 한다고 본다.[7)] 상세한 내용은 임의제출물의 압수 부분에서 기술하였다.

4) 긴급압수·수색과 '관련성' 제한

검사 또는 사법경찰관이 피의자를 긴급체포 하면서 피의자가 소유·소지·보관하는 물건을 압수할 때도, 긴급체포의 사유가 된 혐의사실 수사에 필요한 최소한의 범위 내에서만 압수가 가능하다. 어떤 물건이 긴급체포의 사유가 된 혐의사실 수사에 필요한 최소한의 범위 내의 것으로서 압수의 대상이 되는 것인지는 당해 혐의사실의 구체적인 내용과 성질, 압수하고자 하는 물건의 형상·성질, 당해 혐의사실과의 관련 정도와 증거가치, 인멸의 우려는 물론 압수로 인하여 발생하는 불이익의 정도 등 압수 당시의 여러 사정을 종합적으로 고려하여 객관적으로 판단하여야 한다.[8)]

---

5) 대법원 2012. 2. 9. 선고 2009도14884 판결
6) 대법원 2016. 2. 18. 선고 2015도13726 판결, 대법원 2019. 11. 14. 선고 2019도13290 판결, 대법원 2020. 4. 9. 선고 2019도17142 판결, 대법원 2020. 10. 15. 선고 2019도16255 판결, 대전고등법원 2021. 9. 14. 선고 2021노114 판결(대법원 2022. 2. 10. 선고 2021도13276 판결로 확정), 대법원 2022. 1. 27. 선고 2020도1716 판결, 대법원 2022. 8. 31. 선고 2019도15178 판결
7) 대법원 2022. 8. 31. 선고 2019도15178 판결(진술의 임의성에 관한 대법원 2006. 11. 23. 선고 2004도7900 판결의 법리를 원용)
8) 대법원 2008. 7. 10. 선고 2008도2245 판결

법원은 수사기관이 현행범인 체포 또는 긴급체포 과정에서 적법하게 압수된 피고인의 휴대전화를 탐색한 결과 피고인의 추가 혐의사실에 관한 자료가 발견된 사안에서, 사후영장 기재 혐의사실과 추가로 발견된 자료 사이에 '관련성'이 인정되는지에 따라 적법한 압수의 범위를 판단하였다.[9)]

수사기관이 정보저장매체 자체를 긴급압수한 경우에도 혐의사실과 관련되고 이를 증명할 수 있는 최소한의 가치가 있는 전자정보에 대하여만 긴급압수의 효력이 미친다. 이때 혐의사실과 관련된 전자정보에는 혐의사실 그 자체 또는 그와 기본적 사실관계가 동일한 범행과 직접 관련되어 있는 것은 물론 범행 동기와 경위, 범행 수단과 방법, 범행 시간과 장소 등을 증명하기 위한 간접증거나 정황증거 등으로 사용될 수 있는 것도 포함될 수 있다.[10)]

5) 사후영장이 기각된 경우 압수물의 즉시 반환

수사기관이 긴급압수·수색 이후 사후영장을 청구하였으나 이를 발부받지 못한 경우, 수사기관은 압수한 물건을 즉시 반환하여야 하고, 즉시 반환하지 않은 압수물은 유죄의 증거로 사용할 수 없다. 이는 헌법과 형사소송법이 선언한 영장주의의 중요성에 비추어 볼 때 피고인이나 변호인이 이를 증거로 함에 동의하였다고 하더라도 마찬가지다.[11)]

여기서 압수한 물건을 즉시 반환한다는 것은 수사기관이 압수한 물건을 곧바로 반환하는 것이 현저히 곤란하다는 등의 특별한 사정이 없는 한 영장을 청구하였다가 기각되는 바로 그 때에 압수물을 돌려주기 위한 절차에 착수하여 그 절차를 지연하거나 불필요하게 수사기관의 점유를 계속하는 등으로 지체함이 없이 적극적으로 압수 이전의 상태로 회복시켜주는 것을 의미한다.[12)]

---

9) 현행범인 체포에 이은 긴급압수 사례로는 서울중앙지방법원 2018. 9. 14. 선고 2017고정3335 판결(항소심 서울중앙지방법원 2019. 7. 26. 선고 2018노2879 판결, 상고심 대법원 2019. 10. 31. 선고 2019도11966 판결로 확정), 긴급체포에 이은 긴급압수 사례로는 서울고등법원 2022. 8. 18. 선고 2021노1776 판결(대법원 2022. 11. 17. 선고 2022도10671 판결로 확정)

10) 서울동부지방법원 2024. 2. 14. 선고 2023노1353 판결(대법원 2024. 5. 17. 선고 2024도4044 판결로 확정)

11) 대법원 2009. 12. 24. 선고 2009도11401 판결

12) 대법원 2024. 10. 8. 선고 2024도10062 판결

다 강제처분과 행정조사의 구별

1) 「관세법」에 따른 수출·수입·반송 물품 검사

세관공무원은 수출·수입 또는 반송하려는 물품에 대하여 검사를 할 수 있다(관세법 제246조 제1항). 통관우체국의 장이 수출·수입 또는 반송하려는 우편물(서신은 제외)을 접수하였을 때는 세관장에게 우편물목록을 제출하고 해당 우편물에 대한 검사를 받아야 한다(관세법 제257조, 제256조 제1항).

법원은 위 규정 등에 따라 우편물 통관검사절차에서 이루어지는 우편물의 개봉, 시료채취, 성분분석 등의 검사는 수출입물품에 대한 적정한 통관 등을 목적으로 한 행정조사의 성격을 가지는 것으로서 수사기관의 강제처분이라고 할 수 없으므로, 압수·수색영장 없이 우편물의 개봉, 시료채취, 성분분석 등의 검사가 진행되었다 하더라도 특별한 사정이 없는 한 위법하지 않다고 보았다.[13] 또한, 세관공무원이 통관검사를 위하여 직무상 소지 또는 보관하는 우편물을 수사기관에 임의로 제출한 경우에는 비록 소유자의 동의를 받지 않았다 하더라도 수사기관이 강제로 점유를 취득하지 않은 이상 해당 우편물을 압수하였다고 할 수 없다고 보았다.[14]

위와 같은 우편물에 대한 개봉 조사 과정에서 마약 등 범죄혐의를 의심하게 하는 물건이 발견된 경우 세관공무원은 해당 우편물을 수사기관에 임의제출하고 수사기관은 수취인을 특정하기 위해 해당 우편물을 '통제배달(controlled delivery)'하는 경우가 있다. 법원은 이와 같은 '통제배달' 과정에서 수사기관이 사실상 해당 우편물에 대한 점유를 확보하고 있더라도 이는 수취인을 특정하기 위한 특별한 배달방법일 뿐 해당 우편물의 점유를 강제로 취득하고자 하는 것이 아니므로 이를 강제처분으로서의 압수라고 할 수는 없다고 보았다.[15]

---

13) 대법원 2013. 9. 26. 선고 2013도7718 판결, 대법원 2014. 7. 10. 선고 2014도5181 판결, 서울고등법원 2024. 12. 12. 선고 2024노1950 판결(대법원 2025. 3. 13. 선고 2024도20714 판결로 확정)

14) 대법원 2013. 9. 26. 선고 2013도7718 판결, 서울고등법원 2024. 12. 12. 선고 2024노1950 판결(대법원 2025. 3. 13. 선고 2024도20714 판결로 확정)

15) 대법원 2013. 9. 26. 선고 2013도7718 판결

2) 「마약류 불법거래 방지에 관한 특례법」에 따른 특정 수출입품의 개봉 검사

세관공무원이 수출입물품을 검사하는 과정에서 마약류가 감추어져 있다고 밝혀지거나 그러한 의심이 드는 경우, 검사는 그 마약류의 분산을 방지하기 위하여 충분한 감시체제를 확보하고 있어 수사를 위하여 이를 외국으로 반출하거나 대한민국으로 반입할 필요가 있다는 요청을 세관장에게 할 수 있고, 세관장은 그 요청에 응하기 위하여 필요한 조치를 할 수 있다(마약류 불법거래 방지에 관한 특례법 제4조 제1항).

법원은 위 마약거래방지법 제4조 제1항에 따른 조치의 일환으로 특정한 수출입물품을 개봉하여 검사하고 그 내용물의 점유를 취득한 행위는 위에서 본 수출입물품에 대한 적정한 통관 등을 목적으로 조사를 하는 경우와는 달리, 범죄수사인 압수·수색에 해당하여 사전 또는 사후에 영장을 받아야 한다고 보았다.16)

이 사건은 피고인이 멕시코에서 미국을 경유하는 항공특송화물 편으로 필로폰을 수입하려고 한다는 정보를 입수한 검사가 미국 수사당국과 인천공항세관의 협조를 받아 위 특송화물을 국내로 통제배달하고, 피고인이 이를 수령하면 범인으로 검거하려고 하였던 사안이다. 실제로 해당 특송화물에서 필로폰이 발견되었고, 검찰수사관은 세관공무원으로부터 이를 임의제출받아 압수한 다음 대체 화물로 통제배달하였으나, 수령자가 나타나지 않아 배달에 실패하였다. 법원은 위와 같은 수사기관의 활동은 처음부터 구체적인 범죄사실에 대한 증거수집을 목적으로 한 압수·수색이므로 영장주의가 적용된다고 보았다.

3) 「풍속영업의 규제에 관한 법률」에 따른 출입 검사

풍속영업규제법은 풍속영업자의 준수사항을 규정하고, 그 준수사항 위반에 대한 형사처벌 규정을 두는 한편, 경찰이 풍속영업소에 출입하여 풍속영업자가 그 준수사항을 지키고 있는지를 검사할 수 있도록 규정하였다(풍

16) 대법원 2017. 7. 18. 선고 2014도8719 판결

속영업의 규제에 관한 법률 제3조, 제9조, 제10조).

이 규정에 따른 출입 검사의 성격에 대하여 법원은 원칙적으로 행정조사로 보면서도, 그 출입 조사가 해당 풍속영업소 관리자의 동의를 받아 임의적인 방법으로 이루어진 것이 아니거나 과거에 이루어진 준수사항 위반행위에 대한 조사를 위해 이루어지는 경우 수사에 해당하여 영장주의가 적용된다고 보았다.[17)]

부산고등법원 2021. 11. 25. 선고 2020노668 판결
(대법원 2022. 7. 28. 선고 2021도17027 판결로 확정)

풍속영업규제법 제9조 제1항은 중립적인 법관이 아닌 경찰서장의 판단에 의해 풍속영업소에 대한 출입 및 검사를 시행할 수 있다고 규정하고 있고, '풍속영업자 등이 제3조의 준수사항을 지키고 있는지'를 검사할 수 있다고 함으로써 과거의 준수사항 위반행위가 아닌 현재 또는 장래의 위반행위로 검사 대상을 한정하고 있다. 그리고 풍속영업규제법 제3조의 준수사항 위반행위는 모두 그 자체로 형사처벌 대상인 범죄에 해당한다. 따라서 헌법과 형사소송법이 정한 적법절차와 영장주의 원칙에 비추어 볼 때, 위 조항은 풍속영업소에서 준수사항 위반 범죄가 발생하는 것을 예방하기 위한 경찰행정상의 행정조사로서 출입 및 검사를 행할 권한을 부여하고 있는 것으로 보아야 하고, 그 출입 및 검사는 어디까지나 풍속영업소 관리자의 동의를 받아 임의적인 방법으로 이루어질 수 있을 뿐이라고 봄이 타당하다. 만약 그렇지 않고 풍속영업소 관리자의 동의가 없더라도 위 조항에 따른 출입 및 검사가 가능하다고 보게 되면, 수사기관인 경찰서장의 일방적 판단에 의해 범죄(준수사항 위반행위) 예방을 위한 출입·검사의 명목으로 과거의 범죄행위에 대한 수사 목적의 압수·수색이 광범위하게 이루어질 수 있어 영장주의를 잠탈할 위험이 크기 때문이다.

4) 「식품위생법」에 따른 출입 검사[18)]

일반음식점의 불법 영업행위(음향시설을 갖추고 손님에게 춤을 추도록 허용하는 행위)에 대한 민원이 지속되자 구청이 특별사법경찰관과 합동으로 해당 영업소에 손님을 가장하여 출입한 후 해당 불법 영업행위를 단속한 사안에서

17) 부산고등법원 2021. 11. 25. 선고 2020노668 판결(대법원 2022. 7. 28. 선고 2021도17027 판결로 확정)

18) 대법원 2023. 7. 13. 선고 2021도10763 판결

식품위생법상 행정조사 시에 요구되는 절차 즉, 영업소에 출입하여 영업시설 등을 검사하는 공무원으로 하여금 그 권한을 표시하는 증표와 함께 조사기간 등이 기재된 서류를 제시하도록 하는 식품위생법 규정이 준수되지 않은 점이 다투어졌다.

법원은 식품위생법에서 정한 위 절차 규정은 공무원이 영업소에 출입하여 식품 등 또는 영업시설 등에 대하여 검사하거나, 식품 등의 무상 수거, 장부 또는 서류를 열람하는 등의 행정조사를 하려는 경우에 한정하여 적용된다고 전제한 뒤, 이 사건 특별사법경찰관은 범죄수사를 위하여 증거를 수집하였을 뿐 식품을 검사하는 등 행정조사를 하려 한 바가 없으므로 그 과정에서 권한을 표시하는 증표나 조사기간 등이 기재된 서류를 제시하지 않았더라도 출입이나 증거수집 절차가 위법한 것은 아니라고 보았다.

라 개별 판결례

1) 불심검문에 이은 수색이 임의수색으로서는 적법하다고 볼 수 없으나 형사소송법 제216조 제3항에 따른 범행 현장에서의 압수·수색으로서 적법했다고 본 사례[19)]

가) 사실관계

‘피고인이 마약을 소지하고 있고 투약하기 위해 이동 중’이라는 성명불상자의 112 신고에 따라 출동한 경찰이 피고인을 불심검문함에 따라 피고인에 대한 마약 혐의 수사가 시작된 사안이다. 신고자는 현장에 출동한 경찰관에게 피고인과 채팅앱으로 대화한 내용을 보여주는 등 신고자의 제보는 구체적이고 상세하였다.

피고인은 소지품을 보여달라는 경찰관의 요구에 응하여 소지하고 있던 클러치백, 종이가방 등을 보여주었고 경찰관에게 지갑을 주어 신분증을 확인하게 하는 등 수색에 임의로 응하였으나(1차 수색), “통장을 보여달라”는

19) 의정부지방법원 2023. 11. 9. 선고 2023노1940 판결(대법원 2024. 2. 15. 선고 2023도17105 판결로 확정)

경찰관의 요구에는 불응하면서 "영장 없이 남의 물건을 볼 수 있냐"고 항의하였다. 피고인은 스스로 경찰차 방향으로 이동하며 "차에 타서 보여주겠다"고 말한 후 경찰차 안에서 통장을 펼치다가 통장 안에 있던 주사기가 떨어져 경찰관이 이를 발견하여 압수하였다(2차 수색). 경찰관은 피고인을 현행범 체포하였고 그 직후 발견한 필로폰을 압수한 후 위 주사기와 필로폰에 대해서 사후영장을 발부받았다.

나) 법원의 판단

법원은 수사의 단서가 된 신고자의 제보가 구체적이고 상세하여 피고인에 대한 불심검문과 1차 수색은 임의수사로서 적법하다고 보았다. 2차 수색의 경우 임의수색으로 보기는 어려우나 범행 현장에서의 압수·수색(형사소송법 제216조 제3항)으로서는 적법하다고 보아 압수된 주사기의 증거능력을 인정하였다.

2) 음주운전 신고를 받고 출동한 경찰이 피고인의 주거지로 들어가 음주측정한 사안에서 현행범 체포의 요건을 갖추지 못하였다고 보아 음주측정결과의 증거능력을 부정한 사례[20]

가) 사실관계

피고인이 2022. 11. 4. 오후 2시경 음주운전을 하였다는 112신고가 접수되어 경찰관들이 현장에 출동하였으나 해당 차량을 발견하지 못하여 피고인의 주거지로 이동하였다. 경찰관들은 피고인의 주거지에 도착하여 현관문 밖에 주차된 피고인의 포터 화물차를 발견하였고 열려 있던 대문을 통해 피고인의 주거로 들어갔다. 피고인은 집 마당 뒤편에서 통화를 하던 중이었는데, 경찰관의 요구로 음주측정을 하여 혈중알콜농도 0.077%의 수치가 나왔다.

음주측정 요구는 피고인의 집 대문 안에 있는 마당에서 이루어졌는데,

---

20) 청주지방법원 충주지원 2023. 11. 22. 선고 2023고정107 판결(대법원 2024. 12. 12. 선고 2024도13520 판결로 확정)

경찰관들이 피고인의 집으로 들어가는 과정에서 피고인에게 동의를 구한 적이 없고, 피고인이 경찰관에게 퇴거를 요구한 사실 또한 없었다.

나) 법원의 판단

법원은 경찰관의 음주측정요구가 위법하다고 보아 음주측정결과의 증거능력을 부정하였다.

우선 법원은 경찰관들이 피고인의 주거에 들어가 피고인을 발견하고 그에 대하여 음주측정을 요구하는 과정에서 수색영장을 발부받은 사실은 없으므로 이 사건 음주측정요구의 적법 여부는 위 경찰관들이 주거에 들어간 행위가 형사소송법 제216조 등이 정하는 영장주의의 예외 사유에 해당할 수 있는지에 따라 달려있다고 보았다.

그러나 ① 경찰관들이 피고인의 주거에 들어가기 전에 피고인이 혈중알콜농도 0.03% 이상의 술에 취해 운전을 하였음이 명백하였다고 볼 자료가 없고, ② 경찰관이 피고인의 집에 들어간 이후에도 체포보다는 음주측정 등 혐의점을 확인하기 위한 절차에 나아갔으며, ③ 경찰관이 피고인을 대면한 것은 운전 종료 시점으로부터 10~20분이 지난 후로서 운전 장소에서 벗어난 피고인의 주거지였으므로 시간적·장소적 근접성에도 의문이 있었던 점 등을 종합하면 경찰관이 피고인의 주거에 들어간 것은 현행범 체포를 목적으로 한 수색으로서 적법하다고 할 수는 없다고 보았다.

또한 ① 경찰관들은 피고인의 동의 없이 피고인의 주거에 들어갔고, 주거지에서 전화통화를 하고 있던 피고인에게 임의수사의 동의 여부를 묻거나 퇴거를 요구할 수 있음을 안내하지 않은 채 곧바로 피고인에게서 진술을 청취한 다음 음주측정을 요구한 것으로 보이는 점, ② 피고인은 갑자기 집으로 들어온 경찰관들로부터 조사를 받게 되었음을 고려할 때 그가 경찰관들의 퇴거를 명시적으로 요구하지 않았다고 하여 임의수사에 묵시적으로 동의하였다고 단정할 수 없는 점 등에 비추어 경찰관들이 피고인의 주거에 들어가 음주측정요구에 나아간 행위가 임의수사로서 적법하다고 할 수도 없다고 보았다.

3) 성매매업소 현장 단속 사례

수사기관이 손님을 가장하여 성매매업소를 단속하면서 수집한 증거의 증거능력에 관하여 법원은 구체적 사안에 따라 결론을 달리하였다.

가) 현장 비밀녹음, 현장 사진, 진술서의 증거능력을 모두 인정한 사례[21)]

경찰은 제보에 따라 피고인이 운영하는 성매매업소를 단속하였다. 경찰관 공소외 2는 위 성매매업소에 손님을 가장하여 방문하여 성매매가 가능한지 문의하면서 피고인 및 여종업원 공소외 1과 나눈 대화를 상대방 모르게 영장 없이 녹음(①)하였다. 경찰 공소외 2는 피고인의 안내에 따라 내실로 들어갔고, 여종업원 공소외 1이 성매매를 시작하려 하자 단속 사실을 밝히고 외부에서 대기하던 나머지 경찰관들을 호출하였다. 경찰관들은 성매매알선 혐의로 피고인을 현행범 체포하면서 해당 성매매업소 내부를 수색하여 콘돔을 발견하고 이를 업소시설과 함께 사진 촬영(②)하였으나, 콘돔 자체를 압수하지는 않았고, 사후영장도 발부받지 않았다. 그 과정에서 여종업원 공소외 1은 피고인의 성매매알선에 따라 성매매를 하려 한 사실을 인정하는 취지의 진술서를 작성(③)하였으나, 수사기관은 여종업원 공소외 1에게 진술거부권을 고지하지 않았다.

법원은 ① 현장 비밀녹음, ② 현장 사진, ③ 여종업원 진술서의 증거능력을 모두 인정하였다.

우선 ① 현장 비밀녹음의 경우 통신비밀보호법에 위반되는 경우가 아니고, 사전에 제보를 받고 단속 현장에 나간 사법경찰관이 불특정 다수가 제한 없이 출입할 수 있는 성매매업소에 통상적인 방법으로 들어가 적법한 방법으로 수사하는 과정에서 범행 증거를 보전하기 위해 범행 상황을 녹음한 것이므로, 상대방이 인식하지 못한 사이에 영장 없이 이루어졌다 하여 이를 위법하다고 할 수 없다고 판단했다.

다음으로 ② 현장 사진의 경우 현행범인 체포 현장에서는 영장 없이도 압수·수색·검증을 할 수 있으므로(형사소송법 제216조 제1항 제2호, 제212조),

---

21) 대법원 2024. 5. 30. 선고 2020도9370 판결

해당 성매매업소에 대한 수색이나 촬영이 영장 없이 이루어졌다고 하더라도 위법하다고 할 수 없고, 콘돔을 촬영한 것만으로는 그 점유를 강제로 취득한 것이 아니어서 압수가 아니므로 사후에 압수영장을 받을 필요도 없다고 보았다.

마지막으로 ③ 여종업원 공소외 1의 진술서의 경우 그 내용이 피고인의 성매매알선 행위에 한정되고 성매매는 미수범을 처벌하는 규정이 없으므로 여종업원 공소외 1은 피의자의 지위에 있지 않다고 보아 진술거부권이 고지되지 않았더라도 진술서의 증거능력이 인정된다고 보았다.

나) 현장 사진, 진술조서, 압수조서의 증거능력을 모두 부정한 사례[22)]

경찰은 인터넷 사이트에 게시된 피고인 운영의 성매매업소 광고 등을 확인하고 단속을 계획하였다. 이 사건도 위 증거능력 전부 인정 사례와 마찬가지로 남성 경찰관 1명이 성매매 손님으로 가장하여 해당 성매매업소를 방문하였고, 피고인에게 대금을 지급하고 내실로 들어간 후 여종업원이 위 내실로 들어오자 외부에 대기하던 나머지 경찰관들을 호출하였으며, 단속 경찰관들은 해당 성매매업소 비품실에서 콘돔과 화장지를 발견하고 영업시설과 함께 사진 촬영하였으나, 콘돔 등에 대하여 따로 압수절차를 진행한 사실은 없었다. 여종업원에 대하여 진술거부권 고지 없이 참고인 진술조서가 작성된 점도 위 증거능력 전부 인정 사례와 사실관계가 같았다. 그러나 피고인에 대하여 현행범 체포가 이루어지지 않았고, 해당 여종업원의 국적이 태국이어서 성매매 사실과 별도로 출입국관리법위반 사실도 조서에 기재되었으며, 피고인으로부터 휴대전화를 임의제출받아 압수하고 압수조서를 작성한 점은 달랐다.

법원은 ① 현장 사진, ② 태국인 여종업원의 진술조서, ③ 피고인의 휴대전화에 대한 압수조서의 증거능력을 모두 부정하였다. 원심판결[23)]은 ① 영장 없이 촬영된 사진의 증거능력을 인정한 대법원 1999. 9. 3. 선고 99도2317 판결에 대하여는 영장주의 예외를 창설하였다는 비판이 유력하다는 점과, '사법경찰관 작성의 검증조서의 작성이 범죄현장에서 급속을 요한다

---

22) 대법원 2024. 6. 17. 선고 2020도9371 판결

23) 의정부지방법원 2020. 6. 25. 선고 2019노2864 판결

는 이유로 압수·수색영장 없이 행하여졌는데 그 후 법원의 사후영장을 받은 흔적이 없다면 유죄의 증거로 쓸 수 없다'고 한 대법원 1990. 9. 14. 선고 90도1263 판결을 근거로 현장 사진의 증거능력을 부정하였고, ② 태국인 여종업원의 경우 출입국관리법위반으로 수사받는 당사자로서 피의자였음에도 진술거부권이 고지되었다는 증명이 없어 진술조서에 증거능력이 없다고 보았으며, ③ 업주인 피고인이 휴대전화의 반환을 희망하는 의사를 임의제출서에 직접 기재한 사실에 비추어 보면 제출의 임의성 또는 소유권 포기 의사가 없었던 것으로 판단된다는 이유로 임의제출물 압수도 위법하다고 판시하였다.[24]

한편, 이 사건의 경우 단속 경찰관은 인터넷 사이트에 게시된 피고인 운영의 성매매업소 광고를 확인하고 해당 업소를 찾아가는 과정에서 피고인으로부터 이 사건 성매매업소의 위치를 문자메시지로 전송받았는데, 그 과정에서 수집한 ④ 이 사건 성매매업소 광고 및 후기 캡처 사진과 ⑤ 피고인으로부터 전송받은 이 사건 성매매업소 위치 안내 문자메시지 등은 증거능력이 없는 위 현장 사진, 진술조서, 압수조서와 별개의 독립적인 증거로서 증거능력이 인정되고 피고인의 자백을 보강하는 증거가 된다고 보아 원심판결을 파기·환송하였다.

다) 현장 비밀녹음의 증거능력은 인정하였으나 현장 사진, 압수조서, 진술서의 증거능력은 부정한 사례[25]

경찰은 피고인이 운영하는 성매매업소에 대한 내사에 착수하였다. 사법경찰관 C는 2019. 6. 24. 손님을 가장하여 해당 업소에 방문하고 피고인에게 성매매가 가능한지를 물었는데, 피고인은 자신이 성매매를 하고 있다는 취지로 대답하였다. 경찰관 C는 피고인과의 위 대화를 비밀녹음하였다(①).

며칠 후인 2019. 6. 27. 사법경찰리 D가 손님을 가장하여 이 사건 성매매업소를 방문하였고, 피고인에게 성매매대금을 지급한 후 내실로 들어갔다. 피고인이 콘돔(1개) 등 성매매용품이 담긴 소형가방을 들고 내실로 들어

---

24) 대법원은 원심판결의 결론은 수긍하면서도 이유에 다소 적절하지 않은 부분이 있다고 하였는데, 구체적으로 어느 부분이 어떻게 부적절한지는 따로 설시하지 않았다.

25) 대법원 2024. 5. 30. 선고 2020도10728 판결

오자 단속 사실을 밝히고 외부에서 대기하던 사법경찰관 C를 호출하였다. 단속 경찰관들은 피고인이 내실로 가지고 들어온 위 소형가방을 압수(②)하면서 피고인에게 '영장 없는 압수도 가능하다'고 고지하고 임의제출서 등을 작성받았고, 업소 내부를 수색하여 콘돔 뭉치(49개)를 발견하고 현장 시설과 함께 사진을 촬영하였다(③). 또한 진술거부권 고지 없이 피고인으로부터 성매매 사실을 자백하는 취지의 진술서를 작성(④)받은 후 피고인을 경찰서로 동행하였고, 거기서 진술거부권을 고지한 후 피의자신문을 실시하여 성매매 사실을 다시 자백받았다.

법원은 ① 현장 비밀녹음의 증거능력은 인정하였으나, ② 압수조서, ③ 현장 사진, ④ 피고인의 진술서의 증거능력은 부정하였다.

먼저 ① 현장 비밀녹음의 경우 법원은 통신비밀보호법에 위반되지 않고 불특정 다수가 출입할 수 있는 업소에 통상적인 방법으로 들어가 적법한 방법으로 수사를 하는 과정에서 범행의 증거를 보전하기 위하여 범행 상황을 녹음하였으므로 그 녹음이 비록 대화상대방인 피고인이 인식하지 못한 사이에 영장 없이 이루어졌더라도 위법하지 않다고 보았다.

② 콘돔 등 성매매용품이 담긴 소형가방에 대한 압수는 성매매가 기수에 이르기 전에 이루어진 것으로 현행범을 대상으로 한 긴급압수·수색 규정 적용이 불가하고 피고인의 임의제출 의사도 의심되므로 위법하다고 보았다.

③ 현장 사진의 경우 사진 촬영이 강제수사의 일종인 검증에 해당함을 전제로 '사법경찰관의 검증조서 작성이 범죄현장에서 급속을 요한다는 이유로 압수·수색영장 없이 행하여졌는데 그 후 법원의 사후영장을 받은 흔적이 없다면 유죄의 증거로 쓸 수 없다'고 한 대법원 1990. 9. 14. 선고 90도1263 판결을 들어 그 증거능력을 부정하였다. 즉, 범죄수사 현장에서의 사진 촬영과 같은 검증에는 영장주의가 여전히 적용된다고 봄이 옳고 피고인의 임의성도 인정되지 않아 임의수사로 볼 수도 없다는 것이다.

④ 진술서는 그 작성 경위 등에 비추어 보면 당시 피고인이 피의자로서 취급되었으므로 진술거부권이 고지되었다는 증명이 없어 증거능력이 없다고 보았다.[26]

26) 이러한 ② 압수조서, ③ 현장 사진, ④ 진술서의 증거능력을 부정한 이유는 원심판결(의정부지방법원 2020. 7. 16. 선고 2019노3701 판결)에서 상세히 설시된 것으로 대법원은 그 결

4) 불법촬영 성범죄로 피고인을 긴급체포하면서 피고인의 휴대전화를 압수한 사안에서 사후영장 발부 및 별건 혐의 발견에 따른 추가 영장 발부 등 절차가 준수되었다고 보아 압수된 영상의 증거능력을 인정한 사례[27)]

경찰이 피해자들로부터 화장실 불법촬영 피해사실 신고를 받고 현장에 출동하였으나 피고인을 발견하지 못하였고, 며칠 후 인근 음식점에서 일하는 피고인을 긴급체포하면서 피고인의 휴대전화를 압수한 사안이다. 경찰은 위 신고 피해자들에 대한 불법촬영 혐의로 사후영장(형사소송법 제217조 제2항)을 발부받아 피고인의 휴대전화에 대하여 증거분석을 진행하였으나, 신고 피해자들을 촬영한 파일은 발견되지 않았고, 오히려 별건 증거가 발견되어 추가 압수·수색영장을 발부받아 여죄를 밝혔다.

법원은 사후영장 및 추가 영장의 집행에 따른 별건 자료 압수가 모두 적법하다고 보았는데, 긴급체포에 따른 사후영장의 집행으로 압수한 자료의 경우 긴급체포의 원인이 된 혐의사실과의 관련성을 중심으로 판단하였고, 추가 영장의 집행으로 압수한 자료의 경우 추가 영장에 '여죄 수사 목적'이 기재된 점을 고려하였다.

5) 긴급압수에 따른 사후영장이 기각되었음에도 압수물을 반환하지 않은 경우 압수물의 증거능력을 부정한 사례[28)]

가) 사실관계

피고인이 무등록 외국환업무로 인한 외국환거래법위반 등으로 기소된 사안이다. 대전지방경찰청 소속 사법경찰관은 2020. 10. 6. 서울 광진구에 있는 피고인의 영업소에서 범행 현장에서의 긴급압수·수색(형사소송법 제216조 제3항)으로 영장 없이 피고인의 휴대전화를 압수한 후 사후영장을 청구하였

론을 수긍하였다. 다만, 대법원은 원심판결 이유에 다소 적절하지 않은 부분이 있다고 하였는데, 구체적으로 어느 부분이 어떻게 부적절한지는 따로 설시하지 않았다.

27) 대법원 2024. 6. 27. 선고 2024도1881 판결

28) 대법원 2024. 10. 8. 선고 2024도10062 판결

는데, 법원은 압수조서 및 압수목록 미작성 등을 이유로 2020. 10. 8. 이를 기각하였다.

사법경찰관은 2020. 10. 8. 대전지방경찰청에서 있었던 피고인에 대한 피의자신문 이후 사후영장이 기각된 사실을 인지하고, 같은 날 21:03경 피고인에게 전화하여 대전지방경찰청에 다시 방문하여 휴대전화를 반환받아 갈 것을 고지하면서 휴대전화를 반환받더라도 다시 압수할 것이라고 말했다. 피고인은 '이미 서울에 도착하였고 시간이 늦어 당일에는 대전으로 갈 수 없고, 다음 날 이후에도 일을 해야 할 뿐만 아니라 어린 자녀가 있어 대전으로 가기 어렵다'고 설명하면서 휴대전화를 우편으로 보내달라고 요청했으나, 경찰은 이를 거절하고 직접 출석하여 수령할 것을 계속 요구하였다. 이에 피고인은 2020. 10. 12. 대전지방경찰청에 출석하여 휴대전화를 반환받기로 하였으나, 그 날짜에 대전지방경찰청에 나타나지 않았다.

이후 사법경찰관은 2020. 10. 12. 피고인의 휴대전화에 저장된 전자정보에 대한 사전 압수영장을 신청하였고, 2020. 10. 13. 발부되었다(이 사건 사전영장). 사법경찰관은 다시 피고인에게 연락하여 휴대전화를 반환받아 갈 것을 고지하면서 다른 한편으로는 이를 다시 압수해야 해서 피고인이 휴대전화를 가져갈 수는 없다는 취지로 말하였고, 피고인은 휴대전화를 반환받을 수 없다고 생각하고 대전지방경찰청에 출석하지 않았으며, 이 상태가 2020. 10. 18.까지 유지되었다.

사법경찰관은 이 사건 사전영장의 유효기간 만료가 2020. 10. 20.로 다가오자 2020. 10. 19. 서울에 있는 피고인의 영업소에 방문하여 피고인에게 휴대전화를 반환한 직후 곧바로 이 사건 사전영장을 집행하여 휴대전화를 반출하였고, 검사는 휴대전화에 저장된 전자정보를 복제·출력한 자료를 증거로 제출하였다.

나) 법원의 판단

법원은 수사기관이 적법절차를 지키지 않고 휴대전화를 압수하고 이에 대한 사후영장이 기각되었음에도 즉시 반환하지 않다가, 그 사이에 이 사건 사전영장을 발부받아 휴대전화를 형식적으로 반환한 외관을 만든 후 다시 압수하는 것은 적법절차의 원칙이나 영장주의를 잠탈하는 것으로 허용할 수 없다고 보았다. 결국 휴대전화 압수의 위법성이 이 사건 사전영장의 집행으로 희석·단절되었다고 할 수 없으므로 피고인의 휴대전화에서 나온 자료는 증거능력이 없다고 보았다.

저자 약력

성기정
서울대학교 법과대학 졸업
제51회 사법시험 합격
사법연수원 제41기 수료
University of California, Irvine School of Law LL.M. 졸업
공익법무관
현재 법무법인(유) 광장 변호사

압수 · 수색의 법리

초판발행 2025년 5월 30일

지은이 성기정
펴낸이 안종만 · 안상준

편 집 송재병
기획/마케팅 김민규
표지디자인 BEN STORY
제 작 고철민 · 김원표

펴낸곳 (주) 박영사
서울특별시 금천구 가산디지털2로 53, 210호(가산동, 한라시그마밸리)
등록 1959. 3. 11. 제300-1959-1호(倫)
전 화 02)733-6771
f a x 02)736-4818
e-mail pys@pybook.co.kr
homepage www.pybook.co.kr
ISBN 979-11-303-4974-9 93360

정 가 27,000원